U0374981

2018年

上海市体育社会科学研究成果报告

上海市体育局　编

2018 NIAN SHANGHAISHI
TIYU SHEHUIKEXUE YANJIU CHENGGUO BAOGAO

上海大学出版社
·上　海·

图书在版编目(CIP)数据

2018年上海市体育社会科学研究成果报告 / 上海市体育局编. —上海：上海大学出版社，2019.8
ISBN 978-7-5671-3676-2

Ⅰ.①2… Ⅱ.①上… Ⅲ.①体育运动社会学-研究报告-上海-2018 Ⅳ.①G80-051

中国版本图书馆CIP数据核字(2019)第161183号

责任编辑 傅玉芳
封面设计 柯国富
技术编辑 金 鑫 钱宇坤

2018年上海市体育社会科学研究成果报告

上海市体育局 编

上海大学出版社出版发行

(上海市上大路99号 邮政编码200444)

(http://www.shupress.cn 发行热线021-66135112)

出版人 戴骏豪

*

南京展望文化发展有限公司排版

上海华业装潢印刷有限公司印刷 各地新华书店经销

开本787mm×960mm 1/16 印张26.25 字数444千

2019年8月第1版 2019年8月第1次印刷

ISBN 978-7-5671-3676-2/G·3030 定价 68.00元

编委会名单

主　编　徐　彬

副主编　罗文桦

编　委　（以姓氏笔画排序）

王才兴　刘建平　肖焕禹

余诗平　张　蓓　陆小聪

赵文杰　赵荣善　曹可强

编　辑　陈　雄　王一雄

开创全球著名体育城市建设新局面，以优异成绩迎接中华人民共和国成立70周年*

（代序）

上海市体育局党组书记、局长　徐　彬

2019年是新中国成立70周年和改革开放再出发的重要一年，是推进实施“十三五”规划和顺利实现2020年目标的关键一年，是备战东京奥运会和北京冬奥会的攻坚之年，也是推动新时代上海体育改革发展各项工作迈上新台阶的奋进之年。要深入学习贯彻习近平总书记关于体育工作重要论述和考察上海重要讲话精神，围绕建设全球著名体育城市的奋斗目标，持续深入推进从办体育向管体育、从小体育向大体育、从体育向“体育+”转变，遵循全民健身普及规律，遵循竞技体育制胜规律，遵循体育产业市场规律，在推动体育高质量发展全力打响上海“四大品牌”方面体现新作为，在创造体育高品质生活加快建设健康上海方面体现新作为，在全面深化体育改革加强体育部门自身建设方面体现新作为，以“改革开放再出发、创新发展再突破”的勇气和担当，全心全意办人民群众满意的体育，努力发挥体育在政治、经济、文化、社会、生态文明建设中的多元功能，为提升上海城市能级和核心竞争力作出积极贡献，以优异成绩迎接中华人民共和国成立70周年。

一、深化认识，提高站位，更好发挥体育的综合价值和多元功能，在新时代新起点推动上海体育高质量发展

站在新时代改革开放再出发的新起点，要进一步树立“大体育”观，深化对

---

* 本文根据上海市体育局党组书记、局长徐彬有关讲话稿整理。

体育工作的认识，提高上海体育工作在服务国家战略、服务上海城市发展战略中的功能和作用，更好发挥体育在政治、经济、文化、社会、生态文明建设中的多元功能。

（一）要强化体育的政治功能

发挥体育的政治功能，要求我们牢固树立政治意识、大局意识。简而言之，就是要积极贯彻落实习近平总书记关于体育工作重要论述和中央、市委对于体育工作的决策部署，更加注重“围绕中心、服务大局”。习近平总书记在十九大报告中强调的“广泛开展全民健身活动，加快推进体育强国建设，筹办好北京冬奥会、冬残奥会”，为当前和今后一段时期的体育工作指明了方向。我们要按照当好全国改革开放排头兵、创新发展先行者的要求，全力推进全球著名体育城市建设，为不断开创体育强国建设新局面作出更大的贡献。

（二）要强化体育的经济功能

近年来，体育产业成为新的经济增长点，体育成为全力打响上海“四大品牌”推动高质量发展的组成部分。2017 年，上海体育产业总规模达到 1 266.93 亿元，同比增长 21.1%；增加值占当年全市 GDP 的比重上升到 1.6%，体育服务业占比接近发达国家水平；上海体育产业单位 11 489 家，同比增长 28.9%；人均体育消费达到 2 460 元，还有很大的提升空间。我们要进一步聚焦体育产业，大力发展竞赛表演和健身休闲业，推进长三角体育产业一体化，进一步加强体育与文化、旅游、科技、制造、互联网等领域的融合发展。

（三）要强化体育的文化功能

体育是大文化的重要组成内容。要积极弘扬奥林匹克精神和“为国争光、无私奉献、科学求实、遵纪守法、团结协作、顽强拼搏”的中华体育精神，把体育强国梦与中华民族伟大复兴的中国梦紧密结合起来，进一步讲好上海体育故事，弘扬顽强拼搏、刻苦训练、为国争光的上海体育精神，传播体育正能量，把体育文化更好融入上海文化建设，进一步提升上海体育的社会影响力和感召力。

（四）要强化体育的社会功能

体育是重要的社会事业。发展体育运动、增强人民体质是我国体育工作的基本方针。要进一步落实全民健身国家战略，积极推进“健康中国”、“健康上海”建设，促进人民群众体育运动习惯养成，让体育运动成为更多上海市民的健康生活方式。要广泛开展全民健身运动，加强体育与卫生健康部门的合作，加强科学健身指导。进一步丰富市民身边的社区体育设施供给，加强体育设施公益性开放，创新体育设施管理运行模式，提供高质量的体育服务。

（五）要强化体育的生态功能

要把体育更好融入生态文明建设，通过体育向全社会传播绿色、健康、文明的现代生活方式。体育产业是绿色产业、朝阳产业、幸福产业，要大力推动上海体育产业高质量发展。要进一步密切体绿结合，在公园、绿地、林带中建设嵌入式体育健身设施。要以黄浦江、苏州河两岸逐步贯通开放为契机，完善配套体育设施服务体系，争取打造世界级滨水健身休闲带，为市民提供高品质的健身休闲服务。要把体育公共服务纳入美丽乡村建设，更好发挥体育在实施乡村振兴战略中的作用。

二、遵循规律，积极作为，全面做好年度上海体育各项工作，以改革开放再出发的突出业绩迎接新中国成立70周年

2019年，是新中国成立70周年，也是上海解放70周年。做好年度上海体育工作意义重大。进入新时代的上海体育工作要富于创造性、把握规律性，要更加聚焦改革创新，丰富体育供给，提高竞技水平，繁荣体育产业，加强体育部门精细化和规范化管理。

（一）遵循“三个规律”，牢牢把握体育工作的规律性

1. 要遵循全民健身普及规律

全民健身关键在于普及。纵观世界上体育比较发达的国家、地区和城市，衡量全民健身工作成效主要看三方面：体育设施是否便捷、体育组织是否发达、体育人口是否众多。《2017年上海市全民健身发展报告》显示，上海人均体育场地面积从2016年的1.83平方米增加到2017年的1.96平方米；每万人拥有固定健身团队数量从18.7个增长到20.5个；经常参加体育锻炼的人数比例从42.2%提高到42.7%，已经取得了一定成绩，但在进一步完善群众身边的体育设施、体育组织、科学健身指导等方面，仍有很大提升空间。

上海全民健身工作，要着力丰富群众身边的社区体育设施，高质量完成市政府体育实事项目，广泛开展上海城市业余联赛等全民健身活动，加强科学健身指导，完善体育公共服务体系，让市民群众有更多获得感和幸福感。

2. 要遵循竞技体育制胜规律

竞技体育要敢于争第一，但也要发扬体育精神，要防止为了成绩不择手段。提高竞技体育核心竞争力，关键在人，要有高水平的运动员和教练员。长期以来，我们在竞技体育发展过程中积累了不少经验，比如，“三从一大”训练原则（从严、从难、从实战出发、大运动量训练）；再比如，科学选材、科学训练、科学保障和情报信息，这些好的经验做法都要继续坚持和发扬。但不论什么时候，运动员、教练员以及后备人才队伍建设都是竞技体育发展最为核心的要素。

竞技体育要注重质量和效益，要走精兵之路，“既不摊大饼，也不撒胡椒面”，必须有所为、有所不为。要调整完善竞技体育项目布局，集中优势资源打造一支实力突出、作风优良的高水平运动员、教练员队伍。

要以运动员为核心、以教练员为首要，加强各方面服务保障，全力备战东京奥运会、北京冬奥会等重大赛事，全力打好二青会，争取运动成绩和精神文明双丰收。

3. 要遵循体育产业市场规律

体育不仅可以为国争光，还能为民造福、为国增利。加快发展体育产业是满足市民群众不断增长的美好生活需要的重要举措，也是推动高质量发展、创造高品质生活的必然要求。数据显示，2018 年上半年，全国服务消费增长强劲，其中人均体育健身活动支出增长 39.3%；2017 年，上海居民人均体育消费达 2 460 元，占人均总支出的 6.2%。这些数据都说明体育产业和体育消费正在成为拉动经济增长的新动能。

发展体育产业要坚持市场主导、政策引导，发挥市场在体育资源配置中的决定性作用。要继续抓好“体育产业 30 条”等政策文件的贯彻落实，结合民营企业调研等工作加大体育企业的培育力度，当好“有求必应、无事不扰”的“店小二”，营造法治化、国际化、便利化的体育营商环境。积极筹备成立体育产业行业组织，加强体育产业行业自我服务、自我管理。

（二）实现“三个新作为”，提升体育工作的质量和效益

1. 要在推动体育高质量发展全力打响上海“四大品牌”方面有新作为

要积极贯彻市委、市政府《关于全力打响上海“四大品牌”率先推动高质量

发展的若干意见》等文件要求，在推动上海体育高质量发展方面下更大功夫，助力打响上海“四大品牌”。

要加快完善体育产业发展布局。依托重点区域和重大项目建设，与现有体育设施、体育赛事、体育企业、重点产业功能区以及科技、制造、文化、生态、互联网等区域特色资源紧密结合，培育一批具有辐射影响力的体育产业集聚区和示范基地、示范项目，打造具有国际国内影响力的体育资源交易平台。要推进长三角体育产业一体化发展，努力打造全国体育产业高质量发展的引领示范区。

要加快建设国际体育赛事之都。贯彻实施建设国际体育赛事之都三年行动计划，完善体育赛事规划布局，构建与全球著名体育城市相匹配的赛事体系，建立健全体育赛事标准体系和评价体系；精心筹办 2019 年篮球世界杯、武术世锦赛和 2021 年赛艇世锦赛，办好 F1 中国大奖赛、网球大师赛等年度品牌体育赛事，培育和引进更多国际顶级体育赛事。

要加快提升竞技体育综合竞争力。抓住崇明国家级体育训练基地建成启用契机，提高竞技体育训练质量和效益，完善竞技体育项目规划布局，提高为国争光、为上海城市争光的能力和水平。要坚持夏季项目和冬季项目同谋划、同部署、同发展，做好跨界跨项选材工作，打造“北冰南展”桥头堡。

要高度重视竞技体育后备人才培养，会同市教委做好“一条龙”项目布局。要完善崇明体育训练基地的科医保障体系，提高科技助力水平。

2. 要在创造体育高品质生活加快建设健康上海方面有新作为

要多措并举增强上海市民体育健身的获得感和满意度，倡导体育生活方式，推进健康上海建设，让市民享有更多高品质体育服务。要大力提升社区体育设施服务供给，以基层为重点，推动社区体育设施均衡合理布局，破解“健身去哪儿”的瓶颈。按时完成政府体育实事项目，做好市民球场、市民健身步道、市民益智健身苑点的选址和建设工作。积极推进社区市民健身中心建设。加强体绿结合，推进嵌入式体育设施建设。要坚持建设和管理并重，运用信息化等手段，做好公共体育设施公益性开放和附属空间对外开放工作。

要有序推进重大体育设施项目。完成上海市民体育公园(一期)建设。按计划推进徐家汇体育公园、浦东足球场项目。加快推进马术公园、临港帆船帆板基地、崇明自行车馆以及 2021 年赛艇世锦赛上海水上运动中心功能改造等项目。支持各区推进区级重大体育设施项目。

要加强青少年体育公共服务。更加重视青少年体育工作，广泛开展青少年体育公益培训、冬夏令营、社区青少年体育配送等活动，帮助青少年掌握两项以上体育技能。进一步加强青少年体育组织建设。创新举办青少年体育赛事。壮大青少年体育指导员队伍。做好青少年体育社会宣传，鼓励青少年体育参与。

3. 要在全面深化体育改革加强体育部门自身建设方面有新作为

要转变体育部门职能，创新体育工作思路。持续推动体育发展方式从办体育向管体育、从小体育向大体育、从体育向“体育＋”的“三大转变”，以重点领域体育改革为牵引，以加强体育部门自身建设为保障，推动上海体育工作迈上新台阶。

要深入推进体育场馆改革。探索体育场馆所有权和经营权相分离，完善上海市体育场馆设施管理中心职责定位，提供更加优质的体育场馆服务。

要积极推进足球改革。贯彻落实足球改革系列文件，支持市足协发挥龙头作用。促进本市职业足球、校园足球、社会足球全面发展，争取走在全国足球改革发展的前列，助力国家队打好2022年卡塔尔世界杯预选赛。

要不断加强体育社会组织改革。坚持政社分开、管办分离，支持上海市体育总会完善治理结构，构建体育社会组织枢纽式管理新格局，推进体育社会组织社会化、实体化、专业化、国际化、规范化建设，加强对体育社会组织的监督管理。

要继续推进体育事业单位分类改革。优化体育公共管理和公共服务职能，精简机构，整合资源，形成精简、高效、专业的事业单位管理体系，健全制度规范和激励机制，调动干部职工干事创业的积极主动性。

要全面加强体育部门自身建设。要深入推进依法治体，启动上海体育“十四五”规划编制工作，制定出台一系列事关上海体育长远发展的法规政策文件。

要加强体育宣传和信息化建设，聚焦年度上海体育中心工作和重点任务，提升体育宣传的深度和广度。

要充分发挥局系统各级党组织和党员干部的先锋模范作用，坚决落实中央、市委要求，牢固树立“四个意识”，讲政治，讲原则，讲奉献，建设一支政治素质好、业务能力强、充满激情、富于创造、勇于担当的新时代上海体育干部队伍，营造事事有人做、人人有事做的良好工作环境，要进一步完善制度规范，加强基础管理，强化考核评估，为上海体育发展改革提供坚强有力的保障。

总之，我们要不忘初心、牢记使命，按照市委、市政府的工作部署，加快建设全球著名体育城市，努力创造人民满意的体育工作业绩，以优异成绩向中华人民共和国成立70周年献礼。

目　录

Contents

第1篇　群众体育

第2篇　竞技体育

第3篇 体育产业

第4篇 体育法治

编后语

第1篇

群众体育

上海市民公共体育服务满意度研究

顾雪兰　沈建华　张　颢　薛登科*

一、引言

（一）研究背景及意义

重视公共服务的变革与效率是当今世界范围内的一个普遍性现象，并与市场经济条件下政府责任的有效履行、公民权利的保障、社会公平的维护以及可持续发展等许多现实问题相联系，进而成为衡量一个国家或地区发展水平和政府效能的重要尺度。纽约、伦敦、巴黎、东京等国际大都市都在制定新的发展战略，将体育作为战略性资源营销和运作，发挥体育的独特作用。

公民公共服务满意度研究是一个备受关注的重要领域，体育公共服务体系建设中的公民参与是公民体育权利的重要内容。近年来，越来越多的专家学者将观察中国体育发展的视角转移到体育公共服务上来。然而，在我国体育改革中，体育公共服务表达机制缺失，群众利益诉求渠道和利益表达缺乏。体育公共服务服务质量与满意度研究还处于初始阶段，随着公民参与理念的兴起，公民满意度调查正成为政府回应公众呼声的重要渠道。此外，体育公共服务体系建设过程中，要转变以政府为中心的一元思维方式，公民的需要是体育公共服务的发端和归宿，要充分肯定公民在这一过程中的重要作用，积极引入服务质量的公众评价，这是实现体育公共服务创新的必由之路。

因此，对体育公共服务公众满意度进行比较研究，检测当前存在哪些差距

* 本文作者单位：顾雪兰，沈建华，上海财经大学；张颢，长江钜派（上海）资产管理有限公司；薛登科，“健身狂”工作室经理。立项编号：TYSKYJ2018076。

和问题，探索后续改进与完善策略，一方面可推进体育公共服务标准化，建设完善的、多层次的绩效指标评价体系，从而建立起符合服务型政府行为要求的体育公共服务考评机制；另一方面可促进持续的绩效改进，选择合理的体育公共服务方式，节约资源提高服务质量，进而满足大众对体育公共产品和服务的需求。

（二）相关概念的厘定

1. 体育公共服务

近年来，我国专家学者在体育公共服务领域的研究成果呈逐年递增之势。越来越多的学者将观察中国体育发展的视角转移到体育公共服务上来。对于体育公共服务，主要有物品解释法、利益解释法、主体解释法三种主流观点。

有关学者提出以下观点：

(1) 体育公共服务就是提供体育公共产品和服务行为的总称；

(2) 体育公共服务是指满足社会共同需求、具有非竞争性和非排他性的体育服务；

(3) 公共体育服务是公共组织为满足公共体育需要而提供的公共物品或混合物品；

(4) 体育公共服务即满足公共服务需求的行为，是为公共利益提供的基本的和广泛的服务；

(5) 公共体育服务是指公共体育组织和公共体育服务人员为社会公众的体育活动所提供的体育产品和体育劳务；

(6) 体育公共服务是政府、企业和第三部门等供给主体为满足社会成员体育需要而提供体育公共产品的过程。

2. 体育公共服务与城市公共服务

学术研究表明，“城市体育公共服务”是“体育公共服务”的重要分支。由于公共服务、城市体育公共服务和体育公共服务作为抽象化的事物，研究者们在界定其概念时，其词语结构及各词语的位置关系不允许随意改动，其基本结构具有不可分割性，而城市社区体育公共服务作为以上概念的下位概念，在对其概念进行界定时也只能采用表明差异性的词语，再加上位概念的方法。依据有关专家学者提出的关于体育公共服务概念界定的观点，即“体育公共服务”是指通过提供各种体育产品满足公民需要的公共服务。

研究认为，城市体育公共服务是指建立在一定社会共识基础上，政府、社会组织、企事业单位组织或市场组织等提供者利用城市社区中一定的地域空间、自然环境、一般公共资源和体育公共资源等，向城市社区或更大区域范围内的公众提供各种体育产品并满足其需要的公共服务。

3. 体育公共服务满意度研究

美国市场营销学家将顾客满意定义为“一个人通过对一种产品的可感知效果(或结果)与他(或她)的期望值相比较后所形成的愉悦或失望的感觉状态”，顾客满意水平是可感知效果和期望值之间的差异函数。从查阅的文献来看，对体育公共服务满意度研究的文献较少，有专家学者对我国九个城市的社区公众满意度进行问卷调查研究，也有专家学者在“统筹背景下城乡体育公共服务居民满意度评价模型构建——以重庆市北碚区为例”一文中从五个维度的满意度进行研究，还有专家学者从公共体育服务绩效评估角度进行研究。

国内外学者对于体育公共服务满意度的概念及内涵界定也各有特点。基于公共体育服务“公共性”属性，或者经济学上的市场失灵理论，有专家学者认为，政府(或公益性体育事业单位或机构)应成为我国公共体育服务体系建设的主体，这一观点为大多数学者所坚持。

另一种观点认为，在公共体育服务供给上，大包大揽的政府具有垄断性质或效率低下问题，政府在提供公共服务时，无法应对差异化的需求，造成一部分人无法享受公共物品，导致政府失灵。因此，提出公共体育产品供给可进行市场化运作。基于政府与市场双重失灵理论，有专家学者提出，第三部门或非营利性组织在公共体育服务供给中可以发挥补充作用，这就为第三部门或非营利性组织或民间组织的公共体育服务供给主体定位和生长提供相应的理论空间。

(三) 国内外研究现状

1. 国内相关研究

一是运用体育学、管理学、经济学等多学科理论与方法，分别从体育公共服务管理组织、管理者、政策、战略、资源等方面研究了体育公共服务管理活动。

二是从20世纪中后期全球范围内的新公共管理运动出发，详细阐述了我国“公共服务”的实践与理论探索。在此基础上，对“体育公共服务”的概念进行了界定，并在公共服务概念的逻辑框架内，从体育公共服务服务的供给主体、供给的发端与归宿、服务的客体以及多元的供给模式等四个方面对体育公共服务的概念进行了深刻的分析。

目前本领域研究集中在体育公共服务供给、体育公共服务“均等化”、“群众体育”的发展、体育公共服务的“供给”主体、“公共服务体系”的构建、“农村体育”和“社区体育”中的公共服务问题、实现体育公共服务均等化的“路径”等几大方面，是体育公共服务研究的热点与前沿，而对体育公共服务体系建设中的公民参与的文献较少。

2. 国外相关研究

从国外专家学者的研究来看，美国公共体育服务体系由美国公共体育服务设施、美国公共体育服务组织、美国公共体育服务运行机制及美国公共体育服务政策法规等构成。

美国公共体育服务设施其按照服务层级划分，可分为三个层级：

第一层是服务于全美公众的休闲体育公园系统，用于人们进行户外运动和休闲健身；

第二层是服务于各州或者各个城市居民，用于举办各类大型体育赛事的场地；

第三层主要是美国的学校体育设施，是美国体育公共服务设施的重要补充，主要为社区内居民提供基本的运动和健身设施。

美国公共体育服务组织包括提供公共体育服务的各类政府行政机构和依托社会协助政府提供公共体育服务的各类社会组织两大部分。美国公共体育服务运行机制连接了美国公共体育服务客体和主体。系统理论认为，系统是由两个以上相互联系、相互作用的要素构成的具有一定结构与功能的有机整体。美国公共体育服务的运行有其特定的机制原理，主要包括公共体育服务的管理机制和公共体育服务的供给机制两个方面。

美国公共体育服务的政策法规分为三类：第一类是基础性政策法规，如《业余体育法》《个人健康投资法》《第9条教育修正案》等；第二类是指导全民健康生活的政策指南和计划方针；第三类是业余体育组织、社会体育团体制定的各种体质健康测试标准和健身指导指南。

二、研究分析和结果

（一）构建上海公共体育服务满意度指标体系

构建体育消费满意度指标体系是一项系统工程，既需要充分考虑公共体育服务体系的特殊性，又要结合市民的实际需求，在一定的原则指导下建立一个科学评价指标体系。公共体育服务满意度的指标体系，应是一系列相互联系的、能敏感地反映市民满意状态及存在问题的指标有机构成的整体。本文在明确公共体育服务的概念、上海公共体育服务和内容以及上海市民的需求结构特点的基础上，遵照科学性、全面性、代表性和引导性原则，既充分反映上海公共体育服务的全貌，又借助于满意度理论进行客观评价，将有关的各个因素按照不同属性自上而下地分解成若干层次，同一层的诸因素从属于上一层的因素或对上层因素有影响，同时又支配下一层的因素或受到下层因素的作用，按照递阶层结构最终形成公共体育服务满意度指标体系，目标层为公共体育服务硬件设施 C1、公共体育服务政策 C2、体育公共服务 C3 和体育劳务，准则层为包含 11 大类，具体对 45 个指标进行测评(表 1)。

表 1　公共体育服务满意度测评指标及权重

	目标层	准则层	措 施 层	满意度指数	组内排序
公共体育服务满意度 C	体育公共服务硬件设施 C1(权重 0.4)	公共体育场地设施 C11	C111 公共体育场地设施的数量满意度	0.557 6	9
			C112 公共体育场地设施的质量满意度	0.557 9	8
			C113 公共体育场地设施的维护满意度	0.550 8	11
			C114 公共体育场地设施的安全性能满意度	0.559 5	7
		体育健身指导 C12	C121 社会体育指导员配置的数量满意度	0.508 7	14
			C122 社会体育指导员的素质满意度	0.678 4	1
			C123 社会体育指导员的服务质量满意度	0.510 8	13
			C124 社会体育指导员的服务次数满意度	0.514 7	12
		百姓健身房 C13	C131 百姓健身房覆盖率满意度	0.562 5	4
			C132 百姓健身房项目设置满意度	0.554 7	10

续 表

	目标层	准则层	措 施 层	满意度指数	组内排序
公共体育服务满意度C	体育公共服务硬件设施C1(权重0.4)	百姓健身房C13	C133 百姓健身房的使用满意度	0.564 6	5
			C134 百姓健身房维护满意度	0.559 6	6
		健身步道C14	C141 健身步道的选址满意度	0.624 1	3
			C142 健身步道的标识和环境满意度	0.624 9	2
			C143 健身步道的长度和宽度满意度	0.496 3	15
			C144 健身步道的维护满意度	0.489 8	16
	公共体育服务政策C2(权重0.3)	公共体育政策C21	C211 公共体育服务供给的公平性满意度	0.335 7	10
			C212 体育服务政策法规执行满意度	0.452 1	1
			C213 政府对于市民意见的听取情况满意度	0.335 3	11
			C214 市民自身体育需求的表达途径满意度	0.215 3	13
			C215 政府对市民建议与意见的回应情况满意度	0.334 5	12
		公共体育服务体制C22	C221 公共体育服务的制度化满意度	0.424 2	3
			C222 公共体育服务的方式满意度	0.422 7	5
			C223 公共体育服务的社会化满意度	0.423 6	4
			C224 公共体育服务的规范性满意度	0.421 8	7
		公共体育服务组织C23	C231 公共体育服务的政府机构满意度	0.425 8	2
			C232 公共体育服务的社会机构满意度	0.421 5	6

续　表

	目标层	准则层	措 施 层	满意度指数	组内排序
公共体育服务满意度 C	公共体育服务政策 C2(权重 0.3)	公共体育服务组织 C23	C233 公共体育服务社会组织的社会化程度满意度	0.421 3	8
			C234 公共体育服务社会组织的产业化程度满意度	0.420 3	9
	体育公共服务 C3(权重 0.4)	公共体育锻炼服务 C31	C311 开展日常性体育活动的满意度	0.416 1	10
			C312 各类体育活动时机选择的满意度	0.412 6	13
			C313 公共体育服务中“节日体育服务”满意度	0.414 1	12
			C314 公共体育服务中“日常体育服务”满意度	0.427 0	2
		公共体育竞赛服务 C32	C321 开展体育竞赛表演活动的满意度	0.523 2	1
			C322 体育竞赛表演活动时间选择的满意度	0.385 6	16
			C323 体育竞赛表演活动频度的满意度	0.387 2	14
			C324 体育竞赛表演活动地点选择的满意度	0.387 0	15
		国民体质监测服务 C33	C331 体质监测站数量满意度	0.422 6	5
			C332 体质监测站人员素质满意度	0.423 3	4
			C333 体质监测开展次数满意度	0.422 4	6
			C334 体质监测涉及人群满意度	0.419 1	8
		公共体育信息服务 C34	C341 体育信息传达平台建设的满意度	0.418 6	9
			C342 各类体育信息传递频次满意度	0.419 4	7

续 表

	目标层	准则层	措 施 层	满意度指数	组内排序
公共体育服务满意度C	体育公共服务C3(权重0.4)	公共体育信息服务C34	C343 各类体育信息传播途径满意度	0.424 5	3
			C344 各类体育信息传播方式满意度	0.414 7	11

(二) 研究结果与分析

1. 体育公共服务的满意度指数及排序

(1) 总体满意度:

通过计算,我们得到总体满意度的均值为5.583,三个维度公共体育服务的硬件设施满意度为5.562,公共体育服务政策的满意度为5.607,公共体育服务的服务满意度为5.586。其中男性满意度均值为5.468,女性满意度均值为5.810。以上指标都是处于"比较满意"和"一般满意"之间。

(2) 公共体育服务的硬件设施满意度结果和分析:

第一,公共体育服务的硬件设施满意度有待于提高。

公共体育服务的硬件设施是发展体育事业和全民健身的重要物质基础,也是在城市综合功能的重要载体,是现代城市必须具备和完善的重要功能。一方面是满足居民在开展体育活动、进行运动休闲等方面的生活需求,另一方面也是现代城市建设的闪光点。公共体育设施的规划和建设更是实行全民健身计划,进一步改善国民体质与健康状况,提高中华民族整体素质,促进社会主义物质文明和社会主义精神文明建设所必不可少的保障条件。

近年来上海加大对公共体育服务设施的投入,全市积极推进"百姓"系列工程建设(表2)。2015年全年建成的14个百姓健身房覆盖在6个区的3个街道、10个镇、1个园区,总面积6 222平方米;2个百姓游泳池覆盖2个区的2个镇、1个园区,总面积约3 800平方米;53条百姓健身步道覆盖14个区的19个街道、33个镇、1个园区,总长22 500米,着力优化体育健身设施布局规划,提高公共体育场馆的利用率和服务水平,节假日及全民健身日期间,全市公共体育场馆设施向市民公益性或免费开放。

截至2016年底,上海人均体育场地面积已达到1.83平方米,比2013年1.72平方米有所增长,与人均体育场地面积形成对比的是中心城区人均体育场地面积不足 1 平方米的现实，公共体育设施不足的问题仍然突出。

表 2　上海新增公共体育服务硬件设施

年 度	健身步道(条)	百姓健身房(个)	社区健身苑点(个)	社区公共运动场(处/片)	百姓游泳池(个)	区级体质监测站(个)	灯光运动场(片)
2014	63	21	386	31/100	6	19	
2015	53	14	70		2		51 片
2017(总)	457		10 250	511			

本次调查表明，上海市民对于公共体育服务的硬件设施的满意度均值为 5.562，处于“比较满意”和“一般满意”之间(表 3)。相对而言，百姓健身房和健身步道的满意度高于传统的公共体育健身设施。但同时也显示了上海市民对于体育场地设施的需求与实际体育场地设施供给状况还存在一定的差异，据有关资料表明，市民喜爱的羽毛球馆、游泳馆等热门运动场馆设施在体育场地设施供给中排名十名以外，因此成为热门稀缺场馆资源。

表 3　体育公共服务的硬件设施满意度指数

准则层	措　施　层	满意度指数	组内排序
公共体育场地设施 C11	C111 公共体育场地设施的数量满意度	0.557 6	9
	C112 公共体育场地设施的质量满意度	0.557 9	8
	C113 公共体育场地设施的维护满意度	0.550 8	11
	C114 公共体育场地设施的安全性能满意度	0.559 5	7
体育健身指导 C12	C121 社会体育指导员配置的数量满意度	0.508 7	14
	C122 社会体育指导员的素质满意度	0.678 4	1
	C123 社会体育指导员的服务质量满意度	0.510 8	13
	C124 社会体育指导员的服务次数满意度	0.514 7	12
百姓健身房 C13	C131 百姓健身房覆盖率满意度	0.562 5	4
	C132 百姓健身房项目设置满意度	0.554 7	10
	C133 百姓健身房的使用满意度	0.564 6	5
	C134 百姓健身房维护满意度	0.559 6	6

续 表

准则层	措 施 层	满意度指数	组内排序
健身步道 C14	C141 健身步道的选址满意度	0.624 1	3
	C142 健身步道的标识和环境满意度	0.624 9	2
	C143 健身步道的长度和宽度满意度	0.496 3	15
	C144 健身步道的维护满意度	0.489 8	16

第二，对“百姓工程”的满意度不一。

近年来，上海推出“亲民、便民、利民”的“百姓工程”，其中“百姓健身房”和“健身步道”成为富有特色的公共体育设施，如黄浦江两岸45公里的“漫步道、跑步道、骑行道”和球场等设施也让市民健身有了全新的体验。

本次调查表明，对百姓健身房和健身步道的满意度指数相对较高，尤其是对健身步道的标识和选址的满意度指数最高，但是对“健身步道的长度和宽度满意度”指数是最低的。对百姓健身房的满意度指数相对集中，在0.554 7～0.562 5之间，处于“满意”的水平，而对“百姓健身房覆盖率满意度”指数相对较高，达到0.562 5，位列第四(表3)。

第三，社会体育指导满意度指数相对较低。

社会体育指导员是发展我国体育事业、增进公民身心健康、提高生活质量、建设社会主义精神文明的一支重要力量，这既是对社会体育指导员地位和作用的充分肯定，同时又表明了社会体育指导员对发展我国的社会体育事业负有重要的责任。本次调查表明，市民对体育健身指导的平均满意度为0.553 1(表3)，处于“一般满意”，还有待于提高。

近年来，上海把社会体育指导员工作培训作为队伍建设的重点，在不断吸收体育健身积极分子加入社会体育指导员队伍的同时，加强对社会体育指导员健身技能、科学健身知识及组织管理的培训。截至2016年底，上海共有社会体育指导员55 211名，市民对“社会体育指导员的素质满意度”指数比较高，达到0.678 4，处于“比较满意”的水平，也是措施层中最高的。但相对上海2 400余万常住人口来说，社会体育指导员的数量还远远不足，仍然难以满足市民需求，由于缺口较大也导致市民对其服务的次数和质量的满意度指数较低，分别为0.514 7和0.510 8(表3)。因此，加快社会体育指导员的培训、扩大体育指导员的队伍需要进一步加强。

（3）公共体育服务政策的满意度：

市民对公共体育服务的需求决定了公共体育服务的政策、内容与方式。在我国，公民依法享有平等的体育运动权利，我国宪法规定："国家发展体育运动，开展群众性的体育活动，增强人民体质。"《中华人民共和国体育法》也规定："国家发展体育事业，开展群众性的体育活动，提高全民族素质。"近几年，上海陆续出台了有关全民健身、体育公共服务等方面的法规政策，但是上海体育公共服务的法治化程度仍然较低，完全依赖于以政府及事业单位为主体的资源配置的基础性作用还难以满足市民的需求，仍然需要发挥政府的基础作用，依然需要发挥市场的调节作用。

本次调查表明，上海市民对"公共体育服务的政策"满意度为 5.607，对"公共体育政策"和"公共体育服务的服务体制"的满意度为 5.58，对"公共体育服务的服务组织"的满意度为 5.63，基本处于"一般满意"的水平（表 4）。现代社会将体育视为每一个社会成员的基本权利，体育是社会发展与人类文明进步的一个标志，体育事业发展水平是一个国家综合国力和社会文明程度的重要体现。满足市民对公共体育服务的需要，建立和逐步完善公共体育服务体系是构建和谐社会的重要环节，是保障人们的体育权利、维护人与人之间和谐关系的重要纽带。

表 4　公共体育服务的政策满意度

目标层	准则层	满意度	排序
公共体育服务政策 5.607	公共体育政策	5.58	2
	公共体育服务体制	5.58	2
	公共体育服务组织	5.63	1

第一，市民对公共体育政策的满意度指数。本次调查显示，市民对"体育服务政策法规执行满意度"指数最高，为 0.452 1，而对"市民自身需求的表达途径满意度""政府对于市民意见的听取情况满意度"和"政府对市民建议与意见的回应情况满意度"指数最低，只有 0.215 3、0.335 3 和 0.334 5，均处于"不太满意"的水平，这也说明市民需要合适的途径表达对政策法规等方面的解答，同时也表达了较强烈的意愿参与到政策法规以及公共体育服务的决策当中（表 5）。

第二，市民对公共体育政策的服务体制的满意度指数。本次调查显示，市民对“公共体育服务的制度化满意度”“公共体育服务的社会化满意度”“公共体育服务的方式满意度”“公共体育服务的规范性满意度”相对比较一致，依次为0.424 2、0.423 6、0.422 7和0.421 8，都处在“满意”的水平，这与近年来上海大力推行公共体育服务体系建设、推动全球著名体育城市建设有很大关系(表5)。

第三，市民对公共体育服务组织的满意度指数。本次调查显示，市民对“公共体育服务的政府机构满意度”“公共体育服务的社会机构满意度”“公共体育服务社会组织的社会化程度满意度”“公共体育服务社会组织的产业化程度满意度”相对比较一致，依次为0.425 8、0.421 5、0.421 3和0.420 3，都处在“满意”的水平，这与近年来上海市大力推行公共体育服务体系建设，体育的社会组织、社团组织协会组织大力开展体育服务有一定的关系(表5)。

表5　公共体育服务的政策满意度指数

准则层	措施层	满意度指数	组内排序
公共体育政策C21	C211 公共体育服务供给的公平性满意度	0.335 7	10
	C212 体育服务政策法规执行满意度	0.452 1	1
	C213 政府对于市民意见的听取情况满意度	0.335 3	11
	C214 市民自身体育需求的表达途径满意度	0.215 3	13
	C215 政府对市民建议与意见的回应情况满意度	0.334 5	12
公共体育服务体制C22	C221 公共体育服务的制度化满意度	0.424 2	3
	C222 公共体育服务的方式满意度	0.422 7	5
	C223 公共体育服务的社会化满意度	0.423 6	4
	C224 公共体育服务的规范性满意度	0.421 8	7
公共体育服务组织C23	C231 公共体育服务的政府机构满意度	0.425 8	2
	C232 公共体育服务的社会机构满意度	0.421 5	6
	C233 公共体育服务社会组织的社会化程度满意度	0.421 3	8
	C234 公共体育服务社会组织的产业化程度满意度	0.420 3	9

（4）公共体育服务体系中服务的满意度：

近年来上海在体育公共服务领域进行了大胆的探索，把全民健身和体育公共服务体系建设纳入经济社会发展规划，有效地提高了体育公共服务供给能力。作为体育公共服务的重要举措，从2012年提出“30分钟体育生活圈”到目前的“15分钟体育生活圈”，将体育融入人们的日常生活、工作、学习，成为衣食住行以外的“第五”基本生活要素，促进身体、心理、社会等多维的健康新型生活方式。上海不断推进体育公共服务体系建设，完善顶层设计，突出服务理念（表6）。

表6　2013～2015年上海市各类公共体育活动统计

年度	市民大联赛			体质监测服务			
	设置项目（项）	比赛场次（场）	参加人数（万人）	区级体质监测中心（个）	抽测人数（人）	体质达标率（%）	体质综合指数评分
2013	10		128.1	5			
2014		3 810	148	4	11 900（入户）		
2015	50	5 245	238		42 400	97.1	107.91

资料来源：上海体育年鉴2016、2015、2014。

随着我国社会的进步和经济的发展以及人们生活水平的提高，大众体育需求的动机、形式和内容等方面均发生了重大变化，体育越来越成为人们日常生活中不可缺少的部分，公共体育需求的内容、层次、结构、方式等都会发生相应改变，不仅仅是硬件设施，还应该包括相应的服务体制、机制以及服务内容。因此本次调查关注了市民对公共体育服务体系所涉及的日常体育锻炼服务、参加体育竞赛活动的服务、国民体质健康测试、体育信息服务等内容。从本次调查看出，市民对于公共体育服务体系中服务内容的满意度为5.586，处于“一般满意”的水平。

伴随着信息化程度的不断提高，上海市体育局加强体育信息化建设，提高信息化服务的质量，因此在本次调查中，市民对“体育信息服务”的满意度位列准则层的最高，为5.657，相对而言对“体育锻炼服务”的满意度较低，为5.566（表7）。

表7　公共体育服务的服务满意度

目标层	准则层	满意度	排序
公共体育服务的服务 5.586	体育锻炼服务	5.566	4
	体育竞赛服务	5.597	3
	体质监测服务	5.622	2
	体育信息服务	5.657	1

第一,公共体育服务体系中锻炼服务的满意度指数。在公共体育服务体系中对体育锻炼服务内容包括了“开展日常性体育活动的满意度”“各类体育活动时机选择的满意度”“公共体育服务中节日体育服务的满意度”和“公共体育服务中日常体育服务的满意度”四个内容。本次调查显示,市民对体育锻炼服务的满意度指数处于0.427～0.412 6之间,接近“不太满意”的上限,说明在公共体育服务体系的建设中,缺乏对日常体育锻炼的服务内容(表8)。

第二,公共体育服务体系中竞赛服务的满意度指数。在公共体育服务体系中对体育竞赛服务内容方面设置了“体育竞赛表演活动的满意度”“体育竞赛表演活动时间选择的满意度”“体育竞赛表演活动频度的满意度”和“体育竞赛表演活动地点选择的满意度”四个内容。本次调查显示,市民对体育竞赛服务的满意度指数最高,0.523 2,达到“比较满意”的水平。自2013年以来的“市民体育大联赛”进一步推动了市民参加赛事表演活动的积极性,也激发了市民参与体育竞赛的热情,而对其他三个选项的满意度水平处在“不太满意”的水平,分别为0.385 6、0.387 2和0.387 0,说明市民对体育竞赛表演活动的时间安排、频度设置以及地点选择上有意见,要维持市民的积极性,在今后时间的地点的选择上仍需要多多听取市民的意见。

第三,公共体育服务体系中体质监测服务的满意度指数。在公共体育服务体系中对国民体质监测服务内容包括了“监测站数量满意度”“监测站人员素质满意度”“监测开展次数满意度”和“监测涉及人群满意度”四个内容。本次调查显示,市民对体质监测服务的满意度指数处于0.423 3～0.419 1之间,接近“满意”的水平。

第四,公共体育服务体系中信息服务的满意度指数。在公共体育服务体系中对竞赛服务内容设置了“体育信息传达平台建设的满意度”“各类体育信息传递频次满意度”“各类体育信息传播途径满意度”和“各类体育信息传播方式满意度”四个内容。

本次调查显示，市民对公共体育信息服务的满意度处于“满意”和“不太满意”之间，在体育信息服务中，体育市民对“各类体育信息传播途径满意度”指数最高，为 0.424 5，对“各类体育信息传播方式满意度”指数最低，为 0.414 7（表 8）。随着社会的发展和进步，各类信息化程度越来越高，手机 App 的应用空间越来越广泛，加强对体育信息服务传播方式的创新也是公共体育服务体系中的主要组成部分。

表 8　公共体育服务的服务满意度指数

准则层	措施层	满意度指数	组内排序
公共体育锻炼服务 C31	C311 开展日常性体育活动的满意度	0.416 1	10
	C312 各类体育活动时机选择的满意度	0.412 6	13
	C313 公共体育服务中节日体育服务满意度	0.414 1	12
	C314 公共体育服务中日常体育服务满意度	0.427 0	2
公共体育竞赛服务 C32	C321 开展体育竞赛表演活动的满意度	0.523 2	1
	C322 体育竞赛表演活动时间选择的满意度	0.385 6	16
	C323 体育竞赛表演活动频度的满意度	0.387 2	14
	C324 体育竞赛表演活动地点选择的满意度	0.387 0	15
国民体质监测服务 C33	C331 体质监测站数量满意度	0.422 6	5
	C332 体质监测站人员素质满意度	0.423 3	4
	C333 体质监测开展次数满意度	0.422 4	6
	C334 体质监测涉及人群满意度	0.419 1	8
公共体育信息服务 C34	C341 体育信息传达平台建设的满意度	0.418 6	9
	C342 各类体育信息传递频次满意度	0.419 4	7
	C343 各类体育信息传播途径满意度	0.424 5	3
	C344 各类体育信息传播方式满意度	0.414 7	11

2. 不同人群的满意度分析

(1) 不同性别和年龄人群的满意度分析:

建立满意度指标体系和计算出满意度之后,我们开始分析满意度和受访者个人基本信息之间的关系。首先,对于性别、年龄和职业等变量,由于选项设置属于类别量表,并不具有任何数值意义。因此,我们不能直接通过计算相关系数和回归分析来分析其和满意度之间的关系。在这里,利用 Kolmogorov－Smirnov 检验、Kruskal－Wallis 检验等方法来检验这些因素对满意度的影响。

对性别,我们使用 Kruskal－Wallis 检验来计算。由于所得的 P 值为 1.833×10^{-4},可以认为性别对于满意度有显著性的影响;再利用 t 检验计算两个类别数据均值的置信区间,其中女性的满意度均值的 95%置信区间为[5.695,5.925],男性的满意度均值的 95%置信区间为[5.329,5.606]。这很明显地表现出了女性相比于男性对公共体育的满意度更高。

不同年龄人群的满意度的水平处于“一般满意”,41～50 岁的人群满意度最高为 5.772(表 9),对年龄进行 Kolmogorov－Smirnov 检验,P 值为 7.389×10^{-8},这证实了年龄确实对满意度有影响。从表 9 中可以看出,60 岁以上的人群满意度最低,处于“一般满意”的下限,其原因是公共体育设施的建设中未能考虑适合老年人的内容和方式,其相应的体育组织和活动以及赛事也较少。

表 9　不同性别和年龄人群的满意度

	性　别		年　　龄					
	男性	女性	18～22 岁	23～30 岁	31～40 岁	41～50 岁	50～60 岁	60 岁以上
满意度	5.468	5.810	5.457	5.307	5.650	5.772	5.670	5.084
排序	2	1	4	5	3	1	2	6

(2) 不同收入和支出人群的满意度分析:

不同收入人群的满意度水平都处于“一般满意”,也存在差别但差别不大,收入在 5 500～7 000 元/月的人群满意度最高,为 5.787,收入在 7 000～10 000 元/月的人群满意度最低,为 5.523(表 10);每月体育支出高的人群满意度也相对较高,月体育支出在 1 000 元以上的人群其满意度最高,为 5.852;月体育支出在 100 元以下的满意度最低,为 5.484(表 11)。

表10　不同职业和月收入水平人群的满意度

月收入水平(元)	满意度	排　序	不同职业	满意度	排　序
<2 000	5.376	5	公务员	5.444 4	4
2 000～2 500	5.485	4	企业管理人员	5.651 1	3
2 500～4 000	5.706	2	职员	5.700 6	2
4 000～5 500	5.529	6	个体工商户	5.433 5	7
5 500～7 000	5.787	1	学生	5.436 4	6
7 000～10 000	5.523	7	自由职业者	5.771 9	1
>10 000	5.582	3	离、退休人员	5.435 5	5

(3) 不同教育水平和职业人群的满意度分析：

不同教育水平人群的满意度水平处于“一般满意”，本科学历的人群满意度最高，为5.839 9，硕士及以上人群的满意度最低，为5.206 6(表11)；由于学历高的人群对公共体育服务有着更高的需求，一般来说需求高的人，期望值也高。

不同职业人群的满意度水平处于“一般满意”，自由职业者满意度最高5.771 9，个体工商户的满意度最低5.433 5(表10)。对职业进行Kolmogorov-Smirnov检验，并没有发现不同的职业对于满意度的显著性影响。

表11　不同教育水平和月体育支出人群的满意度

教育水平	满意度	排　序	每月体育支出(元)	满意度	排　序
中学或中专	5.531 3	3	<100	5.484	4
大　专	5.723 7	2	100～500	5.665	3
本　科	5.839 9	1	500～1 000	5.775	2
硕士及以上	5.206 6	4	>1 000	5.852	1

(4) 相关性分析：

分析表明，年龄、收入、体育开支和满意度之间有比较强的相关关系(表12)。利用回归分析检验和计算各变量对满意度的影响。由于性别是一个二元变量，实际上可以看作特殊的顺序变量，我们将性别也加入了分析。从结果可以发现，回归分析效果并不好，并没有完全体现变量和满意度之间的相关性。实际上由于变量之间的关系，我们可能无法使用回归分析直接得到结果，因此需要使用其他方法探索其中的关系。

表12 相关性分析

	估计值	P值
截距	5.0110	<2e−16
年龄	0.0404	0.3082
收入	0.0431	0.1245
性别(女)	0.3759	3.49e−05
体育开支	0.1078	0.0315

(5) 满意度的路径分析：

路径分析是一种将观察变量间的关系以模型化的方式进行分析的统计技术。利用这一分析方法，我们可以检验和计算变量之间的相互作用以及自变量对因变量影响的具体路径。通过计算变量之间的相关系数，我们发现每月体育支出和月收入有关系，月收入和性别、年龄有关系。因此我们根据这两个规律给出模型的假设，并进行路径分析检验(表13)。

表13 路径分析结果

	估计值	P值
满意度—年龄	0.040	0.304
月收入	0.043	0.118
性别	0.376	0
每月体育开支	0.108	0.030
每月体育开支—收入	0.120	0
月收入—性别	−0.303	0.030
年龄	0.761	0

路径分析表明了一个影响的过程：年龄和性别对月收入有显著地影响，而月收入显著地影响了月体育开支；最后，月体育开支和性别又显著地影响了满意度，月收入对满意度的直接影响并不是十分显著(图1)。

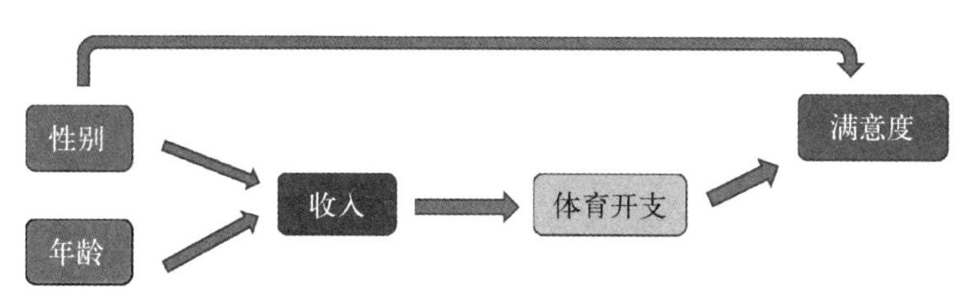

图1　变量和满意度的关系

(6) 不同区域的满意度分析：

本次调查遍布上海主城区和郊区；主城区中，徐汇区满意度最高，为6.398，达到"比较满意"的水平，普陀区最低，为5.174 6，处于"一般满意"的水平；郊区中嘉定区满意度最高，为6.118 3，处于"比较满意"的水平，奉贤区最低，为5.276 8，处于"一般满意"的水平(表14)。对不同的区域，同样进行Kolmogorov - Smirnov检验，P值为9.934×10^{-3}，因此可以发现不同区域对满意度有显著影响。

表14　不同区域的满意度结果

主城区	满意度	排　序	郊　区	满意度	排　序
徐汇区	6.398	1	嘉定区	6.118 3	1
杨浦区	5.717 1	2	青浦区	5.798 3	2
黄浦区	5.56	3	宝山区	5.717 8	3
长宁区	5.447 3	4	松江区	5.607 1	4
静安区	5.402 3	5	闵行区	5.604	5
虹口区	5.369 2	6	金山区	5.597 2	6
闸北区	5.253 1	7	浦东区	5.541 8	7
普陀区	5.174 6	8	崇明区	5.530 6	8
			奉贤区	5.276 8	9

注：2015年10月闸北区与静安区合并为静安区。

三、结论和建议

(一) 结论

第一，上海市民对上海公共体育服务的服务体系的总体满意度为5.6，处

于“一般满意”和“比较满意”之间，公共体育服务的政策的满意度高于公共体育服务的服务和公共体育服务的硬件设施，其中体育场地设施和体育指导是市民满意度最低的两大部分。

第二，在满意度指数方面，市民对百姓健身房和健身步道的满意度指数相对较高，但是对健身步道的长度和宽度的设置满意度指数是最低的；对“社会体育指导员的素质”的满意度指数很高，但对其服务的“次数和质量”的满意度指数较低。

第三，市民对体育服务政策法规执行满意度指数最高，而对市民意愿的表达、政府对市民意见的听取和回复的满意度指数较低；对公共体育服务的制度化、社会化、规范性等的满意度指数水平不高但相对一致；对公共体育服务的政府机构、社会机构、社会化程度和产业化程度的满意度指数不高但相对一致。

第四，市民对体育竞赛服务的满意度指数最高，而对体育竞赛的时间、地点的选择和设置频次上满意度指数较低；对国民体质健康监测的满意度指数水平接近满意的水平；对公共体育信息服务传播途径满意度指数最高，对传播方式的满意度指数最低。

第五，市民中女性满意度高于男性；不同年龄的人群，满意度处于“一般满意”水平，60岁以上的人群满意度最低，处于“一般满意”的下限，其原因是公共体育设施的建设中未能考虑适合老年人的内容和方式，其相应的体育组织和活动以及赛事也较少，这也提示在公共体育服务体系的建设中应该更好地关爱老年人。

第六，相关性分析表明满意度与年龄、收入、体育开支和满意度之间有比较强的相关关系，路径分析表明年龄和性别对月收入有显著的影响，而月收入显著地影响每月的体育支出，每月体育支出又显著地影响满意度，月收入对满意度的直接影响并不是十分显著。

第七，所有区域中徐汇区和嘉定区满意度均值最高，处于“比较满意”的水平，其他区域处在“一般满意”的水平。

（二）建议

第一，随着全面健身上升到国家战略和上海市公共体育服务体系的不断推进，建立公共体育服务体系的质量标准迫在眉睫，要以标准来规范硬件设施和服务内容、提升政府职能效率、实现公共体育服务标准化，要明确公共服务体系的范围标准、资源配置、管理运行、供给方式、评估办法等有关内容，规范和提高公共体育服务的建设与管理水平从而提高公众满意度。

第二，近年来，上海加快了公共体育场地和设施的建设力度，所创新的“百姓工程”受到了上海市民的欢迎，“百姓健身房”“健身步道”的便捷、实用成为上海市民积极参加体育锻炼的主要形式，但是大多数“健身步道”的设计采用的是一条跑道的宽度，在高峰期进行锻炼时难免会造成拥挤，因此，在今后健身步道的建设中应适当加宽步道，避免拥挤和伤害事故的发生。“百姓健身房”的建设要考虑市民对热门项目的需求，特别是中青年人群的要求。

第三，为市民提供公共服务，保障其最基本的生存和发展权利，是政府的基本职责。公共体育服务体系的建设要紧紧围绕着全体市民的需求，体育场馆与设施、体育指导服务、体育信息获得、体育竞赛活动等的提供应该是无差别的、稳定的、公平的，因此在进行基本公共体育服务建设时必须倾听民众的基本体育需求，通过热线电话、网络咨询、服务信箱等多种渠道，开通“政务公开”，建立倾听民声的工作机制，使政府的供给符合民众的需要，有效解决供需矛盾，有效提升公共体育服务内容选择和制定的科学性、民主性、有效性和合理性，从而提高公众对政府工作的满意度。

第四，公共体育服务体系实施中，虽然上海的体育健身场地设施已有所改善，达到了一定的规模，但仍不能满足市民的需求。在公共体育建设资源（如土地资源）稀缺情况下，可考虑采用共享体育的形式，构建体育场地数据共享大平台，完善基本公共体育设施网络，形成覆盖全市、统筹利用融合大系统，提升现有各类公共体育设施的利用率以及管理、运营和服务水平，强化公共体育服务的保障，努力提升市民的获得感、公平感和满意度。

第五，上海近年来不断进行改革、推动和完善群众体育赛事活动，但是市民对赛事的时间和地点的选择上还不尽满意，对赛事的频次设置上与市民的需求也存在差异，针对此问题，建议将重心下移，构建以市级赛事为引领、区级赛事为主导、社区赛事为载体的群众体育赛事活动体系，培养运动习惯，展现市民团结奋发、昂扬向上的精神面貌，突出活动特色，营造全民健身的良好氛围。在继续加强群众体育赛事的运行机制——政府购买服务的同时，积极引导机关事业单位、社会组织承办各类赛事活动，加大对各体育项目协会的扶持力度，通过运动项目协会的服务不断提高市民的运动技能和运动习惯，使市民具备良好的体育素质，“会健身”，“能参赛”，扩大全民健身运动的参与面。

第六，随着老龄化社会进程的日益加快，老年人对公共体育服务设施的需求日益上升，并逐渐成为人们关注的热点。建议政府财政部门加大对社区养老服务设施建设的支持力度，包括适合老年人使用的公共体育场地设施，为老年人提供体育指导，促进老年人的健康水平，提升生活满意度和幸福感。政府一方面要转变投资方式，改变公共设施单一的投资主体，吸引社会资金和社会组织的参与，另一方面要尽快开展政府购买服务，解决老年人参与体育锻炼中的服务难题，进一步满足老龄社会需求。

第七，利用各类渠道宣传，做好宣传和舆论引导工作，营造有利于公共体育服务体系建设的良好氛围。充分利用媒体资源，增加宣传舆论工作投入，提高群众对公共体育服务和全民健身的知晓率和参与率，使市民“想健身”，增强其体育意识，能够主动利用体育公共建设并进一步向身边人宣传市内的体育公共建设。随着健身意识的提高，市民的体育开支会随之一定程度地提高，由此改善其满意度。

参考文献

[1] 刘艳丽，苗大培. 社会资本与社区公共体育服务的服务[J]. 体育学刊，2005

[2] 课题组. 上海市公共体育服务的服务的实践与探索[J]. 体育科研(沪)，2008

[3] 樊炳有. 公共体育服务的服务的理论框架及系统结构[J]. 体育学刊，2009

[4] 刘艳丽，姚从容. 从经济学视角试论我国公共体育服务的服务产业生产主体的多元化[J]. 西安体育学院学报，2004

[5] 刘亮. 我国公共体育服务的服务的概念溯源与再认识[J]. 体育学刊，2011

[6] 肖林鹏，李宗浩，杨晓晨. 我国公共体育服务体系概念开发及其结构探讨[J]. 天津体育学院学报，2007

[7] 漆书青，戴海崎，丁树良. 现代教育与心理测量学原理[M]. 南昌：江西教育出版社，1998

[8] 关守义. 克龙巴赫 α 系数研究述评[J]. 研究方法，2009

[9] 范卢明，梁桂仙. 调查问卷信度和效度的 R 软件实现[J]. 全科护理，2015

[10] 耿金花，高齐圣，张嗣瀛. 基于层次分析法和因子分析的社区满意度评价体系[J]. 系统管理学报，2007

[11] 邱皓政，林碧芳. 结构方程模型的原理与应用[M]. 北京：中国轻工业出版社，2009

[12] 王淑英，朱艳英. 公共体育服务绩效评价指标体系研究[J]. 科学大众(科学教育)，2012

[13] 王景波，赵顺来，魏丕来，郑凯，曲润杰，樊占平，曹亚东，于泉海. 地方政府公共体育服务的服务绩效评估指标体系的研究[J]. 沈阳体育学院学报，2011
[14] 刘武. 公共服务接受者满意度指数模型研究[D]. 东北大学，2008
[15] 科特勒. 营销管理[M]. 梅汝，梅清豪，周安柱，译. 北京：中国人民大学出版社，2001
[16] 姚绩伟，杨涛，丁秀诗，许文鑫，陈华伟. 城市社区公共体育服务的服务公众满意度的概念溯源、概念界定及含义分析[J]. 西安体育学院学报，2016
[17] 陈旸，马葛生. 社区体育服务居民满意度指数模型实证研究[J]. 中国体育科技，2009
[18] 漆书青，戴海崎，丁树良. 现代教育与心理测量学原理[M]. 南昌：江西教育出版社，1998

“体医”结合模式对上海慢性病健康促进的研究

郑筱华　袁　博　陈处旸　周卓惠*

一、研究背景

（一）国内外慢性病的发展现状

慢性病的全称是慢性非传染性疾病，是对一类缺乏确切的传染性生物病因证据的疾病的总称，具有起病隐匿，病程漫长，病因复杂，一病多因、一因多果，疾病负担重等特点。WHO统计的数据显示，截至2017年，全世界每年死于非传染性疾病的人数达4 000万人，相当于全球总死亡人数的70%。面对这一威胁人类健康的挑战，联合国和WHO明确了一项全球目标——到2025年使慢性病导致的过早死亡率降低25%。

在中国，2012年约有731万人因慢性病而死亡，慢性病造成的死亡占总死亡的比例已由1991年的69.8%上升至2012年的86.6%。慢性病导致的疾病负担占总疾病负担的近70%。我国高度重视慢性病的防治工作，并通过《中国防治慢性病中长期规划（2017—2025年）》制定了详细的战略目标，确立了“降低重大慢性病过早死亡率”的发展目标。

在上海，慢性病的情况更为严峻。据上海市疾控中心的调查数据显示，上海成年人高血压患病率为28.4%，现患总人数为600万人；35岁以上糖尿病患病人群达到17.6%，现患人数超过350万人；2016年，上海居民因慢性病死亡占全死因的比例已高达91%。2017年9月27日，上海出台了《“健康上海

* 本文作者单位：郑筱华，虹口区体育局；袁博，虹口区社会体育管理中心；陈处旸，虹口区体育局；周卓惠，虹口区社会体育管理中心。立项编号：TYSKYJ2018006。

2030”规划纲要》，提出要实施慢性病综合防治战略，在2030年将重大慢性病过早死亡率控制在9%以内。2012年的调查显示，虹口区居民所患的慢性病主要包括高血压、糖尿病、高血脂症、脑卒中、心肌梗死、慢阻肺，其中高血压患病率最高，达27.8%。2017年，虹口区人民政府印发了《虹口区深化医药卫生体制综合改革试点实施方案（2016—2020年）》，提出以60岁以上老年人、慢性病患者为主体，推进居民与家庭医生签约，落实慢性病患者“长处方”等优惠政策。

（二）国内外“体医”结合模式的研究现状

“体医”结合是体育和医学在技术手段、思想、理论等层次的交叉和融合，是使康复人群、病症人群、病兆人群、亚健康人群迅速回归健康的有效途径。

在美国，1980年开始实施《健康公民》，2010年颁布了《全民健身计划》，都是通过政策支持来刺激国民通过参与体育锻炼，推动“体医”结合发展。德国政府通过加大医疗投资，倡导全民健身等一系列举措来推行康体共进，促进国民体质健康。在日本，稍有规模的健身房里都配备有医务室，由专业人员对健身者进行全面的医学检查，并协助健身教练进行运动处方的制定。这一策略从根本上为健身者排除了一些不必要的运动风险和伤害，实现了健身与健康的良好结合。

我国的“体医”结合起步较晚，目前仍处于探索阶段。2011年有专家做出了“体医”结合促进全民科学健身的提案，2014年党中央、国务院将“全民健身”提升为国家战略，2016年《“健康中国2030”规划纲要》中明确提出要“广泛开展全民健身运动，加强体医融合和非医疗健康干预，促进重点人群体育活动”。

在上海，虹口区自2011年起积极探索开展“体医”结合体质运动干预工作，研究步行运动对中老年高血压、糖尿病患者的病情改善所起的作用，开展练功十八法、八段锦对颈椎病患者病情改善的研究等。同时，上海市政府也在积极推动“体医”结合的发展，计划通过“社区主动健康计划”将预防保健的“靶点”前移，让市民成为“聪明的健身者”。

（三）“体医”结合模式在慢性病中的应用现状

美国最早开展慢性病管理模型的专家研究，动员患者自身参与到管理活动当中，通过改善生活及行为方式，来降低慢性病的发病率、病死率和致残率。20世纪90年代，美国斯坦福大学的学者设计了慢性病自我管理计划模型，旨在通过不断的健康教育与健康促进，使慢性病患者获得健康知识，建立健康的生活方式，逐步实现自我管理的目标，控制慢性病的发生、发展，延缓慢性病并发症的发展。随后，该模型在澳洲、欧洲、亚洲各国得到广泛应用。

2002年，有专家学者提出慢性病创新照护框架，这种模式以预防为重点，为慢性病患者提供一体化、综合化的管理，通过增强自主管理意识及自我管理技能，从根本上遏制慢性病的发展。

虹口区自2008年2月开始建立“市民驿站”，进行运动结合医疗干预慢性疾病的探索，此后在各社区逐步推广并取得了良好的效果。在健康中国的背景下，将“体医”结合模式应用于慢性病的康复之中，可以针对慢性病病人开具个体化的运动处方，充分发挥体育活动在慢性病防治过程中的积极作用，从而提升患病人群的总体健康水平。

二、研究目的

（一）构建“体医”结合的工作模式

本研究旨在通过查找文献、社会调研、专家访谈、案例分析等方法，借鉴国内外的先进经验，观察上海市慢性病人群的特点，构建与之相适应的“体医”结合的工作模式。此后，将“体医”结合服务可持续发展理论和慢性病人群健身锻炼实践相结合，在理论分析和实证研究基础上，形成慢性病人群“体医”结合服务模式的系统、完整的应用性理论。

（二）应用“体医”结合的工作模式进行慢性病的防治工作

应用“体医”结合的工作模式，科学设计体育活动的时间、频率和强度，可以指导上海慢性病人群进行科学的运动，强化慢性病的早诊断、早治疗、早康复，减轻慢性病对经济和生命的危害，实现全民健康。

（三）推动“体医”结合模式的发展

该研究成果将为我国其他地区的慢病防治工作提供理论支撑和实践经验，大力推动“体医”结合的工作模式在不同地域、不同人群中的应用，促使体育健身成为抵御疾病的一道防护措施，从源头上减少病人数量和医疗财政支出，并为社会资本开办体质测定和运动康复等机构提供良好的契机，形成内涵丰富、结构合理的健康产业体系，实现健康与经济社会良性协调发展。

（四）为政府决策提供理论支撑

进行“体医”结合促进慢性病的研究，可以促进体育部门、体育院校与社区、门诊、医院等机构的合作，掌握国家、政府对“体医”结合事业所采取的一系列积极措施的落实情况及运行效果，同时也为推行居民健身活动、开展全民健身计划提供一定的理论支持和实施建议，并能充分发挥上海市体育局的社会作用和城市社区的便捷作用，在积极应对慢性病方面尽到各自的责任和义务。

（五）确保人人享有健康服务

全面、系统、准确地了解和掌握虹口区慢性病人群“体医”结合模式的发展背景和社会需求，制定能够促进慢性病人群健康发展的运动处方，以满足居民日益增长的体育要求和提高健康水平的迫切需要，为推进我国社会体育事业的发展、确保慢性病人群参与体育的权利以及让“体医”结合更好地适应社会主义市场经济体制的改革提供措施和保障。

三、研究对象

2018 年 7～9 月，采用分层整群随机抽样方法，按人口比例和经济水平在虹口区江湾镇街道、凉城新村街道、广中路街道、曲阳路街道和欧阳路街道 5 个街道 30 个社区随机抽取≥50 岁且有慢性病的上海常住居民（在本地累计居住时间≥6 个月）325 人作为调查对象，回收有效问卷 298 份，有效率为 91.69%。

排除标准：存在严重的躯体疾病、精神障碍、老年痴呆、严重认知障碍者；由于各种原因导致的语言表达不清、沟通障碍者；拒绝调研及调查时外出者。

所有调查对象均签署知情同意书。采用面对面访谈的形式进行。

2018 年 9 月，预约上海体育学院教授、上海上体伤骨科医院主任进行专家访谈。为了了解科学运动对高血压及糖尿病的疾病改善情况，另对两位患病市民进行个案分析。

四、研究意义

（一）探索医疗和体育两者融合发展的新方向

“体医”结合的工作模式主要是建立针对不同人群、不同环境、不同身体状况的运动处方库，并推动形成与之相配套的疾病管理与健康服务模式。它是体育与医学多层次的深度结合，两者的融合发展能够打破行业之间的壁垒，打通培养、就业渠道，实现资源的有效结合，形成预防、治疗和康复三位一体的健康链，达到全民健身和全民健康的全方位融合。

（二）遏制慢性病的发展恶化

构建“体医”结合的新型健康服务模式，开发适合于不同慢性病人群的运动处方库，可以从提高机体免疫力、改善心理状态、减轻医疗负担等多方面来改善上海慢性病多发、高发的严峻情况。

（三）提升慢病人群的健康水平和生活质量

“体医”结合模式将从生活方式和临床诊治两个方面同步地进行慢性病的干预，可以充分调动上海市慢性病人群的参与度，遏制慢性病的发生发展，提升该群体的健康水平和生活质量。

（四）推动经济社会的良性发展

“体医”结合的工作模式，将大力推动经济社会的良性发展。一方面，推行“体医”结合服务模式，可以大大降低医疗成本、减轻社会家庭直接的和间接的经济负担。另一方面，发展健康评估和运动健身的市场，扩大健康产业规模，能进一步扩大内需、推动上海市经济增长。

（五）实现“健康中国”的宏伟战略

慢性病的防治工作，是“健康中国”的一项紧迫任务，但是“健康中国”不等同于“医疗中国”。只有充分发挥健身在健康促进多个维度的积极作用，大力提升国民身体素质，才能实现由以治病为中心向以健康为中心转变，从源头上减少疾病治疗的支出，最终实现“健康中国”的宏伟战略。

五、研究结果

（一）问卷调查

1. 慢性病人员的基础信息

调查的298名慢性病人员中，男性153名，女性145名。受访者的年龄多集中在61～80岁之间，可见慢性病的患病率随着年龄的增长，有上升的趋势，71～80岁是慢性病的高发年龄段。68.46%的受访者为中专及以下学历，这与以前我国学校教育落后、人们受教育程度普遍低相符合。59.73%的受访者已经退休或失业，将有足够的时间参与体育活动，以缓解慢性病的症状。见表1。

表1　参与调查的慢性病人员的基本情况(N=298)

类　别	项　目	频　数	百分比(%)
性　别	男	153	51.34
	女	145	48.66
年　龄	50～60岁	64	21.48
	61～70岁	89	29.87
	71～80岁	109	36.58
	80岁及以上	36	16.08
学　历	大学及以上	12	4.03
	大专	82	27.52
	中专、高中	79	26.51
	初中及以下	125	41.95
工　作	离退休或失业	178	59.73
	退休返聘	28	9.40
	自由职业	92	30.87

2. 慢性病人员的体育活动参与情况

慢性病人群一般会选择清晨(5～8点)进行体育健身活动，选择该时间段的慢性病人占总数的62.75%，这也许与慢性病人群喜欢早睡而又容易早醒的生活习惯有关。同时，选择白天的占24.83%，对于退休慢性病人群来说，白天运动既能消磨无聊时光又能锻炼身体。

大部分慢性病人员选择中等强度的运动，所占比例为48.66%，85.57%的人选择的运动强度为低等—中等之间，这一现状更加符合慢性病人群的体质特点。

健身运动应有足够的持续时间，才可获得较为满意的健身效果，适宜的运动持续时间一般在30～60分钟，本次调查中，41.28%的慢性病人员运动时间在此范围内。同时，运动也不宜三天打鱼、两天晒网，一般每周至少应参与3次运动。从表2中可以看出，79.19%的受访者每天至少运动3次，他们的规律性运动不仅有利于自身健康，还能够带动周围的慢性病人群积极参与体育活动。

表2　慢性病人员的体育活动情况(N=298)

类　别		频　数	百分比(%)
活动时间段	清晨(5～8点)	187	62.75
	白天	74	24.83
	晚上(6～10点)	37	12.42
运动强度	低	43	14.43
	中低	67	22.48
	中	145	48.66
	中高	37	12.42
	高	6	2.01
每次运动时间长度	<30分钟	62	20.81
	30～60分钟	123	41.28
	>60分钟	79	26.51
	不固定	25	8.39

续　表

类　别		频　数	百分比(%)
每周运动频率	1～2 次	30	10.07
	3～4 次	158	53.02
	5～7 次	78	26.17
	不固定	32	10.74

3. 慢性病人员的体育活动形式

慢性病人群参加体育健身活动的形式呈现多元化，独立参加的比例为 14.77%，与亲人朋友一起参加的比例为 29.87%，有固定团队的比例为 55.37%。由此可见，如果有固定的团队或与亲人朋友一起运动，人们会更有积极性和主动性，这样有利于家庭关系和谐，更有利于慢性病人员健康人格的完善及其社会化。

慢性病人群选择运动项目，一般与自我的兴趣爱好以及自身的体力状况有关。调查中，选择健步走和慢跑的人员比例最大，为 39.92%，其次，武术、太极拳(扇)、气功等一些我国传统体育项目也颇受欢迎，35.91%的受试者选择了此项(表 3)。

表 3　慢性病人群体育活动参与形式和活动形式

形式类型		频　数	百分比(%)
参与形式	独自参加	44	14.77
	亲朋陪伴	89	29.87
	固定团队	165	55.37
活动形式	健步走和慢跑	113	37.92
	武术、太极拳(扇)、气功	107	35.91
	健身操、广场舞	33	11.07
	健身器材	14	4.70
	游泳	21	7.05
	球类运动	10	3.36

4. 慢性病人群参与体育活动的场地选择

通过调查慢性病人群参与体育的活动场地发现，有 58.05%的受访者选择在公园、广场空地进行体育健身活动，24.16%的慢性病人选择小区空地，这些场所大都免费，同时人群集中，可选择项目也比较多（表 4）。

表 4　慢性病人群参与体育活动的场地选择

活动场地	频数	百分比(%)
公园、广场空地	173	58.05
小区空地	72	24.16
公共体育场馆	26	8.72
经营性体育场馆	11	3.69
自家室内	16	5.37

5. 慢性病人群参与体育活动的目标分析

大部分慢性病人体育健身的生理目标具有多样性和侧重点，他们想通过体育运动达到强身健体、防病治病、延年益寿的目的。在心理上，体育活动也是娱乐消遣、情绪调节的有益途径。慢性病人群在社会适应目标上都比较统一，交际结友、社会融入和人际关系和谐都是他们现阶段所需要的（表 5）。老年慢性病人员退休后与外界联系减少，所以希望通过体育活动来拓宽自己的社交圈，结识更多的朋友，更好地融入社会，增加社会认同感。

表 5　慢性病人群参与体育活动的目标分析

目标种类		频数	百分比(%)
生理目标	强身健体	249	83.56
	疾病防治	205	68.79
	减肥塑身	89	29.87
	增强心肺功能	135	45.30
	延年益寿	224	75.17
心理目标	娱乐消遣	257	86.24
	调节情绪	168	56.38
	增强自我效能感	183	61.41

续　表

目标种类		频　　数	百分比(%)
心理目标	消除心理障碍	154	51.68
社会适应目标	交际结友	266	89.26
	社会融入	254	85.23
	人际关系和谐	278	93.29

6. 慢性病人群对体育健身服务满意度的调查

总的来说,慢性病人群对社区(街道)提供的体育健身内容不是很满意,其中半数以上的慢性病人对媒体宣传、运动指导、健康管理、体质监测和收费标准均表示不满意,41.94%的慢性病人对体育设施不满意,37.58%的慢性病人对健身环境不满意(表6)。这些数据表明上海社区对慢性病人群体育健身服务工作远远没有达到慢性病人群的满意程度。

表6　慢性病人群对体育健身服务满意度的调查

内　容	非常满意(频数)	满意(频数)	一般(频数)	不太满意(频数)	不满意(频数)
体育设施	10(3.36%)	28(9.40%)	145(48.66%)	121(40.60%)	4(1.34%)
健身环境	12(4.03%)	20(6.71%)	154(51.68%)	101(33.89%)	11(3.69%)
健身组织	68(22.82%)	36(12.08%)	97(32.55%)	83(27.85%)	14(4.70%)
媒体宣传	11(3.69%)	15(5.03%)	105(35.23%)	149(50.00%)	18(6.04%)
运动指导	9(3.02%)	11(3.69%)	113(37.92%)	142(47.65%)	23(7.72%)
健康管理	7(2.35%)	14(4.70%)	82(27.52%)	165(55.37%)	32(10.74%)
收费标准	5(1.68%)	9(3.02%)	84(28.19%)	172(57.72%)	28(9.40%)
体质监测	3(1.00%)	10(3.36%)	56(18.79%)	106(35.57%)	123(41.28%)

7. 当前体育健身存在的问题——慢性病人群的看法

88.59%的慢性病人认为政府总资金支持不足，从而造成了场地设施不足、专业指导不足、体质监测与管理缺乏等问题(表7)。上海每年都会投入大量资金，用于改善健身条件和开辟新的健身场地。城市化飞速发展导致城市可利用土地越来越少，慢性病人每年都在增加，但不能满足其体育健身活动的场地和设施需求。

表7　当前体育健身存在的问题——慢性病人群的看法

存在的问题	频　数	百分比(%)
场地设施不足	253	84.90
缺乏利民惠民的条件	231	77.52
缺乏安全保障条件	167	56.04
指导员数量不足	244	81.88
指导员质量不佳	132	44.30
宣传力度不够	211	70.81
政府总资金支持不足	264	88.59
缺乏体质监测与管理	258	86.58

8. 慢性病人群的“体医”结合服务的需求

每位参加体育健身的慢性病人都希望拥有适宜的健身环境和良好的配套服务，从表8的数据中得出，慢性病人在体育健身活动中，最希望得到的服务是齐全的体育设施、配套的康复保健设施、科学化的运动指导，选择这些项目的人员比例为80%以上；其次是收费标准和良好的健身环境。慢性病人对体育设施的期望值很高，齐全的设施不仅能让人愉悦地进行体育锻炼，还能促使一些不经常参加体育锻炼的慢性病人群加入到锻炼的队伍中去，形成良好的健身氛围，维持体育健身质量的持久性。配套的康复保健设施能够减少慢性病人的损伤，定期的体质监测也保证慢性病人对自己身体健康有一个全面的掌握。

表 8　慢性病人群的“体医”结合服务的需求

服务需求	频　数	百分比(%)
齐全的体育设施	261	87.58
良好的健身环境	223	74.83
有组织的健身氛围	165	55.37
科学化的运动指导	255	85.57
配套的康复保健设施	258	86.58
合理的收费	243	81.54
定期的体质监测	158	53.02

(二) 专家访谈

1. 访谈资料之一

上海体育学院某教授指出,“体医”结合,重点是如何把体育处方运用到医学实践。比如说糖尿病、高血脂等慢性病都是身体营养过剩,然后又代谢不出去,如果光是去看医生,就可能只是用药物、用临床的一些治疗,如果加入体育的元素,就可以通过省力的办法,通过运动处方把它代谢出去。并且现在是个大数据时代,通过数据统计就能分析,人的身体存在怎样的健康隐患,提前开体育处方,就可以起到预防的作用。

2. 访谈资料之二

上体伤骨科医院某主任说,其实“体医”结合是非常好的,应该加强这一方面的工作。尤其是深入到乡镇卫生院、街道卫生院,应该说老百姓都比较信任,看小病基本上都会去这些地方,能够深入到老百姓的身边,能够很及时地得到这方面的实惠,所以要把这种体医融合贯穿到乡镇、街道、卫生服务站。

(三) 个案分析

1. 个案分析之一

李某,女,58 岁,高血压(160～179 mmHg/100～109 mmHg)10 年。

在李某进行慢跑前,做心电图运动试验,以检查心功能和血压对运动的反应性。在早晨、傍晚各慢跑 15～50 分钟,每周 5 天,每天 2 次。跑步时间由少逐渐增多,跑步后心率一般控制在 130 次/分以内,以不产生头昏、头痛、心慌、气短和疲劳感等症状为宜。经过长期坚持锻炼，李某血压平稳下降，脉搏平稳，消化功能增强，症状减轻。

此外，李某每天早上打太极拳30分钟，运动过程中保持精神放松，动作舒缓。由于太极拳动作柔和，肌肉放松且多为大幅度活动，思绪宁静从而有助于降低血压。李某练完一套简化太极拳后，收缩压可下降1.3～2.7 kPa(10～20 mmHg)，长期练习太极拳收效显著。

2. 个案分析之二

张某，男，65岁，糖尿病25年。

张某使用小哑铃进行力量锻炼，每周锻炼2～3次，每次约20分钟。根据运动情况，逐渐加大哑铃的强度和重量。经过这一锻炼，张某的肌肉热量储存增加，血糖水平降低。

此外，张某每天进行30分钟间歇运动，即在进行正常运动过程中插入高强度运动，如步行穿插快走、慢跑穿插快跑。高强度运动刚开始时可以插入15～30秒，然后逐渐增加到1～2分钟。经过间歇性运动，张某的心血管功能有所改善，血糖水平显著下降。

六、“体医”结合对促进慢性病的挑战

（一）体育设施不齐全

上海各个居民社区都已经安装了体育健身设施，可是由于社区的空地面积大小不同，有的社区健身设施比较完善，有的社区仅是象征性地安装了一些健身设施。各个小区的文体活动室以及社区文化中心里的健身设施一般都是免费的，但是因其项目种类少、场馆少等硬性条件不足，导致慢性病人群不能更多地享受免费体育健身服务，而那些条件良好的场馆因费用稍高而阻挡了不少低收入的慢性病人群参与其中。

（二）缺乏配套的康复保健设施

1. 缺乏相应的政策支持

目前，上海许多区级卫生行政部门对康复治疗师有临床经验年限的要求，而有经验的治疗师因种种原因较少会选择去社区工作，这使得“体医”结合工作缺乏基本的人力支撑，难以在社区落脚。此外，运动损伤康复的市场价格较

高，该部分支出多属自费，医保不能报销或报销比例偏低。众多的慢性病患者无法享受康复保健的服务，损伤之后容易停止运动，阻碍了“体医”结合的发展。

2. 卫生健康（医疗）部门与体育部门存在壁垒

医疗和体育都是健康促进的重要措施和手段，但两者的职权部门分属不同体系，在管理、资源、人才等方面并无顶层设计上的交集，因而在实践过程中尚未得到有效结合。由于行政管理分工的性质，政府部门根据权责配置要求形成自己管理范围，然而随着部门之间关联性的加强，需要部门之间的亲密配合，体育和卫生健康（医疗）部门在某些方面上却依旧执着于自身的职责范围，容易导致两者之间的隔阂越来越大。同时体育与卫生健康（医疗）部门由于权责的原因形成利益竞争关系，有利可图的争相竞争，无利益的置之不理，存在明显的职责缺位现象，这种利益本位的思想造成“政出多门”与“无人问津”的现象。尽管有些体育部门和医疗卫生机构已经认识到现在的问题，想要进一步地沟通、交流与合作，但是由于缺少沟通媒介、资金支持以及相应的鼓励机制，最终使得两部门的合作举步维艰，严重阻碍了“体医”结合的推进。

3. 专业人才队伍建设存在问题

当前，中国绝大多数“体医”结合相关专业在建设过程中存在着融合深度欠缺的问题。体育院校在培养此类人才的过程中，面临着医学课程体系建设薄弱、教师资历尚浅、医疗设备和实验条件匮乏等挑战，培养出来的学生体育认知和技能有余，而医疗实践能力欠缺。与之相反，医药类院校培养的学生对体育运动缺乏感性的认知，难以从非医疗健康干预、预防医学角度思考问题；虽然他们的医学水平远高于体育院校的学生，但在毕业后的实际工作中，能够有意识、有能力开出运动处方的人却很少。

4. 人才培养的服务导向不明

大部分“体医”结合相关专业的毕业生们，在就业上面临着巨大的困惑。运动康复专业的毕业生若不能进入竞技体育体制内，也难以进入医疗系统从事康复治疗工作。由于理想中的就业目标难以达成，多数体育院校培养的“体医”结合相关毕业生改行从事了其他“不限专业”的工作，这就导致了“体医”结合人才培养与就业中的结构性矛盾：一方面，随着健康中国概念的提出以及全民健身上升为国家战略，我国对“体医结合”人才的需求量大增，而现有的培养数量和质量远不能满足需要；另一方面，由于人才培养的服务导向、行业壁垒等原因，人才被动性流失严重。

（三）“体医结合”国民体质监控体系亟待完善

据报道，目前上海开设了100多个体质监测中心，提供免费的体质检测和健身指导。但是这些体质监测中心是否长期运营，测试之后的运动处方是否应用于实践，缺乏相应的监管。同时，上海的国民体质监控体系中缺乏对慢性病的关注，未能对这一人群的信息进行单独的收集、分析和整理，这一部分服务亟待完善。

（四）“体医”结合的实施缺乏资金支持

“体医”结合的发展经验告诉我们，政策扶持和资金保障是其发展的推动力。“体医”结合作为新兴领域，其相关研究、工作组织、人才培养等都需要资金的支持。作为一项公益性事业，全民健身事业的投资主体主要是政府，但是政府投入的有限经费大部分用在了全民健身场地建设方面，对于“体医”结合的特殊化的配套设施则缺乏资金投入。人们在运动之前需要对自身运动项目进行风险评估，如心血管系统最大可以承受多大的负荷、肌肉及关节最多能够承受多大的力量等，这些身体指标的检测系统、信息服务系统以及各类服务平台的建设等都是一笔不小的投资。

（五）普适性运动处方与个体化运动处方的选择

从专家访谈中可以看出他们对于“体医”结合促进慢性病的大力支持，同时也体现了他们对于制定运动处方的一些思考。目前，针对不同人群、不同疾病的运动处方库尚未建立，各个街道、社区所提供的健康服务质量参差不齐。同时，针对老年人慢性病共病较多、体质水平不一的情况，街道和社区的服务人员缺乏相应的专业知识，难以为他们制定个体化的运动处方。

（六）人民群众的健康理念亟待改变

运动对于慢性病的改善是一个长期的过程，很难像药物那样及时生效，运动过程中缺乏正性的反馈，会使部分人员的参与积极性下降，出现半途而废的情况。通过个案分析发现科学的运动对高血压和糖尿病均有较好的疗效，但是由于健康相关知识的缺乏，“体医”结合治疗慢性病的实践仍然较少。

七、积极探索体育与医疗两者融合发展的新方向

（一）加强全民健身基础设施建设

加强基础设施投入与建设，是推动全民健身运动广泛开展的物质基础。各级政府可以充分利用沿江公园、林带、绿地、屋顶等空间，重点建设一批便民利民的中小型体育场馆、市民健身活动中心、户外多功能球场、健身步道等。同时，各级政府还可通过政策鼓励等方式，拓宽体育基础设施建设的渠道：

一是鼓励企业或个人以合资、联营、合作、特许经营等不同方式参与"体医"结合促进慢性病的工作；

二是联系体育社会组织或者医学类社会组织参与全民健身服务体系建设，为民众提供科学、安全、有效的健身服务；

三是借助大学体育场馆、企事业单位的健身器材、健身俱乐部等有利条件为人们提供健身服务，使场地、设备、技术得以整合并产生更大的效益。

（二）建立配套的康复保健设施

1. 建立明确而完善的政策法规体系

上海已出台《上海市市民体育健身条例》等文件，但是缺乏对体育与医疗结合的相关政策支持。在大力推进"体医"结合的背景下，建议通过税收或补贴等手段，对全民健身服务体系进行宏观调控。在这方面，国外有许多经验可以借鉴，比如：德国保险法规定，参加体育锻炼能够得到更低的保费；英国鼓励更多的企业加入到捐赠体育器材和服装的行列中来，在法律范围内对这些企业减免税款，这些措施，对于推动群众体育的发展产生了较大的推动作用。这就启示我们，在完善全民健身政策法规体系的同时，应出台一些优惠政策和激励措施，引导体育、医疗卫生等系统的优势资源向全民健身运动延伸，努力建构立体化的全民健身服务体系，为促进全民健身、实现全民健康提供有力保障。

2. 加强体育和卫生健康部门的合作

体育部门和卫生部门是实现健康中国的两股重要力量，在健康促进、慢性病预防和康复等领域，需要两个部门消除壁垒，凝心聚力，共同推进"体医"结合的疾病管理与健康服务模式的建立。体育部门和卫生部门要建立联席会议

制度，经常对“体医”结合及其他涉及全民健康的事务进行会商。在此基础上，由具体的业务部门对接，建立常态化的联合调研机制、督查评估机制、激励机制等。“体医”结合涉及两个部门领域，其中在合作过程中必定会存在各种各样的问题。两个部门领域应摒弃部门保护思想，消解“分段治理”与“协调困境”等问题，统一思想，全面贯彻落实《“健康中国2030”规划纲要》，切实加强体育与卫生部门的合作，打消部门之间的壁垒，共同促进“体医”结合干预慢性病的顺利开展。

3. 建立合理的人才培养模式

针对“体医”结合发展过程中出现的“人才痛点”问题，应追本溯源，建立合理的人才培养模式，变专业型人才培养为复合型人才培养，从源头解决人才的产出问题。

首先，组织医院的医生、护士走进上海乃至全国高校（体育院校或师范类体育院系），向体育专家及教授请教运动专项、体能训练等相关体育知识；

其次，组织社会体育指导员及教练员走进医院（三甲及二甲）或医学高等专科学校，向医疗专家、一级医师及医学教授学习医学监督、护理、评估等相关医学知识；

最后，培养运动处方师，组织三甲医院的专家及医生去国外发达地区进行专业培训，并在回沪后设立培训点。这些举措可以帮助相关人员更快速更全面地了解和掌握健身知识和康复技能，最终提高他们的综合素养，为全民健身提供更高质量的服务，加快体育与医疗的融合。

4. 解决人才的结构性矛盾

要解决“体医”结合人才培养不足与浪费共存的结构性矛盾，需要从去除行业壁垒、增加社区就业岗位、加快相关平台建设等方面入手。

其一，去除行业壁垒。主要是去除招聘中对毕业院校、学位类型的限制，为相关专业学生提供一个公平的竞争机会和环境，拓宽其职业选择和上升的通道。

其二，增加社区相关就业岗位。在政府大力推进科学健身的大背景下，社区将成为“体医”结合人才培养的主要服务对象。应统筹相关部门，推进社区相关岗位的设置，明确待遇，并建设必要的工作条件，以吸纳相关人才到基层去服务全民健康。

其三，加强全民健身科技创新平台和科学健身指导服务站点建设。该类平台建设中，要注重技术含量和规范性、前瞻性，通过建设，服务全民健康，服务全民健身。同时,建议为"体医"结合相关专业人才提供更多施展才华的平台,为人才的纵深积累和拔尖人才培养提供机会。

(三)完善"体医"结合国民体质监测体系

建议体育部门和卫生部门共同实施国民体质监测,在保证覆盖率的前提下,摸清国民体质状况,建立国民体质大数据,为健康中国建设提供数据支持。

第一,推广和建设以社区、街道为重点的国民体质监测站。目前的国民体质监测中心、站点的覆盖率还不足以涵盖所有百姓,因此要设立以社区、街道为重点的监测站点,辐射周边百姓,让居民在家门口就能进行体质监测。

第二,"体医"结合的一个重点便是通过运动干预的手段对慢性疾病进行防御和控制。运动干预是一个长久的过程,需要长期进行有规律的跟进和记录。这一工作需要借助社区、街道的监测站点来完成。以街道为单位及时记录医生和健康管理人员开具的运动处方、记录体检对象在运动干预后心理和身体的变化趋势以及体检人员自身的反馈,有助于医生等人及时调整病人的运动负荷、频率等,或者是更换运动方式。

第三,加强国民体质健康监测大数据应用体系建设,推进居民体质健康信息平台的大数据开放共享与应用,推进大数据在体育部门、教育部门和卫生部门之间的共享共建。全面深化上海市居民体质健康大数据在政府决策、临床和科研、全民健身等领域的应用,培育体质健康大数据应用新业态。

(四)保障"体医"结合资金投入

目前,上海在体质监测系统、科学研发、设备投入及医保等方面,需要大量的资金投入,单凭政府财政支持显然是不现实的。为此,政府在加大投入的同时,可鼓励企业或个人以合资、联营、合作、特许经营等不同方式参与进来;或者通过服务外包来转移政府职能,让体育社会组织或者医学类社会组织参与全民健身服务体系建设,为民众提供科学、安全、有效的健身服务。

(五)加强"体医"结合网络平台建设

21世纪是互联网时代,"体医"结合服务必须应用互联网思维,以市场的实际需求为方向,加强与各大新媒体之间的交流合作,开通一个涵盖上海各个区的医学专家、医师及体育专家、运动营养师等的信息共享平台。

第一，建立运动处方库。建立针对不同人群、不同疾病的运动处方库，提供科学的指导，上海各个街道、社区就能够提供质量相对统一的服务。

第二，建立慢性病探讨平台。针对老年人慢性病共病较多、体质情况不一的情况，由医生和运动营养师一同参与讨论，将现行慢性疾病治疗方案共享并探讨行之有效的解决方案。

第三，建立上海慢性病人群的康复数据库。给每一位慢性病患者提供一个可视化的网络平台，定期记录他们的体育锻炼情况和康复的效果，及时给予反馈，提高参与积极性；同时，运动处方师也能根据他们的病情及时调整运动处方。

（六）发挥舆论媒介的宣传引导作用

首先，可以邀请体育明星进社区、进校园，讲述其运动经历、职业发展过程，运用其专业素养为公众进行专业指导，形成示范效应。也可以请体育明星拍摄宣传片，通过媒介手段倡导健康生活方式。

其次，可以邀请专业运动队的随队医师和营养师开展运动营养学、生理学等知识的专题讲座，将运动医学知识传授于公众，积极引导公众认知科学锻炼的重要性。

最后，社区可借助开展具特色的体育系列活动，为参与者免费提供医疗检测服务，既保证运动的安全性，又加强科学健身意识、知识与方法的宣传。

参考文献

[1] 范银萍. 上海市杨浦区老年体育健身现状的研究[D]. 上海体育学院，2013

[2] 南秀玲. 健康中国视域下“体医结合”发展问题及策略研究[D]. 陕西师范大学，2018

[3] 张鲲，杨丽娜，张嘉旭. 健康中国：“体医结合”至“体医融合”的模式初探[J]. 福建体育科技，2017

[4] 江志鹏. 人口老龄化背景下“体医结合”实施路径研究[J]. 福建体育科技，2017

[5] 田小静，李亚英. 体医结合视角下全民健身服务体系的建构[J]. 广州体育学院学报，2018

[6] 梁丽珍. 体医融合背景下民族传统体育产业的发展创新模式与路径选择[J]. 经济研究导刊，2017

[7] 王慧超. 以“体医结合”理念为导向的社会体育指导与管理专业课程体系构建研究

[D]. 聊城大学,2018
[8] 梁美富,郭文霞."健康中国"战略背景下体医结合的发展路径探讨——基于 PEST 分析[J]. 河北体育学院学报,2018
[9] 徐月萍,许红芳,方仁泽. 体医结合在社区慢病管理中的应用[J]. 中医药管理杂志,2018
[10] 王晖. 聊城市农村老年人公共体育服务供给与需求研究[D]. 鲁东大学,2018
[11] 孙鑫.《"健康上海 2030"规划纲要》发布 打造 15 分钟体育生活圈[J]. 上海人大月刊, 2017
[12] 陈丽,钱梦华,骆蔚欣,等. 上海市虹口区主要慢性病现状及影响因素分析[J]. 上海预防医学,2012

人居环境视域的上海公共体育设施建设效应研究

李　陈　孟卫军　黄　翌　田园宏　郭细根*

一、公共体育设施建设的文献回顾与理论分析

（一）文献回顾

本课题先期利用中国知网，挖掘公共体育设施研究材料，经过分析初步凝练了以下四个方面。

1. 公共体育设施的供需平衡研究

从“全面健身”层面上讲，有专家学者研究认为我国城市公共体育设施存在总体供给不足、城市公共体育设施服务能力有限、城市公共体育设施供需不平衡问题突出。有专家学者指出公共体育设施供给不平衡、不充分问题，也有专家学者研究探讨了具有“准公共产品性质”的公共体育设施，对其进行经济学理论分析。还有专家学者认为人民主体、政府主导、混合结构、社会条件是公共体育设施供给实践的内在逻辑。

2. 公共体育设施的空间布局研究

大型公共设施的空间布局是地理学和规划学研究的核心问题之一。不少研究者往往综合利用问卷访谈和 GIS 空间分析相结合的方法，从区域、城市、社区、小区等多空间尺度探讨公共体育设施的空间布局问题。有专家学者结合经济地理学的“点—轴系统”理论考察了城市公共体育设施的布局问题。还有专家学者从市、区、社区三级空间尺度探讨了大城市公共体育设施的布局模

* 本文作者单位：李陈、孟卫军，上海工程技术大学；黄翌，南通大学；田园宏，上海工程技术大学；郭细根，江西农业大学。立项编号：TYSKYJ2018035。

式。再有专家学者对宿迁市的黄河城区段的公共体育设施布局进行实证分析。

3. 公共体育设施的空间规划研究

有专家学者认为，公共体育设施的规划目的是为解决社会体育资源供需不平衡问题。空间规划理念上，还有专家学者认为城市公共体育设施的规划应坚持低碳出行的原则。空间规划技术上，有专家学者认为公共体育设施的规划选址需要考虑“健身圈”设施的公益性，可通过GIS技术分析出合理的公共体育设施选址。在空间规划战略上，还有专家学者认为，应建立公共体育设施专项规划，摆脱过去依附于总规划或大型赛事而编制的思路。

4. 人居环境与公共体育设施研究

学界从人居环境角度对公共体育设施的研究方面，有专家学者认为主要体现在公共体育设施发展水平评价指标构建、公共体育设施的经济社会效应、城市公共体育设施可达性、现状分析、体育场馆生态平衡、宜居城市与体育休闲业互动、城市绿道体育等有关方面，但缺少系统集成性的综合研究。

综上，学界比较关注公共体育设施的供需平衡关系，注意到公共体育设施“准公共产品”的有效供给不足等问题，重点从规划、空间布局的角度解决问题。然而，这仅为解决供需矛盾而进行规划布局，并未从真正意义上提升公共体育设施的人居环境品质。为此，需要从人居环境角度，分析上海公共体育设施的建设效应，即上海公共体育设施为市民带来的效用程度、工作—运动的平衡程度、设施利用效率和便捷度等方面影响。

（二）理论基础

1. 人居环境科学理论

有专家学者将希腊人居环境学家道萨迪亚斯的理论加以提炼，提出符合中国国情的人居环境科学理论。指出人居环境科学理论大致分为三个阶段：

（1）启蒙时期。相关学说主要集中在对西方城市问题的解决上，这时期思想家芒福德提出综合集成的研究思路，规划学家霍华德的田园城市试验成为城市问题解决的经典范式之一，生物学家盖迪斯的城市进化论等经典理论都是早期的探索。

（2）发育时期。即Doxiadis的人类聚居学，考虑到快速城镇化的发展特征，Doxiadis（1970）特别将时间作为第四维因素进行考察，试图从整体的综合的方法，解决城市病问题。

(3) 成熟时期。即吴良镛等学者提出的人居环境科学理论。

在《人居环境科学导论》著作中，正式奠定我国人居环境科学研究的学科体系与理论基础。作者提出人居环境科学的一般原则，强调人居环境科学的跨学科性、交叉性与融贯性，提出人居环境的"三五结构"。该理论框架由自然、人类、社会、居住、支撑系统五大系统构成，涉及全球、区域、城市、村镇、建筑五大层次，坚持生态观、经济观、科技观、社会观、文化观五大原则。人居环境科学最鲜明的特征是融贯的综合集成研究，即从上海公共体育设施建设问题出发，找到与问题相关的、基本的、有限的多学科交叉结合点。针对问题，庖丁解牛、牵着牛鼻子，螺旋式上升，再综合集成，提出优化路径。

2. 体育公共服务理论

体育公共服务的上层概念是公共体育，体育公共服务概念从公共服务的概念体系内推演而来。根据公共服务的逻辑，有专家学者认为公共组织是公共体育服务的供给主体，公共体育需要是公共体育服务供给的发端和归宿，广大享有体育权利的公民是公共体育服务的客体，公共体育服务内容具有多样性、供给模式多元。公共体育设施是公共体育服务的内容之一，需要通过公共体育服务理论指导公共体育设施建设与评估。

针对公共体育服务的范式、内部存在必要的结构和张力，有专家学者提出体育公共服务的理论框架，指出其分析框架包括五个维度，即体育公共服务的定位、体育公共服务模式、结构与政策、体育公共服务体制与机制、体育公共服务管理，认为政府是体育公共服务的主体和供给方，鼓励市场和社会力量参与体育公共服务建设；指出体育公共服务模式与社会经济、历史传统有关，体育公共服务体制要逐步实现分权化、市场化、从单中心到多中心，体育公共服务规范、运行、监管等法律法规配套要逐步完善。此外，针对体育公共服务城乡差异的实际问题，还有专家学者指出体育公共服务城乡一体化是一个发展的过程，也是最终的一种社会结构状态。

3. 研究价值

(1) 理论价值。上海公共体育设施的研究，涉及体育学、地理学、规划学、人居环境学等多个学科，项目研究将丰富体育学、人居环境学等多学科的基本理论，为从人居环境视域对城市公共体育设施建设评价研究提供借鉴。

(2) 社会价值。一是有助于公共体育设施制约瓶颈的解决和可持续运营管理提供依据。二是有助于提高上海公共体育设施建设效应的发挥，为上海市民在时间和空间上最大限度地利用公共体育设施提供支撑平台，带动城市公共体育设施周边的发展动力，增进公共体育设施的建设效应，促进上海城市内涵发展和宜居城市建设。三是有助于提升上海城市人居环境的整体品质，优化公共体育设施空间布局，为市民参与体育健康娱乐活动提供良好的硬件环境，有利于推动"健康中国2030"战略，提升上海市民健康生活方式，助力健康上海建设。

二、上海公共体育设施建设的现状分析

对上海公共体育设施建设的现状进行分析，涉及宏观分析、描述分析、缓冲区分析、叠置分析四个方面。

（一）公共体育设施建设的空间规划

公共体育设施是城市人居环境的有机组成部分，其分析不能脱离城市人居环境的整体性，更不能就公共体育设施问题论问题。因此，需要从宏观层面上，把握城市建设规律与市民需求，提出优化策略，为上海公共体育设施供需匹配不平衡、综合利用效率低等实际问题的解决提供技术支撑。在宏观分析的过程中，首先要对研究对象的基本概念进行界定。

《上海市公共体育设施布局规划(2012—2020)》明确界定了公共体育设施的概念，它指由政府投资、筹集或引导社会资金兴建，向大众开放，满足大众体育锻炼、观赏赛事以及运动员训练竞技需求的社会公益性体育活动场所。从规划中的概念界定意在表明公共体育设施具有公共性、公益性，由政府主导，大众和运动员训练使用。

公共体育设施布局规划明确提出以满足城乡居民多层次的体育需求为基本目标，建设全市"30分钟体育生活圈"，形成市、区、社区三级空间布局，等级错落的空间分布态势。2020年，市级规划形成"4＋2＋X"体育设施布局，一线竞技体育训练设施形成"两个基地、四个点"的格局，二线竞技体育训练设施包括体操中心、射击射箭中心、水上中心、市级体校和市属体育场馆，三线竞技体育训练设施包括区县体校、普通中小学、社会力量参与项目。从规划布局上看，上海公共体育设施建设具有模式化运营、对经济发展带动和满足居民、运动员训练要求等显著特征。公共体育设施建设带动周边文化产业的发展，促使产业凝聚人气，提高公共体育设施使用效率。

调研发现，当前上海大型公共体育设施建设存在功能相同、项目设置相对单一的情况，一定程度上影响了市民参与体育活动的积极性。在公共体育设施运行的过程中，其管理方式还存在可改进的空间，公共体育设施布局与人口空间结构存在不匹配、与学校体育设施衔接不够等现象。本质而言，当前上海公共体育设施建设的主要矛盾是市民日益增长的多元化体育需求和公共体育设施建设不平衡不充分发展之间的矛盾。作为迈向卓越的世界城市，上海正为市民提供多元化需求的公共体育设施而努力。上海公共体育设施的建设要根据“30分钟体育生活圈”要求，从整体的角度构建公共体育设施综合评价指标体系，对上海公共体育设施建设的人居环境态势进行研判。

（二）公共体育设施建设的宏观分析

宏观上侧重对上海公共体育设施布局规划进行评价，并结合人居态势，指出存在的不足之处。针对存在的问题，上海市政府先后组织规划《上海市全民健身实施计划（2016—2020年）》和《“健康上海2030”规划纲要》，努力解决公共体育服务均等化问题，推进公共体育服务，健身苑点、健身步道常年免费开放，其他公共体育设施公益开放，市民享有公益健身技能指导，每千人配备2名社会体育指导员。推进“全民健身365”、体育赛事、体育民生健身，提高市民身体素质，将公共体育服务设施建设纳入城乡规划。

通过市政府公共体育设施体制机制与供给侧改革，上海公共体育设施建设取得突出成绩。上海各区主要新建、改建和扩建公园、绿地、广场、道路等配套建设的健身步道、健身苑点、市民球场等公共体育设施建设得到明显提升。目前，上海各类型公共体育设施累计上万个。此外，为鼓励多元社会力量积极参与到上海市公共体育设施建设中，上海社区体育协会承接了一部分公共体育服务项目，开展体育宣传、培训，组织体育竞赛活动，进行社区体育交流和研究，承担健身讲座、技能配送、社区赛事、青少年培训等业务。

（三）公共体育设施建设软环境分析

选取体育系统职工人数变化作为公共体育设施建设的软环境指标，反映上海公共体育设施建设的软环境情况。总体上，上海体育界职工人数变化却相对缓慢，多数指标呈现波动变化的态势，一定程度上反映公共体育设施硬件发展与软件（人员、服务）的配套不同步不相协调，即公共体育设施建设较快，而对应的服务未能跟进（表1）。

表 1　2010～2016 年上海体育界职工情况　　（单位：人）

指标* ＼ 年份	2010	2011	2012	2013	2014	2015	2016
专职教练员	1 119	1 089	1 119	1 075	859	859	1 289
	78	73	90	104	61	57	93
运动员	771	949	1 073	752	766	766	1 042
	8	0	9	0	38	0	9
管理干部	1 589	1 471	1 427	1 515	1 229	1 229	1 194
	669	511	595	593	646	601	475
专职教师	431	362	307	431	132	120	86
	0	0	0	0	20	8	8
科技人员	71	88	79	69	92	92	74
	0	2	0	0	20	20	7
医务人员	82	63	70	81	27	27	17
	8	9	7	7	7	7	2

注：* 指标中第一行为体育界职工各指标总人数，第二行为对应公共体育(馆)各指标人数。
数据来源：上海统计年鉴 2011～2017。

2010 年，上海体育界有专职教练员 1 119 人、运动员 771 人、管理干部 1 589 人、专职教师 431 人、科技人员 71 人、医务人员 82 人；2013 年，各相应指标变为 1 075 人、752 人、1 515 人、431 人、69 人、81 人，除专职教师人数没变外，其余指标人数都在下降；2016 年，各相应指标变为 1 289 人、1 042 人、1 194 人、86 人、74 人、17 人。2013～2016 年，专职教练员、科技人员数略有上升，运动员数大幅上升，管理干部人数略有下降，专职教师和医务人员数大幅下降。

公共体育场(馆)对应的各指标人数也表现为波动变化的过程。2010 年，公共体育场(馆)专职教练数为 78 人，2013 年增加到 104 人，2016 年再下降到 93 人；公共体育场(馆)运动员数由 2010 年的 8 人下降到 2013 年的 0 人，再上升到 2016 年的 9 人；公共体育场(馆)管理干部数由 2010 年的 669 人下降到 2016 年的 475 人；公共体育场(馆)专职教师数由 2010 年的 0 人增加到 2016 年的 8 人；公共体育场(馆)科技人员由 2010 年的 0 人增加到 2016 年的 7 人；公共体育场(馆)医务人员由 2010 年的 8 人下降到 2016 年的 2 人。

上海体育系统职工人数的变化某种程度上反映一些现象：第一，管理效率得到一定提升，表现在管理干部人数的持续下降上；第二，公共体育设施利用效率不够高，表现在运动员数和专职教练数波动变化过于明显，公共体育场（馆）专职教练与运动员数倒挂，即公共体育场（馆）教练数量远超过运动员数；第三，公共体育设施配套服务不能得到充分保障，如大量医务人员的流失，科技人员不增反减。

（四）公共体育设施建设缓冲区分析

缓冲区分析依据《上海市公共体育设施布局规划（2012—2020）》，利用ArcGIS技术平台（汤国安，2018）对上海体育馆、两个基地和四个点、市级体育中心和市级体育训练基地、市民健身活动中心等公共体育设施进行描述。叠置分析主要将缓冲区分析的公共体育设施与人口密度进行空间分布对比（图1）。

从缓冲区分析与人口密度的叠置分析中，对市级体育设施做5 km和10 km缓冲区分析，发现市级体育设施主要集中在人口密度高的市区或郊区中心镇，这类体育设施具有辐射范围广、影响力大的特征，如东方体育中心区位优越、交通便利，为市民提供各类球类项目、游泳项目，举办国际泳联世界锦标赛等，部分项目向市民开放，发挥了社会公益和为市民健康服务发挥了作用。

对于一级竞技体育训练设施而言，对其进行5 km和10 km缓冲区分析发现六个一级竞技体育训练设施中心布局在空间分布上相对均匀：崇明区布局了崇明国家级训练基地，市区布局上海棋院，上海西翼拥有东方绿舟训练基地、东南翼布置临港帆板基地、南翼布置上海马术运动场，六个一级竞技体育训练设施布局与人口密度关联不大，更侧重布局的均衡性，考虑原有设施的布局与区域特色。

对市级体育赛事设施做5 km缓冲区分析发现全市分布相对均衡，即上海各区的主要街道至少拥有一处市级体育赛事设施，多数体育设施集运动、健身、休闲、娱乐、办公于一体，具有现代化的体育、休闲和办公等多中心功能，一些市级体育赛事设施具有一定特色，如上海国际赛车场主要承办F1世界锦标赛等国内外赛事。

上海市民健身活动示范基地空间布局上主要集中在人口密度高的市中心地段，郊区相对薄弱；从空间分布上看，郊区除宝山具有相对密度较高的市民健身活动示范基地外，多数郊区缺少市民健身活动示范基地，其中崇明、金山、松江、嘉定等郊区规划中缺少市民健身活动示范基地；从市民健身活动示范基

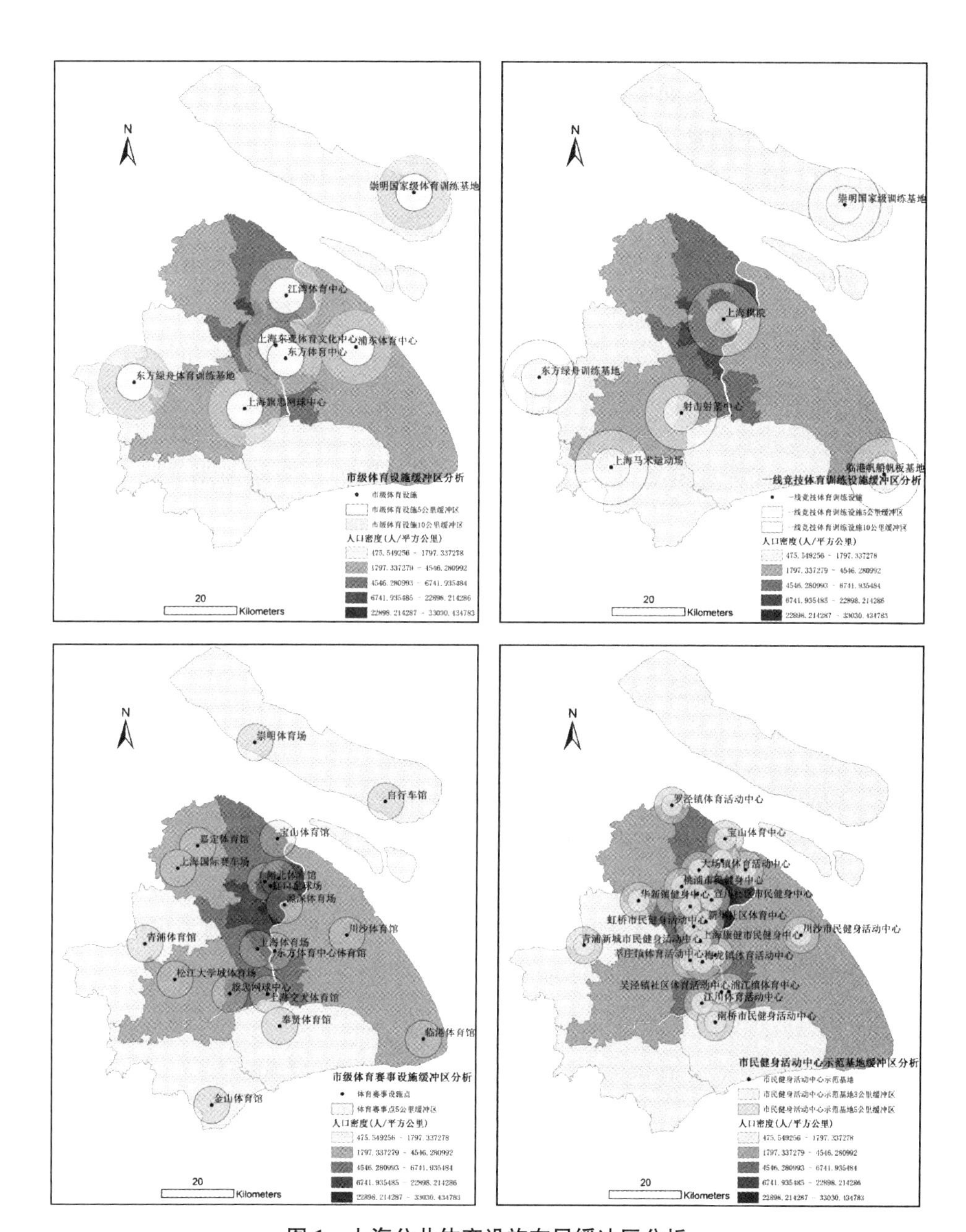

图 1　上海公共体育设施布局缓冲区分析

地3 km和5 km缓冲区分析看，绝大部分市民健身活动示范基地仅覆盖本地区街道活动半径；宝山、市区、闵行三个地区的市民健身活动示范基地在可达性方面具有叠置效应，即居住在市区、郊区的宝山和闵行居民拥有更多选择的机会，参加到市民健身活动示范基地体育活动。

总体上，市民健身活动中心示范基地布局主要集中在密度较高市区、近郊区布局；市级体育赛事设施和市级体育设施主要集中布局在市区、各区中心镇等人口密度较高的地段布局；一级竞技体育训练设施空间分布相对均衡，从缓冲区分析情况看，这类设施考虑人口密度布局的因素不大。缓冲区分析与人口密度的叠置分析结果显示，市级体育设施、市级体育赛事设施布局在市区、中心镇相对较合理，这类设施布局考虑到区域人口门槛因素，具有一定的合理性，但市民健身活动中心示范基地布局则出现市区过密、郊区过疏的现象，人口与实施布局匹配度不高，郊区的市民健身活动中心示范基地不够充分。详见图1。

三、上海公共体育设施建设的综合评价

(一) 上海公共体育设施发展度分析

为准确地反映上海公共体育设施的总体发展情况，课题组从总量、均量和密度三个层面测量上海公共体育设施的发展程度。定义起始年份为1，随着时间推移，总量、均量和密度等指标将发生变化，指标越高于1表明公共体育设施有所发展，指标越低于1表明有所倒退。从上海公共体育设施建设情况看，2010—2016年社区体育健身设施数、社区体育健身点数、社区健身场地面积、社区公共运动场、社区公共运动场面积总体有所发展，个别指标有所下降，部分指标在个别年份呈现下降的态势(表2)。

表2　2010～2016年上海公共体育设施建设发展度

年份 指标测度	2010	2011	2012	2013	2014	2015	2016	年均增长率(%)*
总量指标								
社区体育健身设施数	1.00	1.30	1.33	1.35	2.79	2.48	2.77	18.47

续　表

指标测度＼年份	2010	2011	2012	2013	2014	2015	2016	年均增长率(%)*
社区体育健身点数	1.00	1.00	1.00	1.00	2.42	2.16	2.42	15.88
社区健身场地面积	1.00	1.39	1.42	1.45	1.49	1.50	1.52	7.25
社区公共运动场数	1.00	1.03	1.03	1.03	1.12	1.23	1.23	3.57
社区公共运动场面积	1.00	0.18	0.19	0.19	0.20	0.22	0.24	−21.33
均量指标								
万人拥有社区体育健身设施数	1.00	1.28	1.28	1.29	2.65	2.36	2.63	17.50
万人拥有社区体育健身点数	1.00	0.98	0.97	0.95	2.30	2.06	2.30	14.93
人均社区健身场地面积	1.00	1.36	1.37	1.38	1.42	1.43	1.45	6.36
万人拥有社区公共运动场数	1.00	1.01	0.99	0.98	1.07	1.18	1.17	2.72
人均社区公共运动场面积	1.00	0.18	0.18	0.18	0.19	0.21	0.23	−21.97
密度指标								
社区体育健身设施密度	1.00	1.30	1.33	1.35	2.79	2.48	2.77	18.47
社区体育健身点密度	1.00	1.00	1.00	1.00	2.42	2.16	2.42	15.88
社区公共运动场密度	1.00	1.03	1.03	1.03	1.12	1.23	1.23	3.57

注：* 表示各指标2010～2016年年平均增长率，单位为%。

数据来源：据上海统计年鉴2013/2017中群众体育健身活动场所指标、常住人口、行政区划面积数据测算。

从公共体育设施各指标发展总量上看，2010年上海社区体育健身设施数4 845个，2016年增加到13 398个，年均递增18.47%，扩大2.77倍，在5个指标中增速最快；健身点数由2010年的4 586个增加到2016年的11 106个，年均递增15.88%，扩大2.42倍，在5个指标中增速居于第二；社区健身场地面积由301万平方米增加到2016年的458万平方米，年均递增7.25%，累计增加157万平方米；社区运动场数由2010年的316个增加到2016年的390个，年均递增3.57%，累计增加74个。

值得关注的是社区公共运动场面积不升反降，可能与统计标准有关，查询更早的数据，发现2008—2010年社区公共运动场面积由234万平方米增加到246.7万平方米，2011年降低到45.5万平方米，此后有一定回升，到2016年社区公共运动场面积回升到58.5万平方米，但与2010年仍有不少差距，2010—2016年社区公共运动场面积年均递减21.33%。

从公共体育设施各指标发展均量上看，2010年，每万人拥有社区体育健身设施数为2.104个，2016年上升到5.537个，年均递增17.50%；每万人拥有健身点数由2010年的1.992个增加到2016年的4.589个；人均社区健身场地面积由0.131平方米增加到0.189平方米；每万人拥有社区公共运动场数由0.137个增加到0.161个；人均社区公共运动场面积由0.107平方米下降到0.024平方米。

从公共体育设施密度指标上看，社区体育健身设施密度由2010年的0.764个/平方公里增加到2016年的2.113个/平方公里，密度增加了2.77倍，密度年均增长率为18.47%；社区健身点密度指标由2010年的0.723个/平方公里增加到2016年的1.752个/平方公里，密度增加2.42倍，年均递增15.88%；社区公共运动场密度由0.049 8个/平方公里增加到0.061 5个/平方公里，年均递增3.57%。

总体上，社区体育健身设施与健身点数发展最为迅速，社区健身场地发展速度一般，社区公共运动场和社区公共运动场面积指标发展缓慢。因此，有必要结合城乡规划和小区实际情况，进一步增加社区运动场和社区健身场地，适当增加公共体育设施建设的总量供给，提高均量和公共体育设施密度，以满足上海市民日益增长的体育健身需求。

(二) 各区公共体育设施的空间分布

公共体育设施首要考虑密度因素，其次考虑均量和总量因素。密度因素涉及居民享用公共体育设施的便利性、可达性等方面，均量因素涉及人均享用公共体育设施的机会，总量因素是“底盘”，是均量和密度的基础，是公共体育设施的供给层面。

收集上海 16 个区的行政面积、常住人口、市民健身点、市民球场、市民健身房、市民健身步道、农民健身工程数据，对各区公共体育设施建设情况进行密度分析（表 3）。各区公共体育设施的空间分布上呈现地理距离衰减规律，即越往市区、公共体育设施密度越高，越往郊区、公共体育设施密度越低。

表 3　上海各区人口密度与公共体育设施密度

（单位：人/km²、个/km²）

行政区	人口密度	健身点密度	市民球场密度	市民健身房密度	健身步道密度	农民健身工程密度
黄浦区	32 810	23.80	0.65	0.50	0.80	0.00
徐汇区	19 738	10.84	0.45	0.15	0.35	0.00
长宁区	18 124	11.00	0.34	0.13	0.47	0.00
静安区	28 859	17.78	0.51	0.22	0.70	0.00
普陀区	22 898	9.70	0.18	0.13	1.82	0.00
虹口区	33 030	19.87	0.61	0.04	0.74	0.00
杨浦区	21 528	9.95	0.31	0.33	0.64	0.00
浦东新区	4 546	1.34	0.05	0.01	0.05	0.11
闵行区	6 742	3.77	0.09	0.01	0.08	0.17
宝山区	6 479	2.26	0.14	0.02	0.14	0.19
嘉定区	3 404	1.61	0.06	0.03	0.16	0.22
金山区	1 306	0.60	0.03	0.02	0.04	0.19
松江区	2 917	1.33	0.04	0.02	0.05	0.13
青浦区	1 797	0.99	0.03	0.01	0.05	0.21
奉贤区	774	0.86	0.03	0.02	0.08	0.16
崇明区	476	0.71	0.02	0.01	0.03	0.13

人口密度最高的虹口区，其市民健身点密度达到 19.87 个/km²，市民球场密度 0.61 个/km²，市民健身步道密度为 0.74 个/km²。在全市 16 个区中，虹口区的社区公共体育设施密度也排名前列；人口密度居于第二位的黄浦区，其公共体育设施布局也很密集，市民健身点密度达到 23.80 个/km²，市民球场密

度0.65个/km^2，市民健身房密度0.50个/km^2，市民健身步道密度0.80个/km^2。

人口密度最低的崇明区，相应的社区公共体育设施密度也较低，其市民健身点密度仅0.71个/km^2，市民球场密度仅0.02个/km^2，市民健身房密度只有0.01个/km^2，市民健身步道密度0.03个/km^2；人口密度第二低的奉贤区，相应的公共体育设施密度也较低，其健身点密度为0.86个/km^2，市民球场密度为0.03个/km^2，市民健身房密度为0.02个/km^2，市民健身步道为0.08个/km^2。

此外，在郊区建设了一批农民健身工程，农民健身工程密度最高的是嘉定区，达到0.22个/km^2；密度最低的是浦东新区，仅0.11个/km^2，两者相差1倍。

虽然郊区社区公共体育设施总量超过市区，郊区的健身点、市民球场、市民健身房、市民健身步道数量分别是市区的2.09倍、2.58倍、1.49倍、1.68倍，但是个别指标均量上郊区和市区仍有一定差距。例如每万人拥有健身点数，全市平均水平为6.08个/万人，浦东、闵行、嘉定、金山、松江、青浦等郊区都低于平均水平，而黄浦、长宁、静安等市区都高于平均水平。每万人拥有市民球场数、每万人拥有市民健身房数、每万人拥有健身步道数等三个指标，郊区建设与发展上略快于市区，尤其是奉贤区和崇明区均量指标都远高于平均水平。

上海市政府在公共体育设施规划布局上一定程度上考虑到均衡发展，不断满足全市人民日益增长的公共体育设施健身需求，增加农民健身工程1 240处，取得一定公共体育设施布局相对均衡的效果。若统计农民健身工程数指标，上海郊区市民健身点、市民球场、市民健身房、市民健身步道等公共体育设施均量已经超过市区，郊区的每万人拥有5类公共体育设施量达1.477个/万人，是市区的1.14倍，这反映近年来上海加强郊区公共体育设施的建设与投入。

（三）各街道公共体育设施的空间分布

从街道/镇一级行政单元空间尺度上看，市民健身点、市民球场、市民健身房、市民健身步道密度呈现明显地理距离衰减规律，而农民健身工程密度呈现明显的逆向距离衰减规律。前四个指标与人口密度呈现较强的正相关性，农民健身工程密度与人口密度呈现较强的负相关性（图2、图3、图4）。

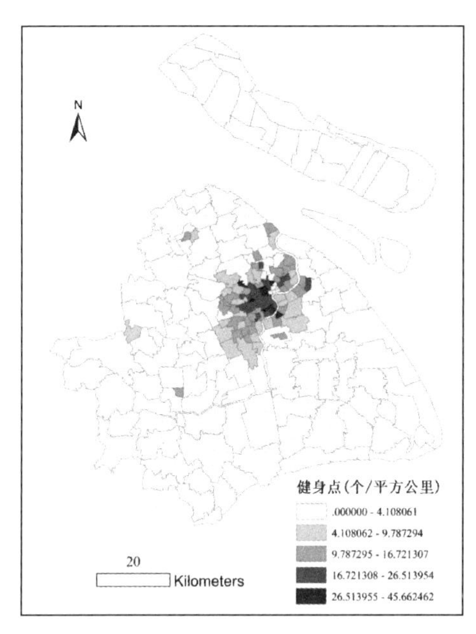

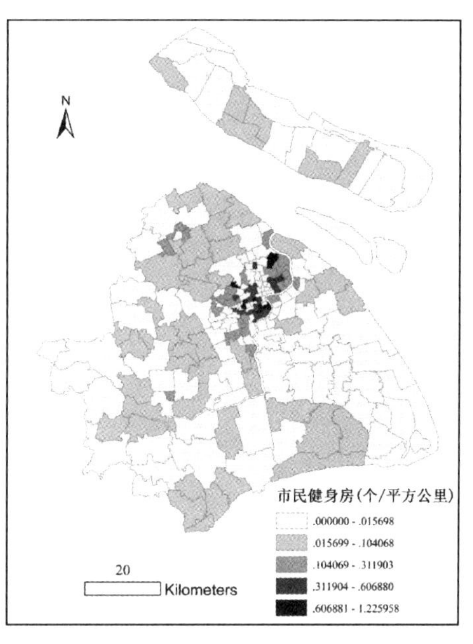

图 2 市民健身点和健身房密度分析

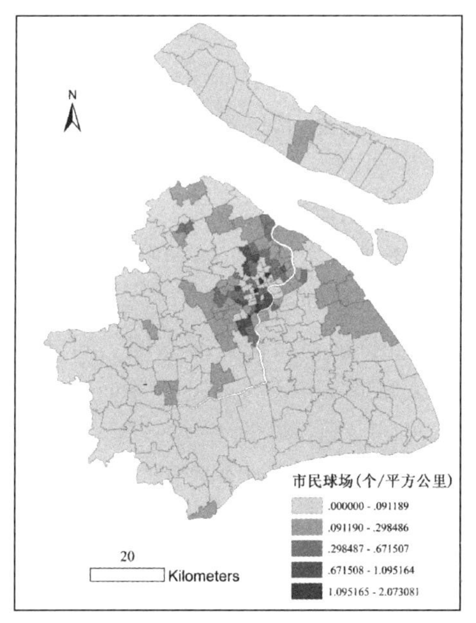

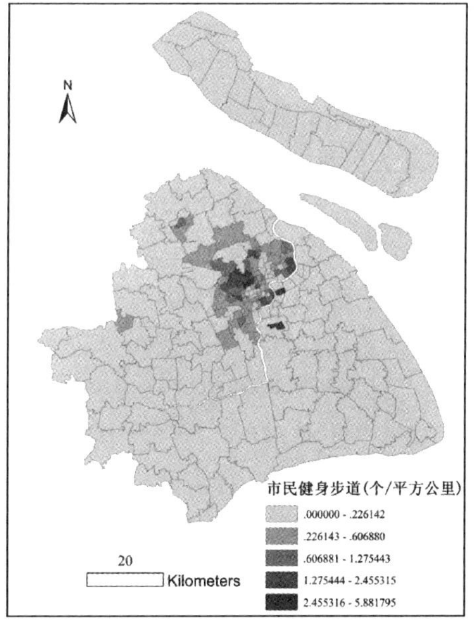

图 3 市民球场与健身步道密度分析

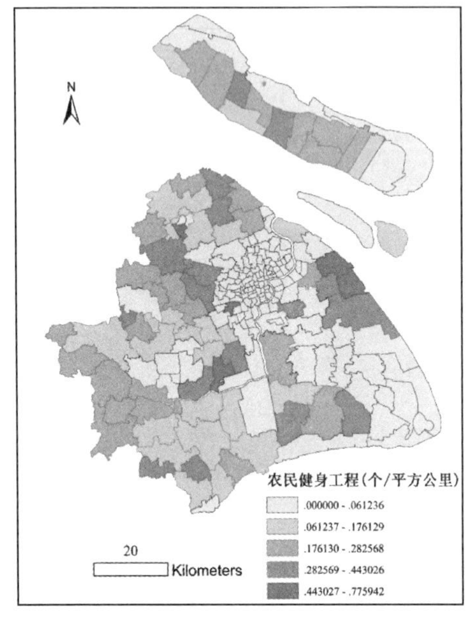

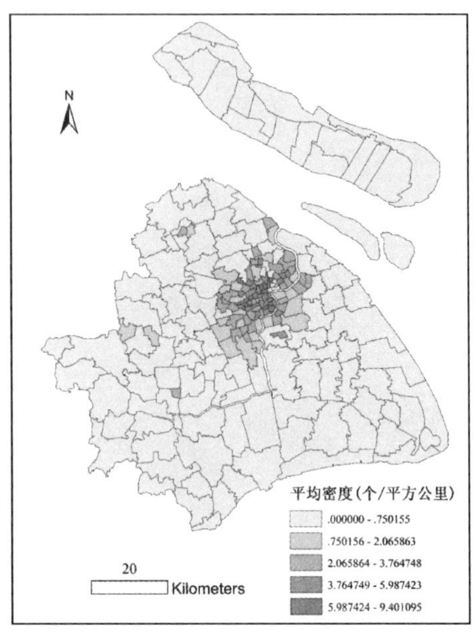

图 4　农民健身工程与平均密度分析

从上海各街道公共体育设施密度空间分布上看，市民健身点在市中心地段具有高密度的特征，越往郊区，市民健身点密度越低，市区市民健身点密度达到 26～45 个/平方公里，郊区多数街道的市民健身点密度仅在 0～4 个/平方公里之间。市民健身房密度同样是市区高、郊区低，市区密度在 0.32～1.23 个/平方公里之间，郊区密度在 0～0.32 个/平方公里之间，相对市民健身点密度的分布，市民健身房密度在郊区空间分布上有所倾斜。

市民球场密度也是呈现地理距离衰减规律，市区密，郊区疏，但宝山(上海北翼)、浦东新区(川沙地段)市民球场的密度较高，郊区的部分镇也有较高的密度。

从市民健身步道的空间分布上看，其密度特征与市民健身点的空间分布具有类似的特征，即市区高度密集、郊区相对疏散，市区的市民健身步道密度主要集中在 1.27～5.88 个/平方公里，郊区则低于 1.27 个/平方公里。

从农民健身工程空间分布上看，其分布都集中在郊区各镇上。测算公共体育设施平均密度，市区公共体育设施平均密度依然远高于郊区，市区平均密度在 3.76～9.4 个/平方公里，郊区则低于 3.76 个/平方公里。

密度分析显示上海公共体育设施布局与人口密度的空间分布具有较强的相关性。利用 SPSS 软件对上海各街道的人口密度与公共体育设施的 5 个密度指标进行 Pearson 相关分析，结果显示这 5 组相关分析在 Sig. =0.01 的显著性水平上皆通过显著性检验，人口密度与市民健身点密度 Pearson 相关分析的系数为 0.895，表现为很强的正相关性，与市民球场密度 Pearson 相关分析的系数为 0.581，具有较强的正相关性，与市民健身房密度、市民健身步道密度的 Pearson 相关系数分别为 0.468、0.429，两者具有一般正相关关系，而与农民健身工程密度具有负相关性，两者的相关系数为−0.519。

（四）各街道公共体育设施的区域差异

研究借助于变异系数，测度上海各街道公共体育设施布局与区域差异情况。变异系数(Coefficient of Variation)，又称变差系数、相对标准差，是一个无量纲的量，它适用于比较不同算术平均数或有不同量纲的两组数据的情况，通常用符号 CV 表示，其测算公式如下（范柏乃，2015）：

$$CV=\frac{s}{u}\times 100\%$$

式中，s 表示上海各街道公共体育设施密度的标准差，u 表示上海各街道公共体育设施密度的平均值。

从全市层面看，市民健身步道密度区域差异最大，变异系数达到 1.95，其次是市民健身房密度的区域差异，再次是市民球场密度和农民健身工程密度的区域差异，市民健身点密度的区域差异相对最小。从市区、郊区的公共体育设施区域差异看，市区的公共体育设施密度变异系数远低于郊区，表明市区的公共体育设施布局相对均衡，而郊区的公共体育设施布局相对分散，郊区公共体育设施密度差异最大的是市民健身步道密度，其变异系数达到 3.83，是市区变异系数的 3.57 倍。从各区公共体育设施的街道变异系数看，黄浦区的公共体育设施密度最低，浦东新区的变异系数最高，此外闵行、宝山等区的差异系数也较高（表 4）。

表 4　上海各区公共体育设施密度变异系数

行政区	健身点密度	市民球场密度	市民健身房密度	市民健身步道密度	农民健身工程密度
黄浦区	0.25	0.42	0.70	0.77	0.00
徐汇区	0.48	1.23	0.99	0.70	0.00

续 表

行政区	健身点密度	市民球场密度	市民健身房密度	市民健身步道密度	农民健身工程密度
长宁区	0.44	0.73	1.33	0.76	0.00
静安区	0.44	1.07	0.99	0.77	0.00
普陀区	0.48	1.14	1.14	0.58	0.00
虹口区	0.75	1.53	3.00	1.29	0.00
杨浦区	0.46	0.64	0.68	0.83	0.00
市区	**0.57**	**1.07**	**1.14**	**1.07**	**0.00**
浦东新区	0.79	0.90	2.05	2.89	1.56
闵行区	0.84	0.70	2.38	1.13	1.52
宝山区	0.90	0.88	1.69	0.88	1.28
嘉定区	1.05	1.01	1.36	0.97	0.98
金山区	0.78	0.70	1.31	0.88	0.59
松江区	1.23	0.75	1.36	0.68	0.86
青浦区	0.86	0.59	0.95	1.34	0.40
奉贤区	0.69	1.16	0.59	0.56	0.71
崇明区	0.68	0.87	0.89	0.94	0.53
郊区	**1.39**	**1.38**	**1.62**	**3.83**	**1.00**
全市	**1.11**	**1.55**	**1.90**	**1.95**	**1.51**

从全市各街道公共体育设施均量看，上海各区每万人拥有公共体育设施变异系数要低于密度指标，表明均量指标的差异程度相对较低。从全市情况看，每万人拥有市民健身房数和拥有市民健身步道数的变异系数较大，表明两者的区域差异程度较大，而每万人拥有健身点数的区域差异程度较小，其变异系数也相对较小。

从市郊情况看，除每万人拥有市民健身房数的变异系数外，其余市区的公共体育设施的均量指标总体变异系数要低于郊区，表明在街道层面上市区公共体育设施人均拥有量相对要高于郊区。从各区街道公共体育设施均量变异系数上看，每万人拥有健身点数的变异系数最低，表明该公共设施在均量上发展相对均衡，而每万人拥有市民健身房数的变异系数最高，表明该公共设施在均量上发展相对不够均衡，此外，每万人拥有市民健身步道数的变异系数也较高，表明该指标在平衡发展上仍有提升空间（表5）。

表5　上海各区每万人拥有公共体育设施变异系数

行政区	健身点数	市民球场数	市民健身房数	市民健身步道数	农民健身工程数
黄浦区	0.26	0.52	0.67	0.75	0.00
徐汇区	0.33	1.01	1.11	0.80	0.00
长宁区	0.09	0.52	1.25	0.74	0.00
静安区	0.32	1.03	1.08	0.82	0.00
普陀区	0.22	0.99	0.87	0.52	0.00
虹口区	0.40	1.07	3.00	1.56	0.00
杨浦区	0.16	0.99	2.46	0.99	0.00
市区	**0.34**	**0.95**	**3.14**	**1.00**	**0.00**
浦东新区	0.31	1.15	1.44	2.76	1.69
闵行区	0.42	0.88	1.77	1.06	1.87
宝山区	0.79	0.69	1.41	1.08	1.65
嘉定区	0.32	0.90	1.38	0.58	1.01
金山区	0.65	0.63	1.01	0.64	0.68
松江区	0.76	0.69	0.78	0.93	1.30
青浦区	0.52	0.57	0.98	0.63	0.95
奉贤区	0.51	1.38	1.41	0.73	0.86
崇明区	0.63	0.72	1.33	1.34	0.53
郊区	**0.89**	**1.00**	**1.96**	**1.65**	**1.28**
全市	**0.81**	**1.04**	**2.41**	**1.59**	**1.83**

从全市各街道公共体育设施总量看，其变异系数总体上要低于均量，更低于密度指标，表明上海各街道加大了公共体育设施的总量供给，缩小市郊的区域差异。从市区和郊区公共体育设施总量变异系数看，市民健身点数和市民

健身房数两个指标，市区变异系数低于郊区，而市民健身房和市民健身步道反之（表6）。

表6　上海各区公共体育设施规模变异系数

行政区	健身点	市民球场	市民健身房	市民健身步道	农民体育健身工程
黄浦区	0.32	0.49	0.63	0.80	0.00
徐汇区	0.30	0.92	1.02	0.69	0.00
长宁区	0.42	0.60	1.34	0.60	0.00
静安区	0.26	1.03	0.87	0.93	0.00
普陀区	0.35	0.89	0.91	0.67	0.00
虹口区	0.45	1.07	3.00	1.49	0.00
杨浦区	0.46	0.54	1.33	0.88	0.00
市区	**0.38**	**0.87**	**1.48**	**1.37**	**0.00**
浦东新区	0.60	1.58	1.31	2.76	1.80
闵行区	0.45	0.75	1.58	0.62	1.49
宝山区	0.37	0.43	1.29	1.38	1.28
嘉定区	0.52	0.55	0.96	0.49	0.95
金山区	0.47	0.35	0.74	0.50	0.56
松江区	0.28	0.51	0.50	0.57	0.98
青浦区	0.41	0.48	0.76	0.74	0.76
奉贤区	0.60	0.89	0.35	0.59	0.92
崇明区	0.61	0.82	0.80	0.93	0.50
郊区	**0.61**	**1.04**	**0.96**	**1.29**	**1.06**
全市	**0.58**	**1.06**	**1.20**	**1.32**	**1.57**

综上所述，密度、均量和总量三个层面的变异系数，市民健身点的差异系数相对较小，而市民健身房和市民健身步道的差异系数相对较大，市民球场的差异系数居中；郊区农民体育健身工程的变异系数与市民球场相近，区域差异水平整体处于居中的位置。

四、对上海公共体育设施建设的分析研究

（一）数据分析

本课题组利用社会调查法采集一手研究数据，通过对上海公共体育设施的调查，深化了解居民体育健身需求。研究数据主要来源于 2018 年 5 月至 7 月课题组《关于上海公共体育设施利用的调查问卷》资料。结合公共体育设施布局情况，抽取宜川社区市民健身中心、长征市民健身中心、虹口足球场、松江大学城体育场以及部分小区健身点，发放 350 份调查问卷，其中有效问卷 308 份。

调查问卷基本情况显示（表 7），受调查对象男女比例比较均衡，各占近 50%；年龄结构中，有 27.90%的受访者小于等于 20 岁，21～59 岁的居民占 59.10%，60 岁及以上居民占 13.00%。从学历结构上看，近 3 成受访者为中小学受教育水平，近 6 成的受访者为大学层次的受教育水平，还有 9.10%的受访者为研究生层次受教育水平。从受访者居住地情况看，上海 16 个区都有覆盖，家在普陀、虹口、长宁、松江、奉贤、嘉定、宝山等地的受访者居多，其余各区都有所涉及。

表 7　样本描述统计

变　量		样本	百分比（%）	变　量		样本	百分比（%）
性别（N=308）	男	156	50.60	居住地（N=308）	市区	2	0.65
	女	152	49.40		黄浦区	10	3.25
年龄（N=308）	20 岁及以下	86	27.90		徐汇区	36	11.69
	21～59 岁	182	59.10		长宁区	28	9.09
	60 岁及以上	40	13.00		静安区	4	1.30
学历（N=308）	小学	12	3.90		普陀区	67	21.75
	中学	88	28.60		虹口区	55	17.86
	大专	64	20.80		浦东新区	12	3.90
	本科	116	37.70		闵行区	10	3.25
	研究生	28	9.10		宝山区	12	3.90

续 表

变量		样本	百分比(%)	变量		样本	百分比(%)
居住地(N=308)	嘉定区	14	4.55	居住地(N=308)	青浦区	4	1.30
	金山区	4	1.30		奉贤区	18	5.84
	松江区	30	9.74		崇明区	2	0.65

注：表中N为问卷调查过程中的有效样本数。

（二）评价分析

居民对公共体育设施的总体评价较好，同时也存在一些不便利的地方。通过对上海公共体育设施建设的满意度进行描述，采用不同年龄层人群做交叉分析，揭示不同年龄组群居民的满意度评价（表8）。调查显示，上海居民对公共体育设施建设的满意度(A)、安全性(B)和总体评价(C)较好，近50%受访者对满意度、安全性和总体评价为满意，近4成受访者评价为较满意。从年龄组看，年龄越高，对公共体育设施的需求也不同，60岁及以上人群组对公共体育设施建设的满意度、安全性和总体评价要比其他年龄组低。当然，还有近15%的人群对上海公共体育设施布局、安全性建设与总体评价存在不满意或满意度一般的现象。

表8　上海公共体育设施建设满意度调查　（单位：%）

年龄 测量	20岁及以下			21～59岁			60岁及以上		
	A	B	C	A	B	C	A	B	C
1	0.00	2.30	2.30	2.20	1.10	6.60	0.00	0.00	0.00
2	7.00	0.00	9.30	7.70	4.40	15.40	0.00	10.00	15.00
3	41.90	48.80	37.20	40.70	47.30	42.90	60.00	35.00	45.00
4	51.20	48.80	51.20	49.50	47.30	35.20	40.00	55.00	40.00

注：A、B、C分别表示受访者对上海公共体育设施建设的满意度、安全性和总体评价；1～4分别表示不满意—满意，得分越高评价越好。

数据来源：上海公共体育设施建设调查问卷数据统计。

对公共体育设施建设不便利的调查显示，服务水平低、活动项目较少、缺少专业人员指导、公共体育设施条件差、费用太高等影响是造成居民进行体育活动不便利性的重要原因(表9)。从分年龄组看,20岁及以下年龄组人群认为公共体育设施条件差、缺少专业人员指导、服务水平低和活动项目少是制约因素;21～59岁年龄组认为公共体育设施条件差、服务水平低、路途遥远是主要制约因素;60岁及以上年龄组认为活动项目较少、服务水平低、缺少专业人员指导是主要制约因素。

表9 上海公共体育设施建设不便利性调查 (单位:%)

制约因素	年龄分组		
	20岁及以下	21～59岁	60岁及以上
公共体育设施条件差	44.20	38.50	15.00
服务水平低	39.50	31.90	30.00
费用太高	18.60	22.00	15.00
路途遥远	20.90	31.90	20.00
活动项目较少	39.50	27.50	35.00
缺少专业人员指导	41.90	25.30	25.00

数据来源:上海公共体育设施建设调查问卷数据统计。

(三)需求分析

本课题分别从参加体育锻炼的重要性、锻炼目的、锻炼频次、锻炼时间、锻炼效果和体健信息,反映居民对公共体育设施建设的需求情况。

研究显示,64.9%的居民认为参加体育锻炼非常重要,22.70%的居民认为比较重要,说明上海市民对参加体育锻炼活动的重视性程度日益提高,居民体育需求较旺盛。在体健信息方面,近5成居民从网络媒体了解公共体育设施相关信息,电视广播、报纸杂志、社区宣传各占1成比例。

从锻炼频次上看,27.3%的受访者几乎每天参加锻炼,20.1%的受访者一周参加两次锻炼,17.5%的受访者一周参加三次锻炼,偶尔锻炼的占22.1%,说明全民健身理念已深入人心。

从锻炼时间上看,59.1%的居民每次锻炼时间在30～60分钟,超过60分钟的占11.0%。

从锻炼效果上看,48.1%的居民认为参加锻炼后身体比以前健康多了,

24.0%的居民认为比以前健康一点，25.3%的居民认为变化不大。

在参加体育锻炼的目的选项中，改善精神状态、满足个人兴趣、防病祛病三个选项的比重较高。所以，居民对公共体育设施具有较强需求。

（四）多元分析

本课题进一步从参加体育锻炼的项目类别、活动场所、主要形式三个方面反映居民的多元需求。研究显示，在给出选项项目类别中，跑步散步类、球类和水冰类（如游泳项目）三项体育活动颇受市民青睐，舞蹈类、武术类、体操类运动受到的欢迎程度次之，表明居民在公共体育设施上开展体育运动的频次较高（图5）。因此，居民对公共体育设施需求呈现多元、形式多样化。

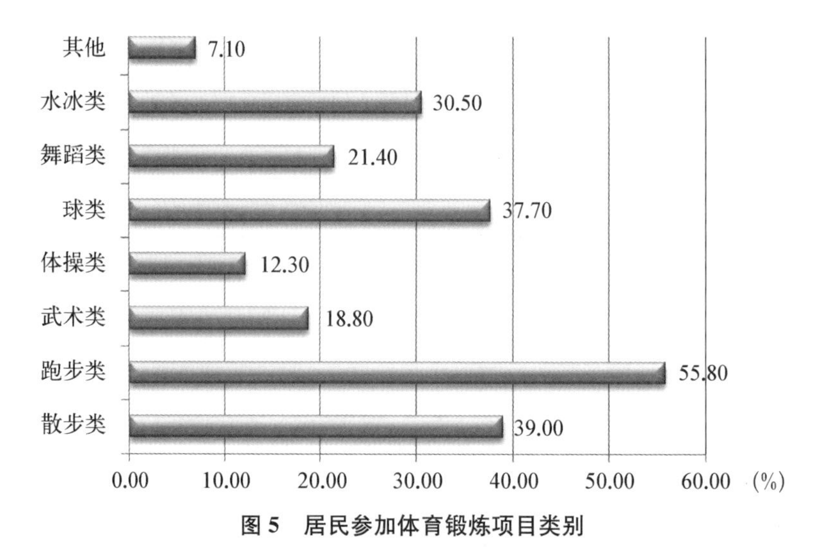

图5　居民参加体育锻炼项目类别

从锻炼场所看，健身点、公园、收费体育场馆等公共体育场所颇受欢迎，而家里、学校体育场地受到的欢迎程度较低（图6）。工作之余，到室外场地活动成为一种生活方式，但中小学体育场地还没能有效衔接好公共体育场馆，实行封闭式管理，也许是居民到学校体育场地参加体育锻炼所占比例低的原因之一。此外，从体育锻炼主要形式看，60.20%的居民倾向于与家人或朋友一起参加体育锻炼，而选择社区组织体育锻炼的居民仅占11.30%，反映社区未能充分发挥公共体育活动的作用。

以上表明，居民对体育场所选择与公共体育项目的需求越来越趋于多元

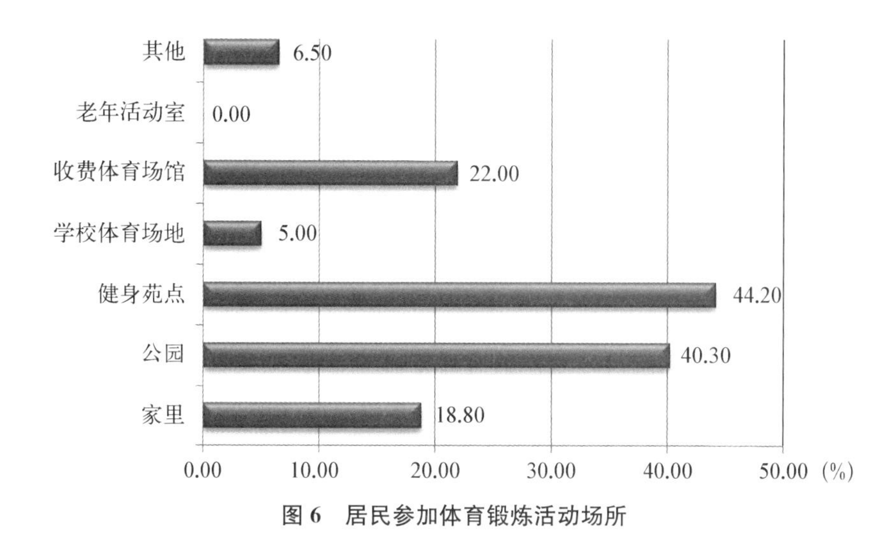

图 6　居民参加体育锻炼活动场所

化，其需求程度也受物质生活水平的提高、闲暇时间、场地可接入性等因素影响。

五、上海公共体育设施建设存在的问题

（一）公共体育设施条件尚不能满足居民多元需求

通过对影响参加体育活动的原因分析，发现上海公共体育设施的建设与设施的完备性上尚未能充分满足居民的多元需求。有 37.00%的受访者认为公共体育设施的条件较差，有 33.80%的受访者认为服务水平差，认为活动项目选择较少的占 31.80%，27.30%的受访者认为路途遥远，20.10%的受访者认为部分公共体育设施场馆收费太高。在公共体育设施是否有专业体育指导员的调查中，课题组还发现有 47.40%的受访者认为缺少专业体育指导员，27.90%的受访者认为体育指导员不缺但不够专业，仅 24.70%的受访者认为有专业的体育指导员（图 7）。

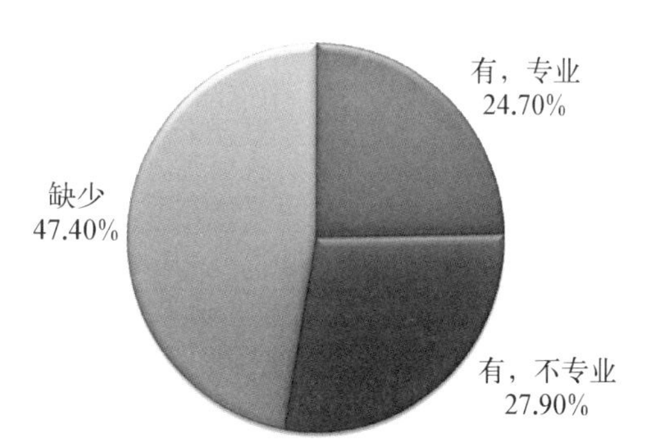

图 7　专业体育指导员比重

（二）各区公共体育设施建设与发展不平衡

面对多元化的体育需求与居民的要求，公共体育设施建设与发展不平衡问题依然突出。本课题通过访谈进一步反映了公共体育设施建设与居民实际需求。

1. 社区公共体育设施的有效供给情况

大致可以分为还可以、一般般、较差三种情况。

回答“还可以”的人群认为，本社区公共体育设施“很好”，“能够满足基本需求”，“我区通过调查问卷、走访等形式所接收到的信息针对性地进行了改进，基本做到了有效供给”，“对供给情况满意”。访谈反映出这部分群体对上海社区公共体育设施的有效供给总体满意，体育设施的项目能够满足多数需求。

回答“一般般”的人群认为，“一般般吧”，“我认为还可以”，“一般般，没人维修老旧设备”，“能够满足需求，基本上每块区域都有”，“本区的有待提高，因为一些设备坏掉了，还没更换，但总体来说还不错吧”，“用的人不多，只有儿童会去玩儿”。部分受访者认为社区健身点的公共体育设施无人看管，设施老化，缺少及时维修。

回答“较差”的人群认为，“条件差，水平低”，“本社区居民较多，场地、器材等公用设施较少，在有效供给上不是十分充分”。这部分受访者认为健身点的公共体育设施难以满足体育健身需求，体育健身设施均量不足。

2. 社区公共体育设施的利用率情况

大致可以分为三种情况：利用率高；利用率高；不了解。

回答“利用率高”的人群认为，“利用率高，尤其是老年人群里”，“高，人太多，集中在一个时间段”，“对中老年人利用率还是很不错的，因为平时都是中老年人”。受访者认为中老年人比较青睐社区健身设施，利用率比较高。

回答“利用率低”的人群认为，“利用率低，设施陈旧、简陋，一般都去健身房”，“利用率不怎么样，宣传度低，也不知道安全性”，“利用率不高，设施太过陈旧，安全性低”，“不是很高，基本上都是老人，现在年轻人大多数都去健身房吧”。受访者平时不大愿意去简易的健身点锻炼，而是去比较专业的健身房健身。

回答“不了解”的人群认为，“应该高吧，不太清楚”。这部分受访者平时不大参与到社区体育锻炼中，对公共体育设施情况不熟悉。

3. 社区公共体育设施发展情况

大致可以分为两种情况：发展较快；没有太大变化。

回答“发展较快”的人群认为，“活动项目的变多了，工作人员专业化”，“硬件和软件提高了，同时人们对公共体育设备的需求增加了”，“有的，像场地的数量，设施种类我们都有增加”，“有吧，活动项目明显变多”，“还好，与时俱进吧，设备多了一点”。受访者认为近年来上海的公共体育设施供给有了很大提升，能够与时俱进，满足多数居民的体育健身需求。

回答“没有太大变化”的人群认为，“一般，跟以前差不多”，“我觉得并没有，跟以前差不多一样”，“无，只是针对场地、器材进行了维护与更换，但数量少这一大问题还没解决”，“发展程度缓慢，设施依旧陈旧”，“建成之后，并没有进行发展”。这部分受访者认为社区体育健身设施陈旧，缺乏更新与维护，难以满足多元化的体育健身需求。

4. 公共体育设施便捷性情况

大致可以分为两种情况：便捷；不便捷。

回答“便捷”的人群认为，“步行，10分钟”，“步行或者骑车，10分钟之内能到”，“不远，十几分钟的车程吧”，“步行，也就五六百米，不远”。这部分受访者认为家附近的公共体育健身设施可及性强，步行或乘车过去比较方便。

回答“不便捷”的人群认为，“不太方便，挤公交大概要20分钟左右吧”，“我家离体育中心还是比较远的，不过每次来健身时，来回路上听听歌啊、散散步什么的，也算是一种锻炼”。这部分受访者认为家离附近的公共体育设施场所比较远，公共体育设施可及性较差。

5. 公共体育设施总体满意度情况

大致可以分为两种情况：能满足基本需求；有待提高。

多数受访者认为，公共体育设施“能满足基本需求”，认为“能满足，反馈情况良好，对本区公共体育设施基本满足”，“还可以，如果更多就更好了”。这部分受访者认为公共体育设施总体上能够满足需求，反映较好。

也有部分居民认为“有待提高”，指出“从反馈来看，还是场地太有限，本区居民有不少都去健身房或者高校运动”，“满足了大多数人的需求，设施配套方面还有待增加，还可以”，“能够基本满足，但是希望进一步更新设施条件，总体满意的算高”，“一般般，种类都差不多，锻炼来锻炼去，基本都是一样的方式，花样不多”。这部分受访者认为公共体育设施还难以满足多元化的需求，一些个性化的体育健身项目仍有待提升和加强供给。

六、上海公共体育设施建设制约因素与优化路径

(一) 制约因素

虽然上海公共体育设施建设与布局上已经取得巨大的成绩,尤其是市郊平衡布局上的努力更是突出,但在软硬件协调发展、品质提升、人居匹配等方面仍有待于改善和提升的空间。

1. 公共体育设施与人口分布匹配不强

根据空间分析,除健身点外,市民健身房、市民健身步道、市民球场等公共体育设施布局与人口密度的空间分布匹配度不高。虽然上海增加了农民健身工程布点,但市区和郊区公共体育设施密度之间的不均衡性并没有显著改观。尽管中心地理论认为市级公共体育设施具有等级性,不同等级的公共体育设施具有一定的服务半径与门槛人口,但若从均衡发展的角度讲,郊区的公共体育设施仍有很大改善和提升的空间。

从公共体育设施均量区域差异的分析上看,本课题发现近年来郊区的公共体育设施在数量和均量上有了很大发展,但若从公共体育设施的服务范围与项目的种类、类型看,郊区的公共体育设施建设和发展与市区仍有较大的距离,一定程度上与郊区不够便利的公共交通水平有关,还与郊区行政区面积、体量相对庞大有一定关联。

2. 公共体育设施软硬件发展不相协调

根据上海公共体育设施发展度的分析发现,2010 年以来上海公共体育设施建设无论从密度、总量,还是均量上看,都取得了突出成绩。公共体育设施布局、规划建设都有了较大提升。

但若从公共体育设施的软件上看,上海体育界职工人数变化却相对缓慢,多数指标呈现波动变化的态势,一定程度上反映公共体育设施硬件发展与软件(人员、服务)的配套不同步、不相协调,即公共体育设施建设较快,而相应的服务未能较好地跟上。

公共体育设施建设除满足市民的基本需求外,还要为运动队员提供竞技、训练场地,上海科技人员、体育界医务人员的流失,势必影响到专业运动员训练能否提供优良的后勤保障。对于社区级的公共体育设施,专业体育指导员的缺乏,将影响到居民健身效果和健身质量,导致公共体育设施硬件与软件的

发展不相协调。

3. 公共体育设施维护与品质有待提高

从不同等级的公共体育设施规划与布局情况看，当前上海公共体育设施建设在数量上取得突飞猛进的发展，但是公共体育设施质量提升上仍不够充分。调查过程中，市民反映社区公共体育设施建成之后长期缺乏必要的维护，部分公共体育设施零部件损坏也没能得到有效维修。品质较高的体育设施，如健身房一般采取收费的形式，才能享有锻炼、健身的机会，而社区健身点则缺少有效的维护与看管，由于其公用性和共享性，一定程度上导致“公地悲剧”效应。

上海市民健身活动示范基地在空间分布上主要集中在市区地段，而多数郊区缺少市民健身活动示范基地，表明具有示范性的公共体育设施基地在空间分布上仍不平衡，公共体育设施在品质建设和质量提升上仍有较大发展空间。

4. 公共体育设施建设整体人居性缺位

2018年5月开始实施的《上海市体育设施管理办法》，规定了公共体育设施建设或设置的标准，明确公共体育设施的建设用地、旧改配套、体育建设设施配套要求，但当前上海公共体育设施建设忽视了作为公共空间的一部分，尤其是作为城市人居环境整体的一部分被忽视。公共体育设施建设与社区、学校文体设施运作机制相互割裂。

基于管理便利和空间有限的需求，多数公共体育设施为封闭性空间设置，影响了市民参与积极性，尤其是外来人口的参与。过度商业化运营影响公共体育设施的公益性，阻碍了市民参与体育项目的积极性，影响了公共体育设施综合利用率。

（二）优化路径

公共体育设施属于人居环境体系中的建筑系统，是人居环境的有机组成部分，其优化路径需基于人居环境的综合评估，提出针对性的优化措施和发展对策。

1. 结合常住人口空间分布，优化公共体育设施空间布局

公共体育设施建设不仅需要对人口密度的空间分布匹配度进行分析，还需要加强对人口结构的分析、加强对公共体育设施建设的空间分布研究，使人口结构空间分布与多元需求的公共体育设施建设相结合。结合上海人口空间

分布的变动态势，在郊区适当开发、建设相关公共体育设施，以减轻市区的管理压力和城市空间压力。

上海各区人口结构差异很大，这种人口结构（性别、年龄）的巨大差异势必影响到各区公共体育设施建设的多元化需求。数据显示，上海各区的公共体育设施在数量上有了很大改观，但高质量的公共体育设施与多元化的公共体育设施供给不足，势必会影响公共体育设施效果，如何组织好政府、社区、地方媒体，发挥各自的监督作用，加强对公共体育设施质量上进行提升，是上海未来公共体育设施建设的着力点之一。

2. 努力提升公共体育设施品质和效率，协调公共体育设施软硬环境

目前，一些露天的公共体育设施缺乏防雨、防晒、防风、防寒措施，公共健身设施老化严重，设施缺少一定的保养、维修和看护，导致公共体育设施的品质受到影响。因此，迫切需要建立公共体育设施建设的长效机制，加强健身点的管理，加强公共体育场所器材的适用性和安全性指导，努力营造各具特色的上海社区公共体育设施。

在优化公共体育设施空间布局的过程中，努力实现精细化管理，做精细化公共体育设施建设，通过公共体育设施的空间优化与精细化管理的有效结合，协调好社区公共体育设施建设的软硬件环境。此外，提高城市公共体育设施的综合利用效率，还可通过政府主导、社会投资、公众参与等三个主体共同参与公共体育设施建设，维护维持公共体育设施的可持续运行。

3. 有效衔接学校体育设施，平衡公共体育设施共享性和效益性

利用各类学校寒暑假文体设施利用率不高的特点，可向社会开放，有偿使用，构筑更广泛的城市公共体育设施复合体。校园体育设施的开发对当地居民而言，是最大的利好之一，这意味着以中小学为圆心的缓冲区半径 15 分钟内，小区居民增加了公共体育健身与运动的机会，将人均体育场地面积在一定程度上得到提升。

但事物总是具有两面性的，开放后的学校体育设施可能存在隐患，各类人群拥入校园，给学校的管理带来压力。在此，需要考虑的是如何加强学校管理，有效分割教学区和体育场。同时，体育局要考虑是否将开放的自主权交给学校，将校园体育设施的开放时间公之于众，为市民到学校参加体育运动提供服务。

此外，部分公共体育设施需要收取一定的费用，以维持基本运行、保养与管理，部分公共体育设施需要免费开放，这就需要平衡好公共体育设施的共享

性和效益性。

4. 公共体育设施建设作为整体城市人居要素考虑

城市公共体育设施是人居要素的重要组成部分，绝不是一个个孤立的原点。城市公共体育设施的建设不仅要考虑中心地理理论中设施功能的等级性规律，还要考虑作为整体城市人居要素，需要协调好公共体育设施的软硬环境建设，平衡好公共体育设施发展的共享性和效益性。

例如调查显示，部分受访者认为公共交通的便捷程度可决定人们是否有意愿前往体育馆内进行体育锻炼。当公共交通便捷时，人们更愿意前往体育馆内进行体育锻炼，而当交通存在稀疏、停车难等一系列交通问题时，人们会选择放弃。所以便捷的交通会影响人们体育锻炼的欲望，这意味着公共体育设施的建设不仅仅是自身功能的完备性，还要综合平衡人居要素，将公共体育设施的建设与居民的多元化需求、交通的便利性、设施可达性、人口结构的匹配程度、城市战略规划、总体规划、详细规划、地形地势、自然环境等自然经济社会人文环境有效结合起来。

七、上海公共体育设施建设研究结论

综合利用问卷调查、质性访谈、地理信息空间分析、区域差异等研究方法，依据人居环境科学理论和体育公共服务理论，从现状分析、综合评价与调查分析三个方面，对上海公共体育设施建设效应展开评价研究，得出以下主要结论：

第一，上海公共体育设施建设成绩显著，在总量和均量上都有显著提升。市级规划形成“4＋2＋X”体育设施布局，建成各类型公共体育设施15 889个，上海社区体育协会承接部分公共体育服务项目，在公共体育设施数量上有了明显的投入，增加了居民享有公共体育设施健身的机会。

第二，上海公共体育设施布局呈现等级性，空间上呈现“中心—外围”特征。形成了市-区-街道三级空间尺度的公共体育设施空间布局，基本符合中心地理理论；市公共体育设施服务半径基本满足多数居民需求；空间分布上呈现“中心-外围”分布特征，市区的公共体育设施服务半径、辐射范围广，具有门槛人口效应；郊区数量多，服务半径较小。

第三，上海公共体育设施空间布局与人口密度分布呈正相关关系。健身点密度、市民球场、市民健身房、市民健身步道与人口密度分布呈现较强的正相关关系；农民健身工程与人口密度分布呈现较强的负相关关系。

第四，上海公共体育设施密度区域差异显著，软硬环境协调发展程度不高。相对公共体育设施总量和均量指标，密度指标的变异系数最大，表现在市区和郊区之间的区域差异上；从公共体育设施硬件建设与投入看，其软环境建设与发展相对滞后；公共体育设施建设正处于数量增加向质量提升过渡阶段，正建设与卓越的全球城市和社会主义国际化大都市相匹配的公共体育设施与配套服务。

第五，上海公共体育设施建设总体评价较好，但存在难以满足多元化需求等制约。调查显示，居民对上海公共体育设施建设的总体评价较好，满意度评价较高，但缺乏满足个性化、多元化需求，在软件环境建设上仍有提升空间。

参考文献

[1] C. A. Doxiadis. Ekistics, the science of human settlements [J]. Science，1970
[2] 毕红星. “点-轴系统”理论与城市公共体育设施建设布局[J]. 上海体育学院学报，2012
[3] 杜长亮，顾校飞，李南. 社区公共体育设施选址规划研究[J]. 中国体育科技，2016
[4] 樊炳有. 体育公共服务的理论框架及系统结构[J]. 体育学刊，2009
[5] 范柏乃，蓝志勇. 公共管理研究与定量分析方法[M]. 2版. 北京：科学出版社，2015
[6] 付革，毕红星. 公共体育设施社会效益和经济效益分析[J]. 东北财经大学学报，2013
[7] 高瑜. 上海市小型公共体育设施的管理现状与分析[J]. 体育科研，2006
[8] 葛新. 我国体育公共服务城乡一体化的内涵、困境与实现路径[J]. 北京体育大学学报，2017
[9] 蒋蓉，陈果，杨伦. 成都市公共体育设施规划实践及策略研究[J]. 规划师，2007
[10] 金银日，姚颂平，刘东宁. 基于GIS的上海市公共体育设施空间可达性与公平性评价[J]. 上海体育学院学报，2017
[11] 刘伟华，蓝冬玉. 宜居城市创建与体育休闲业互动发展研究——以龙岩市为例[J]. 通化师范学院学报(自然科学)，2015
[12] 马成国，季浏. 上海市公共体育设施建设现状与对策研究[J]. 沈阳体育学院学报，2012
[13] 马玉芳. 从经济学理论视角分析城市公共体育设施的免费开放[J]. 南京体育学院学报，2011
[14] 彭永群. 绿色人居视域下体育场馆生态平衡研究[J]. 湖南工业大学学报(社会科学版)，2013

［15］　汤国安，杨昕. ArcGIS 地理信息系统空间分析实验教材［M］. 2 版. 北京：科学出版社，2018
［16］　阮伟，钟秉枢. 中国体育产业发展报告（2016～2017）［M］. 北京：社会科学文献出版社，2018
［17］　汪全胜，黄兰松. 论公共体育设施的供给及制度保障［J］. 武汉体育学院学报，2015
［18］　王智勇，郑志明. 大城市公共体育设施规划布局初探［J］. 华中建筑，2011
［19］　吴良镛. 人居环境科学导论［M］. 北京：中国建筑工业出版社，2001
［20］　吴文龙，李欣悦，张洋洋，等. 基于 GIS 的城市公共体育设施可达性研究［J］. 体育研究与教育，2014
［21］　肖林鹏，李宗浩，杨晓晨. 公共体育服务概念及其理论分析［J］. 天津体育学院学报，2007
［22］　闫永涛，许智东，黎子铭. 面向全民健身的公共体育设施专项规划编制探索——以广州为例［J］. 规划师，2015
［23］　张大超，李敏. 我国公共体育设施发展水平评价指标体系研究［J］. 体育科学，2013
［24］　张金桥，王健. 我国公共体育设施供给实践的内在逻辑［J］. 北京体育大学学报，2013
［25］　张林，黄海燕，朱洪军. 上海体育产业发展报告（2014～2015）［M］. 北京：社会科学文献出版社，2015
［26］　张培刚，许炎，胡苏，等. 居民需求导向的公共体育设施选择与空间布局［J］. 规划师，2017
［27］　张欣. 基于地理信息技术的城市公共体育设施服务辐射能力分析［J］. 沈阳体育学院学报，2012
［28］　张学研. 建设美丽中国背景下公共体育设施建设布局与优化的研究——基于佛山的实证研究［J］. 浙江体育科学，2014
［29］　张岩. 我国公共体育设施供需矛盾与解决路径［J］. 冰雪运动，2015
［30］　张宇，贺晓燕，徐传明. 成都市公共体育设施的供求现状及优化措施研究［J］. 四川体育科学，2015
［31］　赵修涵. 权利冲突视域下公共体育设施使用冲突与解决［J］. 体育科学，2018
［32］　郑柏武，钟兆祥，吴建新. 宜居城市理念下城市绿道体育的开展［J］. 龙岩学院学报，2017
［33］　朱宏. 基于低碳出行理念的城市社区公共体育设施规划研究［J］. 成都体育学院学报，2013
［34］　朱晓东，颜景昕，卢青，等. 上海市日常体育生活圈的公共体育设施配置研究［J］. 人文地理，2015

上海大学生徒步穿越风险管理研究

景俊杰等*

自2002年《全国普通高等学校体育课程教学指导纲要》把户外运动纳入高等教育体系以来，户外运动迅速成为深受大学生们喜爱的体育运动，目前已有近百所高校成立了大学生户外运动社团。徒步穿越是最受欢迎、参与者最多的，同时也是安全事故最多的高校户外运动项目。仅中国登山协会数据，2014～2017年我国至少发生了6起大学生徒步穿越严重事故，造成5名大学生死亡。事故可能造成身体和心理的伤害、甚者死亡，给大学生家庭、学校、社会都造成很大伤害，是亟待社会有效破解、进而促进高校户外运动健康发展的重要课题。

本课题从现状分析入手，旨在厘清上海大学生徒步穿越活动风险管理存在的问题，为改善相关风险管理过程、降低活动风险系数，也为高校户外社团风险管理等提供思路，从而提升上海大学生徒步穿越活动的风险管理水平与发展环境，推动大学生户外运动健康发展。

本课题围绕户外运动参与活跃群体大学生参与率高、事故多发的徒步穿越项目，遵循提出问题——分析问题——解决问题的逻辑线路，在系统调研上海大学生徒步穿越活动参与及风险管理等现状基础上，通过系统分析大学生徒步穿越风险因素及其促发条件、风险概率与危害程度评估、不同类型风险应对手段等问题把握其风险管理存在的问题，再结合大学生徒步穿越组织与管理特点尝试提出相应的有效对策建议。

本课题聚焦于同质性较高人群徒步穿越活动风险管理问题，是对既有户

---

* 本文作者单位：上海师范大学。立项编号：TYSKYJ2018060。

外运动风险研究偏重宏观整体的突破性尝试，希望能为微观、有效的具体户外运动风险管理研究抛砖引玉。

一、上海大学生徒步穿越活动基本情况

(一) 上海大学生徒步穿越活动主要现状

上海大学生户外运动参与性别比例上，女生占61.62%、男生为38.38%。调查表明这与男生更多关注游戏、健身及创业等，而对社团活动兴趣较低有关；女生则多喜欢参与社团活动，具有新鲜感的户外运动更为她们所关注。在具体户外运动项目方面，徒步穿越参与率为83.84%、登山为73.23%、野营野炊为64.14%，三者是上海大学生户外运动的主要形式。

具体到徒步穿越上，参加过1次的占47.59%、2～4次的占24.70%、5次及以上的占27.71%，参与5次及以上的多为社团骨干，也多是户外社团管理及活动组织者。参与途径方面，通过户外社团参与的占75.30%，另有9.64%通过户外俱乐部参与，值得警惕的是有14.46%的大学生通过网上约伴或个人策划路线后上网约伴的方式参与，这也是既往事故占比最多的参与方式。

大学生们参与徒步穿越活动时户外运动保险购买情况见表1，参与者风险认识不足、抱有侥幸心理、购买保险重要性宣传不足等是部分大学生放弃购买保险的主要原因。

表1 上海大学生参与徒步穿越活动保险购买情况(n=166)

保险购买情况	人数(人)	百分比(%)
有	115	69.28
没有	29	17.47
视活动难易程度决定是否购买	22	13.25

(二) 上海大学生徒步穿越风险识别分析

风险源与风险是密不可分的，风险源是能够带来风险的人、物或事件，人的不安全行为或物的不安全状态是由于人的缺点造成的。户外运动风险因素主要来自人、活动装备(物)、环境等三个方面。根据徒步穿越活动特点，人的

风险因素主要包括组织者、领队、参与者、其他等四类；物的风险因素主要包括装备、食物、水源、动植物和其他等五类；环境的风险因素则可以分为自然环境和人文环境两类。课题以此为基础，从大学生徒步穿越活动组织特点和参与现状出发，结合两轮户外专家意见反馈，归纳形成大学生徒步穿越活动在人、物和环境三大风险源、90项潜在风险因素（表2）。

表2　大学生徒步穿越风险因素及评估表

风险类型	风险来源	风险因素	可能性值(P)	严重性值(C)	风险系数值(R)	R值排序	矩阵分析象限	综合风险评估
人	活动组织者	徒步穿越知识、能力、经验不足	3.27	3.81	12.54	34	i	☆
		组织管理能力不足	2.92	3.42	10.23	57	i	☆
		应急预案准备不充分	4.50	4.46	20.15	1	i	★
		缺乏责任感	3.15	3.23	10.31	55	i	☆
		缺乏对社员的安全教育	1.96	2.88	5.69	87	iv	○
	领队	工作预案准备不充分	3.77	3.88	14.85	12	i	★
		活动流程安排不合理	3.35	3.77	12.58	33	i	☆
		缺乏临场应变能力	3.54	3.65	12.85	29	i	☆
		纠错不及时	3.46	3.85	13.38	25	i	☆
		缺乏责任感	2.62	4.04	10.69	53	ii	△
		忽视安全教育	3.38	3.38	11.50	42	i	☆
		随自身个性随意更改行程安排	2.38	4.04	9.62	62	ii	△
		个性鲜明影响队伍氛围	2.27	2.46	5.35	88	iv	○
		缺乏专业救援技能	3.50	4.12	14.42	17	i	★
		救援技术不熟练	2.35	3.50	8.00	75	ii	○
	活动参与者	徒步穿越知识匮乏	3.96	3.81	14.88	11	i	★
		技术不熟练	3.69	4.15	15.50	8	i	★
		不了解装备性能导致装备操作不当	4.00	3.50	13.88	20	i	☆

续　表

风险类型	风险来源	风险因素	可能性值(P)	严重性值(C)	风险系数值(R)	R值排序	矩阵分析象限	综合风险评估
人	活动参与者	过度自信冒险逞能	4.12	4.04	16.54	5	i	★
		注意力不集中导致身体失去控制	3.46	3.38	11.88	40	i	☆
		特殊生理期	2.38	2.42	5.77	86	iv	○
		身体不适	3.08	3.19	9.81	60	i	☆
		出发前准备不足	4.12	4.23	17.35	2	i	★
		不听从组织安排缺乏团队精神独立行动	2.58	3.73	9.81	60	ii	△
		缺乏沟通导致队伍前后行动不统一	4.31	1.77	7.58	78	iii	○
		缺乏自救、救援等专业知识技能	4.15	3.31	13.81	21	i	☆
		经验不足无法判断风险	3.08	3.62	11.50	42	i	☆
		体能储备不足	3.88	2.88	11.27	46	iii	△
		身体伤病未痊愈	2.23	4.04	9.19	65	ii	△
		隐瞒自身疾病	2.00	3.81	7.65	77	ii	○
	其他人	与当地人发生矛盾冲突	2.31	3.04	6.81	82	ii	○
		当地管理人员阻止活动的进行	3.27	2.65	8.62	69	iii	△
		司机疲劳驾驶	2.19	4.08	9.00	66	ii	△
		司机驾驶技术拙劣	2.38	3.54	8.46	70	ii	○
物	装备	装备陈旧更新不及时	3.04	3.73	11.08	47	i	☆
		装备临时更新不适应	2.85	3.27	9.38	64	ii	△
		装备突然失灵	1.96	4.19	8.27	71	ii	○
		装备使用不当	3.19	3.08	10.04	59	i	☆
		缺乏专业装备或专业救援装备	4.15	3.81	15.54	7	i	★

续 表

风险类型	风险来源	风 险 因 素	可能性值(P)	严重性值(C)	风险系数值(R)	R值排序	矩阵分析象限	综合风险评估
物	装备	装备不适用于使用者	4.08	2.96	12.00	38	iii	△
		装备性能差	3.88	3.50	13.69	23	i	☆
		装备使用时间过长导致部分功能失效	3.77	3.92	14.85	12	i	★
	食物	携带食物不够	3.77	2.58	9.62	62	iii	△
		食物保管不当导致动物偷食	3.92	3.85	15.35	9	i	★
		食物保存不当导致变质	3.73	2.88	10.85	51	iii	△
		食物搭配不当引起身体不适	3.38	3.15	10.31	55	i	☆
		食物烹饪不当导致不能满足身体需要	3.46	3.54	12.23	36	i	☆
		食物烹饪不当导致食用后身体不适	3.73	3.46	13.00	28	i	☆
		误食野外有毒食物	2.69	4.15	11.35	45	ii	△
		缺乏应急食品	3.96	3.73	14.27	18	i	☆
	水源	水源位置不佳造成取水困难	2.96	3.46	10.12	58	ii	☆
		水源位置与营地分布不合理	3.27	2.73	8.88	68	iii	△
		水源量少	3.35	1.77	5.96	85	iii	○
		水源被污染	3.50	3.92	13.69	23	i	☆
		水源为动物水源，无法保证水质	3.19	3.42	11.00	48	i	☆
		饮用方法不当	3.92	3.38	13.38	25	i	☆
	动植物	毒蛇攻击	1.92	4.35	8.27	71	ii	○
		野蜂蚊虫叮咬	4.04	3.12	12.62	32	i	☆

续　表

风险类型	风险来源	风险因素	可能性值(P)	严重性值(C)	风险系数值(R)	R值排序	矩阵分析象限	综合风险评估
物	动植物	猛兽袭击	1.92	4.08	7.85	76	ii	○
		通过村庄遭遇家禽伤害	3.54	3.04	10.73	52	i	☆
		露营时食物未妥善保管吸引野兽	4.27	4.00	17.00	3	i	★
		误入动物迁徙通道引发人畜冲突	3.31	3.42	11.38	44	i	○
		植物划伤	3.92	1.88	7.54	79	iii	○
		动植物引发的过敏	3.85	3.31	12.73	31	i	☆
		动植物阻拦被迫改变线路	4.04	3.50	14.23	19	i	☆
	其他物	交通工具故障	2.04	1.58	3.08	90	iv	○
		发生交通事故	2.96	4.04	11.96	39	i	☆
		发生交通堵塞影响行程	4.00	1.69	6.58	84	iii	○
		装备托运导致装备丢失或损坏	3.35	3.69	12.42	35	i	☆
环境	自然环境	地震	1.19	3.42	4.12	89	ii	○
		崩塌	3.23	4.23	13.77	22	i	☆
		泥石流	1.92	4.19	8.08	74	ii	○
		山洪	1.58	4.27	6.62	83	ii	○
		落石	3.46	4.19	14.46	16	i	★
		浓雾	3.65	2.23	8.27	71	iii	○
		下雪导致气温骤降	3.04	2.96	8.92	67	iii	△
		大风	4.27	2.88	11.69	41	iii	△
		雷击	1.92	3.92	7.50	80	ii	○
		连续大雨	4.15	2.62	10.88	50	iii	△
		森林火灾	2.42	4.50	10.96	49	ii	○

续　表

风险类型	风险来源	风 险 因 素	可能性值(P)	严重性值(C)	风险系数值(R)	R值排序	矩阵分析象限	综合风险评估
环境	人文环境	团队分工不明确	3.08	3.42	10.62	54	i	☆
		队伍缺乏团队精神	2.04	3.27	6.96	81	ii	○
		搞小团体	3.58	3.38	12.23	36	i	☆
		对不同的个体缺少关注	3.96	3.85	15.12	10	i	★
		高校户外社团风险管理制度不健全	3.58	4.04	14.54	14	i	★
		高校相关部门学生安全教育宣传不到位	3.35	3.73	12.77	30	i	☆
		国家相关政策不明确	4.15	3.50	14.54	14	i	★
		缺少对高校户外社团监管措施	3.23	4.12	13.19	27	i	☆
		紧急救援系统不完善	3.92	4.27	16.85	4	i	★
		社团缺少风险预警机制	4.12	3.88	16.00	6	i	★

注：★突出风险；☆重要风险；△为一般风险；○知晓风险。

1. 人的风险因素分析

组织者是徒步穿越活动发起者和管理者，一般都由活动及管理经验丰富者担当。上海大学生徒步穿越活动大部分是由社团组织发起的，一般也都配有指导教师。不过，绝大部分指导教师缺乏徒步穿越经验，更少有跟随团队进行活动的。因此，实际承担组织者角色的多是自身能力较强、具有一定活动经验的学生，其专业知识、技能、经验、团队管理、责任心等都将成为重要的潜在风险因素。

领队在徒步穿越活动计划当中占据着主导地位，其领导协调能力、技术能力、经验积累以及对风险的判断和决策能力都是风险管理实施的核心要素，参与者能否获得良好的活动体验很大程度上也在于领队的认知水平和工作能力是否到达一定的水准。因此，领队不仅需要在活动开始前做好充实的前期工作，还需要具备一定的临场应变和平衡能力。就大学生徒步穿越活动来说，准备工作主要包括详细路线分析、行前安全教育、活动流程安排、应急预案流程梳理、参与人群分析等。此外,领队是否了解自身个性特点也是影响活动风险的重要因素。总体上,外向、热情、幽默的领队可以提升团队融洽度和凝聚力,冲动、自负、散漫、消极、敷衍的领队则将直接构成重要的人为风险因素。

获得高峰体验需要在身体状态良好的基础上进行,同时也是安全的重要前提。调查显示,在参加过1次徒步穿越活动的大学生中,有51.21%的人每周锻炼2次以下;半数以上者可以应付感冒、擦伤、发烧、抽筋、中暑、扭伤等状况,不过能够应对脱水、毒虫叮咬、晒伤、水泡等徒步穿越常见状况的均在20%以下。此外,大学生容易冲动好胜、活动需求多元等特点都是必须关注的风险因素。

由于山地资源较为稀缺,上海大学生徒步穿越活动多选择山地资源丰富的其他省市进行,通常情况下往往需要包车前往活动起点、借宿农家、请当地人作为向导,等等。作为人的风险因素,这些情况都是需要考虑在内的。

2. 物的风险因素分析

“装备就是生命”是户外运动爱好者人皆共知的真理,事前预判与准备、装备性能与适用环境、装备检查与使用技巧、使用寿命与保养等都装备相关风险因素。在实地观察过程中,几乎每次都发生徒步鞋不合脚造成损伤的情况,说明这方面情况出现得比较频繁。

徒步穿越活动体能消耗远大于一般体育活动,及时获得能量补充非常重要。通俗地说,不仅要吃够量,还要吃得卫生与科学。调查表明,大学生徒步穿越活动几乎都选择食用自身携带食物,食物安全性较高,不过也发生过误食野果引发腹泻、食物保管不当被动物偷食等情况。

水源问题是徒步穿越活动路线规划时首要考虑的,上海周边湿润的非高海拔环境可能是水源相关事故鲜见的重要原因。不过,万万不可忽视水源相关问题的重要性。

由于多在原始自然环境中活动,野生动物、孕期哺乳期动物、冬季缺乏食物的动物蜇伤咬伤,植物划伤或引发过敏,有毒的野生植物,等等,也是潜在风险因素。此外,在往返出发地与目的地过程中,还存在交通事故、财务损失等可能。

3. 环境的风险因素分析

自然环境相关风险是徒步穿越环境风险的客观存在,风险主要来自气象条件剧烈变化的可能,如泥石流、山洪、落石、浓雾、雷电、台风等;当然也包括未可知的固有自然灾害可能,如地震、崩塌等。在人文环境方面,则主要考察高校户外社团风险管理制度建设、团队合作精神、高校户外社团风险监管措施、紧急救援预案与系统等方面内容。

二、徒步穿越活动概念界定

(一) 基本概念界定

徒步穿越,是指在徒步区域里主要靠徒步行走去完成起点到终点的穿越旅程,中间可能要跨越山岭、丛林、沙漠、雪原、溪流、峡谷等地貌的一种户外活动。徒步穿越的野外综合技能要求比较高,穿越人员必须要具备良好的体能、稳定的心理素质和乐于助人的团队精神。

——风险,是指失去或获得某种有价值事物的可能性。

——风险管理,是指通过风险识别、风险评估和风险应对等一整套系统方法有效处置风险,以最低成本实现最大安全保障的科学管理方法。

——风险识别,是风险评估的基础,主要分析风险来源、风险原因和风险产生必要条件。

——风险评估,是风险应对的前提,主要评估不确定事件发生的可能性及其损失程度。

——风险应对,是风险管理的归宿与关键,主要研究如何采取措施防范和控制不确定事件带来的不利后果。

(二) 研究范围和任务

自然环境、活动目标和参与者水平等都直接影响着具体徒步穿越活动的挑战程度,即直接影响具体活动的风险系数。比如普通大学生2天1宿旨在体验探险的一般山地徒步穿越活动和专业人士旨在挑战极限的沙漠探险徒步穿越,两者难度、挑战与风险系数等的不同是显见的。因此,本课题从上海大学生徒步穿越活动实际出发,探访有关高校和大学生,着重探讨具有体验探险性质的一般山地(非高海拔)徒步穿越活动的风险管理问题。

通过调研,主要把握上海大学生徒步穿越活动及其风险管理相关现状,在识别不同类别风险因素、评估其风险系数的基础上,分析风险应对策略选择存在问题与致因,并结合实际提出对策建议,进而提高上海大学生徒步穿越活动风险管理水平,推动高校户外运动健康发展。

三、国内外研究现状简述

（一）研究内容方面

国内既有研究对户外运动安全影响因素进行了大量研究，成果较为丰富。不过，将相关研究成果加以综合、进而将其运用到实践中去的研究较为缺乏，导致研究成果应用较为缺乏。相较而言，国外既有研究多从特定人群出发分析户外运动风险管理问题，确保了成果的应用价值，值得我们学习借鉴。

（二）研究方法方面

既有户外运动风险研究以文献资料法、访谈法等为主，实证量化的风险管理研究较为缺乏。在体育领域风险管理上，学校体育和体育赛事风险管理研究相对成熟，可以为户外运动风险管理研究提供思路。

（三）户外运动风险管理研究方面

在风险识别实证研究上，既有研究从户外运动具体问题出发，立足于安全事故的统计学分析进行风险因素分类，具有较强的针对性及应用价值，但也容易忽略潜在的风险致因；同时，多数研究风险因素识别多以借鉴他人结论为主，缺乏对不同户外运动项目风险因素的具体考察和分析。

在风险评估研究中，鲜有规范地运用风险评估方法对具体的户外运动领域进行风险评估分析的研究，多是定性的宏观描述；如何从不同户外运动项目特点出发，针对性地选取合理指标、规范运用风险评估方法进行风险评估分析是需要尽快加强的一个研究方向。

风险应对是风险识别和风险评估基础上的风险管理策略或手段的选择与决策，是风险管理研究应用的关键，既有研究尚未涉及该领域。

四、上海大学生徒步穿越风险评估分析

风险评估是风险识别的深化，也是风险应对策略选择的依据。在大学生徒步穿越活动全过程中，前述90项风险因素的发生概率、伤害严重程度都存

在很大差别，其中任意一项变量增加都会导致该因素的风险系数的倍数提高。可见，相对而言风险系数能够更加直观、综合地反映潜在风险需要被重视的程度。此外，户外运动特性决定了我们还必须兼顾风险伤害程度问题。比如一项后果非常严重、发生概率较低的风险因素，它的风险系数可能不高，但管理者绝对不能忽视对它的重视与应对。

鉴于此，本课题主要采用“列表排序法”和“2×2 风险矩阵图法”对大学生徒步穿越活动进行风险评估分析。

（一）列表排序分析

列表排序法是一种通过逐项评分对风险大小进行量化的风险评估方法，课题以有效的 26 份业内专家和资深领队《大学生徒步穿越风险评估表》问卷为基础，将事故发生可能性(P)和严重性(C)相乘，得出 90 项风险因素的具体风险系数(R)，并按系数值进行排序，具体见表 4。结果显示，排在首位的“应急预案准备不充分”风险系数 20.15，是最需要引起重视的风险因素；“交通工具故障”风险系数 3.08，排在 90 位。

在此基础上按风险系数值将各因素均分为高中低三段：R 值为 14.34～20.15 因素评估为“严重范围”，共 17 项；R 值为 8.35～14.34 因素评估为“警惕范围”，共 52 项；R 值为 3.08～8.35 因素评估为“关心范围”，共 21 项。

（二）2×2 风险矩阵图分析

风险矩阵图法是一种呈现多个风险因素可能性和影响程度的图形表示法，与列表排序法仅依据 R 值进行评估不同，它能够将所处理风险因素综合为一个较为直观的多元信息。

本课题将通过《大学生徒步穿越风险评估表》问卷得到的风险因素可能性均值(P)和严重性均值(C)，描绘在以可能性为横轴、严重性为纵轴的坐标图上，再以所有风险因素项的可能性中位数(2.8)和严重性中位数(3.0)将坐标图分为四个象限，形成最终的风险矩阵图(图 1)。象限 i 评估为“严重范围”、51 项，象限 ii 和象限 iii 评估为“警惕范围”、分别为 21 项和 14 项，象限 iv 评估为“关心范围”、仅 4 项。

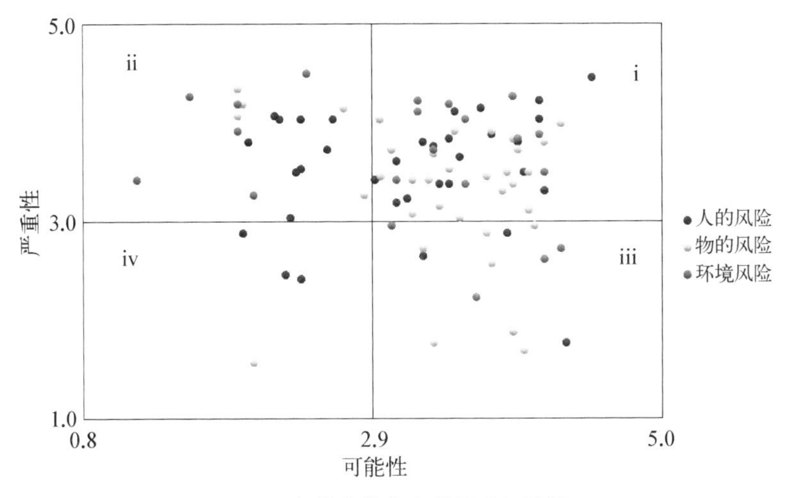

图1　大学生徒步穿越风险矩阵图

（三）大学生徒步穿越风险评估综合分析

为了克服列表分析缺乏直观评价和矩阵图分析反应过激的固有不足，课题尝试将两种风险评估分析结果进行综合，将风险因素综合评估为突出风险、重要风险、一般风险、知晓风险等四大类，以期达到相互补充的作用。具体操作上，将列表分析和矩阵图分析中均属“严重范围”因素列为突出风险，共17项；将两种分析方法“严重范围”中的其他项列为重要风险，共34项；将同属于两种分析方法中“警惕范围”因素列为一般风险，共16项；剩余23项列为知晓风险，具体详见表2。

1. 突出风险分析

在17项突出风险项中，人文环境6项、活动参与者4项，是最需要优先分析的风险源类别。人文环境方面，国家户外运动政策、高校相关政策不够明确及户外运动紧急救援系统不完善等都是客观存在的外部人文环境。高校户外运动社团风险管理制度不健全、社团缺少风险预警机制和缺乏对不同个体的关注等必须引起重视。户外运动具有探险及体验探险的内涵属性，其风险管理等级和要求都要远远高于一般体育社团。当前上海高校户外社团风险管理制度建设最普遍的表现仅仅就是要求社团活动必须购买保险，像上海师范大学等个别高校采用的指导教师随行、在“踩线”基础上开展团队活动等做法非常值得推广。高校社团普遍缺乏风险预警机制的直接原因主要在于社团骨干流动性大、领队经验不足、徒步穿越活动欠规范等，此外也与我国户外运动发展时间尚短、缺乏专业指导教师等相关。另外，在个性鲜明、冲动莽撞的大学生群体中，“对不同个体的关注”也是需要给予足够重视的潜在风险因素。在作为参与者的大学生自身层面上，专业知识匮乏、技能不扎实、出发前准备马虎、过度自信冒险逞能等都是风险管理重点应对问题。这些问题更多指向大学生徒步参与者的风险认知水平，在绝大部分参与者看来，徒步穿越差不多就是“到山里面的自助式旅游”，受访社团骨干大部分并不了解徒步穿越活动体验探险的内涵属性，足以说明问题的严重性。

此外，应急预案准备、领队工作预案和急救技能等因素，是安全事故发生或即将发生时的风险管控能力的关键，直接关系到能不能避免或者降低风险带来的不利后果。令人遗憾的是，上海高校户外社团活动普遍缺乏应急预案，有规范急救技能培训经历的领队也是寥寥无几。装备适用性与及时更新、食物保管、落石等则是徒步穿越活动始终要重视的风险问题，社团应该加强出行前装备检查、食物保管和落石应对培训等以管控风险。

2. 其他风险分析

34 项重要风险基本属于矩阵图分析象限 i 范围(其可能性值和严重性值均超过中位值)，但风险系数值不在最高三分之一区间的风险因素，它们主要来自组织者、领队、参与者、食物和水源等风险源。此类风险因素促发转化时，可能不太会造成无法接受的伤害性事故，但会直接影响团队氛围、队员兴趣和信心并降低活动体验感等，是关系到参与者徒步穿越活动综合评价的关键因素。16 项一般风险因为风险系数较低往往容易被忽视，尤其是矩阵图分析象限 ii 所属因素更要重视，它们通常是一些发生概率低、后果严重的潜在风险，如大雪、大风、连续大雨等环境类风险，或者是食物携带不足、误食有毒食物、水源位置不好等物范畴类风险。23 项知晓风险属于发生可能性低、后果严重性不高、风险系数也不高的因素，多属于自然环境、动植物及其他物的风险源。这些因素多数是大学生徒步穿越活动要去体验的“险”，是参与者户外高峰体验获得的主要来源，也是活动过程中需要去注重挖掘利用的风险因素。

五、上海大学生徒步穿越活动风险应对分析

风险应对是在风险识别和风险评估基础上，为了达到降低事故概率、减少事故损失以及获得风险收益，需要进一步考虑的风险控制技术选择问题。

一般来说,风险应对策略主要包括风险规避、风险转移、风险控制和风险自留四种。其中,风险转移可以分为非保险转移和保险转移。风险应对策略选择的准则是选择成本最低、收益最大的风险管理办法,选择依据是风险发生概率和损失严重性评估(亦即矩阵图评估)。一般风险管理策略选择原则如表3所示。

表3　风险应对策略选择原则

风险类型	风险概率	严重程度	一般风险管理应对策略	矩阵图分析象限	大学生徒步穿越风险管理应对策略
1	高	高	风险规避、风险转移	i	风险控制、风险规避、风险转移
2	低	高	风险转移	ii	风险控制
3	高	低	风险自留、超额保险、风险控制	iii	风险自留、风险控制
4	低	低	风险自留、风险控制	iv	风险自留

(一)矩阵图分析象限i风险因素应对分析

仅从数量上看,总计90项因素中51项属于高概率、后果严重风险因素的上海大学生徒步穿越活动潜在风险巨大,需要大量采用风险规避和风险转移策略,潜在风险管理成本很高。可见,就各方面现状而言,在风险管理层面上上海大多数高校并不具备开展徒步穿越活动所需条件,不少高校明令禁止山地户外运动开展的决策正是选择了风险规避策略。

但是,风险规避策略具有“规避某种风险很可能会产生另一种风险”的特点,禁止开展的结果很可能导致大学生通过“网约结伴”、“选择廉价商业俱乐部”等途径参与户外运动,这往往将造成更加严重的风险问题。在结果视角上,不仅限制了户外运动普及发展,也没有达到真正规避大学生山地户外运动风险的目的。可见,简单地禁止户外运动开展并不是明智的选择。

进一步分析象限i全部51项风险因素发现,其在风险源类别上属于活动组织者、领队和参与者等人的因素有19项,属于与“人”相关的装备、食物、人文环境等20项,两者合计39项,占比76.5%。相较于自然环境风险因素,人及其与之相关因素最大的特点是改变的可能性,风险管理理论称之为可控性。像组织者、领队和参与者等的准备工作不足、携带食物不足与保管、装备性能确认与适用等都是短时间内可以改变的，要实现这些因素风险性质的改变就需要风险预防的干预。风险预防是风险控制的两大手段之一，损失抑制是另一手段。

由此可见，风险控制是当前上海大学生徒步穿越风险应对的首要策略。需要强调的是，这里的风险预防不同于一般风险管理中的风险应对策略，它是出于改变风险因素性质、进而改变徒步穿越活动决策条件而提前进行的风险管理手段。因此，需要在活动开展前再次进行相关风险因素的再评估，以提高徒步穿越活动风险应对策略的针对性与有效性。

象限 i 其他 12 项因素多为天气、水源及动植物等自然环境类别，应对策略主要选择风险规避和风险转移。风险规避是一种最彻底、最有力的风险应对策略，相对于前述仅仅禁止或放弃大学生徒步穿越活动这样的消极规避，路线规划中合理解决水源问题、避开可能崩塌区域、遇到恶劣天气活动延期进行等都是积极风险规避的表现。风险转移主要包括保险和非保险两种具体策略，保险是目前大学生徒步穿越活动风险转移最常用策略，非保险策略主要是指风险管理单位将损失的法律责任转移给非保险业的另一个单位担当和管理的技术，户外运动领域多通过签订消除或减少转移方担当责任的条款(即免责条款)来实现风险转移。在实际运用中，调研中尚未了解到上海高校有类似的做法。

（二）矩阵图分析象限 ii 风险因素应对分析

象限 ii 共有 21 项风险因素，其中与“人”相关因素主要包括领队硬技能与责任心、参与者隐瞒疾病与身体状况、到达目的地前交通相关因素、装备突然失灵、误食野外食物中毒等风险因素，非人为因素则有毒蛇攻击、猛兽攻击、地震、泥石流、雷击、森林火灾等等。这些因素中的非人为因素往往是管理者不可控的，相关人为因素也具有较强的不可控性，所以主要采用风险转移策略。一方面，通过保险转移部分风险，同时还应该通过签订免责条款转移风险。签订免责条款不仅具有风险转移功能，还能起到风险提示和风险告知的作用。值得一提的是，活动领队同样需要签订相关免责条款。

（三）矩阵图分析象限 iii 和象限 iv 风险因素应对分析

象限 iii 共有 14 项风险因素，这些发生概率较高、后果严重性不高的风险因素主要包括浓雾、连续大雨、大风、大雪、装备不适用、体能不足、食物变质、交通堵塞、水源出水量较少、划伤等，根据具体徒步穿越活动难度和参与者特征等，主要选择风险控制和风险自留风险应对策略。

风险控制是一种不愿意放弃并且不愿意转移的应对策略。可以通过降低风险项目发生的可能性，来最大限度地控制风险可能带来的损失，通常有风险预防和风险抑制两种措施。比如，携带足够应对大风、大雪等恶劣天气的技术装备就是风险预防措施；但是像划伤等风险一般都是通过及时处理以减少和控制伤害来应对的，也就是实现风险抑制的方法。作为团队活动，象限iii诸多风险因素促发后会降低体验感，但不会产生不可接受后果。

所以，有经验领队常常在活动前通过安全告知、装备检查等提示以达到风险控制目的，同时也会有意识地自留部分风险以实现“以事教人”。风险自留是指风险管理单位自己承担风险事故造成损失的策略，是最省事的方法，也是目前大学生徒步穿越活动采用最多的风险应对策略。

需要指出的是，其中大部分高校采用的是被动风险自留，即不是建立在风险识别与评估基础上的风险自留。这样的策略选择既缺乏对风险存在性和严重性的充分认识，更不具备风险促发后及时、有效应对的计划与能力，必须引以为戒！象限iv主要包括交通工具故障、女性生理期、队员个性鲜明等4项属于偶发性、促发后果可能实现积极转化的风险因素，一般采取风险自留策略。

六、上海大学生徒步穿越活动对策与建议

（一）徒步穿越活动要积极购买保险

当前上海大学生户外运动参与女性占61.26%，徒步穿越参与率为83.84%，其中半数以上参加过2～5次徒步穿越活动，75.3%的参与者通过社团参加徒步穿越活动，69.28%的参与者会购买活动保险。购买保险是徒步活动不可缺少的一个组成部分。

（二）徒步穿越活动要事先做好应急预案

上海大学生徒步穿越活动潜在风险因素包括活动组织者、领队、参与者、其他等人的风险；装备、食物、水源、动植物、其他等物的风险；还有包括人文环境和自然环境在内的环境风险。这些风险可以通过“应急预案准备不足”、“参与者体能不足”等90项具体因素进行识别。

（三）徒步穿越活动要具有动态可控性质

目前，上海大学生徒步穿越活动潜在突出风险17项、重要风险34项、一般风险16项和知晓风险23项；相对于动植物、地理地貌及自然灾害等静态风险，突出风险和重要风险更多聚集在人以及与人相关的物和环境等具有动态可控性质的风险因素上。

（四）徒步穿越活动要加强有效的应对管理

静态地看，上海大学生徒步穿越活动需要规避的风险较多，不适合随意开展徒步穿越活动。但是，简单禁止徒步穿越等户外运动开展并不能实现规避风险目的，甚至可能扩大风险概率。由于大部分突出风险和重要风险为可控性人为风险，提前进行风险预防是上海高校徒步穿越活动风险管理最重要的策略选择。

另外，还要结合积极风险规避、购买保险、签署免责协议、技术性风险预防、风险损失抑制、风险自留等策略，综合有效地应对潜在风险。

（五）徒步穿越活动要明确管理主体

风险管理各步骤的实施落实首先需要明确主体，上海大学生徒步穿越活动相关主体，如学校、团委、体育部门、社团骨干、领队等风险管理主体普遍缺失，整体上处于无序管理状态，因此应该尽快加强对风险管理制度、管理流程、风险评估、风险应对策略选择、事故应对方案等内容的研究，建立起有效运转的大学生徒步穿越风险管理体系。

参考文献

[1] 刘立新. 风险管理[M]. 北京大学出版社，2014

[2] 邱苑华. 现代项目风险管理方法与实践[M]. 北京：科学出版社，2003

[3] 谢非. 风险管理原理与方法[M]. 重庆：重庆大学出版社，2013

[4] 保罗·霍普金. 风险管理：理解、评估和实施有效的风险管理[M]. 2版. 蔡荣右，译. 北京：中国铁道出版社，2014

[5] 董国永. 健康、安全与环境管理体系风险评价[M]. 北京：石油工业出版社，2008

[6] 李舒平，邹凯. 户外运动的风险管理[M]. 广东科技出版社，2009
[7] 国家体育总局职业技能鉴定指导中心. 户外运动[M]. 北京：高等教育出版社，2016
[8] Steven M Cox，Kris Fulss. 登山圣经（第七版）[M]. 吴佩真，等译. 汕头大学出版社，2007
[9] 董范，国伟，董利. 户外运动学[M]. 中国地质大学出版社，2009
[10] 王文生. 户外运动[M]. 高等教育出版社，2014
[11] 金祖良，等. 旅游危机处理指南[M]. 浙江大学出版社，2005
[12] 陶宇平，李中华，等. 全民健身工程中户外运动休闲的安全管理体系研究[J]. 四川体育科学，2013
[13] 孙永生，史登登. 户外运动相关概念辨析[J]. 体育学刊，2013
[14] 张大超，李敏. 国外体育风险管理体系的理论研究[J]. 体育科学，2009
[15] 周红伟. 我国户外运动安全保障系统的构建研究[J]. 南京：南京体育学院学报，2010
[16] 张大超，李敏. 国外体育风险管理体系的理论研究[J]. 体育科学，2009
[17] 黄亨奋. 对我国普通高校户外运动安全防范管理体系的研究[J]. 吉林体育学院学报，2007
[18] 马欣祥. 户外运动系统风险管理[J]. 山野，2006
[19] 刘华荣. 我国高校户外运动风险管理研究[D]. 北京体育大学，2017
[20] 侯玥岑. 太原市本科院校大学生户外运动开展现状与发展对策探析[D]. 太原理工大学，2014

基于因素分析的体育场馆供给侧改革实证研究

——以学校体育场馆开放为例

于晓虹*

开展全民健身活动，加快推进体育强国建设，是实现中华民族伟大复兴中国梦的重要内容之一，也是满足人民日益增长的美好生活需求的重要途径之一。体育产业作为国民经济的新的增长点，是建设和谐社会、健康上海的重要组成部分，上海在紧紧抓住供给侧改革带给体育领域的新机遇的同时，解决新问题，积极引导社会力量盘活、整合学校体育场馆存量资源，为建设健康中国贡献上海力量和智慧。

根据上海市人民政府《关于加快本市体育产业创新发展的若干意见》文件精神，要坚持市场主导政策引导遵循体育产业的发展规律，发挥市场在体育资源配置中的决定性作用，更好地发挥政府的积极作用……提高产业发展的质量和效益，加快体育供给侧结构性改革，优化体育产业结构布局与重点领域的跨越式发展，推动体育产业的全面发展……大力实施全民健身计划，普及推广适合公众广泛参与的健身休闲项目，加快发展普及性强、关注度高、市场空间大的运动项目……要盘活现有存量资源，加快推进各类体育设施向社会公开开放，鼓励社会力量建设健身设备，全面提升公共体育设备和学校体育场馆的开放率和满意度。与此同时，教育部、国家体育总局也联合印发《关于推进学校体育场馆向社会开放的实施意见》，明确指出目前学校体育场馆设施不足、使用效率不高、体育场馆的教学属性和社会健身要求不相匹配的问题，提出公办学校要积极创造条件向社会开放体育场馆。

---

* 本文作者单位：上海商学院。立项编号：TYSKYJ2018078。

在国家不断要求积极开放体育场馆的同时，也看到从学校体育场馆晚上、周末及寒暑假存在大量闲置和社区居民没有足够运动场地开展体育锻炼这对矛盾长期存在的困难，本课题以上海学校及其周边社区作为研究对象，对上海社区及其周边学校体育资源的共享现状进行了研究。采用文献研究、实地考察、问卷调查等研究方法，获取学校体育场馆对社会开放程度现状的第一手资料，对影响体育场馆"供给不足"和"供给过剩"并存问题及其影响学校体育场馆开放的因素进行量化分析，梳理出阻碍和促进学校体育场馆扩大对社会开放程度的主要影响因素和制约因素，并从学校体育场馆对社会开放的法规、制度设计等方面进行研究，梳理出在运动安全、人身安全、场地管理等方面存在制度、法规等供给严重不足或者不配套的问题，提出制度与法规设计、配套措施等方面的建议，从而提出体育场馆多元化管理模式。

一、学校体育场馆对社会开放程度现状及分析

根据第六次全国体育场馆普查数据公告显示，在全国体育场地中，体育系统管理的体育场地 2.43 万个，占 1.43%；场地面积 0.95 亿平方米，占 4.79%，教育系统管理的体育场地 66.05 万个，占 38.98%；场地面积 10.56 亿平方米，占 53.01%，数量大大超过体育系统管理的场馆。

随着全民健身计划的深入推进和群众体育的广泛发展，目前社区普遍存在体育资源不足问题，尤其是需要体育场馆的项目推广起来比较困难。学校的体育场馆的功能也逐渐开始多元化，其不仅是学校师生体育教学训练的载体，在一定程度上也承担了周边社会和企业单位的体育活动与比赛任务，学校体育场馆在向社会开放过程中，学校日常教学使用、教职工锻炼使用、社会开放使用三者也存在相互冲突的矛盾，而且由于学校教学的时间性，客观上存在学校体育资源部分闲置、未能充分利用的现象。为了使全民健身计划的实施取得更好的效果，进一步促进群众体育的发展、充分合理配置和利用高校的体育资源、发挥出它们的最大效用成为提高体育场馆使用效率的重要议题。

高校如何在保证正常体育的教学的基础上，适当地把体育场馆向社会开放，有利于缓解体育场馆和社会需求之间的供需矛盾。本课题组从供需关系入手，以切实提高体育场馆的使用效率，实现满足需求最大化为目标，紧紧围绕习近平总书记要求"把依靠全面深化改革推进供给侧结构性改革摆上重要

位置，坚定改革信心，突出问题导向，加强分类指导，注重精准施策……"，以实事求是的原则，客观听取各方意见，坚持以市委"不忘初心、牢记使命，勇当新时代排头兵、先行者"大调研精神为指导思想，去"真找问题"、"找真问题"。在深入调查研究的基础上，寻找加快推进体育场馆供给侧结构性改革、解决体育场馆发展的瓶颈问题，通过政策支持加速发展短板，扩大有效供给和服务，才能切实推动全面健身发展。

随着供给侧改革的深入发展，对于经济领域中供给侧改革问题社会已经非常熟悉，不该生产的生产太多而消费者需要的东西缺乏供给，出现了"供给结构失衡，有效供给不足"就是供给侧问题，而供给侧改革就是如何让供给变得有效，强调有效利用，让新供给创造新需求。本课题研究的学校体育场馆供给侧结构性改革旨在盘活学校丰富的体育资源，通过供给侧要素及改革内涵的分析，从供给方的视角出发，改革思路，既强调供给，又关注需求；既发挥市场在资源配置中的决定性作用，又更好地发挥政府的宏观指导作用。学校体育场馆的供给侧结构性改革，要优化资源整合、实现资源优化配置，就是从提高供给质量出发，用改革的办法推进结构调整，扩大有效供给，提高供给结构对需求变化的适应性和灵活性，更好地满足广大人民群众的需要，促进学校体育事业和社区全民健身协调发展；就是要整合体育资源，优化体育供给结构，创新体制机制，增强活力，促进供需均衡发展，增加体育服务资源总量，满足大众丰富的体育需求，为打造健康中国，为全面建成小康社会提供有力支撑。

二、上海学校体育场馆对社会开放程度现状及存在的主要问题

本课题组在对社区居民、学校师生、学校体育场馆和安全工作管理人员广泛地进行实地走访的基础上，初步设计完成问卷调查，并与有关专家进行专题访谈，和有关人员进行个别访谈、座谈等，在收集各方面反馈意见的基础上对调查问卷进行多次反复修改、试填写等，最后完成正式的调查问卷。

调查问卷主要由学校体育场馆对社会开放所涉及的三方人员——学校师生、体育场馆、安全工作人员和社区居民填写。因为学校师生和社区居民是这项工作最直接的利益受损方和获利方，也是对此项工作开展程度评价的最有发言权的人员，是问卷调查的主要对象。

为保证问卷调查的典型性、全面性和足够数量以及考虑统计工作的便捷

性和调查问卷结果的可靠性和质量要求，本次调查通过问卷形式完成，填写问卷人员由学校管理人员、社区居民小组长和居委会负责人，通过点对点方式通知。实际填写调查问卷人员 227 人，其中学校师生 83 人（占 36.6%），社区居民 126 人（占 55.5%），体育场馆、安全工作管理者 18 人（占 7.9%）。

通过综述有关文献（已发表的论文、各级政府文件、规定以及政府发布文件和规定后的官方、个人网络评论等）的梳理、提炼和统计调查问卷结果，本课题组认为，当前学校体育场馆对社会开放存在以下特征与主要问题。

（一）上海学校公共体育场所（馆）向社会开放整体上供给不足，学校体育场馆供小于求的情况依然存在

上海社区居民整体上比较喜欢去公共体育场所开展活动。经常去的占 24%（低于学校师生 12%），偶尔去的占 41%（也低于学校师生 10%），而几乎不去的占 15%，高于学校师生 5%。整体上学校师生的体育锻炼热情和参与度（88%）明显高于社区居民（66%）。

这也充分说明上海社区公共体育场所建设相对比较完善，70%的社区居民（学校师生是 82%）在周边 3 公里范围内都有 1 个以上公共体育场所，社区居民就地锻炼的愿望能够得到基本满足。近 30%的居民不清楚周边 3 公里范围内是否有公共体育场所，这与有 34%的居民很少或者几乎不去公共体育场所的比例基本一致。

尽管随着上海经济的快速发展和政府对教育、体育和学生健康越来越重视，投入不断加大，鼓励和要求学校向社会开放体育场所，取得了明显成效，但供不应求的问题依然存在，超过 52%的社区居民认为公共体育场所供小于求，活动场所不够。只有 24%左右的居民（学校师生是 50%）认为供大于求或者基本平衡，也说明学校师生的体育活动场所比较充裕，但整体上是比较紧缺，有 25%的学校师生（居民中是 36%）认为体育场所闲置很多或者较多，也说明居民对学校存在一定的误解，或者存在对体育场馆需求认识不一致的现象。社区居民需求最大的是羽毛球馆（占 65%），其次是游泳馆（占 60%）和乒乓球馆（占 56%），再次是综合类体育场馆和篮球馆等，其他小众项目的场所需求量不高。

（二）影响学校公共体育场所对社会开放的主要问题是制度供给明显不足

影响学校体育场馆对外开放程度和愿望的主要障碍是法律法规方面存在

的问题,学校主要担心安全问题,如果社区居民在学校体育场所出现伤害,甚至于出现意外事故,学校是否存在连带责任、承担多大的责任,出现学生与社区居民为争抢场地引起的各类冲突学校如何处理,成为学校体育场馆对外开放急需解决的问题。学校另一个担心的是,社区居民不珍惜学校体育场所的设施、设备和场地,当然不少学校认为,学校的体育场馆本来就不够。

在完善法律法规和制度设计方面,学校师生(占77%)和社区居民(占70.6%)认为首先应该完善安全应急保障方面的制度,然后是确保体育场所维护经费的持续投入(学校师生占71%,居民占66%),再次是政府应该出台强制性文件而不是鼓励性的文件,规定学校在什么条件下必须对社会开放公共体育场所,社区居民认为(占41%)政府(教育部、体育总局和上海市政府)首先应该完善有关制度和法律法规,不能只出台鼓励性而非强制性的文件,使得政策具体推进时弹性太大,无法切实落地。

目前学校公共体育场馆对外开放时间段和场馆没有针对社区居民需求,羽毛球馆、乒乓球馆、游泳馆对外开放太少,因周末管理难度更大,开放更少。由于学校体育场所本来就紧缺,在开放时间段内,在校生挤占社区居民活动场地等情况时有发生等。学校很难对社区居民进行有效、规范管理,导致社区居民与学生、学校管理人员经常发生矛盾和冲突,社区居民在活动过程中经常损坏设施和场地,部分社区居民经常进入学校宿舍、办公场所等,扰乱和影响学校正常教学秩序和管理制度。

(三) 学校管理方、学校师生与社区居民对学校体育场所向社会开放的程度和看法存在较大差异

学校管理方在推动公共体育场所向社会开放方面所起的作用严重不足,社区居民中仅有4%和20%的人(学校师生分别是6%和38.6%)认为学校发挥了很好和较好的作用,而有26%的居民认为发挥很差或者较差。

整个调查结果显示对公共体育场所向社会开放的满意度不高,很满意和满意的仅占28%,其中社区居民的满意度更低,仅有23.8%,而有38%的居民不太满意和不满意(学校师生是30%)。

社区居民对学校体育场所开放需求最大是周末的白天(81%)、周一至周五的晚上(71%)和周末的晚上(56%),其他时间需求很低,这在一定程度上与学校体育场馆空余的时间有重合,说明在供给侧方面有调整的需求和必要。

三、推进学校体育场馆向社会开放的主要措施和建议

当前,学校体育场馆资源不足、使用效率不高与闲置浪费并存,社区居民迫切希望进入学校体育场馆锻炼与学校不愿向社会开放并存。

因此,为使学校体育场馆更好地惠及学校师生和周边居民,更好地打造"15分钟健身圈",有效缓解人民群众日益增长的体育健身需求与体育场馆资源供给不足之间的矛盾,必须有序、规范推进学校公共体育场所向社会开放,首先是必须妥善解决好最核心和最关键的问题——确保各方安全,即保障学校师生安全、保障锻炼人群安全、保障体育场馆、设施与器材的安全。为此,本课题组结合实际,在制度供给、场地供给、宣传教育供给方面,提出如下建议。

(一)由政府教育部门主导,多部门协调,进一步强化学校体育场馆向社会开放安全保障的制度供给

《意见》虽然明确了学校体育场馆向社会开放的责任以及基本原则,要以确保学校正常教学秩序和场馆安全为前提,也注意到了开放之后存在的安全问题,对学校体育场馆对社会开放的条件做出了明确规定:"有健全的安全管理规范,明确的责任区分办法和完善的安全风险防控条件、机制及应对突发情况的处置措施和能力","体育场馆开放不影响学校其他工作的正常进行","学校体育场馆、设施和器材等安全可靠,符合国家安全、卫生和质量标准及相关要求"等,明确要求各地教育、体育部门要协调当地公安、医疗等部门,加强场馆开放的治安管理和安全保障;学校要协调周边社区和街道制定具体场馆开放的安保实施方案和突发事故紧急处置预案,落实安全风险防范措施,加强开放时段治安巡查,做好场馆开放后的校园安全保卫工作。

但是,这些要求和规定是十分"原则性"和"粗线条"的,一方面,这些规定对学校来讲,操作性很差,除一些985、211大学(学校有派出所、医院等)能做到外,其他学校很难达到规定的要求,也为学校不对社会开放体育场馆提供了依据,这是"两难选择"和"艰难抉择",既想让学校能够对社会开放体育场馆,满足民众对体育锻炼的需要,又担心学校体育场馆对社会开放后发生安全事故。

为更好地处理、协调这些关系,促使更多的学校按要求开放体育场馆,同时也为了调动各方面的积极性,促使各个相关方更好服务于学校向社会开放

体育场馆，应该制定更具体、明确的实施意见和规定。

1. 加强顶层设计，为学校向社会开放体育场馆制定刚性的强制性文件

目前的《意见》属于鼓励性文件，要求具备条件的学校向社会开放体育场馆。这样的规定，对学校来说，仅仅是一个非强制性的文件，既可以开放，也可以不开放，不少学校就会以各种理由不对社会开放体育场馆，很难真正落实文件精神。

本课题组认为，有关部门应制定强制性文件，规定学校向社会开放体育场馆是常态，而不开放是例外。比如，应该规定满足一定硬件条件（如分别规定大中小学校人均面积超过多少、人均体育场馆面积超过多少）的大中小学校两年内必须向社会开放体育场馆，既有缓冲和完善安全措施、与公安派出所协调的时间，又有压力。不满足条件的学校必须提出不对社会开放体育场馆的申请，说明理由。同时，把学校向社会开放体育场馆情况纳入考核评价指标，与分类评价、绩效等挂钩，既给学校压力，也给学校以动力。

通过这样的强制性规定，既可以消除学校可开放也可不开放体育场馆的摇摆想法，专心做好开放体育场馆的各项准备工作，同时将家长、在校生希望学校不要对社会开放体育场馆的压力，转换为家长和在校生与学校共同谋划体育场馆更好地对社会开放的动力，既满足教学需要和在校生课外活动需求，又能尽最大可能为社区居民健身提供更优质的服务。

2. 明确责任转移，把落实安保措施等责任从学校转给当地政府

《意见》明确要求“学校要协调周边社区和街道制定具体场馆开放的安保实施方案和突发事故紧急处置预案，落实安全风险防范措施的责任”，事实上制定安保实施措施和突发事故紧急处置预案既不是学校的特长，学校也无权协调周边社区和街道的职权，这样的规定，可能会让当地公安、派出所觉得协助学校做好安保工作和落实安全风险防范措施是“额外的工作”，而不是必须承担的“分内工作”。

当前，学校的安保力量整体都比较弱。本课题组建议把学校开放体育场馆后落实安保措施、强化安保责任与当地公安派出所捆绑在一起，让当地政府承担主体责任，纳入当地公安派出所的考核内容，与绩效挂钩，真正发挥公安派出所的作用，落实学校开放体育场馆的安保措施，解决学校的后顾之忧。

3. 强化风险转移，社区居民进校锻炼应当购买意外事故保险

学校体育场馆对社会开放，最担心的莫过于社区居民在学校期间和在体育场馆活动、锻炼期间一旦出现各类意外事故以及因运动场地、器械等原因出

现的运动伤害，责任谁来认定、谁来协调处理、赔偿问题怎么解决与协调以及社区居民在运动中相互争执引发冲突造成伤害谁来处理、如何赔偿等一系列问题，关于这些问题，文件必须有明确的规定，做到有法可依。

因为学校体育场馆一旦向社会开放，开放期间的学校体育场馆就变成公共体育场馆，所发生的事情和问题都应该是公共区域的安全管理问题，这其中涉及的安全责任不应该主要由学校来承担，而应该参照公共体育场的管理办法，由社区以及属地的公安派出所来管理和承担。

同时，为了更加规范、有序推进学校体育场馆对社会开放，《意见》应该明确规定，实行严格的准入制度，借鉴吸收当前社会组织组织业余比赛的一些常规做法，到学校锻炼的社区居民必须事先购买意外事故责任和运动伤害保险等。这需要各方加强信息管理，研制社区锻炼 App 软件。社区居民进学校锻炼，必须提前预约场馆，在预约场馆时先进行信息采集与登记，在网上录入个人信息，输入参加保险的保单号，如果没有保单号，一律不能进行预约，只有到学校锻炼的社区居民与学校签订免责协议，学校才提供场地，这样才能彻底解除学校开放体育场馆的后顾之忧。同时也要加强对学校、学生（含学生家长）和社区居民的教育，各方只有权责利明确，才能形成合力，推动全民健身发展。

（二）兼顾各方利益，增加投入，推进互联网＋体育，推动供给侧改革形成发展合力

学校要对社会开放体育场馆就要协调社区、街道等做好安全保障工作。但学校、学生、社区居民往往都会从最有利于自己的角度去解读。如学校往往是“可开放体育场馆，也可不开放体育场馆”，学校只要能找到不具备条件的理由和还无法落实安保措施的具体困难，就可以采取不对社会开放体育场馆的做法，这就是很多学校采取的做法。学校认为如果开放了，社区居民必须和学生一样，遵守学校的所有规定，而且学校不应该承担安全责任，社区居民因为锻炼出了安全事故应该找社区，应该买保险，自负其责，等等。

而社区居民则认为是学校都应该具备开放条件，学校应该在任何时候、将所有体育场馆都对社区居民开放，社区居民到学校体育场馆活动是理所当然的，自己想什么时候进学校锻炼，学校都应该提供场馆，自己在校园里应该是自由的，想做什么都可以，对学校提出的要登记、采集个人信息、预约等很不理解、很反感，甚至与管理人员发生冲突等。不仅如此，有部分社区居民认为学

校既然提供了体育场馆、运动器材等，就必须保证器材和场地的安全，如果出现因器材、场地造成的安全事故，学校必须承担赔偿责任，这方面的案例也屡见不鲜。

同时学生和学生家长也非常矛盾，一方面往往不希望学校对社会开放体育场馆，认为如果开放了，学生的安全、体育活动的权益受到了侵害，但是随着身份的变化，当家长想进学校参加体育锻炼活动，或者学生毕业离校以后，又很希望学校对社会开放体育场馆。三方人士，都从自己的角度、利益和立场出发会得到完全不同的结论。

因此加强对学校、公安、保险业、社区和街道等宣传教育，使各方深入理解《意见》文件精神，相互体谅、包容与理解，努力做好各项工作，形成合力，为学校向社会全面开放体育场馆发挥正能量。

1. 加强信息化建设，提高科学管理水平，推进学校向社会有序开放体育场馆

学校向社会开放体育场馆涉及多个方面的管理：学校方主要考虑体育场馆不同的开放时间(究竟是周一～周五的哪几天晚上，周末的具体时间)、不同用途(羽毛球、乒乓球等)的体育场馆，哪些时间段是否有空余场地，哪些项目实行收费、收费标准是多少、如何支付，预定后的场地是否可以取消、需要提前多少时间，预定场地而不前来活动是否有惩罚措施等一系列有关信息。

同时，学校应该提高开放体育场馆的精准服务水平，利用大数据分析技术，全面系统、科学分析社区居民对体育场馆开放时间节点、项目等的真实需求，为社区居民提供真正需要的运动场所。

对于社区居民，则需要了解周边不同学校体育场馆的开放和空闲情况，因为需要预约才能到学校开放的体育场馆活动，必须提供有关个人信息，购买运动保险，支付活动费用，与学校签订协议，遵守学校和社会治安管理的有关规定等，真正解除学校关于安全管理和承担赔偿责任方面的顾虑。

而社区、公安派出所，需要了解哪些居民去学校体育场馆活动，这些人的信用及其是否有“前科”和“劣迹”、是否有重点对象，等等，为学校提供有效的安全保障。作为提供服务的保险公司，应该为居民办理及时或者即时、便捷的保险手续，了解居民的信用情况，快速审核参保人资格，及时理赔等等。

上述各方的所有信息和工作，都不可能由人工来完成和记录，必须加强信息化建设，目前存在的第三方体育场馆借用平台，都或多或少地存在信息滞

后、场馆偏少以及无法正常预订的问题，政府可以利用资源优势，委托第三方开发社区居民运动信息一体化App软件，把这些信息集成在一个平台，供各方使用，也可充分利用已有平台开展合作，例如利用支付宝的芝麻信用以及和现有体育场馆预定平台相结合等，大范围地铺开信息化场馆预定，方便市民进行体育活动。

2. 加大专项投入，为学校向社会开放体育场馆提供经济保障

随着学校向社会开放体育场馆，各种管理成本、器材维护成本、运营成本等显著增加，而且有些学校体育场馆本来就非常紧缺，因此，政府必须加大对学校体育场馆建设的力度，尤其是加大经费支持力度，必须设置专项，实行专款专用。

同时可考虑合理适当收取费用，收费既是对政府投入不足的有益补充，更是限制社区居民到学校体育场馆活动人数的有效举措，关于这些收费工作，可以委托给第三方，也可以由学校承担，但必须实行收支两条线，既体现学校体育场馆的公益性，又要严格管理收取的经费，避免出现廉政风险。

3. 坚持问题导向，以推行试点为特色，以示范引领的方式稳步实施

目前学校体育场馆在对外开放中总会出现这样或那样的问题，而其中最核心的是如何在开放学校体育场馆设施的过程中解决安全问题、解决突出问题，就能提高有效供给。

根据各学校实际情况，目前学校要坚持政府统筹、多方参与，坚持因地制宜、有序推进，坚持效率优先、安全为重，坚持服务公众、体现公益，既不能原地踏步也不能急于猛进，根据教育部和国家体育总局联合印发的《关于推进学校体育场馆向社会开放的实施意见》，要求开放体育场馆须有健全的安全管理规范，包括明确的职责区分办法和完善的安全风险防控条件机制，以及应对突发情况的处置措施和能力。

基于此原则，符合条件的学校可以先行开放，积累经验，成为具有示范作用的学校体育场馆开放典型，后续通过典型示范引领作用，带动具备条件的学校积极开放，最终形成全面开放的新格局，满足人民日益增长的物质文化需求。

参考文献

[1] 国家体育总局. 第六次全国体育场地普查数据公报，2014

［2］ 教育部，国家体育总局．关于推进学校体育场馆向社会开放的实施意见，2018
［3］ 上海市人民政府．关于加快本市体育产业创新发展的若干意见，2018
［4］ 李梦园．供给侧改革视角下我国体育场（馆）供给结构失衡的主要问题、成因及改革路径研究[J]．浙江体育科学，2017
［5］ 尚力沛，程传银．我国第6次体育场地普查指标体系变化情况分析[J]．首都体育学院学报，2016
［6］ 谷俊辰．河南省高校体育场馆管理与社会开放研究[D]．河南理工大学，2016
［7］ 葛吉生，高全．高校体育场馆多元化管理与供给侧改革[J]．东方论坛，2017
［8］ 李梦林．供给侧改革视域下我国公共体育场馆资源配置的研究[D]．吉林大学，2017
［9］ 王惠，林致诚．福建省高校体育资源社会共享机制研究——基于供给侧改革的视角[J]．体育科学研究，2016
［10］ 牛哲斌．高校体育场馆供给现状、特点及其发展趋势分析[J]．青少年体育，2017
［11］ 刘晶，陈元欣．高校体育场馆供给现状、特点及其发展趋势[J]．武汉体育学院学报，2010
［12］ 黄玲．社区与高校体育资源共享现状调查及发展对策研究[D]．上海交通大学，2014

第2篇

竞技体育

上海体教结合举措下，竞技体育后备人才“学生—运动员”双重角色的认同、冲突与转化

侯　爽*

一、前言

20世纪80年代，为解决竞技体育人才培养过程中遇到的诸多问题，国家提出了“体教结合”的方针政策，即整合体育与教育两个系统的资源，提高效能，形成合力，共同培育竞技体育后备人才，对实现体育人才的全面发展具有深远影响。2016年，上海市委、市政府出台了《上海市体教结合促进计划（2016—2020年）》，强调要牢固树立体教协同育人的理念，完善协同创新人才培养模式。体育与教育的协同融合，使得运动员逐渐由单一角色向“学生—运动员”双重角色转变，然而，这些理论意义上具有双重角色的“学生—运动员”是否真正认同其角色上发生的转变，两者之间孰轻孰重，又有哪些影响因素，这些必将影响其人文素质、运动成就和运动生涯的发展，如何引导这些年轻的“学生—运动员”正确认识和平衡自己的社会角色是实现体育强国、人才保障的必经之路。

角色认同是职业心理建构过程中的重要组成部分，主要是指与角色一致的具体态度和行为。运动员角色认同是指个体对运动员身份的认同程度，并与运动员对运动训练和运动目标的投入程度呈强正相关。国内外许多研究者也在实践中发现，运动员认同程度高的个体，他们在训练中更专心、更关注自己的运动表现，运动成绩也较好。然而，单一维度的角色认同也存在风险，它会增加运动员对成功的渴望和压力感，特别是当运动员遭受失败或者受伤时，

* 本文作者单位：上海体育学院。立项编号：TYSKYJ2018069。

单一的运动认同会十分脆弱，进而引发职业倦怠。我国的“体教结合”策略在理论上赋予了运动员学生的角色，即从单一维度的运动员角色转变为“学生—运动员”双重角色。有研究发现，当个体参与多重角色并认同多重角色时，会从每一个角色中获得满足感和幸福感。但是，也有研究者认为多重角色是引起潜在冲突的重要因素，由于时间、资源等方面的竞争，会导致个体产生角色冲突，并造成较大的心理压力，对运动员的职业生涯产生消极影响。

毋庸置疑，体育和文化教育对于个体的全面发展是缺一不可的，但是对于两者之间是竞争还是互补关系，目前尚未得到一致结论。在西方国家中，美国依靠学校的业余训练培养竞技体育后备人才，并形成了从小学、中学到大学紧密衔接的竞技体育人才培养模式，大学生运动员是美国竞技体育队伍的主要力量，但也有部分美国研究者认为运动训练与学业之间呈负相关关系，因为这些运动员在学习上花费的时间比同辈学生更少，学习成绩相对较差。一项关于芬兰大学生运动员学业成绩的调查也发现只有22.6%的运动员能够取得预期学业成绩。也有一些研究者持另一种观点，认为运动员职业生涯与学校教育是相互补充和促进的。例如，在英国，业余体育被视为教育的重要组成部分，英国学生参与体育运动的态度十分认真，将体育与其他方面置于同等重要的地位，在体育运动中获得的诸如“冷静、忍耐和团队精神”等性格特征被认为是日后取得成功的重要因素。

本课题认为，受教育者是否能够进入竞技体育领域并取得成就，还要依据其对体育的天赋、兴趣以及家庭、社会等多方面因素，竞技体育与学校教育究竟是竞争关系还是互补关系并不能一概而论，更值得研究者关注的应该是如何把两者变成互补关系，从而帮助受教育者合理定位自己的角色并找到两者的平衡点。

在当前的竞技体育后备人才培养体系中存在两种模式：一种传统的培养模式，即以封闭的、集中的运动训练为主，由训练单位或体育科学研究所为在役运动员提供一系列的文化课程，课程时间较短，学业要求低于一般学校对普通学生的学业要求；另一种是新兴体教结合模式，运动员在参与统一集中运动训练的同时，在学校与普通学生一同接受九年义务教育并完成高中及大学的学业，其面临的学业要求与普通学生相似。前者是传统的竞技体育人才培养模式，存在着不足和弊端，后者是体教结合的新举措，已逐步实施，更有助于人才的健康发展，也造就了真正意义的“学生—运动员”双重角色。

本研究选取上海体育学院中国乒乓球学院少年班学员作为“学生—运动

员”代表样本，选取国家乒乓球青年队及部分省市队队员作为职业运动员代表样本，使用结构化心理测量工具，通过对比两类受访者在运动内容与学业内容上的角色认同、心理倦怠与动机变量的差异，对“体教结合”背景下“学生—运动员”的角色认同情况进行描述，并探讨角色认同的影响因素构成。

二、“学生—运动员”在运动与学习领域间互为关联研究

本研究使用SPSS22.0软件完成数据分析。排除无效回答与极端数据，采用缺失值补充方法(即条目缺失值使用该类被试在该条目上的平均数进行补充)对个别缺失条目进行补充。本研究对两类培养方式的乒乓球后备人才在运动生涯与学业两个领域内容中的角色认同、心理倦怠、任务价值、成就目标与成就策略进行对比分析(t检验)，并分别针对两组被试分析其运动相关心理变量、学业相关心理变量之间的关系(相关分析、多元线性回归分析)。在与运动相关的内容中，“学生—运动员”组在投入时间、角色认同、心理倦怠、成就目标、成就策略及任务回避上的平均分低于职业运动员组，但是在反映运动动机的任务价值及其三个分量表的表现上均略高于职业运动员组。在与学业有关的内容中，“学生—运动员”组在角色认同、成就目标、任务价值(含三个分量表)、学习投入时间上均高于职业运动员组，但是在学业心理倦怠上的表现低于职业运动员组。两组不同培养方式的受试者在自尊上的表现为“学生—运动员”略高于职业运动员。

(一)“学生—运动员”与职业运动员在职业角色认同、心理倦怠与动机上的差异

为进一步分析两者的差异，对两组受试者在运动、学业内容上的职业角色认同、心理倦怠以及动机表现分别进行独立样本t检验(表1)。

表1　“学生—运动员”与职业运动员双重角色认同、心理倦怠与动机差异

变量	学生—运动员组				职业运动员组				t检验	
运动员角色	平均数	标准差	最大值	最小值	平均数	标准差	最大值	最小值	t	df
投入时间	30.46	7.34	5	50	48	14	7	70	-7.62^{**}	83

续 表

变量	学生—运动员组				职业运动员组				t检验	
角色认同	41.14	5.08	29	49	43.67	4.45	30	49	−2.54*	90
心理倦怠	22.26	19.18	10	69	27.66	6.36	16	43	−3.27*	90
成就目标	44.51	5.02	32	50	44.72	4.24	33	51	−.215	90
任务价值	60.50	4.94	49	65	56.47	6.24	36	65	3.31**	90
兴趣价值	23.55	2.05	18	25	21.99	2.53	15	25	3.15**	90
成就价值	18.76	1.76	14	20	17.54	2.55	8	20	2.53**	90
任务实用价值	18.18	2.04	13	20	16.94	2.67	8	20	2.43*	90
成就策略	18.76	2.41	13	23	20.23	3.67	14	36.	−2.15	90
成就预期	12.63	1.76	9	17	12.08	1.62	7	15	1.52	90
任务回避	6.13	1.83	4	10	8.14	2.63	4	20	−4.07**	90
学生角色	平均数	标准差	最大值	最小值	平均数	标准差	最大值	最小值	t	df
角色认同	35.51	7.03	19	49	21	9.30	7	44	8.50**	89
心理倦怠	25.20	6.36	15	42	25.4	6.22	10	47	−.21	90
投入时间	20	14.875	3	50	6.80	5.37	0	25	5.29**	44
成就目标	44.33	5.59	29	50	39.25	6.26	18	50	4.00**	90
任务价值	71.08	12.40	33	90	58.92	10.30	31	78	5.12**	90
兴趣价值	33.71	6.77	12	44	28.57	5.51	12	38	4.00**	90
成就价值	12.26	2.36	6	15	10.04	2.00	3	15	4.88**	90
任务实用价值	25.11	4.03	15	30	20.32	3.74	10	28	5.85**	90
成就策略	18.79	2.61	13	23	21.08	2.13	17	27	−4.60**	90
成就预期	12.20	1.50	9	15	12.17	1.62	7	15	0.10	90
任务回避	6.59	1.99	4	12	8.91	2.12	5	16	−5.27**	90
自尊	16.89	2.30	13	20	15.32	1.94	11	20	3.52**	90

注：* P<.05，** P<.01(2-tailed t test)

结果表明,在运动员职业心理变量中,“学生—运动员”在训练投入时间(t=－7.62, df=83,P＜.01)、角色认同(t=－2.54, df=90,P＜.05)、心理倦怠(t=－3.27, df=90, P＜.05)及任务回避(t=－4.07, df=90, P＜.01)上显著低于职业运动员,而在任务价值(t=3.31,df=90,P＜.01)及三个分量表兴趣价值(t=3.15,df=90,P＜.01)、成就价值(t=2.53, df=90,P＜.01)、任务实用价值(t=2.43, df=90,P＜.05)上显著高于职业运动员。这表明尽管两组受试者都有较高的角色认同,但相较于职业运动员,“学生—运动员”对运动员身份认同度更低。两组受试者在运动专项训练上的心理倦怠均不高,但是“学生—运动员”对于运动专项训练的心理倦怠更低。两组受试者在运动任务价值上的差异表明,“学生—运动员”在考虑自身发展与职业发展的过程中,更倾向于将运动训练作为自己的考虑依据。两组受试者在成就目标(t=－0.215, df=90, P＞.05)上不存在显著差异,说明两者在运动专项情景中的成就目标是一致的。

在学生角色变量中,“学生—运动员”在学生角色认同(t=8.50, df=90, P＜.01)、成就目标(t=4.00, df=90, P＜.01)、任务价值(t=5.12, df=90, P＜.01)、学业投入时间(t=5.29, df=44, P＜.01)上高于职业运动员。这表明学生—运动员投入更多的时间在学业发展上,对自身的学生角色有更高的认同度,并且更倾向于认同学业对自身发展、职业发展的价值。职业运动员则在整体学业成就策略(t=－4.60, df=90, P＜.01)与任务回避策略(t=－5.27, df=90, P＜.01)上,显著高于“学生—运动员”。这表明,职业运动员在面对学业上的困难时,更倾向于选择回避策略。两组受试者在学业心理倦怠(t=－.21, df=90, P＞.05)、成就预期策略(t=0.10, df=90, P＜.01)上并没有表现出显著差异。

两组受试者的自尊差异显著(t=3.52, df=90, P＜.01),“学生—运动员”的自尊水平比职业运动员高。

(二)“学生—运动员”角色认同、心理倦怠与动机之间的关联

1. “学生—运动员”运动与学习领域间角色认同、心理倦怠与动机变量之间的差异比较

为了解“体教结合”在个体心理特征上的体现,讨论在同一个体上,学生与运动员两种职业的角色认同与心理倦怠孰轻孰重,本研究使用配对样本 t 检验比较了“学生—运动员”受试者在运动与学习领域间各种心理变量的差异(表2)。

表 2 “学生—运动员”双重角色认同、心理倦怠与动机差异检验

运动领域-学业领域	平均数	标准差	t	df
角色认同	5.62	8.87	3.91**	37
心理倦怠	−2.93	9.99	−1.81	37
成就目标	0.18	3.74	0.30	37
任务价值感	−10.58	13.39	−4.87**	37
兴趣价值	−10.16	7.25	−8.64**	37
成就价值	6.50	2.66	15.07**	37
实用价值	−6.92	4.77	−8.95**	37
成就策略	−0.03	2.03	−0.11	37
成功预期	0.42	1.64	1.61	37
任务回避	−0.46	1.73	−1.65	37

注：* P<.05，** P<.01(2 - tailed t test)。

结果表明，“学生—运动员”对运动员身份的角色认同显著高于对学生身份的角色认同(t=3.91，df=37，P<.01)。其对运动训练的价值感显著高于对学业的价值感(t=−4.87，df=37，P<.01)。但是在任务价值的三个分量表上的表现并不一致，其中对运动的兴趣价值与实用价值感显著低于学业方面，说明受试者对学业表现出更多的兴趣，并认为学业内容在实际生活与生涯发展中更有价值。在两个领域的成就目标设定与成就策略使用上不存在显著差异，即受试者在运动训练与学业中有相似的成就目标，并使用相似的成就策略。

(三)“学生—运动员”在运动领域中角色认同、心理倦怠与动机间的关联

为了解“学生—运动员”的运动员角色认同、运动心理倦怠与动机变量之间的关系，本课题研究选取运动员角色认同、心理倦怠、成就目标、任务价值、成功预期策略与任务回避策略进行相关分析(表3)。

表3　“学生—运动员”运动领域角色认同、心理倦怠与动机皮尔逊相关分析

运动领域	角色认同	心理倦怠	成就目标	任务价值	成功预期
心理倦怠	−0.16	—	—	—	—
成就目标	0.36*	0.18	—	—	—
任务价值	0.15	0.24	0.50**	—	—
成功预期	−0.13	−0.24	−0.04	−0.16	—
任务回避	0.02	0.04	−0.34*	−0.45**	−0.10

注：*P<.05，**P<.01(2-tailed t test)。

结果表明,只有运动情景的成就目标与运动员角色认同呈显著正相关(r=0.359,P<.05),但是两者相关程度并不高。同一领域内的任务价值感与成就目标呈中度的正相关且统计意义显著(r=.50，P<.01)。在成就策略方面,任务回避策略与成就目标(r=−.34，P<0.5)、任务价值感(r=−.45，P<.5)呈负相关,且统计意义显著。这表明成就动机较高的受试者完成任务时更少使用任务回避策略。其他变量之间的相关关系并不显著。值得注意的是,尽管运动员角色认同与运动心理倦怠之间只表现出较弱的负相关,并没有达到统计意义显著水平,这表明两者之间可能存在其他中介关系。

(四)“学生—运动员”在学习领域中角色认同、心理倦怠与动机间的关联

为了解“学生—运动员”的学生角色认同、学业心理倦怠与动机变量之间的关系,本研究选取学生角色认同、学业心理倦怠以及学业领域成就目标、任务价值、成功预期策略与任务回避策略进行相关分析(表4)。分析发现,在学业领域中,“学生—运动员”的学习心理倦怠与学业任务价值呈显著负相关(r=−.32，P<.05),学生身份认同与学业任务价值呈显著正相关(r=.43，P<.01),学业任务价值感与任务回避策略呈显著负相关(r=−.39，P<.05)。其他变量之间相关系数并未达到统计显著水平。学生角色认同与学业心理倦怠之间的相关系数也没有达到统计显著水平。

表4 "学生—运动员"学业领域角色认同、心理倦怠与动机皮尔逊相关分析

学业领域	心理倦怠	角色认同	成就目标	任务价值	成功预期策略
角色认同	−0.10	—	—	—	—
成就目标	0.18	0.076	—	—	—
任务价值	−0.32*	0.428**	0.10	—	—
成功预期策略	−0.14	−0.10	−0.12	0.01	—
任务回避策略	−0.16	−0.26	−0.11	−0.39*	0.11

注：* P<.05，** P<.01(2-tailed)。

(五)"学生—运动员"在运动与学业领域间角色认同、心理倦怠与动机变量相关

为探析"学生—运动员"在运动与学业两个领域中的角色认同、心理倦怠之间的相互影响，本研究对两个领域的上述各变量进行相关分析(表5)。

表5 "学生—运动员"双重角色间角色认同、心理倦怠与动机皮尔逊相关分析

	学业心理倦怠	学生角色认同	学业成就目标	学业价值感	学业成就预期	学业任务回避
运动员角色认同	0.19	−0.05	0.29	−0.10	−0.09	0.16
运动心理倦怠	0.22	−0.11	0.22	−0.26	−0.07	0.05
运动成就目标	0.22	−0.10	0.76**	−0.06	−0.25	−0.18
运动任务价值感	0.19	0.09	0.46**	−0.01	−0.20	−0.39*
运动成就预期	−0.39*	−0.15	−0.01	0.02	0.50**	0.08
运动任务回避	−0.16	0.11	−0.01	−0.03	0.18	0.59**

注：* P<.05，** P<.01(2-tailed)。

结果表明，运动领域与学业领域的成就目标呈显著正相关(r=0.76，P<.01)，说明学生—运动员在运动与学业两个领域中有相似的成就目标设定。运动价值感与学业成就呈显著正相关(r=0.46，P<.01)，与学业任务回避策略呈显著负相关(r=−0.39，P<.05)，说明运动价值感强的受试者倾向于表现出明确的学业成就目标，并且在学业中面对问题与困难时更少使用任

务回避策略。运动成就预期策略与学业心理倦怠呈负相关（r＝－0.39，P<.05），与学业成就预期呈正相关（r＝0.50，P<.01），说明学生—运动员在运动训练任务与学业任务中使用相似的成就预期策略，并且运动成就预期越高的受试者，其学业心理倦怠水平越低。运动任务回避与学业任务回避呈显著正相关（r＝0.59，P<.01），说明受访者在运动与学业任务中使用相似的任务回避成就策略。

三、职业运动员双重角色自我认同、心理倦怠与动机之间相关

（一）职业运动员在运动与学业领域间角色认同、心理倦怠与动机变量之间的差异比较

现役青少年职业运动员也以特定形式参与到学校学习中，但是在青少年阶段学校教育的卷入程度并没有职业运动训练的卷入程度高。为了解运动训练与学业两个不同卷入程度的领域中运动员角色认同、心理倦怠及动机表现的差异，本课题研究对上述变量进行配对样本 t 检验（表 6）。

表 6　职业运动员双重角色间角色认同、心理倦怠、动机变量差异 t 检验

运动领域-学业领域	平均数	标准差	平均标准差	95% 置信区间		t	df
				下限	上限		
角色认同	22.63	10.40	1.41	19.79	25.47	15.99**	53
心理倦怠	2.17	8.96	1.22	−.28	4.61	1.78	53
成就目标	5.48	6.12	.83	3.81	7.14	6.57**	53
任务价值感	−2.45	9.74	1.32	−5.11	.21	−1.85	53
兴趣价值	−6.58	4.98	.68	−7.94	−5.21	−9.70**	53
成就价值	7.51	2.80	.38	6.75	8.28	19.70**	53
实用价值	−3.38	3.84	.52	−4.43	−2.34	−6.48**	53
成就策略	−.85	3.60	.49	−1.83	.14	−1.73	53

续 表

运动领域-学业领域	平均数	标准差	平均标准差	95% 置信区间		t	df
				下限	上限		
成功预期	-.10	2.37	.32	-.74	.56	-.28	53
任务回避	-.76	2.93	.40	-1.56	.04	-1.90	53

注：* P<.05，** P<.01(2 - tailed t test)。

结果表明，职业运动员对运动员身份的角色认同度显著高于对学生身份的角色认同度(t=15.99，df=53，P<.01)。运动领域的成就目标显著高于学业领域成就目标(t=6.57，df=53，P<.01)，同样运动领域的成就价值显著高于学业领域的成就价值(t=19.70，df=53，P<.01)。然而，运动兴趣价值(t=-9.70，df=53，P<.01)及实用价值(t=-6.48，df=53，P<.01)均显著低于学业领域。

在两个领域的心理倦怠、整体任务价值感、成就策略等方面并不存在显著差异。这说明，尽管青少年职业运动员在一定程度上参与学校教育并需要完成学业，但是其角色认同更倾向于运动员身份，且在两个领域中的心理倦怠程度相近。

青少年职业运动员倾向于为运动训练设定更高的目标，认为运动训练任务在其生活中更重要，但是对训练任务的兴趣与实用性价值感却没有学业任务高，他们对学业任务表现出更高的兴趣，同时认为学业任务在其生涯发展中更有实际意义。

青少年职业运动员在运动训练任务与学业任务中所使用的成就策略在成功预期策略与任务回避策略上并没有显著差异。

（二）职业运动员在运动领域中角色认同、心理倦怠与动机间的关联

为了解职业运动员的运动员角色认同、运动心理倦怠与动机变量之间的关系，本研究选取运动员角色认同、运动心理倦怠、成就目标、任务价值、成功预期策略与任务回避策略进行相关分析(表7)。

表7　职业运动员运动领域角色认同、心理倦怠、动机变量皮尔逊相关分析

运动领域	角色认同	心理倦怠	成就目标	任务价值	成功预期
心理倦怠	.003	—	—	—	—
成就目标	.50**	.07	—	—	—

续　表

运动领域	角色认同	心理倦怠	成就目标	任务价值	成功预期
任务价值	.37**	.08	.34**	—	—
成功预期	.113	.04	.05	−.16	—
任务回避	−0.87	.38**	−.08	−.45**	.41**

注：* P<.05，** P<.01(2 - tailed t test)。

结果发现，运动领域中，运动员角色认同与运动成就目标(r=.50，P<.01)、运动任务价值(r=.37，P<.01)均呈显著正相关；运动任务价值与运动成就目标呈显著正相关(r=.34，P<.01)；运动成就策略中的任务回避策略与运动任务价值呈负相关(r=−.45，P<.01)，但与成就策略中的成功预期呈正相关(r=.41，P<.01)，与运动心理倦怠呈显著正相关(r=.38，P<.01)。这表明，运动员角色认同度较高的受试者更倾向于有较高的运动成就目标，且对运动训练的价值感更高，同时运动成就目标与运动任务价值感在一定程度上相互促进。运动心理倦怠水平越高的受访者，在面对训练任务中可能出现的困难与问题时倾向于采用任务回避策略。

对运动训练的任务价值感越高的受访者，在面对训练困难时更少使用任务回避策略。但是受访者可能会同时使用两种不同的成就策略，任务成功预期越高的受访者在面对训练情景的困难与问题时也更倾向于使用任务回避策略。

(三) 职业运动员在学习领域中角色认同、心理倦怠与动机间的关联

为了解青少年职业运动员的学生角色认同、学业心理倦怠与动机变量之间的关系，本研究选取运动员角色认同、运动心理倦怠、成就目标、任务价值、成功预期策略与任务回避策略进行相关分析(表8)。

表8　职业运动员学业领域角色认同、心理倦怠、动机变量皮尔逊相关分析

学业领域	心理倦怠	角色认同	成就目标	任务价值	成功预期策略
角色认同	0.15	1			
成就目标	0.19	0.15	1		
任务价值	0.12	.44**	.46**	1	

续 表

学业领域	心理倦怠	角色认同	成就目标	任务价值	成功预期策略
成功预期策略	—0.02	.14	.26	.13	1
任务回避策略	0.28**	.22	.06	.08	—.38**

注：* P<.05，** P<.01(2 - tailed t test)。

结果发现，青少年职业运动员的学业角色认同与学业任务价值感呈显著正相关(r=.44，P<.01)，学业任务价值感与学业成就目标呈正相关(r=.46，P<.01)，学业心理倦怠与学业任务回避策略呈显著正相关(r=.28，P<.01)，而学习成就策略的成功预期策略与任务回避策略呈显著负相关(r=—.38，P<.01)。这表明学业任务价值感较高的受试者具有更高的学生角色认同度，及更高的学业成就目标。学业心理倦怠水平较高的受试者，更倾向于在学业中遇到困难与问题时采用任务回避策略。但是面对学业任务，采用任务回避策略的受访者也更少使用任务预期策略，这是与运动情景不同的。

(四) 运动与学业领域间角色认同、心理倦怠与动机变量相关

本研究同样对职业运动员受试者在运动与学业两个领域内的角色认同、心理倦怠及动机变量进行了相关分析，以探究此类受试者在两个不同角色之间的转换(表9)。

表9 职业运动员双重角色的角色认同、心理倦怠、动机变量皮尔逊相关分析

	学业心理倦怠	学生角色认同	学业成就目标	学业价值感	学业成就预期	学业任务回避
运动员角色认同	—.061	—.023	.227	.071	—.011	—.144
运动心理倦怠	.087	.048	.032	.071	—.389**	.269**
运动成就目标	.066	.178	.371**	.188	.029	—.241
运动任务价值感	.087	.131	.283**	.391**	—.037	—.036
运动成就预期	.273**	.148	.111	.010	—.029	.417**
运动任务回避	.179	.201	—.166	—.080	—.081	.258

注：* P<.05，** P<.01(2 - tailed t test)。

分析发现，此类受试者的运动成就预期策略与学业心理倦怠呈显著正相

关($r=.27, P<.01$)，与学业任务回避策略呈正相关($r=.42, P<.01$)；学业成就目标与运动成就目标呈正相关($r=.37, P<.01$)，与运动任务价值感呈正相关($r=.28, P<.01$)；运动任务价值感与学业价值感呈显著正相关($r=.39, P<.01$)；运动心理倦怠与学业成就预期呈负相关($r=-.39, P<.01$)，与学业任务回避呈显著正相关($r=.27, P<.01$)。这表明，职业运动员受试者在运动与学业中有相似的成就目标与价值感，且在两个领域间相互促进。对运动采用成就预期策略的受访者会表现出更高的学业心理倦怠，并且更倾向于在学业领域的问题与困难中采用任务回避策略。

但是遇到心理倦怠水平较高的被试，反而会在学业中表现出更多的学业回避策略。也就是说，尽管职业运动员受访者更倾向于认同自己的运动员身份，但是两个领域中的动机会相互影响，其中一个领域出现心理倦怠，也会影响到另一个领域动机与任务策略。

四、研究举措

(一) 上海体教结合举措下，竞技体育后备人才认同“学生—运动员”双重角色

为了解上海体教结合举措下，竞技体育后备人才对“学生—运动员”双重角色的认同情况，本课题对比了两类不同培养方式的竞技体育后备人才在运动与学业领域中的角色认同、心理倦怠与动机水平的差异，也对比了“学生—运动员”样本在两类角色间心理变量的差异。结果表明，在上海体教结合举措下参与训练与学习的竞技体育后备人才，的确比传统训练方式中的后备人才更认同自身的“学生—运动员”双重角色。他们在学业任务中的卷入程度更高，也认为学业任务在其生涯发展中起到更重要的角色，并且更愿意追求较高的学业成就。

近些年，竞技体育人才培养的文化教育问题备受国家的重视，并提出了“体教结合”这一竞技体育人才培养模式，上海积极响应国家的号召，对体教结合给予了高度的重视，且不仅仅停留在接受退役运动员进入高校进行文化教育或直接招收运动员进校组建运动队的阶段，而是真正从“娃娃”抓起，选取中小学和高中作为“体教结合”的合作单位，接受专业乒乓球训练的同时也要接受完整的义务教育并完成高中及大学的学业。

相比于一线运动队伍进入高校，义务教育对于运动员的全面发展具有更重要的地位和更深远的影响，真正摆脱运动员“一条腿走路”的困境。本课题以角色认同为切入点，选取采用“体教结合”模式培养青少年运动员的中国乒乓球学院少年班与传统专业队的青少年运动员进行对比，证明了“体教结合”举措的实施的确有所成效，体教结合培养模式下的竞技体育后备人才接受了更好的文化教育，并且主观上愿意接受并认为学业任务在自己未来发展的过程中扮演了重要角色，也愿意追求更好的学业成就，且并没有产生过多的学业倦怠，恰恰相反，“学生—运动员”的学业倦怠低于职业运动员，也表现出更强的自尊心和自信心。这些对于个体的教育选择、职业角色以及体育参与存在长远的影响。

同时也可以了解在这一培养过程中涉及的风险与阻碍，要牢固树立体教协同育人的理念，完善协同创新人才的培养模式。在体育改革环境下，本课题研究竞技体育与文化教育的融合，使得竞技体育后备人才得到更科学的培养，能够促进青少年全面发展，而传统的竞技体育人才培养模式因为对文化教育的忽略，在一定程度上限制了青少年的全面发展，不利于个体的长远发展。对于全市各竞技体育人才培养，提出了体教结合的重要性。因此，需要相关教育工作者帮助青少年对其学生—运动员的自我定位进行正确的评价和适当的引导，最大化的发挥体教结合的优势。

（二）上海体教结合举措下，竞技体育后备人才“学生—运动员”双重角色之间的冲突

为了解竞技体育后备人才“学生—运动员”双重角色之间的冲突，本课题研究对两类体育后备人才双重角色间心理变量进行了比较分析。

尽管体教结合举措下竞技体育后备人才在双角色认同中更倾向于认同自己的运动员角色，但是在面对其生涯规划与发展时，他们认为学业的价值更好，也就是说学业任务对他们的未来发展更重要；而在成就价值方面，运动表现却显得更重要，也就是说，双重角色运动员对运动任务与学业任务的主观价值感在不同维度上存在差异，这就体现了双重角色之间的冲突。但这对于个体的整体人生规划并不冲突，在现阶段，运动员的角色认同会帮助他们更积极地投入到运动训练和比赛中，而从长远发展考虑，他们也会为自己退役后的生涯规划做长远的打算，这也会激励他们学好文化知识，为今后的发展奠定基础。

(三)上海体教结合举措下,竞技体育后备人才“学生—运动员”双重角色之间的转化

通过对运动与学业两个领域间的相关分析,本课题研究发现,在上海体教结合举措下,竞技体育后备人才存在“学生—运动员”双重角色之间的转化,即两个领域中的成就目标、成就策略会相互促进。在职业运动员身上并没有发现两个领域之间成就策略的相互促进。在职业运动员身上体现更多的是运动员角色认同,以及两个领域间动机的冲突。值得注意的是,“学生—运动员”的运动心理倦怠与学业倦怠都比职业运动员要低。这与国外研究结果一致,单一的角色认同可能使个体在单一领域中有较高的成就预期,从而增加心理倦怠的风险,而多重角色认同则可以避免此现象。因此,双重角色之间的转化,对于“学生—运动员”的心理健康是存在促进效应的。

目前,在中国乒乓球学院第一批接受体教结合模式培养的乒乓球后备人才已经陆续成才,通过自己的实力进入国家青年队,或者获得去国家青年队跟训的资格,而且这些“学生—运动员”的学习成绩也在学校里处在中上等的位置,这也在一定程度上破除了一些误解和疑惑,学习并没有耽误他们的运动表现,两者可以相互补充和促进。

体教结合的重要意义不仅在于解决优秀运动员的文化教育问题,还关系到我国竞技体育如何健康、持续发展的重要问题。随着“体教结合”工作的不断深入,“以人为本”的理念让越来越多的竞技体育后备人才从中获益,一些曾经对于成为职业运动员有所顾虑的有天赋的儿童及青少年也可以消除顾虑,更好地参与到竞技体育运动中,这对于我国竞技体育事业的发展以及竞技体育后备人才的培养无疑是一次重要的改革和突破。

参考文献

[1] Aquilina D. A study of the relationship between elite athletes' educational development and sporting performance [J]. International Journal of the History of Sport, 2013

[2] Baron-Thiene A, Alfermann D. Personal characteristics as predictors for dual career dropout versus continuation - A prospective study of adolescent athletes from

German elite sport schools [J]. Psychology of Sport & Exercise, 2015

[3] Brislin, R. W. Back-translation for cross-cultural research. Journal of Cross-Cultural Psychology [J]. 1970

[4] Brislin, R. W. Questionnaire working and translation. In W. J. Lonner & R. M. Thorndike (Eds.), Cultural research methods [B]. 1973

[5] Eccles JS. Subjective task value and the Eccles et al. model of achievement-related choices. In: Elliot AJ, Dweck C, editors. Handbook of Competence and Motivation. New York: Guilford Press, 2005

[6] Horton R S, Mack D E. Athletic identity in marathon runners: Functional focus or dysfunctional commitment? [J]. China Tropical Medicine, 2000

[7] Hu LT, Bentler PM. Cutoff criteria for fit indexes in covariance structure analysis: Conventional criteria versus new alternatives. Struct Equ Modeling, 1999

[8] Rubin L M, Rosser V J. Comparing Division IA scholarship and non-scholarship student-athletes: a discriminant analysis [J]. Journal of Issues in Intercollegiate Athletics, 2014

[9] Ryba T V, Aunola K, Kalaja S, et al. A new perspective on adolescent athletes' transition into upper secondary school: A longitudinal mixed methods study protocol [J]. Cogent Psychology, 2016

[10] Ryba, T. V, Aunola, K, Kalaja, S, Selänne, H, Ronkainen, N. J, & Nurmi, J. E. A new perspective on adolescent athletes' transition into upper secondary school: A longitudinal mixed methods study protocol. Cogent Psychology [J]. 2016

[11] Salmela-Aro, K, Kiuru, N, Leskinen, E, Nurmi, J. School Burnout Inventory (SBI) reliability and validity. European Journal of Psychological Assessment [J]. 2009

[12] Sorkkila, M, Aunola, K, Salmela-Aro, K, Tolvanen, A, Ryba, T. V. The co-developmental dynamic of sport and school burnout among student-athletes: The role of achievement goals. Scandinavian Journal of Medicine and Science in Sports [J]. 2018

[13] Sorkkila M, Aunola K, Ryba TV. A person-oriented approach to sport and school burnout in adolescent student-athletes: the role of individual and parental expectations. Psychol Sport Exercise [J]. 2017

[14] 虞重干,张军献."体教结合"与高校高水平运动队建设[J].体育科技文献通报,2006

[15] 杨治良.简明心理学辞典[M].上海辞书出版社,2007

[16] 张燕,郭修金.体教结合的实践审视与价值诉求[J].体育学刊,2013

学校体育在“健康上海”建设中的功能研究

周丽珍　谭丽华　曹　楠　郭　营　朱　盼*

《“健康上海2030”规划纲要》描绘了未来十几年上海这座城市美好的健康愿景，并对青少年提出很多可量化的目标。学校体育是“健康上海”的重要抓手，把学校体育纳入建设“健康上海”建设的大战略、大教育、大健康的格局中去定位、思考和改革，为学校体育改革提供了新的动力和支点。

健康是上海迈向卓越全球城市的重要标志。作为推进健康上海建设的行动纲领，建设“健康上海”为本市学校体育的功能定位指明了方向，提供了更为广阔的发展空间。这是对学校体育改革的呼唤，学校体育必须以一种积极的、与社会关联度更高的姿态参与到的健康上海大潮中去。在服务“创新驱动、转型发展”的过程中，面对城市转型发展，必须思考学校体育功能的转型。

少年强则中国强。但目前，青少年体质持续20多年下降，超重和肥胖日益增多，视力不良检出率居高不下，心理发展不成熟，自杀现象经常发生，这些都为学生健康发展和家庭幸福、社会稳定带来不利影响。

本文采用文献资料法，查阅有关“健康上海”、健康社会学、健康哲学、健康教育学、生命教育、心理学、学校体育功能等方面的著作和资料，拓宽自己的知识面，为研究奠定了扎实的理论基础；访谈法，采用小规模座谈和个别深度访谈的方法对上海体育学院、上海市教委体卫艺科处、上海师范大学体育学院等领导与专家进行访问，以获取本研究所需要的相关资料，使得本课题的研究具有很强的现实性和前瞻性。探讨行之有效的施策思路与方案，为《“健康上海2030”规划纲要》的目标实现做贡献。

* 本文作者单位：上海立信会计金融学院。立项编号：TYSKYJ2018010。

一、"健康上海"对学校体育功能的诉求

《"健康上海2030"规划纲要》对学校体育功能的诉求有：

——加大学校健康教育力度。把提升学生的健康素养纳入学校发展规划和教育督导评估体系。并提出"到2030年，市民健康素养水平达到40%"。

——加强儿童近视防治，开展全人群尤其是儿童的肥胖控制。并提出到2030年，16岁及以下儿童近视率、超重肥胖率得到有效控制。

——建设健康文化。体育文化是健康文化的重要组成部分。因此，要大力挖掘体育文化的内涵与价值。

——提高身体素质。包括：到2030年，经常参加体育锻炼人数比例达到46%；严格保证青少年学生的体育课时和课外体育活动，每天锻炼1小时以上；掌握2项以上体育运动技能；每周参与体育活动达到中等强度3次以上；到2030年，学校体育场地设施与器材配置达标率达到100%；中学生体质健康标准达标率达到94%以上；完善生命教育体系，引导公众树立科学的生命观。并在指导思想中提出"全方位、全周期维护和保障市民健康，不断提高市民健康水平和生命质量"；形成体医结合的健康管理和服务模式，对高血压、糖尿病、肥胖症等慢性病开展运动干预。

二、上海学校体育现状及存在问题分析

（一）上海学校体育功能现状

1. 构建体育与健康教育课程

2012年，上海开展高校体育和健康教育精品课程遴选工作。经过各个学校推荐、专家评审、网上公示等程序，一共评选出49门市级体育和健康教育精品课程，仅仅围绕"四项基本要求"进行为期2年的课程建设。在其基础上还编制标准化的"健康教育网络课程"，面向全市青少年，依托网络多媒体教学资源开展健康教育，把这项工作纳入基础教育阶段课程考核的范畴。

2. 落实每天1小时校园体育活动

对体育课、体育活动、课间操进行整合，落实每天1小时校园体育活动。当前，本市已有90%以上的中小学校已经落实或基本落实了"三课两操两活

动”的制度，每周开足开齐三次体育课，在没有体育课的当天，安排课外活动课，把两节课外活动课作为“限定性拓展课程”排到课表中；绝大部分学校已经制订了落实“每天一小时校园体育活动”的活动方案，并向社会和家长公布。市、区两级对他们开展不同形式与不同层级的专项督导检查；开通了“每天一小时校园体育活动”的举报电话，接受社会监督。

3. 让每位学生掌握2项运动技能

上海在推进教学改革过程中，坚持顶层设计、整体谋划、上下衔接等原则，确立“小学体育兴趣化、中学体育多项化、高中体育专项化、大学体育个性化”的相衔接的学校体育教学改革，使体育教学成为每位学生掌握2项运动技能的主渠道。在全市17个区县分别选择一所具有代表性的高中作为试点，一共设20个专项、100个项次，编制310个专项教学班，专项集中在8个项目，分别是篮球、排球、羽毛球、乒乓球、足球、健美操、网球、武术。

4. 提升体质健康标准达标率

构建市、区、学校三级学生体质健康监测网络，建立了学生体质健康监测与公告制度，并形成了“测试——评价——研究——指导”为一体的学生体质健康监测服务模式。

5. 完善学生体育赛事体系提升体育锻炼人数的比例

自从2010年，以中小学生为重点的上海市大联赛开始，面向全体学生，组织开展以班级比赛为基础的“千校万班”乒乓球和“千校万班”跳绳踢毽活动，在校园掀起“人人有项目、班班有活动、校校有比赛”的体育热潮。另外，打造精品赛事，以“中华传统体育文化项目进校园”、“上海学生龙文化全能赛”及“跑人最美校园”为代表的一系列阳光体育活动已经成为学生体育赛事活动的品牌，激发了学生参与体育运动的积极性。2016年，在上海市学生运动会上，灵活改变赛制，允许各校组队参赛，各组别报名人数比往届大幅度提高。

（二）上海学校体育存在的问题

近年来，上海把实施“学生健康促进工程”作为核心抓手和重要突破口，取得了一定的效果。但随着“健康上海”的深入推进，一些更深层次的矛盾愈加凸显出来。新时代，我国社会主要矛盾转化为人民日益增长的美好生活需要与不平衡不充分的发展之间的矛盾。人民对于精神文化、健康生活方式的需求大幅提高。这使学校体育的发展和功能的提升面临重大的挑战。

1. 学生没有养成健康的生活方式，健康素养水平不高

学校体育在推进健康生活方式的独特功能被忽视，内容不完善。学生的健康素养没有形成，这些都是亟待解决的问题。

2. 学校体育文化的挖掘不深，没有意识到其价值

学校体育文化不仅可以让学生有归属感、荣誉感、成就感和励志的精神财富，更重要的是通过它的力量，成为学生奋斗的方向和引以为荣的骄傲。而上海对学校体育文化的价值挖掘不深。

3. 忽视体育竞赛培养健全人格的功能

上海体育赛事的顶层设计较好，但学校体育长期以来不重视体育竞赛，没有形成校园体育竞赛体制、机制和组织方式。校园体育比赛目前存在的问题包括学生参与度小、体育比赛少、群众性不够等。绝大多数的学生从来没有参加过体育竞赛，体验不到合作与竞争意识、遵守规则的意识、团队协作的精神，无法形成胜不骄、败不馁等优秀意志品质。因此，学校体育在培养学生的体育精神、竞争意识、吃苦耐劳精神、团队合作精神、不畏艰险以及克服困难的品质上还存在不足。

4. 学生很难掌握一门体育运动技能

让学生掌握2项以上体育运动技能看似一个简单的目标，却变成一个极为困难的课程理论问题和教学实施问题。当前，在体育教学中存在着一种缺陷，就是学生学习的内容只是几个简单的技术而非开展体育比赛。为技术而技术，体育知识、技能传授与学生的日常生活和兴趣联系不够紧密。

5. 对学生生命教育的缺失

人的生命周期呈现为一条生命曲线，身体在每个生命阶段都呈现出不同的机能水平与生命样态。基于身体的周期性变化，学校体育没有教会学生改善和调节身体的退化与异化，进而优化身体的生长发育，并延缓衰老，提高免疫系统功能预防疾病，提升生命质量。同时，处在生命准备期的青少年，他们在学校所形成的体育锻炼习惯，将对他们一生中其他发展阶段的体育行为方式产生影响。这是因为青少年正处在发育时期，身心健康的基础和健康的体育活动行为此时奠定，速度、柔韧、力量、耐力、灵敏等基本身体素质的发育有其自身的敏感期，一旦错过这个黄金时期，即使将来再努力也只能事倍功半。

6. 学生体医融合的意识不强

健康成为国策，从“以看病为中心”和“医疗健康干预”分别向以“人民健康为中心”和“非医疗健康干预”转移，但在学校体育中没有凸显。学校体育应该

助推“体医融合”，成为健康上海的主引擎。

从以上可以看出，上海学校体育的功能被大大窄化，这与“健康上海”全周期、全方位地培养学生健康的基本要求不符。这些瓶颈问题的解决需要以创新的理念引领，开创学校体育功能的新局面，满足“健康上海”提出的新要求，实现新目标。

三、学校体育在“健康上海”建设中功能实现的路径选择

（一）构建健康教育体系，提升学生的健康素养

1. 完善健康教育内容

根据“健康上海”的目标要求，参考国内外健康教育的经验，完善健康教育内容。根据学生生长发育的不同阶段，把这些内容合理分配到不同的年级。

2. 加强教师健康教育

组织体育教师学习健康教育相关的理论知识和内涵，培养健康教育师资，将健康教育纳入体育教师职前教育和职后培训内容，使其掌握健康教育的基础知识和基本技能。

3. 拓展健康教育渠道

（1）可以在体育课、健康知识课中进行。

（2）可以融入学生学习生活的各个方面，如主题班会、课外体育活动、校外体育实践等。

（3）可以在体育馆、橱窗、礼堂、校报、卫生小报、学习园地和黑板报等地方添加和丰富科学健康知识内容，并定期更新。

（4）可以组织学生开展关于健康知识的竞赛、健康体育行为展示大会等，并利用大赛、校运会、体育节等，组织专题性的讲座、讨论。

（5）利用现代信息技术普及健康教育。也可以根据体育热点新闻和体育课中的实例，开设相关专题讲座。定期开展体育与安全教育课，在体育活动的实践中教会学生运动损伤的处理与预防等，在实践中促使其养成健康体育行为。

4. 建立有效激励机制

研制学生“健康素养”的内容和标准，建立有效的激励机制，大力推行“健康达人”评选活动，为学校体育树立模范和榜样。

5. 建立必要的数据库

建议建立“运动健康数据库”和“最佳运动健康模型”，深入研究“全民健身与全民健康深度融合”，定期形成报告，作为《“健康上海2030”规划纲要》的配套性操作指南。

（二）挖掘学校体育文化的育人功能

1. 开展先进典型宣传

通过开展学生征文及精彩图片征集活动，对学生体育健身中先进典型进行宣传，树立学生健身榜样，传播健身好声音。

2. 讲好代表性的故事

推出学校具有代表性的健身品牌人物、品牌故事、品牌项目，使之成为讲好学校故事、传播学校声音、提升学校形象和影响力的最佳渠道，使其成为学校的名片。同时也有利于激发学生养成健康体育行为的积极性和主动性。

3. 创建体育文化品牌

在校园设计方面，要展示体育运动场馆的标志；在学校学生文化活动中心和餐厅，要让学校体育运动文化品牌的LOGO随处可见；建议从餐厅文化设计到校园各大小电视屏幕，均可让学生观赏到本校的比赛视频以及国际体育比赛；从学校运动员的比赛装备，到挖掘每一个学生运动员、教练员背后成长的故事；从网络直播到影视作品的创作与拍摄、视频制作，到一般赛事传播，均建立学校体育发展的真实故事。

4. 加强体育文化积淀

曼德拉曾说过：“体育拥有改变世界的力量。”学校可以将曾经获得冠军的所有队员和教练的名字及照片在学校宣传区陈列。赛场比赛的画面，曾经的运动装备、披过的战袍，记录着曾经为学校荣誉而奋斗的勇士在运动赛场上拼搏的历史，即便岁月远去，但在母校里永远保留为之奋斗的骄傲和荣耀。他们是学校的自豪和骄傲，更是学校体育文化的形象代言与品牌故事传奇。尊重每个学生和教练的价值，把学校的荣誉与师生的付出融为一体，搭建起师生成长与未来价值绽放的金色通道，校园里处处洋溢体育人文的关怀和人性的光芒。

（三）构建校园竞赛体系，成为立德树人的重要载体

1. 创建多形式校园体育赛事，让每位学生都有出彩机会

学校根据自己的项目特色，构建级别管理制度。把所有的学生，合理地分

配到各个级别当中，使所有的学校和学生都能够充分发挥自己的潜能与价值。形成层次多样、各具特色的"品牌"赛事体系，并研制不同体育项目的竞赛规则，吸引每位学生积极参与。让体育运动和学生生活发生积极的"化学反应"，让比赛成为学生展示自我的窗口和出彩的平台，激发他们积极主动地去参与体育活动，把体育是精神、体育是文化落到实处。通过体育赛事让学生获得成就感，让体育健身成为学生的新生活理念、新生活方式和新文明交往方式，并逐渐成为学生生活的必需品。

2. 创新办赛思路

(1) 全体性，即让每一位学生都能找到自己喜欢的项目进行比赛。

(2) 全面性，即在办赛过程中，充分挖掘该项目的身边故事、文化内涵、教育意义，让赛事更有价值。

(3) 联动性。即办赛结构分成"横向联动"与"纵向联动"。"横向联动"是让本身具有一定办赛水平的体育项目加入整个赛事体系。通过横向联动把所有项目的学生群集聚起来，实现横向项目之间的有机联系。"纵向联动"是在办赛的过程中，设立层层衔接的比赛体系，实现比赛层级间的联动，如设立班内赛——班班赛——年级赛——校内赛——区内或市内赛——省内赛——全国总决赛等级别，让爱好各项目的学生都可以从最基础的赛事中体验到成功的乐趣，直到最后夺得全国总冠军赛。

(4) 公正性，即每一项赛事都要按照规范要求，组成赛事组委会，制作秩序册、成绩册。

(5) 创新性，即各项目赛制要突破创新，在趣味性、参与性和互动性上增加新元素，满足不同学生的多样化需求，主要凸显在新赛制、新玩法、新项目等。

3. 创设评价激励机制

建立以运动项目段位制、健身积分或者业余竞赛体系等各种奖励方法，让学生天天有活动、周周有竞赛、月月有擂台、年年有积分。

(四) 构筑"生命教育"的体育教学观，全方位、全周期维护和保障学生健康

1. 面向学生生命，凸显生命价值

从人的生命周期来看，学生的身体处于"未完成"状态，这就要求学校体育在教学理念上应树立面向学生生命、凸显生命价值的教学观。意味着体育教

师应以学生生命的成长为前提去思考教学、设计教学、组织教学，从提升学生生命质量之高度去认识学生、了解学生，让每个学生都是带着能让身体更健康的愿望来到体育课堂。

体育作为一种身体教育，与先天的素质有很大关系，有些学生接受能力强，很快就学会了。而有些学生由于身体的灵敏性、协调性、柔韧性、耐力或者速度等不好，可能很长时间学不会动作。这时，教师要对学生有信心，千万不要有"由于我尽了自己的努力和操劳，这个学生已经达到了极限，从他的身上再也看不到更多的东西了"的想法。

体育教师应该记住：学生的健康水平是不断提升的。根据学生的身心特点，针对每个时期发展学生的各项身体素质。如果有学生做得不好，教师可以对他说："你试一试重做一遍，只要你下功夫，你就一定能做好。"可能有一天突然"恍然大悟"，或者叫"身体的觉醒"，这种内在的精神力量，是在学生的身体里逐渐积累起来的。体育教师首先要有自己的信心。任何时候都不要对任何学生急于灰心失望。当学生掌握了一项技术，内心会充满喜悦，在体育学习的道路上会继续提高。让学生始终体验到自己的尊严感："我是一个勤奋的学生，是一个在身体、心理、社会适应能力不断取得进步的人。"

面对学生，体育教师不仅要成为他们健康的引路者，更应成为他们体育潜能的激发者。每一个学生都是可教的，并且要使每一个学生喜欢所学体育项目，它不仅能帮助学生拥有健康的身体，而且能给予学生欢乐，获得自尊感。

体育课堂应该教会学生思考：我为什么要锻炼？我的身体现状是什么？我的健康需求是什么？我如何选择合适的健身项目进行科学健身？采用那些锻炼方法手段才能满足我的健康需求？一个受过良好体育教育的人，应该懂得体育锻炼对健康的意义，能够根据自身的需要，进行科学锻炼，会坚持经常参与体育锻炼，养成锻炼习惯。体育课应该促进学生参与体育与锻炼，并触动他们体验到体育的乐趣与成功。真正的体育教育，绝不仅仅是传授知识、技术技能，而是把体育精神的能量传递给学生，维护学生的心力，让其成为一个内心强大的人，一个能承担后果，能应对变故，能不断改善自身健康状况的人。

2. 培养学生体育锻炼习惯

约翰·洛克说："因为在许多情形之下，我们所能做的或者应该做的，乃在于尽量利用儿童的天赋，在于防止这种天赋所最易产生的罪行与过失，并把它的各种优点全部发掘出来。"所以作为体育教师，应该仔细研究每个学生的体育天性和体育才能，并且应该经常试试，看看他做什么运动比较容易，什么运动比较适合他。看看他们天生适合哪一种运动，怎样得到改进。

另外，还应该考虑学生缺少哪方面的体能，所缺的体能能否通过努力去获得，并且考虑值不值得去努力。体育老师要教导他们控制自己的体育爱好，使他们的欲望服从理性。洛克曾说："你认为什么是儿童必须做的，就应该利用一切机会，甚至在可能的时候创造机会，让他们进行不可缺少的练习，使其在他们身上固定下来。这就养成一种习惯，这种习惯一旦养成之后，便用不着借助记忆，就能自然而然发生作用了。"做到了这一点，并通过不断地实践养成体育锻炼的习惯，最困难的那部分教育任务就完成了。

洛克还说："要使一个年轻人做到这一点，我觉得没有什么东西能比喜欢受到表扬和称赞的心理起到更大的作用了，所以应当尽一切可想之法，在他身上培养这种喜欢受表扬的心理。要尽量培养他的名誉感和羞耻感。一旦做到了这一点，你就在他的心里树立起一个原则。"所以，体育教师要经常发现学生的闪光点，并不断的表扬他们，培养学生养成体育锻炼的习惯。

3. 注重运动技能的传授，培养终身体育能力

从生物学角度看，人类的运动技能除了本能性动作之外，其他动作都是通过后天的教育与传授所习得。只有当知识变成精神生活的因素、吸引学生的思想、激发学生的兴趣和热情时，才能称之为真正的知识。为了达到这个目的，体育教师应该在备课时能找出体育教学的"交集点"，即各种因果联系、时间联系、技能联系交叉集结点地方，因为疑问正是从这些联系点产生的，而疑问本身就是一种激发求知欲望的刺激物。每个体育项目的交集点就是"如何在比赛中取得胜利?"一切的知识、技术技能、战术、比赛规则、裁判规则的学习，都是为了在比赛中如何发挥得更好、得分更高，从而战胜对方。在体育教学中，教师在那些各种思想相互交叉、纠缠、碰头的"交集点"上，即意义联系的地方，特别注意观察学生的学习过程。正是在这些理解教学内容的"监督点"上，体育教师应当以各种方式进行检查：是否把要给予学生的全部知识，都带到了这个点上？所以体育教师在安排教学内容时，要让大学生从整体上对该项目有一个完整的了解。

4. 采用多元的个性化评价，关注每个学生的生命成长

每个学生身体素质的起点都具有很大的差异性。尊重这些差异，满足学生的不同需求，是学校体育的基本功能。要注意的是评价内容和评价功能要全面并能促进个性发展。应该把体能的发展和提升与个性的培养和完善统一

起来，让体育成为学生享有的一种权利和需要，成为他们展现自我、发展自我、超越自我的途径和方式。在内容的选择上，首先，要注意选择学生通过努力能够完成的活动，不要过度追求高层次而造成学生能力与活动需求不匹配。另外要选择学校组织学生和鼓励学生做的事情，同时选取那些对于发展学生体育能力有特殊功能的活动。最后还要明确评价内容，要评价的是体育学习能够发展起来的健康素养。我们要看到经过学习，每个学生的生命变化和成长，以此观察一个人的努力过程。用“绝对”结合“变化”来分析、评价一个学生，才能更科学合理。

（五）创设丰富多彩的课外体育活动，提升学生的身体素质功能

1. 健全学校的各类体育活动，使学生有归属感

学校根据学生的体育需求，打造“一班一品”“一级一品”“一校一品”体育活动，从传统项目如篮球、足球、排球、乒乓球、羽毛球、游泳、跑步等向骑行、马拉松、健步走、户外运动等新兴的时尚项目拓展，让每个学生都能找到自己喜欢的健身项目，并形成常态化机制，不断地丰富和完善。激发体育活动的活力，提升各类活动承接学生健身的能力和质量，进一步提升体育活动在内容创新、品牌特色和活动普及方面的质量。

2. 加强学生课外活动的健身指导，使学生参与体育活动有安全感

参加课外活动的主要目的就是实现健康。只要运动就健康吗？运动怎样促进健康？如何提升体育锻炼的科学性及有效性？学校可引入志愿者服务机制，动员和引导体育教师加入志愿者服务行列，构建科学健身指导服务体系，加强学生科学健身指导工作、科学健身方法的学习以及体育项目文化知识的普及等，不断提升学生的科学健身水平。

3. 深抓管理创新，进行枢纽式管理

开通学校体育活动微信公众号，让学生可以快速了解各类体育活动，通过共联共建共享，有效整合学校体育的公共资源，解决体育活动、活动经费、锻炼场地等方面的瓶颈问题，创新学校体育课外活动组织形式和活动方式。

（六）创建精确测量、精细分析、精准干预的体质测试新策略

1. 实现精确测量的策略

体育教师从健康上海的高度来充分认识到《标准》达标率的重要性，并向

学生详细介绍《标准》的各项指标的意义和目的，让他们把自己的最好成绩发挥出来。

2. 实现精细分析的策略

首先，针对当前仅分析学生整体的优秀率、良好率、达标率、不及格率方面的问题，增加《全校学生体质分析表》《年级体质分析表》《班级体质分析表》《学生体质分析表》《学生与班级、年级体质健康的比较》。让学生不仅知道自己的体质健康状况，还能了解自己在班级、年级、学校的定位情况。

其次，增加《全校速度有问题学生分析》《全校耐力有问题学生分析》《全校柔韧有问题学生分析》及《全校力量有问题学生分析》。让学生了解自己的身体素质在那些方面存在不足，可以让学生与班级、年级的各项体质均衡对比。

再次，增加《"靠近达标"学生分析》《肥胖学生分析》《超重肥胖学生分析》以及《慢性病等学生分析》。主要聚焦经过锻炼可能及格的学生，对这些"关键人群"可以加大干预工作力度。

3. 实现精准干预的策略

首先，建立体质增强的个性化服务平台。要通过精准的学生体质分析和个性化的运动处方，促进学生找到自己的体质问题，要借用锻炼的信息平台，进行有教师指导、有家长关心和参与、有学校制度督促、学生自主个性化的体育锻炼。

其次，建立体质干预锻炼资源库。向体育教师和学生提供丰富有效的锻炼内容，实现个性化的、有实效的体育锻炼，包括在体育课、课间体育活动、大课间进行锻炼内容，也包括学生能够在家里和在社区的体育场所锻炼的内容，而且这些内容是科学的、定量的和极具针对性的。

再次，建立有主体责任的体质干预主战场。学校是主战场，体育教师是主体责任人。教育工作的终端是教师，教师的主动性和创造性是取得教育实效的关键。顶层设计极为重要，目的是为了激活终端。学校要充分调动体育教师的积极性，通过体育课教学、课外体育活动、体育竞赛进行学生体质的精准提升。

此外，进行个性化的精准服务。通过《国家体质健康标准》精准测试的数据，了解每位学生的体质发展需求，据此为学生推荐合适的体育选项。检测目的是为了找到自己和健康之间的差距，用科学理论支撑，为学生开出个性化的运动和健康处方，以改变行为为目的。缩小差距的办法是学会正确的运动方法。将根据学生的健康状况和体适能测试结果量体裁衣，按照学生的身体素质的强弱进行分组。有区别地进行锻炼关注学生体质的个体差异。针对不同的人群，实行"对症下药"，开出适合每个学生的运动处方。体育教师在体育教学中根据学生的个性化差异与不同需求有针对性地进行体育内容的设计，以确保每一个学生从中受益。

最后，建立学校、家庭齐抓共管的干预新机制，需要学校校长、班主任、体育教师、学生、家长等方面共同的努力，形成齐抓共管的局面和长效机制。

（七）形成"运动是良药"的大健康观，提高学生体医融合意识

1. 构建体医融合健康指导服务体系

建立集医疗、卫生和体育于一体的多方联动的健康指导服务体系，通过"医体结合"实现健康指导服务，为学生科学健身、预防疾病保驾护航。

2. 加强对体育教师进行培训

大力加强体育教师培训，使他们具备慢性病防控的必要技能，成为熟练掌握"生活方式医学"的"准医疗专家"和"体医融合"专业人员。

3. 提高学生的健康意识

将学生的体质测评纳入健康体检，为学生提高健康意识、形成健康的生活方式和早期预防疾病等奠定基础。

4. 培养既懂"体"又懂"医"的复合型体育教师

高等体育院校应该把一定的运动医学理论及实践纳入培养体育教师体系中，培养一批既懂"体"又懂"医"的复合型体育教师，使之成为学生身心健康的守护者。

5. 加强学校与体育部门合作

定期举办健康讲座，以案例等形式教育学生：体力活动不足或静坐少动易引起慢性疾病，并把科学锻炼在慢性疾病预防、治疗中的有效作用呈现给学生，引导学生重视体育锻炼。

6. 形成"一校(园)一医"的对接服务

学校充分利用周边医院或者社区卫生服务中心的力量，让医生进校园，对学生进行慢性病的预防、治疗和康复，形成"一校(园)一医"的对接方式，实现医生定点来学校"问诊""会诊"。体育教师应积极配合医生开展健康宣讲，从体育专业角度解答学生有关慢性病的问题，为学生提供科学锻炼的指导。

参考文献

[1] 中共中央、国务院. 关于加强青少年体育增强青少年体质的意见[Z]. 2007
[2] 毛振明. 体育的功能、价值和体育学科的目标[J]. 体育学刊，2001
[3] 教育部. 关于进一步加强学校体育工作的若干意见[Z]. 2012
[4] 学校体育的困局与破局——王登峰同志在天津市学校体育工作会议上的报告[J]. 中国学校体育，2013
[5] 王登峰. 强健体魄健全人格——学校体育改革总体思路与路径[J]. 中国德育，2014
[6] 江文奇. 学校体育功能泛化现象审视[J]. 首都体育学院学报，2015
[7] 张正民，陈宁. 我国学校体育发展方式转变的现实诉求与理论导向[J]. 北京体育大学学报，2015
[8] 王登峰. 通过校园足球实现学校体育的价值与功能[N]. 中国教育报，2016
[9] 把人民健康放在优先发展战略地位努力全方位全周期保障人民健康[N]. 人民日报，2016
[10] 陈刚. 让体育运动成为健康中国主引擎[N]. 新华日报，2016
[11] 王登峰. 学校体育的价值与校园足球的使命[J]. 体育教学，2016
[12] "健康中国 2030"规划纲要[M]. 北京：人民出版社，2016
[13] 王登峰. 通过校园足球实现学校体育的价值与功能[N]. 中国教育报，2016
[14] 程传银，董鹏. 我国学校体育发展审视：问题、机遇和路径——基于"十三五"五大发展理念视角[J]. 南京体育学院学报，2016
[15] 杨文轩. 论中国当代学校体育改革价值取向的转换——从增强体质到全面发展[J]. 体育学刊，2016
[16] 钟秉枢. 体育是人生最好的学校[N]. 中国青年报，2016
[17] 国务院办公厅. 关于强化学校体育促进学生身心健康全面发展的意见[Z]. 2016
[18] 中共上海市委、上海市人民政府. "健康上海 2030"规划纲要[Z]. 2017
[19] 毛振明，杨多多，李海燕.《"健康中国 2030"规划纲要》与学校体育改革施策(2)目标：《国家学生体质健康标准》达标优秀率 25%以上[J]. 武汉体育学院学报，2018
[20] 毛振明，杨多多.《"健康中国 2030"规划纲要》与学校体育改革施策(一)——目标：青少年熟练掌握一项以上体育运动技能[J]. 武汉体育学院学报，2018

“体教结合”视角下体校“三集中”办学模式发展的困境及其对策研究

——以徐汇区青少年体育运动学校为例

郑昕波　钱　燕　林燕华　程　果
王　珏　高伟峰　钱英豪*

众所周知，“体教结合”作为体育后备人才培养众多方法中的一种，并且在我国竞技体育事业蓬勃发展的过程中，起到举足轻重的作用。而体校三集中(集中住、集中学、集中训)的“体教结合”办学模式，以其自身的特有相对封闭、但不闭塞，独立、但不孤立，师资力量集中，竞技训练水准高等优势，不仅在全方位培育高素质的运动员、造就竞技体育高水平专业人才方面成绩凸显，而且得到了体育学界专家、学者的认可，成为我国体育后备人才培养体系中的典型范式。

近年来，国家体育总局大力发展青少年体育事业，积极倡导多元化的“体教结合”办学模式。“三集中”办学模式作为其中的一种典型范例。它吸引着具有体育天赋的运动员进入体校，也使学生运动员在加强训练的过程中，同时兼顾文化知识学习。上海徐汇区青少年体育运动学校(以下简称为徐汇青少体)以推进体校改革精神为契机，以强化青少年体育办学为总体思路，执着地选择了“体教结合”的“三集中”办学模式，凭借出色的奥运人才培养的质量和数量，跻身国家重点高水平体育后备人才基地体校 100 强(位列第 54 位)，在徐汇区竞技体育发展中发挥重要作用。

然而，伴随着高考制度的改革、外地入沪人口数量限制政策的相继出台，

---

* 本文作者单位：郑昕波，徐汇区青少年体育运动学校、徐汇区位育体校；钱燕、林燕华，徐汇区位育体校；程果、王珏、高伟峰、钱英豪，徐汇区青少年体育运动学校。立项编号：TYSKYJ2018055。

青少年体育特长生不再享受20分的高考加分待遇。外省、市体育特长生若非符合随迁子女政策，也不能在上海就读，完成义务教育，加之体育行业和教育行业在赛事举办、资格参赛限定等诸多方面的重复叠加性，青少年体校(包括“三集中”体校)在新时期体育发展的主要矛盾就凸显出来。特别是2018年2月，教育部出台了全面取消义务教育阶段体育特长生的相关文件，体校生存发展的环境发生明显改变。“体教结合”的“三集中”办学遭遇了诸如生源减少、生存尴尬等困惑，坠入了发展的低谷。

如何摆脱现存的窘境，找寻出其症结所在，及时理清办学思路，调整办学方法，提升办学质量，适应当今大环境，探索出一条具有特色的，适应新时代青少年体育可持续发展的办学新路，成为一个刻不容缓、亟待解决的问题，也是本课题研究的核心。

一、“体教结合”含义及体校“三集中”办学功能定位

(一)“体教结合”含义及意义

所谓“体教结合”是指体育和教育管理部门，“以培养适应新时期社会发展需要的优秀体育后备人才为宗旨，为竞技体育人才培养而共同建立的两部门间资源共享、风险共担、分工合作、协同处事的管理体制和运行机制”。

百度百科将其定义为：是新的历史条件下加强学校体育工作、推动素质教育、促进青少年训练、为国家培养和造就高素质劳动者和优秀体育后备人才的一项新的重要举措，是整合体育、教育等资源而实施的人才培养战略的重要措施，体现了体育、教育事业最根本的培养目标，符合人才培养的内在要求。

“体教结合”作为我国培养体育后备人才的基本形式，自诞生之日起，历经二十多年的检验，已得到业内专家和学者的赞誉。其存在的价值在于，“体教结合”将体育和教育两个部门在为国家培养体育后备人才方面的优势发挥得淋漓尽致，既遵从教育、教学存在的自然法则，保证学生接受系统的文化教育；又依循竞技体育训练客观规律，确保给予青少年运动员系统的专业训练。

“体教结合”是将体育与教育较好地结合起来，因为体育是学校教育体系中必不可少的组成部分。在教育体系中发展体育，使运动员在加强运动训练的过程中，同时兼顾文化知识的学习，在培养出具有良好职业素质的优秀运动

员的同时,也为运动员退役后的生存打下了坚实的基础,是我国竞技体育获得持续发展的一条必由之路。

2012年,上海出台《关于深化本市体教结合工作的意见》,规定了体育、教育部门各自八条工作任务,标志着上海体教结合工作从体教结合走向体教融合。2016年底,上海将“双八条”升级为“双十条”,出台《上海市体教结合促进计划(2016—2020年)》,给上海“体教结合”工作翻开新的篇章,将指导体教结合工作走向深度融合。

(二)体育运动学校“三集中”办学模式功能

长期以来,体育运动学校,作为我国绝大部分优秀运动员成长的摇篮,已引起了国内外的广泛关注,并当之无愧地成为培养竞技体育后备人才的主要形式。

通常,“体育学校办学模式是指各级体育学校在一定的社会、体育、教育的体制制约与一定办学目标支配下形成的具有特定结构,按一定的运行机制运作的,并具有某些典型特征的办学模型或式样”。办学形式主要有“三集中”“二集中”“体教结合”或“教体结合”“校企结合”等。其中“三集中”办学模式是我国借鉴苏联体育训练模式经验的结果。“其最重要的特点就是将一部分具有体育天赋的苗子集中到一起进行学习、训练、生活的统一管理”。

20世纪60年代中期,依据全国群众体育工作会议提出的“各地都应集中力量办好重点青少年业余体校”这一精神,“三集中”体校在我国应运而生,并在体育历史舞台上闪亮登场。借助于“思想一盘棋,组织一条龙,训练一贯制”思想的引领,各级“三集中”体校从项目、选材、训练各方面建立起了更为完善的训练体系,大大提高了我国竞技运动水平,“为我国竞技体育的发展做出了巨大的贡献”。不仅如此,在我国培养竞技体育后备人才的形式呈多元化发展态势的今天,“体教结合”的“三集中”办学模式,在所挖掘有潜力的青少年运动员进行早期正规化训练、充实体育后备人才队伍发挥了独特的、不可替代的作用,在为国家现代体育运动培养体育人才方面成绩斐然,为“体教结合”这一宏大的人才培养战略增添了新的活力和动力。

一般来说,“三集中”体校的学生最终发展方向主要有:高水平运动队、普通高校体育专业、普通高校。然而,竞技体育有其残酷的一面:能进入高水平运动队的学生只能是少数,走向“金字塔”顶尖的运动员少之又少,大部分学生都要通过高考升学这座“独木桥”进入普通高校进行学习。

伴随着高等院校进一步扩大招生，进入高等学府完成学业较之于竞技体育的摘金夺银相对更加容易。“三集中”体校失去了以往的魅力，不再是青少年羡慕和渴望的去处。换言之，面对普通招生的考试标准，“三集中”体校的学生专项特长优势无法彰显，文化课竞争力薄弱。因此，很大一部分“三集中”体校的学生与普通高考招生无缘。一部分进入高水平运动队的学生一旦无法继续攀岩“金字塔”，必然也要遭遇分流，随之其文化学习的短板就成了制约该学生发展的关键因素。特别是高考制度的改革后，青少年体育特长生享受20分的高考加分待遇被取消，更成为制约体校发展的瓶颈，影响了学校的招生、训练、学习、管理等方方面面。在走访的上海十所“三集中”体校中，上述的困惑屡见不鲜。面对如此尴尬的窘境，如何在当前的历史环境下，摆脱“体教结合”的“三集中”办学模式遭遇困境，理性、健康、有序地提升其办学的有效性，是解决“三集中”体校发展的问题之根本。

二、徐汇青少体“体教结合”“三集中”办学模式运行的现状

（一）徐汇青少体办学、办训基本情况

徐汇青少体作为被国家体育总局和五部委誉为“位育模式”的“体教结合”的“三集中”体校典型，是一所以培养输送体育后备人才和参加各级各类体育比赛任务为主的综合性体校。其前身是有着50余年历史的上海最早的区属体校——徐汇区少年儿童业余体育学校，曾培养出篮球运动员姚明、跳水运动员吴敏霞、排球运动员崔晓东、足球运动员谢晖等一批不同时代的体坛明星和代表人物。2004年2月，由徐汇区体育局、区教育局联合办学办训。

学校采用“两块牌子(徐汇区青少年体育运动学校和徐汇位育体校)，一套班子”的紧密型的“体教结合”管理模式：徐汇区体育局、徐汇区教育局联合办学办训。校长、教练、行政后勤保障人员由区体育局委派，文化教学副校长和文化教师由区教育局委派。学校经费由区体育局和区教育局按照隶属关系和职责分别拨付，并在相关政策上有所倾斜，其办学方式为“体教结合”的“三集中”、“走训”和“体教结合入校”等三种形式。在读学生为小学三年级至高中三年级“三集中”和“走训”“体教结合”两种形式的体育特长生，其中高中均为“三集中”形式。训练分别涉及田径、体操、羽毛球、击剑、赛艇、皮划艇、射击、蹦

床、艺术体操、棒球、冰壶、足球、OP 帆船等 13 个奥全运项目(见图 1),日常训练设施完善,基本能确保各项目全天候训练。

1	2	3	4	5	6	7	8	9	10	11	12	13
田径—三集中	赛艇—三集中	皮划艇—三集中	蹦床—三集中	羽毛球—三集中、走训	冰壶—三集中、走训	体操—三集中、走训	射击—三集中、走训	艺术体操—三集中、走训	击剑—体教结合入校	足球—体教结合入校	棒球—体教结合入校	OP 帆船—联合办训

图 1　徐汇区青少体校、位育体校训练项目分布表

2018 年,在籍学生 388 人,在编教练员 34 人,外聘教练员 6 人,其中高级职称 9 人、中级职称 12 人、初级职称 10 人,本科率 64.5 %,注册运动员 560 余名;文化教师 38 人,其中高级职称 9 人、中级职称 22 人、初级职称 7 人,最高学历博士,最低学历本科。历经近 15 年(2004 年至今)的探索创新,站在“体教结合”的高度,徐汇青少体有效解决了运动员业余训练和文化教育问题,对徐汇区竞技体育后备人才培养和可持续发展意义重大。

(二) 徐汇青少体办学、办训成绩与贡献

自 2004 年以来,学校连续四个周期复评成功,连续 12 年被评为“上海市优秀国家高水平体育后备人才基地”,并于 2016 年被评为第一批“国家重点级高水平体育后备人才基地”。2012 年被评为上海市“2006～2011 体教结合先进集体”、2013 年被评为“2013～2016 年度国家田径奥林匹克高水平后备人才基地 (撑竿跳高)”,2013～2016 年被评为国家田径奥林匹克高水平后备人才基地(短跑、跨栏),2014 年被评为“2014～2017 年度全国羽毛球后备人才基地”,2015 年被评为“上海市青少年足球精英培训基地(发展型)”。2016 年,田径、冰壶项目被评为上海市青少年精英培训基地;体操、蹦床、冰壶、田径项目成功申办为 2015～2018 年上海市区县及学校办(试办)二线运动队。学校冰壶馆被列为中国国家队南方训练基地以及全国性赛事主要承办基地之一。

1. 徐汇青少体竞赛和输送成绩

作为三线训练单位,位育体校把向上级训练单位培养输送运动员作为首

要办训任务。高度重视选材质量和科学培养，注重做好输送运动员与上级训练单位训练项目的协调衔接，培养具有形态条件好、吃苦意识强、发展潜力大的运动员进队，输送成绩历年位居全区首位，占徐汇区输送总数的二分之一还多，并一直保持在上海市输送前列(图2)。

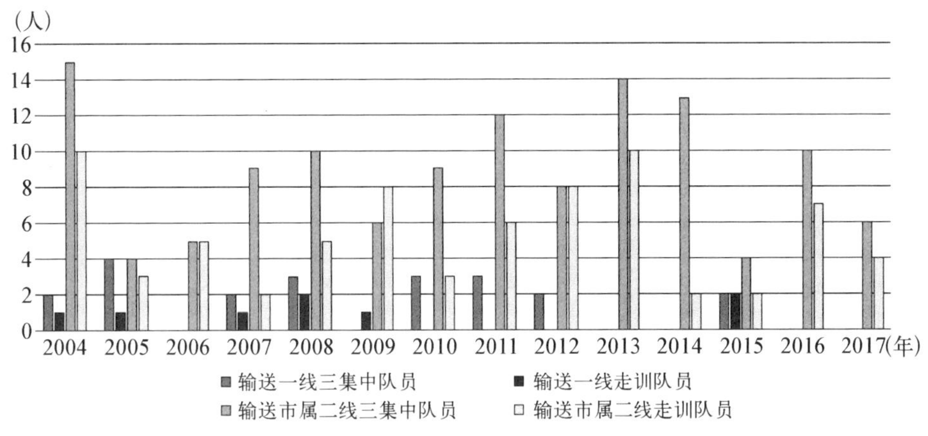

图2　2004年以来徐汇青少体校、位育体校输送一线及市属二线人数

2. 徐汇青少体输送一线及国家队员取得成绩

建校以来，徐汇青少体不断承载历史的重任，为国家输送了大批优秀运动员。姚明成为家喻户晓的NBA巨星，"跳水皇后吴敏霞在里约奥运会上拿下女子双人3米板金牌，在整个职业生涯中拿下5金1银1铜共7枚奥运会奖牌，成为拿到奥运会女子跳水金牌和奖牌最多的选手"。学校培养和输送的新一代体育新星，国家蹦床队队员高磊在世界级、国家级各项赛事中屡摘桂冠；培养输送国家蹦床队队员肖金雨在2017年世锦赛上助力中国队斩获男子网上团体冠军；撑竿跳队员姚捷于2015年入选国家队，获里约奥运会参赛资格；体操运动员何幽潇于2015年入选国家队，参加亚洲体操锦标赛在个人及团体项目上摘金夺银；国家赛艇队队员黄开凤连续三年问鼎全国赛艇锦标赛冠军；国家帆船队队员陆伟伊在2016年全国青年帆船锦标赛中摘得桂冠，在全国帆船冠军赛中获得亚军；赛艇主力何翌，马术健将陈重权等均成为不同年代中国体坛的明星和代表人物。其中吴敏霞、高磊、肖金雨、姚捷、何幽潇、黄开凤、陆伟伊、何翌、陈重权、罗帅等优秀运动员均曾为体校的"三集中"学生。

3. 徐汇位育体校高中学业水平合格考及高考成绩

根据上海学业水平合格考试要求，具有上海普通高中学籍的学生必须参

加学业水平考试，考试成绩采用“不合格”以卷面成绩60分以下或者约占2%。一般来讲，这2%的不合格率必然产生在体校，因为体校的高中学生都享受体育特长生的优惠政策：普通高中最低录取分数线的七折。然而，通过教师的精心教学，学校充分利用高中“三集中”中的寄宿制的优势，在全体教师、教练员和后勤保障人员的齐心努力，教学质量也稳步提升，不断刷新历史纪录，取得了令在读家长和学生满意的成绩。图3为2015～2018届位育体校高中学业水平考试合格率。

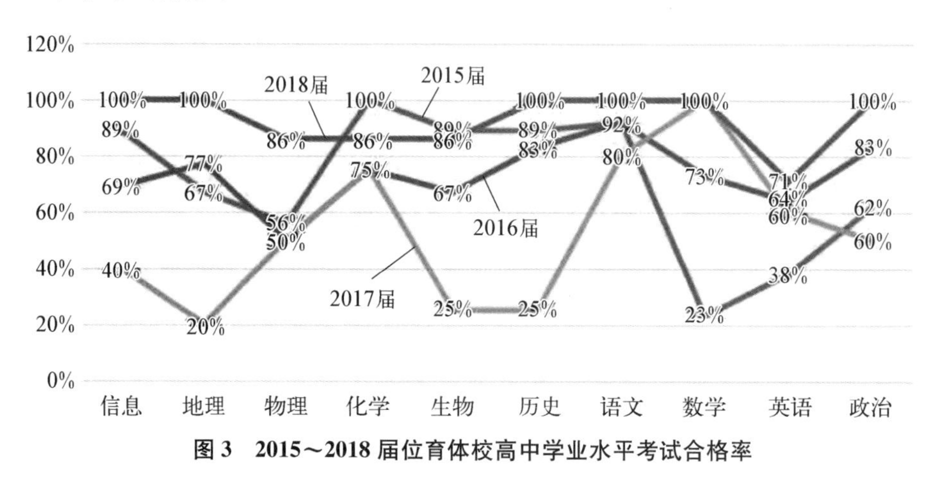

图3　2015～2018届位育体校高中学业水平考试合格率

近几年，学校充分发挥“三集中”办学优势，集中优质的教师资源对学生进行强化复习，课外查漏补缺，进行靶向练习。通过不断的努力，2015～2018届位育体校在籍高三学生高考本科录取率不断提高(图4)，在读高一、高二学生的录取率也在不同程度上稳步提升。

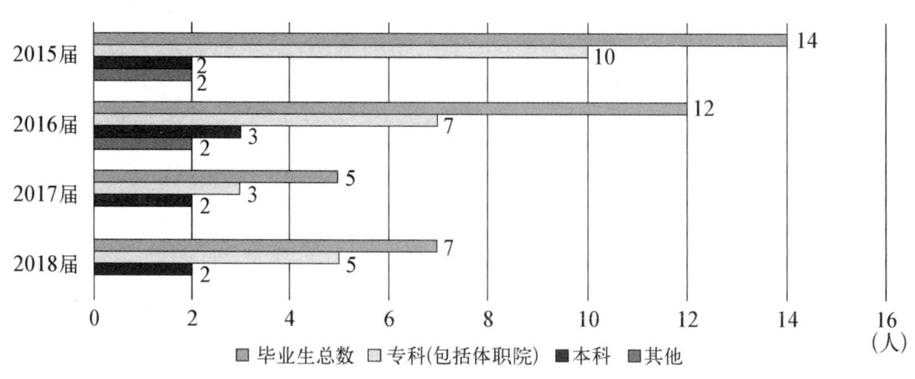

图4　2015～2018届位育体校高三(本校)毕业生录取情况

三、"体教结合""三集中"办学模式发展中存在问题及原因

徐汇青少体、徐汇位育体校拥有先进的、设施完善的训练场馆和教学环境及高学历的优秀的教练员、教师和科研人员。然而,在我国现行教育体制和竞技体育运行机制下,特别是伴随着高考制度的改革、上海人口数量限制的政策相继出台,青少年体校(包括"三集中"体校)在新时期体育发展的主要矛盾就凸显出来,这也恰恰是青少年体育培养的连贯性与发展途径阻滞之间的矛盾。

(一)徐汇青少体校"三集中"办学模式存在问题

1."三集中"体校外省市学生偏多

如前所述,所谓"三集中"办学模式,即集中学习、集中训练、集中生活。徐汇青少体校实行的12年高中一贯制"三集中"模式。其中,幼升小、小升初两个阶段,加上三升四插班生招生工作,主要是依托教练员在不同阶段的选材工作提供原始名单,然后综合文化、行为规范等方面的素养测试,决定是否允许从外校转入。初升高阶段,则是依托"绿色通道"招生政策,在中考最低分数线上七折录取。所以,徐汇青少体校的招生工作面比较狭窄,自主招生权限很小,明显区别于按片区随机录取的普通学校生源。

与此同时,本地生均享有在户籍所在地的择校机会,强大的择校意识是家长的普遍现象,所以,愿意放弃对口重点学校转入体校的基本没有,愿意放弃对口一般学校的人数不多(主要是四年级以后)。因此,外省市体育特长生原本在徐汇青少体校的生源占比在50%以上,学校既可以通过引进、也可以通过本地选拔来招收具有较好体育技能的非沪籍运动员学生,由于多方面的原因,外省市运动员主观愿意就读体校的占比率较高,队伍稳定性也相对较好。

2."三集中"体校生源呈逐年减少趋势

自2014年以来,徐汇青少体校在校生源总量持续下降。初中生源数在2016学年出现断崖式下跌,一方面是初三部分外地生没有取得中考资格,外地生升学政策缩紧,小升初部分学生居住证过期未能及时办理;另一方面也是上海高位的房租及整治城中村政策,导致部分外地家长携子女回老家发展。为了应付生源紧张局面,学校在2014年和2015年加大了幼升小及小学转学招生工作。通过考核制度倾斜及多方动员,学校小学生源在2016年出现转机,但随着外地生就读紧缩政策相继出台,小学招生工作越发陷入困境(图5)。

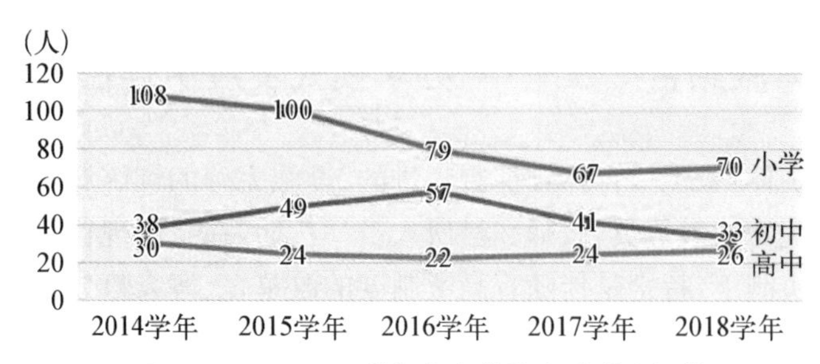

图5　2014～2018学年位育体校在读学生规模

从图2输送一线及市属二线人数可以看出生源数量的减少，2004年到2012年间学校几乎每年都有直接选调一线的队员，其中五年都有“三集中”项目学生，从2013年到2017年四年期间，虽然市属二线输送人数尚可，但只有2015年有选调一线队员，“三集中”项目只有1人，从人才培养的周期性上体现出下滑趋势。

徐汇位育体校从2004年建校起为小学三年级起到初高中年级办训，2010年因蹦床、艺体、羽毛球等小年龄段项目训练需要，增设一、二年级。但由于幼升小没有地段对口入学，只靠三个项目教练员到幼儿园招生宣传，生源数难以稳定，2015年一年级仅有学生3人，2016年一年级11人，2017年只有1人并在当年关停一年级，2018年一年级由于政策原因也未能重新开设，位育体校在2018年9月开学只从三年级开始，如没有行之有效的招生措施和升学政策，小学部将面临逐年减退直至消失的地步。徐汇青少体校在校生源数量持续下降。生源数量的减少给教练和教师心理带来焦虑和恐慌，从而后备人才培养质量也随之下降。

3.“三集中”体校生源质量普遍不高

长期以来，体校生的主要升学和就业方向，可以归纳为两大线路：

一是依托过硬的专业体育技能，被培养输送至举国体制框架内的二线、一线甚至国家运动队，继续从事竞技体育专业队训练，同时兼顾完成学业，退役或者毕业后继续从事本人专业的教练员工作或者其他相关工作。

二是由于专业技术能力的欠缺，不能再继续从事专业队训练，提早选择了退役，同时在初中或高中阶段继续完成学业，但可能由于学习基础相对薄弱，最终选择中专或者大专后再就业。

这两种情况下，第一类要求较高，高水平运动员成材率较低，风险较大；第二类为绝大多数,但结果不太理想。所以,就造成了普通群众家长不敢轻易将自己的孩子过早地确定为走体育成才之路,只有当学习成绩不理想且孩子也喜欢体育运动的前提下,才选择尝试体校学习训练生活。

不仅如此,“文化成绩较好的学生大部分不想进行体育训练,只有那些认为自己孩子不是学习的料、文化课较差又顽皮的孩子家长,才将自己的子女送到体校,希望能通过体育训练约束孩子的行为,并使他们能有一技之长,在体育上有所发挥”。更有甚者,很多家长因忙于自身的生意或工作,无暇顾及子女的生活起居,索性让孩子进入“三集中”体校。因此,不难想象,“三集中”体校生源质量普遍偏低也是不言而喻的。

4. “三集中”体校学训矛盾认识存在误区

一直以来,“学训矛盾”被公认为“体教结合”办学的主要弊端,“几乎成为影响和制约体校生存的关键问题,并得到共识”。而且对于这一点的认知往往出现偏离,即,一味简单归咎于学习时间与训练时间的冲突。事实上,“三集中”体校在保障了运动员学习与训练时间方面较之走训的学生相对充足。如果说存在“学训矛盾”的话,主要集中在学生文化学习和体育训练重视的态度迥然不同,综合知识掌握的深度和广度弱于普通学校。

“由于多年来受以运动训练为主、文化学习为辅的错误思想影响,体校普遍认为大运动量训练后学生的身体疲劳度加大,学生上课睡觉十分普遍。文化教师、管理者意识淡薄,也有无奈,但严重缺乏有效管理和引导,以至于学生出工不出力,上课效果不佳”,致使“运动训练与文化教育存在严重失衡,而这些问题却被错误地归结为‘学训矛盾’”。徐汇青少体校的文化教学任务由徐汇位育体校的教师完成。作为一所“体教结合”的“三集中”学校,较之其他普通公办学校有其特殊的功能,无论是课程设置,还是课时安排。为了确保训练时间,文化教学课程进行过反复筛选和压缩。事实上,语、数、英、理、化等中考、高考和高中水平考的课时量并没有减少,相反减少的是艺术、音乐、绘画等“副”课时间。长此以往,对体校学生的视野的开拓和知识的储备势必会产生影响。

(二)“三集中”办学模式发展困境主要原因

1. 国家出台的外地就读及高考加分政策取消

如上所述,在徐汇青少体校“三集中”学习的外省市学生偏多,原本学习的外省市体育特长生的生源所占比例达到50%以上。根据沪府办发〔2013〕73号文件,从2015年起,对随迁子女在上海进入义务教育阶段就读的父母,在上海临时居住证和就业登记的时间要求严格。此政策的出台，限制了外省市体育特长生对"三集中"徐汇青少体校生源的注入。外省市学生入学难、本地学生不愿转入的现状，直接导致位育体校招生人数呈现悬崖式断层（低年级）和大幅度滑坡。

2018年2月，教育部办公厅印发《关于做好2018年普通中小学招生入学工作的通知》也在逐步压缩特长生招生规模。由于徐汇青少体校长期以来均采用体育特长生渠道进行招生、转学和升学，没有地段入学学生，原计划2018年9月招生6名一年级小学生，在教育部此通知发布后，最终由于不是地段对口不能继续采取体育特长生入学，导致一年级未能开班。倘若没有进一步政策细化和借读，学校小学部将无人可招。

此外，国家教委自1987年发出《普通高等学校招生暂行条例》，到2010年底，教育部会同其他部门联合发布了《关于调整部分高考加分项目和进一步加强管理工作的通知》，直至2018年教育部发布《关于做好2018年普通高校招生工作的通知》，时间跨度30年。对体育特长生的政策也从最初加20分的优惠，压缩到部分专业体育特长生升学录取加5分，最后转变为全面取消体育特长生高考加分。国家现阶段对体育特长生升学的系列优惠不得已而为之的"切割"已成定局。

众所周知，很多家长及学生原本把体育特长看作升入好的大学的一块敲门砖。昔日"体校学生的专项特长和优势无法展现。面对普通招生的高文化标准，体校学生的竞争力不足，体校生源与普招无缘，只能是慨叹"。"体校学生在竞争大学高水平运动员、运动训练专业、民族传统体育专业升学资格中又暴露出文化成绩的短板，依然是优势不足、困难重重、挫折不断、升学无路等困境扑面而来"，尽管在高考加分收紧及取消政策过程中，部分"乘船"加分并非是优秀运动苗子选拔对象的运动员几乎流失殆尽，进口受阻，越发使徐汇青少体校陷入生源萎缩的尴尬境地，"三集中"办学也遭遇到前所未有的致命冲击。

2. 家长及学生的认知

在数十年举国体制办训模式的过程中，我国培养了一大批在世界体坛为国争光的奥运后备人才，同时，多年的传统观念也在国人心中建立起了体校是专业运动员的摇篮的基础印象，"四肢发达、头脑简单"的误解难以诠释。然而，"在体校的历史发展过程中，我们更多关注的是竞技水平、竞技功能或者是培养、输送了多少市级、省级运动员，获得了多少省、全国、世界冠军，这些荣耀和运动级别自然成为体校生存与发展的资本和命脉，也成为体校唯一的价值标准”。对青少年运动员来说，体育运动成绩也往往成为被选拔进入高一层次运动队进行学习、训练主要依据。即便在日常训练和学习中，体育竞技水平也受到学生的高度重视，其中在训练队中的地位，小伙伴们中的威信更是与竞技水平高低、技能好坏、获得奖牌多少密切相关。因此，重视运动成绩和体育技术、轻文化学习，必然为运动员树立一种不好的导向。部分高校招生时为体育特长生文化考试降分的同时，对运动员的运动成绩要求较高，也要求运动员非常关注平时的训练。体校学生由于受“金牌主义”的影响，受“只要运动成绩好，文化无所谓”的思想影响，文化学习成绩被弱化大有人在，“重训轻读”现象比比皆是，显然这影响了体校“体教结合”办学方针的贯彻落实。

通过走访和调查，本课题还发现，在体校教育教学过程中，由于参加各种各样的比赛和集训，一些运动成绩较好的运动员课时数无法保证正常的学习时间；更有甚者，学生在某处进行试训，因学籍不在等种种原因，基本不进行文化学习。为了保证每日的体育训练的时间，学校在课程设置上，也绞尽脑汁，与普通文化学校相比，减少了艺术、体育课程，使学生成长发展趋于单一性。特别是“由于多年来以竞技体育为主的三级训练网体育后备人才培养模式受到冲击，许多青少年的家长因看不到其出路，已经不愿送其至体校进行训练，青少年体育后备人才严重短缺的现象”已成燃眉之急。

3. 教师、教练员队伍亟待改善

2004年徐汇位育体校创建时期，学校的教师组成结构并不优秀，较多老师是其他普校淘汰或者转岗而来的，教学能力和管理能力都有一定的问题。位育体校的创建背景制约了其教学质量快速提高。目前，体校教师的编制虽然是由教育局管理的，但在体育局系统地位不高，收入较少，积极性不大。教师进入体校后如果自身业务无要求，教学能力将会有所滑坡。同时，教师面对调皮捣蛋的学生管理有难度，对改变学习积极性不高、学习基础较差的学生的有效办法不多，这就导致在有限的教学课时中有效性较低。

在开办近15年期间，徐汇位育体校也从其他学校引进了一批教学素质较好的老师，也吸纳了部分高校师范毕业生，教师整体队伍质量有了一点起色，但是与普通学校相比，差距还是比较明显的。最主要体现在主观意识中庸、安于现状，害怕增加工作量，害怕教学改革带来的压力，甚至用不合理的办法去抵制改革、反对进步。所以，教学质量若要整体抬升，教师队伍结构带来的阻力是最大的。在事业单位大温床里工作的部分职工，缺少或者渐失了初心，忽略了自身修养和职业素质的学习和培养，经常会表现出松散感、懒惰感、中庸感、疲倦感，在开创事业的过程中缺少了“学无止境”的敬业精神，“到老还是半杯水”的职工是存在的。部分教练员和教师缺乏主人翁意识，出现混日子现象，这些都在无形中浪费了本已稀缺的生源和训练资源。

四、“体教结合”“三集中”办学模式发展突破困境的对策及建议

（一）以科学化为取向办学，完善体教结合机制

近几年来，“以质量求生存，以特色求发展”已经为不容争辩的事实。运动员、特别是“三集中”的学生运动员是一个不同于普通的在校学生的特殊群体，因此在运动员文化教育的教学和管理方面，我们不能固守普通中小学的教学管理模式，应充分利用学校教师和教练两支管理队伍，形成齐抓共管的局面。

“针对学生运动员自控能力弱、行为规范差，体校推出了‘德育领先的双育机制’（‘课堂育人、操场育人’，‘教学育人、训练育人’），促进了学生运动员的德育水平。”学校可针对文化学习和竞技训练两大主要工作，推出教师跟训、教练员跟课的紧密联动的“双跟机制”和体教相促相长的“双向激励机制”，有效整合教育教学资源和体育训练资源，发挥两种资源 1+1 大于 2 的效能。“紧密联动的‘双跟机制’。教师跟训，教练跟课，既促进了双方的换位思考和工作认同，又能对学生进行全方位地了解和指导。同时，也可以在教练员和教师之间推出互动式的‘责任共担机制’”，通过齐抓共管的责任意识来加强运动员的行为规范管理，“教练员和文化教师共同承担对学生运动员的管理和教育任务。双向激励机制。学生运动员的竞技成绩优异，奖励带课文化教师；学生运动员的文化成绩优异，奖励带训教练员”，有效提高文化教学质量，更加调动全体教职员工办训、办学的积极性，更加发挥“三集中”紧密型体教结合模式的效能。

如前所述，体校的教师和教练员均属事业单位编制，面对生源减少，部分教练员和教师出现碌碌无为、不思进取等不良现象。为此，学校可以通过改革进一步完善考核机制和奖励激励措施，调动教练员和教师的主观能动性，提高教练员和教师工作积极性。例如，以量化计分，实事求是地对每一名教职员工进行考核，做到“教练员有文化教学指标、文化老师有业余训练指标”的“交叉考核体系”。同时，加强教练员和教师进修、培训学习力度，促使训练和教学方

法与手段的更新，将对学校科学办训起到关键作用。依托徐汇区较好的教育资源，学校寻求位育集团的资源整合以及寻求上海小学、园南中学的传帮带，带动位育体校教师队伍提升业务能力，培养年轻教师树立职业道德观，促进教师和教练员终身发展。

（二）以正规化为取向办学，提高办学质量

1. 重视教师、教练员从教素养，提升学校内涵

“三集中”体校的首要任务是培养高水平、高素质的具有较高综合素养的新时期竞技体育人才，其独特的优势和特殊的地位要求教师和教练员在“传教，授业，解惑”的过程中，无条件地忠实于职业道德，不断涵养自己，夯实专业知识与技能。

鉴于此，学校首先应将加强师资队伍德建设，培养“爱生敬业、务实高效”的良好工作作风，开展教师、教练员的调研作为切入点，了解大家的发展愿望、个体诉求，有的放矢地营造良好工作氛围。

与此同时，规范训练及教学管理，强化全体教职工的工作执行力，修订完善校内管理制度，制定校内督教机制，特别关注起始年级和毕业年级的文化学习状况。教导处和训练科联手，通过摸底考、月考、作业展示、教案评比等途径，反馈信息、适时调控，也使教练员掌握动态、及时了解自己队员的文化学习情况，在工作细节上实现真正意义上的“体教结合”。

此外，由主管体育和文化教育教学的校长牵头，构建有温度的教师和教练员学习共同体，以发展专业能力、教科研能力为重点内容，开设专业学术沙龙，自报观摩训练、公开课、听评课活动，通过互听、互评、互学，进一步提高教练员和教师开展有效竞技训练和文化教学研究实践的自觉性，开展青年教练和教师沙龙，提高其专业发展愿望，开通“校内讲坛”，通过共享自己的从教经验，启迪、推动更多的教练员和教师更新理念、优化训练和教育教学策略，进而达到精神引领、理念渗透。这些既可以浓郁校园的学术氛围、拓宽教师和教练员彼此的知识视野、夯实各自的业务根基，也可以凝聚教职员工的人心，构筑和谐的、不断进取的团队文化，也是解决“三集中”困境问题的不可或缺的必要措施。

2. 利用优质教育资源，加强对学生的德育培养

学校通过主题性德育活动——“从小披团旗，长大披国旗”，以每一次出征仪式、签名仪式、表彰仪式为契机，帮助学生从小树立远大志向，以自己的勤

奋、刻苦，不断超越，为祖国的体育事业再筑辉煌；同时以良好行为习惯的养成，来促进学生的学习习惯的规范，以此真正培养全面发展的体育后备人才。

学校还可以将诸如邹容纪念馆、黄道婆纪念馆、龙华烈士陵园、鲁迅纪念馆、上海韬奋纪念馆、一大会址、上海孙中山宋庆龄故居纪念馆、上海植物园、东方绿舟、上海交通大学钱学森图书馆、上海淞沪抗战纪念馆、上海市历史博物馆等地方作为德育教育基地，利用“三集中”寄宿制便于管理的特点，在节假日和周末时，由青年教师和教练带队组织活动进行参观，有效弥补学校人文学科开课不足、学生重视不够所造成的学生在人文知识层面严重的“营养不良”状况，借以深入挖掘基地的德育教育内涵，充实学生的精神生活，潜移默化地熏陶学生的心灵，弘扬民族精神。

此外，集中文、史、政等学科教师的智慧，带领学生走进图书馆，充分发挥学科优势，培养科学精神，拓宽视野，修补“三集中”学生知识面狭窄的问题。如果从体校走出去的学生，即便没有百分百升上大学，但学生具有较高的素质、情商、习惯，都不讨厌读书，甚至阅读成为其日常的消遣，一种生活习惯、嗜好，让“腹有诗书气自华”植根于每个学生灵魂深处，融入学校教育实践中。这样的体校教育一定会在社会上有很好的口碑，得到家长和毕业学生的认同。

3. 依据体校特点，探索教育教学模式

首先，按照学生层次，将小学一年级至高中三年级的12个年级，实行小班化教学，集体性补课和个性化的补缺补差。这样，“既有效地提高了教师对每个学生的关注度，又能充分调动学生学习的积极性，促进每一个学生的个性发展。根据学生日常学习时间比较少、比赛前期缺课比较多、学生差异比较大等实际问题，学校规定了学生集体补课和个性化补课方案”。集体补课时间主要放在教练外出学习阶段和期中、期末考试复习阶段，每次集中补课时间长度大约为一周，每学期为三至五周不等。个性化补习时间放在每个学习日的2:40～3:50，要求教师在征得教练同意的基础上，进行个别学生的针对性补习。“高中部以数学学科为试点，启动‘降低难度，放慢速度，加强有效度’的教学模式，尝试教学内容做减法；教学规划做调整；习题训练做循环的有效性教学，切实地改变了高中学生因听不懂而不听、因学不会而不学的学习状态”，大幅度地提高了高中数学的学习成绩，提升了学生学习的自信心。

其次，进一步开展丰富多彩的校园文化生活，提升学生的精神内涵。以语文、数学、英语和综合教研组为单位，安排由教师、教练员和学生共同参与的各种主题的学术活动，可以在很大程度上激发学生的学习积极性和创造性，解决体校学生的知识深度和广度。改革拓展型课程中选修课、活动课的教学方法，使这一课程的教学真正体现学生的兴趣和差异性。同时，基本形成研究型课程中具有体校特色的实验室研究、导师带教研究和学生兴趣研究等三类教学模式，并提炼出有特色的教学方法。

（三）以社会化为取向办学，加强对外宣传

1. 打造项目品牌

当今体坛，品牌是最强大的识别力量，徐汇区的体操、蹦床、赛艇等项目之所以能成为优秀品牌，是人们通过竞赛杠竿识别确认的，创造“品牌”将是青少体校业训与竞技水平发展的重点，要全身心地投入到打造品牌战略中去，并将其贯穿到：设项、培育、营造、拓展优势，占领制高点等工作的全部。秉着“有所为有所不为”，将有限的人力、物力、财力用在刀刃上，学校对品牌项目应重点保障、沿袭优势，其他项目扶持发展、加快崛起，个别项目或小项听取调研、考虑撤项。

2. 建设公共体育服务平台

体校要在加强青少年体育，增强学生体质中发挥积极作用，充分运用好场馆资源和教练员资源，为青少年体育锻炼提供更多的服务，为中小学校体育活动的开展提供有益的指导，在双休日、寒暑假成为青少年体育活动的乐园、成为青少年体育活动中心，“有体育天赋的青少年根据各自喜好进行业余训练，虽然不可能每个人都当世界冠军，但撒播体育文化、培育社会体育氛围、涵养青少年体育精神的功能，同样需要通过体校的平台推而广之”。

体校应该利用体育场地设施和人才资源优势，在寒暑假及周末开办羽毛球、击剑等项目各级培训班，依托区协会、青少年俱乐部力量开展有偿训练，深入校园进行培训班招生宣传工作，在普及中选材育才，进一步扩大学校知名度。

3. 做好学校展示平台，加强对外结好策略

网站是展示学校形象的一面镜子、一个平台。通过学校网站，可以更好地宣传体校的办学训理念和层次，通过加强网站建设、后台维护、信息更新等后期工作，用最合适的展示方式和展示效果来体现学校的特色，也将成为招生宣传的平台。此外，体校可以与国内若干所不同层面、不同类型的学校建立友好学校，定期开展教育、教学和学术交流，“实现学校管理和教育教学资源共享、过程互动、成果共用，取长补短，促进发展”。体校应加强与普通学校之间的交

流互访，开展阳光联赛、校园竞赛等活动，借以扩大知名度，便于学生和家长对体校进行深入了解。

五、结语

从运动员培养主体的唯一性、培养过程的科学性、培养目标的长远性出发，“体教结合”的“三集中”办学模式利大于弊。如何使“三集中”的学训模式适应新时期体育发展的要求，需要对青少体校的运行机制及办学思路做出符合时代需要的调整。青少年体校要以主动、开放的态度寻求转型，以“具有优质体育资源、具有特色教育资源、具有兼顾大众健康发展资源”的“三具有”为发展目标，在探索一条具有特色的，适应新时代青少年体育可持续发展的办学新路过程中，不断完善“三集中”办学模式，扬长避短，找寻科学的办学方法，有效提升办学质量，为培育高素质运动员、造就竞技体育高水平专业人才作出积极贡献。

参考文献

[1] 潘瑜华.体教结合模式下的教育和谐[J].中国城市经济，2011
[2] 体教结合.百度百科
[3] 刘耀明.上海市“体教结合”10年发展历程与对策[J].体育科研，2008
[4] 方程.体育运动学校办学模式成功案例分析[J].体育文化导刊，2013
[5] 国家体委.国家体委关于加速提高体育运动技术水平的几个问题的请示报告[R].2010
[6] 池建.再论竞技体育发展中亟待解决的几个问题[J].北京体育大学学报，2002
[7] 宋旭，游永豪，王强，汪辉.我国“三集中”体育运动学校的困惑与出路[J].体育研究与教育，2013
[8] 上海徐汇位育体校谋转型全面推进体教结合发展.互联网
[9] 国家重点基地巡礼——位育体校：打造高精尖体育人才的摇篮.互联网
[10] 万喜.中小学课余体育训练发展的难点与对策[J].教师博览：科研版，2013
[11] 高考加分政策.百度百科
[12] 王婷婷，罗杨，颜海波.“教体融合”模式培养青少年体育后备人才的研究——以四川宜宾市为例[J].体育世界(学术版)，2016

[13]　上海徐汇位育体校——优化体教结合形态探索体校教学模式.互联网
[14]　田红艳.浅谈体校中的文化教育[J].才智,2012
[15]　李硕.体校转型折射体育模式之变[N].人民日报,2015
[16]　品质学校建设的几点思考.互联网
[17]　蔡耀洲.浙江“体教结合”培养竞技体育后备人才的现状与对策[J].贵州体育科技,2008
[18]　董翠香,茹佳.体育强国视阈下中国学校体育发展方式探究[J].北京体育大学学报,2011
[19]　方程.体育运动学校办学模式成功案例分析[J].体育文化导刊,2013
[20]　品质学校建设的几点思考.互联网
[21]　江俊世,杨敬暖,吴康.浅析体育学校目前的生存因境与发展[J].山东体育科技,2008
[22]　雷欣,周长河.竞技体育的可持续发展要走体教结合的路子[J].青海师范大学学报(自然科学版),2011
[23]　李硕.体校转型折射体育模式之变[N].人民日报,2015
[24]　李雄,殷进福.“体教产”三结合办学模式破解甘肃省体校发展困境[J].中国体育教练员,2016
[25]　刘耀明.上海市“体教结合”10年发展历程与对策[J].体育科研,2008
[26]　骆先鸣.我国竞技体育发展方式转变若干问题的思考[J].中国体育教练员,2011
[27]　马宣建.我国体教结合政策的形成与发展[J].上海体育学院学报,2005
[28]　马玉芳.关于我国竞技体育发展方式转变若干问题的研究[J].体育与科学,2012
[29]　潘瑜华.体教结合模式下的教育和谐[J].中国城市经济,2011
[30]　冉强辉,郭修金.上海市“体教结合”运行现状与对策研究[J].2006
[31]　沈潇潇.以“体教结合”为核心和突破口全面推进体校改革发展[J].湖州师范学院学报,2014
[32]　王宏玉.南通市各级业余体校文化教学工作现状与对策研究[J].华人时刊
[33]　王林钧,吴文平,冷际伟.四川省体育后备人才实行“体教结合”培养模式的研[J].四川体育科学,2011
[34]　王婷婷,罗杨,颜海波.“教体融合”模式培养青少年体育后备人才的研究——以四川宜宾市为例[J].体育世界:学术版,2016
[35]　许珂.少体校进来出去两头难——云南省业余体校现状调查[J].中国体育报,2005
[36]　阳艺武,吕万刚,等.我国竞技体育后备人才培养现状与发展评价[J].上海体育学院学报,2015
[37]　杨铁黎,宋尽贤.关于我国学校课余体育训练发展战略研究[M].北京体育大学出版社,2005

[38] 杨云霞.从学训矛盾分析体教融合的必然性[J].与教学与研究,2015
[39] 赵利.浅析我国竞技体育后备人才加强文化课学习的意义[J].科技广场,2008
[40] 郑捷,陈志伟."体教结合"的内涵解析[J].成都体育学院学报,2006
[41] 郑婕,杨桦."体教结合"培养高水平竞技体育人才新体系构建的研究[J].北京体育大学学报,2008

社会生态学理论框架下上海青少年足球后备人才流失的影响因素研究

——基于校园足球精英训练基地布点校调查

张　莹*

1985 年邓小平同志提出“足球从娃娃抓起”已过去多年，但我国的足球竞技水平始终没有质的飞跃。其原因很多，但青少年足球后备人才严重不足，却是一个重要的根本原因。足球后备人才流失是导致足球后备人才严重匮乏的重要原因，导致足球后备人才流失的原因包括家庭因素、学校因素、政府政策因素和社会大环境因素等。校园足球的发展对青少年足球后备人才培养起重要的借鉴作用，调查青少年足球后备人才流失的影响因素成为众多专家学者关注的焦点和亟待解决的关键问题。

从国家体育总局和教育部 2009 年联合下发的《关于开展全国青少年校园足球活动的通知》到 2013 年联合下发的《关于加强全国青少年校园足球工作的意见》、再到 2015 年 3 月国务院办公厅发布的《中国足球改革发展总体方案》，充分体现了国家对青少年足球的高度重视。上海精英训练营作为促进上海校园足球的重要组成部分，旨在通过科学的训练和系统的选拔机制，为上海及国家培养和输送优秀的足球后备人才，同时也是带动校园足球氛围的重要渠道，是一座搭建在普及推广和专业输送之间的桥梁。精英训练营的运动员作为产出效果的第一层，直接关系到中国足球事业发展的最终效果。

---

* 本文作者单位：上海体育学院。立项编号：TYSKYJ2018072。

一、基本概念和研究对象

（一）相关概念界定

1. 足球后备人才概念界定

足球后备人才是指经过系统的、科学的训练有潜力为我国足球事业发展作出贡献的青年运动员，他们是通过科学的选材、挖掘和发现具有体育天赋、适合足球项目的青年运动员。本课题的足球后备人才主要是指经过青少年足球精英训练基地布点小学的足球运动员，因为小学阶段队员的流失将会直接导致梯队之上人员数量的减少。

2. 足球后备人才流失概念界定

足球后备人才流失是指运动员在培养的过程中，除因年龄限制自然退役的外，受外界因素（家庭、教育、经济、教练、场地、器械）、自身因素（心理、身体素质、伤病、自我管理）等因素的影响，被迫或主动选择放弃足球运动的运动员。本文中足球后备人才流失是指因各种原因退出青少年足球精英训练队布点学校的运动员。本课题调查中的流失率是指2015年参加青少年足球精英训练开始到现在为止流失掉的运动员比值。

（二）研究对象

根据课题调研的可行性及需要，结合专家的建议，本课题研究共选取了三个区作为样本点，杨浦区青少年业余学校足球精英培训基地布点学校、普陀区青少年业余足球学校球精英培训基地布点学校和浦东新区精英培训基地布点学校，共计18所布点小学。

结合专家的意见，考虑到小学中四、五年级的足球运动员相对的稳定，或流失因素相对单一（学业压力）以及样本的全面性，故选取的布点学校包括公立和民办、重点与非重点学校的一至三年级共计153名流失运动员。

选择的样本本着普适性的原则，同时结合可行性原则，征求了上海体育学院、上海市业余体育学校的足球领域的五位专家意见，一致认为该18所学校可以在一定程度上反映上海的校园足球精英训练营的基本情况。

二、研究现状评述

（一）关于青少年足球精英培训基地的研究

根据上海市委、市政府关于加快上海足球发展改革和《中国足球改革发展总体方案》的精神的具体要求，上海市体育局从 2015 年开始在全市范围内进行整体布局，批准授予上海市体育运动学校等 10 家单位为上海的青少年足球精英培训基地，以进一步加强上海青少年足球工作。

2015 年上海市体育工作会议上提出了将重振“三大球”作为重点的工作内容，目前，上海校园足球联盟登记注册的人数达到上万人。2015 年 8 月份《上海市青少年足球精英培训基地建设方案》公布，此方案是为了扩大足球的人口基础，培养足球后备人才，由此正式启动“市青少年足球精英培训基地”的申报。

2015 年 11 月，第一批“上海市青少年足球精英培训基地”正式签约挂牌成立。其中包括杨浦区青少年业余体育学校、崇明根宝足球训练基地、普陀区青少年业余足球学校等 10 家单位。到现在为止，上海已形成 1 个市级青少年足球精英培训总部基地（上海市体育运动学校）、5 个青少年足球精英培训基地、4 个发展型青少年足球精英培训基地的布局。

上海足球精英培训基地作为校园足球的重要组成部分，为上海和国家输送了大量的足球优秀后备人才。青少年足球精英培训基地分类及基地名称见表 1。

表 1　上海青少年足球精英培训基地一览

分　　类	基 地 名 称
上海市青少年足球精英培训总部基地	上海市体育运动学校
上海市青少年足球精英培训基地	上海崇明根宝足球训练基地（第一类）
	上海市杨浦区青少年业余体育学校（第一类）
	上海市普陀区青少年业余足球学校（第一类）
	上海市闸北区第二少年业余体育学校（第二类）
	上海市幸运星足球俱乐部有限公司（第二类）

续 表

分类	基地名称
上海市青少年足球精英培训基地(发展型)	上海市金山区体育中心(第一类)
	上海市毅涛青少年足球俱乐部有限公司(第一类)
	上海市徐汇区青少年体育运动学校(第二类)
	上海市吉祥足球运动促进中心(第二类)

各精英训练基地都在各区进行了一定的布点,便于开展后备运动员的培养和选拔工作。

(二) 关于青少年参与足球运动的影响因素研究

国内外关于精英足球训练营足球后备人才流失的影响因素研究鲜见且研究不够系统、完整,提出的对策针对性较弱,仅有的研究多集中于以下几个方面。

1. 社会环境因素

有专家学者指出,近几年来,中国足球水平严重下滑,这与中国青少年足球普及程度不高有直接关系,而导致中国足球队下滑的因素是青少年足球运动的参与率下降。可以看出,社会因素是影响青少年参与足球运动的重要的方面。社会因素还包括很多方面,例如,大众传媒因素、社会环境因素、同伴因素的家庭因素等。

有专家学者采用问卷调查法对辽宁省 1 500 名青少年及家庭进行了调查。调查结果发现,在以往的足球研究中,过度关注学校这一影响因素,反而忽视了影响青少年参加足球运动的社会因素的重要性。事实上,社会因素对青少年参与足球运动有很大的影响。

2. 学校因素

有专家学者通过问卷调查法对大学生参加足球选项课的影响因素进行了调查研究,结果发现,影响大学生参加足球选项课的因素包括:一是参加足球运动的年限和环境因素,参加足球运动的时间越长、环境因素的影响程度越小,相反的,受环境因素影响越大。特别是学校位于南部地区,炎热的天气和户外场地会影响大学生参加足球选修课程。二是教师及兴趣因素等方面。

3. 家庭因素

家庭因素长期以来一直受到忽视，关于影响青少年参与足球运动的家庭因素的研究也非常少。有专家学者运用文献资料法、问卷调查法和数理统计分析法等方法调查得出，影响青少年参与足球运动的家庭因素为：将家庭与学校隔离开来。

校园足球是我国培养青少年足球后备人才的重要途径之一，但校园足球始终是一个封闭的系统，将家庭与校园足球隔离开来，导致家庭的支持程度不够，所以很多青少年都无法参加校园足球比赛。我国校园足球的发展应融入家庭，让更多的家长进入学校带领孩子们踢足球，这是促进我国青少年足球发展的关键。

还有专家学者运用文献资料法、问卷调查法和数理统计分析法等方法，对我国青少年学校足球运动的普及和发展问题进行了调查，把家庭因素对学校足球普及的影响作为切入点。研究发现，青少年足球的普及程度与家庭的经济状况和父母投入的时间和精力等方面有显著的影响。

同时，影响父母不支持孩子从事足球运动的重要原因是中国足球联赛中存在的不良影响，如黑哨、假球等，降低了家长和孩子对足球的积极性。家长对中国足球的不良印象是影响青少年足球运动普及的重要原因之一。父母不希望自己的孩子踢足球的原因是因为足球是一项身体接触多、对抗强、容易受伤的运动项目。家长希望孩子在学校中凭自己的兴趣自由地去玩球，而不希望孩子自小进行专业的足球训练。家长担心踢球会影响孩子的学习成绩和未来的职业生涯。

再有的专家学者通过问卷调查法，对影响家长支持子女参加业余足球训练的因素进行了调查。影响家长选择足球训练队的主要因素有两点：一是训练的地点和时间；二是教练员的声誉和业务水平。大多数家长认为最佳的足球训练形式是在孩子所在学校进行。现阶段，大多数学生家长不支持学习、训练、住宿这种“三集中”的业余训练形式，大多数家长认为，孩子的学业成绩、安全因素和闲暇时间等三个方面是影响其继续支持子女参加足球训练的重要因素。

4. 自然环境因素

自然环境也是青少年参与足球运动的重要的影响因素，天气和季节对体育活动水平影响越来越受到学者们的重视。研究发现，白昼的长短、温度和降水的可能会影响身体活动的行为，白昼时间较短时人的体力活动水平较低，下雨天会对个体的体育活动水平产生负面影响，连续的降水将减少人们的体育活动水平。而且足球运动的活动场地都是室外场地，对天气条件的要求较高。

综上所述，家庭、社会环境、大众传媒、伙伴关系等因素都与青少年的足球参与有很大关系，对我国足球后备人才的培养和发展有着直接的影响。通过对影响青少年参与体育运动的因素和影响青少年参与足球运动的因素的研究发现，目前关于足球后备人才流失的相关研究还很少。

参考影响青少年参与体育活动的因素来总结，足球后备人才流失因素主要为以下几点：

一是个体层面因素，生理因素包括性别、年龄、年级、身高体重、青春期、生长发育、遗传基因、民族、地域、宗教信仰等，心理因素包括兴趣爱好、参与动机、情绪、态度、锻炼意识、参与足球运动的自信心、克服障碍的自信心、参与足球运动的自我感知、自身运动技能所带来的自信度等。

二是人际层面因素，包括父母的年龄、父母教育程度、家庭经济收入、父母对足球的偏好、父母对儿童参加足球训练的支持、同伴支持、教师支持等。

三是组织层面因素，包括安全问题、场地器材、资金、教练员、管理人员等。

四是社区层面因素，包括自然环境、居住环境等。

五是政策层面因素，包括应试教育背景、国家颁布的一系列体质健康增进文件、青少年足球发展文件。

（三）理论研究基础

专家提出社会生态学模型可以从个体水平、人际水平、组织水平、社区水平、公共政策的影响因素进行个体健康促进干预。社区水平、公共政策、个体水平是该模型最近端水平，公共政策是该模型的最远端水平。个体水平包括与被试相关的变量，如自我效能、信念、动机、乐趣等；人际水平关注的是社会支持；组织水平关注组织，如学校，这些组织受到内外部的社会和物理的影响；社区水平关注相关群体和组织间的关系；政府主体通过立法、程序、法律和管理实施影响。随着生态学理论的演变和发展，其应用已经从自然生态领域逐步深入到社会学领域。

（四）我国关于此方面研究存在的问题

从研究数量看，目前我国青少年足球运动流失的研究数量较少。

从研究角度看，我国对于运动员流失的研究多是从学校和社会的角度进行探讨,较少从生态学模型理论出发进行分析。

从研究内容看,对于影响因素的研究大多还停留在简单罗列和描述分析阶段,较少应用相关理论体系来解释休闲体育行为。

三、上海青少年足球精英培训基地布点学校开展足球运动概况分析

(一) 布点学校现有球员情况分析

根据对调查的18所学校的相关负责人访谈得知学校正在参加足球训练的人数(表2),因为《上海市青少年足球精英培训基地建设方案》实行3年,所以本次所调查的18所学校中,大多数都是一至三年级的孩子参加足球训练,每个年级大约15人左右,以男足为多。

表2　青少年足球精英培训基地布点学校现有球员情况

学校名称	男	女	总计
二师附小	30	0	30
齐一小学	1	45	46
复旦科技园小学	39	0	39
许五小学	0	50	50
六一小学	30	8	38
民办阳浦小学	36	0	36
沪东外国语小学	40	5	45
五角场小学	54	0	54
桃浦中心小学	23	10	33
金沙江路小学	7	24	31
曹杨二中附属学校	3	30	33
长征中心小学	30	5	35
联建小学	30	9	39
金新小学	36	2	38

续 表

学 校 名 称	男	女	总 计
御桥小学	25	6	31
昌邑小学	28	5	33
德州二村小学	30	7	37
清源小学	27	5	32

1. 青少年足球精英培训基地布点学校足球训练情况分析

足球训练是提高足球水平最有效的方法，后备人才的训练效果将直接影响到我国职业足球的发展。本次共调查了18所学校每周的足球训练开展情况（表3），通过统计发现，所有学校每周都进行足球训练，每周训练3次的学校有10所，每周进行4次以上训练的学校有2所。

表3　学校每周开展足球训练情况统计表

学 校 名 称	每周训练时间/分钟	每周训练次数
二师附小	90	2
齐一小学	60	3
复旦科技园小学	120	3
许五小学	80	5
六一小学	90	3
民办阳浦小学	90	3
沪东外国语小学	90	3
五角场小学	120	6
桃浦中心小学	90	3
金沙江路小学	120	3
曹杨二中附属学校	90	3
长征中心小学	80	3
联建小学	120	2
金新小学	80	3

续　表

学 校 名 称	每周训练时间/分钟	每周训练次数
御桥小学	90	3
昌邑小学	90	3
德州二村小学	120	2
清源小学	80	3

据调查,足球精英培训基地布点学校通常在下午、双休日和寒暑假进行训练,这不会影响学生的正常学习时间,而且也不会与上课时间发生冲突。通过与参加足球精英训练的部分学生家长沟通了解,发现父母普遍反映的问题是参加足球训练对孩子的休息时间有影响。小学生下午放学时间为 4:30,在放学后不参与足球训练的孩子有时间写作业、吃饭、玩耍,睡觉时间在晚上 9 点左右;而参加足球训练的学生放学后要进行一至两小时的训练,回家才开始写作业,睡觉时间就会延长到晚上 10 点、甚至 11 点。小学期间,小孩子可以通过体育锻炼促进身体健康,但是要保证正常的睡眠时间,睡眠时间较短也会影响到第二天的学习状态。这也是很多家长担心和不支持子女参加足球训练的重要原因。

2. 场地器材及经费的现状分析

学校足球活动的开展,场地和足球器材是必不可少的条件。从调查统计和实地走访发现(表 4),大部分小学都有适用于开展足球运动的场地,或者通过其他方式来满足使用。如沪东外国语小学拥有一块五人制比赛大小的场地,但因为与同济大学操场相邻,学校的足球训练可借用同济大学的标准十一人足球场。二师附小与杨高中学共用一块 400 米跑道的操场,学校同时还拥有一块七人制比赛大小的场地,可满足足球训练所需要的场地。其余学校大多都拥有七人制比赛大小的场地,均能满足足球队训练所需的场地。但通过对学校管理人员的访谈得知:学校场地基本能够满足足球队的训练需要,但对于日常体育课和其他运动项目的训练来说,如果想更好地发展体育运动远远不够。

表 4　调查 18 所学校足球场地统计表

场地类型	数量(个)	百分比(%)
十一人	5	28
七人	10	56

续 表

场地类型	数量(个)	百分比(%)
五人	3	16
无场地	0	0

同时,资金也是制约足球的普及和足球后备人才培养的一个重要因素。青少年足球精英培训基地的资金来源包括:上海市体育局将给予培训基地的政策和引导资金的支持,资金分配由发展扶持资金300万～400万元和评估奖励金100万元两部分组成,分两个阶段发放。如果评估考核不合格,该基地的奖励金将被推迟发放,或者用于补贴本市其他青少年足球优秀训练单位,同时,以体育部门的直属单位名义申报青少年足球精英培训基地的,各区县级政府应按照规定,在体育局拨付的资金额外增加不少于1∶1的配套资金;以社会力量培训机构的名义申报青少年足球精英培训基地的,该培训机构的资助企业应当按照市体育局的规定,提供不少于1∶1的配套资金,所在区县级政府应当给予支持,共同支持少年足球的发展。

3. 学校管理人员对足球开展的支持态度分析

学校领导的态度是影响学校足球运动发展的决定性因素,如果学校领导重视,那么该学校的足球就会发展得更好。

学校对青少年足球运动的支持程度以及国家有关政策的贯彻落实程度,关系到中小学足球运动能否顺利开展,对其发展有关键性的作用,学校领导对足球开展的支持力度影响了青少年足球运动的发展,同时学校领导对足球运动的重视程度是影响学校足球发展的决定性因素。学校里开展足球运动如果得到领导的大力支持与鼓励,就会使足球运动开展得十分顺利,本研究通过访谈法了解了上海市布点学校管理人员对足球开展的支持态度,其统计结果见表5。

表5 学校管理人员对足球开展的支持态度表

指 标	直接过问	安排专人负责,间接过问	很少过问	几乎不过问	总 计
计数(所)	6	8	4	0	8
百分比(%)	33	44	22	0	100

通过调查结果发现，学校领导直接过问或安排专人负责、间接过问的学校有14所，占77%，这说明上海学校管理人员对青少年足球运动的开展支持程度比较高。通过与学校管理人员的访谈得知：学校领导不重视足球发展的原因是因为足球训练影响了学生的学习成绩，从而影响了学校的升学率，因此很多学校领导过度关心学习成绩，而忽略了体育锻炼的重要性。还有一个不容忽视的方面，那就是学校上层机构的领导人中从事体育专业的很少，所以对体育和足球的理解不够，从而导致了青少年足球甚至体育运动不被重视的结果。

4. 学校在足球开展方面所面临的问题分析

从表6统计结果可以看出，目前调查的18所小学中针对足球开展的问题主要体现在三个方面，排名第一位的问题是缺乏优秀教练员，占44.4%。教练自身的素质和职业素养会影响学生的发展，因此，拥有优秀的教练员对于学校足球运动的开展必不可少。通过对学校相关领导访谈得知，调查的18所学校中基本上都是外聘足球教练对学生进行足球训练。第二位的问题是缺乏场地及训练设施不足。从访谈得知，这主要受制于学校面积先天条件的不足。如杨浦区大部分学校没有正规的足球场，都是在人工足球场地和塑胶田径场训练。虽然足球本身的特点决定了场地并不固定，但是一个标准的场地对一所学校开展足球运动格外重要，但是大多数学校都做不到这一点。

表6　学校在足球开展方面所存在的困难调查表

	场地及训练设施不足	缺乏优秀的教练员	经费不足	训练时间不足	学生家长不支持
计数(所)	5	8	2	2	1
百分比(%)	27.8	44.4	11.1	11.1	5.6

(二) 足球后备人才流失的现状分析

1. 调查对象的基本情况分析

本次调查的对象中，呈现了男生参与足球运动多、女生少的特点。同时，从流失的情况看，从一年级到三年级逐级递增(表7)。

表7 调查对象的人口学资料

		非流失		流 失	
		计数(人)	列N(%)	计数(人)	列N(%)
性别	男	469	73.1	103	67.2
	女	221	26.9	50	32.8
年级	一年级	250	39.0	43	28.1
	二年级	202	31.5	57	37.5
	三年级	189	29.5	53	34.4

2. 足球后备流失人员的家庭关系状况分析

本次调查对球员的家长情况进行了统计,结果如表8所示。在所有填写问卷的人员中,球员的母亲所占比例最高,这与我国家庭教养孩子的传统习惯有关,父母在孩子成长过程中起着十分重要的作用,在孩子的生活和教育上扮演者重要的角色,因此可知,在孩子的体育参与情况和体育兴趣培养方面,父母有着不可忽视的、至关重要的作用。

文化程度是指教育年限和教育状况。在很大程度上,父母的文化程度决定了他们的教育能力、道德水平、情感、教育方式和价值观。父母的文化程度会直接影响到他们对子女的教育能力。通过表8可以看出,上海足球精英训练培训基地布点校学生家长文化程度普遍较高。

父母的职业状况直接决定着家庭的社会地位、生活环境、经济收入等因素,也对家庭的休闲时间、娱乐方式、生活方式和家庭氛围产生了一定的影响。通过对球员家长的职业状况调查统计分析,由表8可知球员家长中在国家机关、党群组织、企业、事业单位任职的有153人,占30.9%;从事科学研究和专业技术工作的人员占15.6%,从事商业、餐饮、旅游娱乐、医疗辅助及社会和居民生活服务工作的人员占24.5%,从事农业、林业、畜牧业、渔业、水利业的相关工作人员占8.1%。其中,国家机关、党群组织、企业、事业单位人员所占比例最高。这说明上海足球精英训练营的小学生家长的职业大都是企事业单位或餐饮医疗辅助等,这一类职业的工作时间较为固定。

表8　家庭关系状况表

变量名称	变　　量	计　数	百分比(%)
与孩子的关系	父亲	56.30	36.8
	母亲	93.02	60.8
	祖父母/外祖父母	3.67	2.4
父母职业	国家机关、党群组织、企业、事业单位人员	47.28	30.9
	从事科学研究和专业技术工作的人员	23.87	15.6
	从事商业、餐饮、旅游娱乐、医疗辅助及社会和居民生活服务工作的人员	37.49	24.5
	从事农业、林业、畜牧业、渔业、水利业的相关工作人员	12.39	8.1
	从事产品生产制造、工程施工和运输设备操作的有关人员	11.93	7.8
	军人	6.12	4.0
	其他从业人员	5.36	3.5
	无业	8.57	5.6
父母学历	初中及以下	5.81	3.8
	高中或中专	15.61	10.2
	大专或本科	93.79	61.3
	研究生及以上	37.79	24.7

3. 足球后备流失运动员家长的足球运动经历情况分析

根据表9显示，所调查的球员家长中不会踢球的所占比例最高，接受过职业俱乐部或体校的专业训练和业余俱乐部的训练的家长最少。由此可以看出接受过足球训练的学生家长人数占总体人数比例较小。

表9　家长足球经历情况分析表

父母参加足球训练情况	计　数	百分比(%)
接受过校队的训练	20	12.9
接受过业余俱乐部的训练	3	2.2

续 表

父母参加足球训练情况	计　数	百分比(%)
接受过职业俱乐部或体校的专业训练	3	1.9
未接受过任何训练但会踢球	28	18.3
不会踢足球	99	64.8

4. 流失运动员当初参加足球训练的目的分析

动机是人的内在原因，它是做某事的初衷，它是人的内心世界中的物质的反映，反映了人的内心世界的观念，是推动人做一件事的内在动力，也是参与体育锻炼的内在动力，这需要受到一定动机的控制，换句话说，人参与体育活动的动机越强，就越积极地参与体育活动。

通过球员参加足球训练的目的调查表明(表10)：球员对足球训练的参与动因异彩纷呈，各有千秋。排在第一位的是强身健体，健身塑形，分别占90.6%。同时，家长也把促进孩子的身体健康作为最重要的目的，可以看出，大多数选择参加足球训练的目的是为了增进身体健康，也可以看出他们已经意识到足球运动对促进身体健康的重要性。可见在孩子的小学阶段，大多数是以促进全面发展增进健康为主，这也符合当前社会的一般认识。绝大多数家长不支持自己的孩子走职业运动员这条路，家长和孩子普遍认为竞技体育人才成材率低，培养过程艰苦，因此，在参与足球训练的目的中为数不多的孩子选择从事足球相关的职业。

表10　学生参加足球训练的目的

参加足球训练的目的	计　数(人)	列 N(%)
娱乐、丰富生活	44	68.8
强身健体，健身塑形	58	90.6
掌握足球运动技能	33	51.6
结交朋友，提高人际交往能力	39	60.9
通过足球特长考学	4	6.2
希望从事足球相关的职业	0	0.0
配合父母下班时间，方便接送	11	17.2

5. 足球后备人才流失的情况分析

本调查中的流失率是指2015年参加青少年足球精英训练开始到现在为止流失掉的运动员比值(图1),根据实地考察综合分析流失率较低的五角场小学,其学校足球活动开展较好,从学校管理人员到家长,都十分支持孩子参加足球运动。通过与其学校的管理人员访谈得知,流失率较低的原因有两个:一是五角场小学足球运动员的选材是从幼儿园开展,学校派足球教练进入幼儿园进行足球普及和培训,从幼儿园开始就一定要让家长喜欢足球,并且支持孩子参加足球训练。学生进入小学之后,学校会组织家长召开足球训练的宣传会,会把未来的设想、未来的目标也告诉家长,然后将学校足球现有的成绩、现有的状况都和家长讲清楚,家长和学校的思想统一之后,学生才能进行足球训练。如果大家的想法不同,意义就不大,就很容易在某个环节出问题。二是学校层面要支持,领导要支持,学校会把所有踢足球的小朋友放在一个班,配备的班主任、老师都是支持足球的,而且是很认真负责、有经验的班主任老师,作为足球班的这些老师,相对是很稳定的。其他学校因为模式不一样,是分散的。其余几个学校的流失率大都在20%～30%,随着年级的增高,流失率会越来越大。这种情况不利于上海青少年足球后备人才的培养。

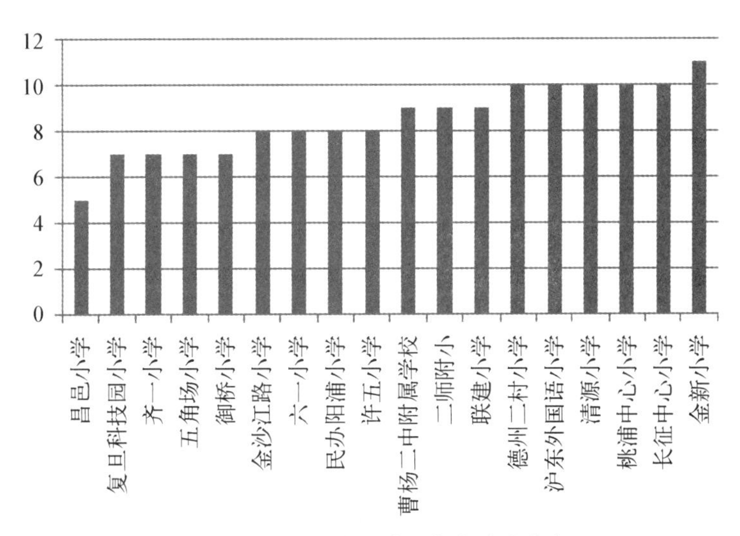

图1　调查学校的足球后备人才流失率

根据2017年上海校园足球联盟联赛参赛队伍得知(图2),每个赛事级别男子组参赛队伍都多于女子组,而且随着级别的增高,参赛队伍呈递减趋势,

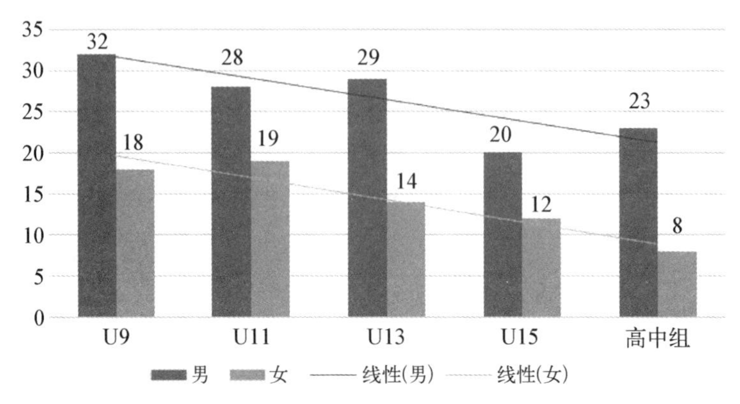

图2　上海校园足球联盟联赛参赛队伍

从这一方面也反映出足球后备人才随着年龄的增大，流失率不断增加。

（三）影响上海足球后备人才流失的社会生态学单因素分析

1. 个体因素

以是否流失为自变量、以个体因素为因变量进行单因素方差分析，是否流失在A1兴趣因素、A2参与动机因素、A3学习成绩因素、A5身体素质因素、A6学业压力因素这五个方面差异具有显著性，详见表11。

表11　个体因素与青少年足球后备人才流失的相关分析

影响因素	是否流失		F	显著性
	非流失	流　失		
A1兴趣因素	4.63±.636	3.81±1.167	1.202	.000**
A2参与动机因素	4.56±.675	4.22±.745	3.309	.000**
A3学习成绩因素	3.36±.908	3.78±.934	1.527	.001**
A4足球运动体验因素	2.61±1.002	2.96±1.214	1.601	.062
A5身体素质因素	4.25±.857	3.66±1.144	2.269	.000**
A6学业压力因素	3.49±1.066	3.06±1.220	1.869	.005**

注：**：$P<0.01$；*$P<0.05$。

2. 人际间因素

（1）是否流失与家庭因素的方差分析

以是否流失为自变量、以个体间因素中的家庭因素为因变量进行单因素方差分析，是否流失在B1家长足球兴趣因素、B3家长的陪伴因素、B4家庭经济支持因素这三个方面差异具有显著性，详见表12。

表12　是否流失与家庭因素的方差分析

影响因素	是否流失		F	显著性
	非流失	流　失		
B1家长足球兴趣因素	3.65±1.271	4.05±.999	5.543	.019*
B2家长的支持因素	4.2±0.834	4.00±1.113	2.725	.100
B3家长的陪伴因素	3.86±1.072	3.56±1.072	4.115	.043*
B4家庭经济支持因素	4.47±.788	4.64±.743	30.804	.000**

注：**：P<0.01；*P<0.05。

（2）家长的职业、学历、足球训练经历与青少年足球后备人才流失的相关分析

分别以家长的职业、家长的学历、家长的足球训练的经历为自变量，以个体间因素中的家庭相关因素为因变量，进行方差分析，家长的职业在家庭因素方面差异不具有显著性；家长的学历在B1家长足球兴趣因素和B3家长的陪伴因素两个方面差异具有显著性。父母受教育程度越高，他们对体育参与的认识就会越深刻，因此对子女的体育参与认可度会更高。随着时间的推移，父母对孩子影响程度也会加深，因此孩子对体育价值的认识程度也会逐渐提高。家长的足球经历在B1家长足球兴趣因素和B3家长的陪伴因素两个方面差异具有显著性。父母在他们年轻的时候运动经历和经验越丰富，对体育的理解和认知就越深刻，在生活中会潜移默化的影响孩子的体育认知，父母的体育情感也会影响他们会对孩子参加足球运动的态度。详见表13。

表13　家长的职业、教育程度、足球训练经历与青少年足球后备人才流失的相关分析

影响因素	家长的职业	家长学历	家长的足球训练的经历
	显著性(P)	显著性(P)	显著性(P)
B1家长足球兴趣因素	.170	.046*	.030*
B2家长的支持因素	.517	.486	.030*

续　表

影 响 因 素	家长的职业	家长学历	家长的足球训练的经历
	显著性(P)	显著性(P)	显著性(P)
B3 家长的陪伴因素	.126	.007**	.002**
B4 家庭经济支持因素	.658	.058	.128

注：**：P<0.01；* P<0.05。

(3) 教师教练因素与足球后备人才流失的相关分析

以是否流失为自变量、以个体间因素中的教师教练因素为因变量进行单因素方差分析，是否流失在B8班主任的支持因素这一个方面差异具有显著性。没有流失的学生在这一影响因素上得分更高，说明没有流失的学生更容易受班主任的影响。详见表14。

表14　教师教练因素与青少年足球后备人才流失的相关分析

影 响 因 素	是否流失		F	显著性
	非流失	流　失		
B5 对教练的喜爱程度因素	4.47±.672	4.36±.784	1.371	.242
B6 教练的教学理念因素	3.92±.995	3.98±1.134	.198	.657
B7 教练的职业素养因素	4.44±.749	4.52±.690	.487	.486
B8 班主任的支持因素	4.38±.604	3.81±.999	18.667	.000**
B9 班主任的奖励因素	3.77±1.009	3.88±.968	.587	.444

注：**：P<0.01；* P<0.05。

3. 组织层面因素

以是否流失为自变量、以个体间因素中的学校组织因素为因变量进行单因素方差分析，是否流失在C2比赛因素和C5学校足球队成绩因素这两个方面差异具有显著性(详见表15)。竞赛因素是影响青少年足球后备人才流失的非常重要的因素。竞赛的举办情况、竞赛的次数多少都影响着青少年足球运动的发展。竞赛可以对参与足球运动起到刺激作用，激发他们的参与热情。通过调查发现，上海足球比赛众多，参赛者的热情高涨，同时赛事组织方权责分明，竞赛体系良性运转。

表15　学校因素与青少年足球后备人才流失的相关分析

影响因素	是否流失		F	显著性
	非流失	流　失		
C1 场地因素	4.49±.715	4.41±.748	.745	.389
C2 比赛因素	4.35±.748	4.09±.830	5.860	.016*
C3 相关奖励措施因素	3.62±.976	3.75±1.008	.927	.336
C4 学校足球氛围因素	4.11±.904	4.25±.797	1.253	.264
C5 学校足球队成绩因素	4.31±1.037	3.88±.916	11.459	.001**

注：**：P<0.01；*P<0.05。

4. 社区层面因素

社区因素包括社区体育设施的可达性、安全性、社区规划和建设等，以是否流失为自变量、以社区层面因素为因变量，进行单因素方差分析，是否流失在D1足球明星因素这一个方面差异具有显著性(表16)。通过对参加足球精英训练队的球员访谈得知，大多数非流失的运动员都有自己崇拜的球星。由于小学阶段青少年的生理心理状况发育不完全，对事物没有明确的选择和判断，因此新闻媒体应大力宣传体育明星的偶像作用，使青少年树立正确的价值观，运用球星对运动员的激励作用，通过球星的正面影响，促进青少年参加足球运动。

表16　社区组织因素与青少年足球后备人才流失的相关分析

影响因素	是否流失		F	显著性
	非流失	流　失		
D1 足球明星因素	3.17±1.289	2.73±1.225	6.215	.013*
D2 公共媒体的宣传因素	3.60±1.001	3.52±.976	.416	.520
D3 社区足球场地因素	3.71±1.215	3.72±1.076	.002	.962
D4 社区邻居因素	3.07±1.100	3.03±1.083	.060	.807

注：**：P<0.01；*P<0.05。

5. 政策层面因素

政策是社会生态学模型最远端水平，也是整个生态系统的宏观体系。但是政策层面因素对足球后备人才流失的影响有时比个体因素和个体间因素所起作用更深远。国家体育总局、教育部等在2009年颁布的《全国青少年校园足球活动实施方案》文件中提出了要在全国范围内的学校开展校园足球活动，包括小学、初中和高中，提出要传授学生学习、掌握足球运动的基本技能。要求以学校为主，将体育项目与素质教育进行结合的教学模式，逐步达到在全国范围内推广校园足球活动的目的。

在我国全面深化改革发展的时代背景下，2015年国务院办公厅针对足球运动出台了《中国足球改革发展总体方案》，指出：足球运动应作为一项重要的发展战略来推进，而校园足球的发展任务应该摆在当前经济发展的任务之上。方案中也提到在2025年争取创办5万所关于足球运动的特色学校。这项史无前例、前所未有计划的出台味着中国足球的改革和发展变得更加的全面和深入。

6. 自然环境层面因素

自然环境因素也是影响青少年后备人才流失的一个重要因素，上海由于纬度较低，夏季温度较高，蒸发很快，太阳辐射强，所以有部分参加足球训练的孩子，忍受不住高温高热而选择退出训练队，另外还有一部分人退出是由于冬季温度低，训练时身体运动出汗，忽冷忽热而导致严重感冒，不得已退出训练。

还有一个原因是因为足球运动是在室外进行的，受天气因素的影响比较大，上海每到夏季会进入梅雨季，当下雨天时只能在室内进行足球战术的培训，根据访谈结果得知，70%的学校会在下雨天时在室内上理论课，另外30%的学校在下雨天时不进行任何训练。

（四）社会生态学视角下上海足球后备人才流失影响因素的Logistic回归分析

1. 变量赋值

本课题在研究中，将372个样本作为研究分析的数据来源。采用回归模型将各个自变量归类、合并、赋值（表17）。

表17　自变量的赋值

变　量	赋值说明
性别	男＝0；女＝1
年级	一年级＝0；二年级＝1；三年级＝2

续　表

变　　量	赋 值 说 明
父母职业	事业单位人员＝0；科研工作者＝1；生活服务类人员＝2；农、林、畜、渔工作人员＝3；产品制造＝4；军人＝5；其他＝6；无业＝7
父母学历	初中及以下＝0；高中或中专＝1；大专或本科＝2；研究生及以上＝3
父母的足球训练经历	校队训练＝0；业余俱乐部训练＝1；职业俱乐部训练＝2；未接受训练但会踢球＝3；不会踢球＝4
参加足球训练的时间	半年以下＝0；半年～1 年＝1；1 年～2 年＝2；2 年以上＝3
A1 我的孩子喜欢足球运动	很不符合＝0；不太符合＝1；不能确定＝2；比较符合＝3；非常符合＝4
A2 我的孩子参加足球训练后结交了更多新的朋友	很不符合＝0；不太符合＝1；不能确定＝2；比较符合＝3；非常符合＝4
A3 我的孩子通过参加足球训练后学习成绩得到提高	很不符合＝0；不太符合＝1；不能确定＝2；比较符合＝3；非常符合＝4
A4 足球运动体验因素	很不符合＝0；不太符合＝1；不能确定＝2；比较符合＝3；非常符合＝4
A5 我孩子的身体素质、运动能力很好	很不符合＝0；不太符合＝1；不能确定＝2；比较符合＝3；非常符合＝4
A6 我的孩子课后作业较少，有时间参加足球训练	很不符合＝0；不太符合＝1；不能确定＝2；比较符合＝3；非常符合＝4
B1 我或我的家人喜欢足球运动	很不符合＝0；不太符合＝1；不能确定＝2；比较符合＝3；非常符合＝4
B2 我或我的经常督促并支持孩子参加足球运动	很不符合＝0；不太符合＝1；不能确定＝2；比较符合＝3；非常符合＝4
B3 我或我的家人会陪孩子一起参与足球运动	很不符合＝0；不太符合＝1；不能确定＝2；比较符合＝3；非常符合＝4
B4 我或我的家人能主动地给孩子购买足球运动的相关用品（足球鞋、球衣、足球等）	很不符合＝0；不太符合＝1；不能确定＝2；比较符合＝3；非常符合＝4
B5 我的孩子非常喜欢自己的足球教练	很不符合＝0；不太符合＝1；不能确定＝2；比较符合＝3；非常符合＝4

续　表

变　　量	赋值说明
B6 我孩子的足球教练球技高超，让同学们很钦佩	很不符合＝0；不太符合＝1；不能确定＝2；比较符合＝3；非常符合＝4
B7 我孩子的足球教练在训练中很认真	很不符合＝0；不太符合＝1；不能确定＝2；比较符合＝3；非常符合＝4
B8 我孩子的班主任经常鼓励同学们参加足球运动	很不符合＝0；不太符合＝1；不能确定＝2；比较符合＝3；非常符合＝4
B9 我孩子的班主任会对足球成绩突出的学生与其他学科成绩突出的学生同等赞誉	很不符合＝0；不太符合＝1；不能确定＝2；比较符合＝3；非常符合＝4
C1 我孩子所在学校的足球场能满足正常的足球训练需求	很不符合＝0；不太符合＝1；不能确定＝2；比较符合＝3；非常符合＝4
C2 我孩子所在的学校经常组织足球比赛或经常参加其他类型的足球比赛	很不符合＝0；不太符合＝1；不能确定＝2；比较符合＝3；非常符合＝4
C3 我孩子所在的学校有相关政策对足球成绩优秀或者参与积极的学生给予奖励或优待	很不符合＝0；不太符合＝1；不能确定＝2；比较符合＝3；非常符合＝4
C4 我孩子所在的学校足球氛围浓郁，参加足球运动的同学很多	很不符合＝0；不太符合＝1；不能确定＝2；比较符合＝3；非常符合＝4
C5 我孩子所在学校的足球队成绩较好	很不符合＝0；不太符合＝1；不能确定＝2；比较符合＝3；非常符合＝4
D1 我的孩子有喜欢的足球明星作为偶像	很不符合＝0；不太符合＝0；不能确定＝2；比较符合＝3；非常符合＝4
体育新闻媒体的宣传、引导对您的孩子参与足球运动有促进作用	很不符合＝0；不太符合＝1；不能确定＝2；比较符合＝3；非常符合＝4
D2 我的住所附近有足球场	很不符合＝0；不太符合＝1；不能确定＝2；比较符合＝3；非常符合＝4
D4 我的住所附近有很多积极参与足球运动的邻居	很不符合＝0；不太符合＝1；不能确定＝2；比较符合＝3；非常符合＝4

2. 足球后备人才流失影响因素的二元 Logistic 回归结果分析

通过上文对各自变量与后备人才流失的单因素分析，已初步了解了各自变量对足球后备人才流失的影响。但是单因素方差分析只能得出自变量对因变量是否存在影响以及对因变量影响的方向，并不能得出各变量对因变量的影响程度,因此无法深入分析各变量对足球后备人才流失的影响大小。并且在进行以上各变量与足球后备人才流失的单因素分析时,难以控制其他变量对后备人才流失的影响,因此,得到的结果可能存在误差。

在本课题研究中,为了避免上述问题的影响对研究结果的分析,将采用建立 Logistic 回归模型的方法对研究数据进行更进一步的分析和统计。

本课题利用统计学软件 SPSS20.0 对数据进行分析。将各自变量进行共性诊断,结果显示,容忍度均大于 0.1,在 0.379～0.876 之间、方差膨胀因素在 1.649～2.942 之间、条件指数小于 30、特征值不等于 0,以上结果说明自变量之间没有严重的共线性问题,可以建立 Logistic 回归模型。本课题采用二元 Logistic 回归分析,自变量采用进入(Enter)方式。

在研究性别、年级、参加足球训练的时间、父母职业、父母学历、父母足球训练经历、影响的同时,为了能够分别分析它们对足球后备人才流失的影响程度,将个体因素、人际间因素、组织因素和社区因素所包括的所有自变量作为解释变量进入回归模型。

结果表明(表 18),如果解释变量的回归系数为正,且 P＜0.05,则意味着随着变量的数值的增加,足球后备人才的流失率也在增加;反之,如果解释变量的回归系数为负,且 P＜0.05,则意味着随着变量的数值的增加,其足球后备人员的损失逐渐减弱。因篇幅有限,如下呈现的是统计学意义的结果:

表 18　足球后备人才流失的影响 Logistic 模型回归结果

变量名称		B	S. E.	Sig.	OR	EXP(B)的 95%C. I.	
						下限	上限
常量		2.475	2.269	.275	11.879		
年级	一年级			.001			
	二年级	1.969	0.749	.009	7.16	1.649	31.096
	三年级	2.339	0.857	.006	10.367	1.931	55.648
A1 兴趣因素	很不符合			.000			
	非常符合	.256	.895	.044	1.292	.224	7.465
	比较符合	−1.255	.681	.065	.285	.075	1.083
	不能确定	−1.163	.417	.005	.313	.138	.708
	不太符合	.330	.383	.389	1.391	.656	2.948

续 表

变量名称		B	S. E.	Sig.	OR	EXP(B)的95%C. I.	
						下限	上限
A3学习成绩因素	很不符合			.006			
	非常符合	1.984	.602	.001	7.273	2.234	23.673
	比较符合	.721	.625	.249	2.057	.604	7.007
	不能确定	1.482	.569	.009	4.400	1.443	13.417
	不太符合	1.301	.595	.029	3.672	1.145	11.775
B2家长支持因素	很不符合			.006			
	非常符合	1.345	.155	.001	6.753	2.234	3.673
	比较符合	.963	.261	.249	3.027	.604	2.423
	不能确定	.561	.957	.009	4.670	0.553	3.435
	不太符合	4.555	.673	.029	2.526	1.136	8.44
B8班主任支持因素	很不符合			.024			
	非常符合	.267	1.117	.811	1.306	.146	11.647
	比较符合	1.365	.462	.003	3.917	1.584	9.686
	不能确定	.236	.634	.710	1.266	.365	4.387
	不太符合	1.011	.397	.011	2.749	1.262	5.988
A3学习成绩因素	很不符合			.006			
	非常符合	1.984	.602	.001	7.273	2.234	23.673
	比较符合	.721	.625	.249	2.057	.604	7.007
	不能确定	1.482	.569	.009	4.400	1.443	13.417
	不太符合	1.301	.595	.029	3.672	1.145	11.775
B2家长支持因素	很不符合			.006			
	非常符合	1.345	.155	.001	6.753	2.234	3.673
	比较符合	.963	.261	.249	3.027	.604	2.423
	不能确定	.561	.957	.009	4.670	0.553	3.435
	不太符合	4.555	.673	.029	2.526	1.136	8.44

续 表

变量名称		B	S. E.	Sig.	OR	EXP(B)的95%C. I.	
						下限	上限
B8 班主任支持因素	很不符合			.024			
	非常符合	.267	1.117	.811	1.306	.146	11.647
	比较符合	1.365	.462	.003	3.917	1.584	9.686
	不能确定	.236	.634	.710	1.266	.365	4.387
	不太符合	1.011	.397	.011	2.749	1.262	5.988
C3 学校政策因素	很不符合			.066			
	非常符合	2.532	1.175	.031	12.577	1.257	125.852
	比较符合	—.325	.531	.541	.723	.255	2.047
	不能确定	—.764	.432	.077	.466	.200	1.086
	不太符合	—.050	.322	.875	.951	.506	1.786
C4 学校足球氛围因素	很不符合			.024			
	非常符合	2.126	.705	.003	8.385	2.105	33.390
	比较符合	.689	.693	.320	1.992	.513	7.742
	不能确定	1.211	.626	.053	3.358	.984	11.457
	不太符合	1.284	.665	.053	3.610	.981	13.281
C5 学校足球队成绩因素	很不符合			.010			
	非常符合	2.001	1.218	.100	7.396	.680	8.414
D1 足球明星因素	很不符合			.011			
	非常符合	1.944	1.171	.097	6.985	.703	6.376
	比较符合	3.164	1.057	.003	23.659	2.978	7.940
	不能确定	3.235	1.117	.004	25.407	2.848	6.651
	不太符合	2.436	1.058	.021	11.432	1.438	9.865

注：**：P<0.01；* P<0.05。

（1）个体因素的回归分析

通过二元 Logistic 回归分析得出个体因素中年级因素、A1 兴趣因素、A3 学习成绩因素这三个因素对足球后备人才流失具有统计学意义（P<0.05），在

年级因素中，二年级和三年级在后备人才流失方面是一年级7.16和10.367倍，根据对学校的相关领导访谈得知，三年级流失人数较多，很多原因是因为学业压力；以兴趣因素（“很不符合”）影响足球后备人才的流失为参照组，“非常符合”的是参照组的1.292倍，以学习成绩因素（“很不符合”）影响足球后备人才的流失为参照组，“非常符合”的是参照组的7.273倍。

（2）人际间因素分析

通过二元Logistic回归分析得出人际间因素中B2家长支持因素和B8班主任支持因素这两个因素对足球后备人才流失具有统计学意义（P<0.05），以家长支持因素（“很不符合”）影响足球后备人才的流失为参照组，“非常符合”的是参照组的6.753倍，家长支持因素（“不能确定”）是参照组的4.670倍。以班主任支持因素（“很不符合”）影响足球后备人才的流失为参照组，“比较符合”的是参照组的3.917倍。

（3）组织层面因素

通过二元Logistic回归分析得出组织层面因素中C3学校政策因素、C4学校足球氛围因素和C5学校足球队成绩因素这三个因素对足球后备人才流失具有统计学意义（P<0.05）。以学校政策因素（“很不符合”）影响足球后备人才的流失为参照组，“非常符合”的是参照组的12.577倍。以学校足球氛围因素（“很不符合”）影响足球后备人才的流失为参照组，“非常符合”的是参照组的8.385倍。以学校足球队成绩因素（“很不符合”）影响足球后备人才的流失为参照组，“比较符合”的是参照组的32.175倍，学校足球队成绩因素（“不能确定”）是参照组的28.543倍。

（4）社区层面因素

通过二元Logistic回归分析得出社区层面因素中D1体育明星因素这个影响因素对足球后备人才流失具有统计学意义（P<0.05），以体育明星因素（“很不符合”）影响足球后备人才的流失为参照组，“比较符合”的是参照组的23.659倍，“不能确定”是参照组的25.407倍。

四、基本认识

（一）对于后备人才的认识

第一，本课题认为后备人才是个相对宽泛的概念。对于后备人才培养的形式也是多种多样的。尤其是国家开始“足球从娃娃抓起”的战略，其初衷也是增加后备人才的储蓄,从而提高国家的足球竞技水平。因此,从这意义上而言,足球精英基地对于后备人才的培养和输送是其中重要的作用。而对于基地所布点的学校中的足球运动员都可以认为是后备运动员。

第二,目前关于后备人才的培养多从竞技体育人才的角度进行研究,而对于如何从足球普及的角度进行后备人才的研究并不多见。正是基于此研究现状,本课题从布点学校的运动员的角度出发来研究后备人才的问题。

(二) 对于调查人群体的选定

第一,根据与学校足球教师、体育专家等的访谈得知,小学四、五年级的运动员相对来说更具有"后备人才"的意义。他们更加稳定,或者流失因素相对单一(学业压力)。因此,对于本课题的研究初衷不吻合——从足球基层普及的角度探讨流失问题,不能解决为何三年级前就大量流失的问题。而对于初中阶段的学生而言,后备流失的问题似乎更加明确,且难以解决和逾越,比如户口、升学等一系列问题。因此,也被排除在调查范围之外。综上所述,布点学校的一～三年级学生就被限定为本课题研究的调查范围。

第二,结合专家的意见,选取了杨浦、普陀和浦东新区足球情况开展较好的三个区作为样本点,在一定程度上可以反映上海足球精英基地布点学校运动员流失的基本情况。但各个区具有很大的差异性,因为本课题的时间和精力有限,将会在今后的研究中弥补该缺陷,力争扩大样本区域,做到更加全面和客观。

(三) 关于样本量

虽然本课题研究尽量本着全面性和普适性的原则,但由于调查流失运动员的特殊群体,在实际操作层面有着很多的困难,比如问卷的回收和发放。同时,相对于非流失的人群而言,流失人群的数量相对较少。因此,三个区共收集到了 153 份流失问卷。同时,本课题也进行了 641 份非流失运动员的相关调查,便于后续研究的对比,但在此研究中没有呈现这部分研究成果。

五、结论与建议

(一) 简要结论

第一,青少年足球精英培训基地足球运动开展状况良好。通常在下午放学后、双休日和寒暑假进行足球训练，训练时间60～90分钟。

第二，部分学校管理人员对青少年足球运动的开展支持程度比较高，学校领导直接过问或安排专人负责、间接过问足球训练的学校有14所，占77%。学校在足球开展方面所面临的困难主要是缺乏优秀的教练员、场地及训练设施不足等问题。

第三，从调查统计和实地走访发现，大部分学校都有适用于开展足球运动的场地。但通过对学校管理人员的访谈得知：学校场地基本能够满足足球队的训练需要，但对于日常体育课和其他运动项目的训练来说，如果想更好地发展体育运动则远远不够。

第四，流失人员家长的职业为国家机关、党群组织、企业、事业单位人员所占比例最高，占30.9%，家长从事商业、餐饮、旅游娱乐、医疗辅助及社会和居民生活服务工作的占24.5%。家长文化程度普遍较高，球员父母的文化程度为大专或本科的占61.3%，研究生及以上学历的占24.7%。

第五，流失人员的家长中不会踢球的所占比例最高，占64.8%，未接受过任何足球训练但会踢球的家长占18.3%，接受过校队训练的家长占12.9%。

第六，球员当初参与足球训练的参与动因主要是强身健体，健身塑形。

第七，二年级是足球后备人才流失的分水岭，且男生多于女生。其中流失球员的训练时间在一年以下的最多。

第八，足球后备人才流失的个体因素为：年级、兴趣因素、学习成绩因素；人际间因素为：家长支持因素和班主任支持因素；组织层面因素为：学校足球队成绩因素、学校政策因素、学校足球氛围因素；社区层面因素为：体育明星因素。

（二）几点建议

第一，增加足球场地及设施。虽然本研究中足球场地不是影响训练的因素，但正如调查所得，目前的场地现状虽然满足了日常训练的需求，但是长期更好地发展该项体育运动，场地的需求还没有得到满足。家长和运动员对此方面的感知不明显。而该问题的解决需要更多足球教练员的呼吁和相关管理部门的重视。

第二，考虑到二年级是人员流失的分水岭，这与家长和班主任的支持度、学业成绩、学校足球氛围、明星效应等影响因素有关，这在本研究中得到充分的证实。可以从如下几方面着手解决此问题：

一是形成家长、校长、教练员、孩子四位一体的校园足球发展合力。学校加强教育,扩大宣传力度,营造体育运动光荣的氛围,增强学生的体育参与意识。如可利用家长会、专题报告会等形式,将参加体育锻炼和足球活动益处向家长和孩子进行宣传。此外还可邀请家长与孩子共同参加比赛活动,家长可以作为志愿者,与孩子一起享受足球运动带来的乐趣,进一步提高足球运动的参与度。

二是组织学生现场或录像观摩各大比赛,介绍运动明星的成长历程。调动各种资源将运动明星请进校园,与学生面对面,培养学生对足球运动的情感,增加他们对这项运动的热爱。

三是制度建设。学校层面从一年级开始进行足球的普适性教育,最大限度地吸纳更多的运动员加入,取消人数限制,增加参与足球参与的基数。扩大低年级运动员的后备人才的基数。到二年级开始建立入营协议,以保证训练人数和锻炼次数。

四是管理人员素质提升。在本课题的调查中发现,凡是运动成绩好、学习成绩也好的学生,都与学校的足球运动管理人员、教练员、班主任和任课老师对学生的支持和鼓励密不可分。这些教育和训练人员对学生的关爱包括运动、平日成绩、时间安排、日常上课、家庭表现等细节上,对学生保持着系统和全面的关爱。同时,学校在职的相关教育人员之间能够通过专门的工作群保持着畅通的沟通。这和学校的足球训练的管理人员的教育意识非常相关,因为这部分群体是学校全职的工作人员,相比较外聘的教练员群体,他们对学生和教师又有着天然的沟通条件。因此对学校在职的足球运动管理人员的素质进行培训显得更为重要和关键。

五是教练员业务能力的提升。对于教练员需要更多体现在对于教法和训练意识的培养上,教练员、教师、足球管理人员各司其职,全方位服务学生训练工作。

六是激励机制。学校应出台对于班主任教师的鼓励措施。建立足球训练参与人数、出勤率、课后辅导次数、运动员的比赛成绩、文化成绩等指标体系,对班主任从精神和物质上进行奖励,鼓励班主任对于训练缺课的同学进行额外补偿,增加其对运动员的认可度。

七是考核机制。对于运动员的考核适当给予鼓励,缓解家长和学生的焦虑,可以在一定程度上缓解学业和足球训练的矛盾。

第三,本课题研究显示,学校的政策因素、足球队的成绩等是影响流失的重要因素。这是解决运动员流失的关键问题。

在现行体制下，抓“文化课成绩”的普遍意识下的根本动因就是升学。因此，建立畅通的升学机制，做好对口升学工作的对接，就显得非常紧迫和重要。

此外，如果足球特长生身份能通过加分、特招等形式在升学中起到越来越重要作用，则能在一定程度上带动家庭、学校和社会各界支持足球事业。高校可以设立“足球奖学金”，重点中学也可设立优待政策鼓励吸引优秀球员入学。当然，保障升学的可靠性最为重要，相关部门要完善相关法律法规。另外，扶持政策需要区级政府积极响应，在上海各个地区推进落实。

参考文献

[1] 上海市体育局关于印发《上海市青少年足球精英培训基地建设方案》的通知[EB/OL]. 上海市体育局，2015

[2] 平萍. 上海青少年足球精英培养新举措[N]. 中国体育报，2015

[3] 张干先. 影响青少年参与足球运动的社会因素分析[J]. 今日科苑，2010

[4] 张宏家，关莉，于泉海. 影响青少年参与足球运动社会化因素的调查研究[J]. 沈阳体育学院学报，2009

[5] 吴家荣. 大学生参与足球选项课的影响因素调查与研究[J]. 运动，2012

[6] 戎岩. 家庭因素对合肥市小学生参与足球运动影响的研究[D]. 北京体育大学，2015

[7] 关莉，张宏家. 影响青少年足球运动普及的家庭因素的调查与分析[J]. 沈阳体育学院学报，2005

[8] 欧超，张东亮. 对少儿家长支持子女参加业余足球训练态度的调查分析[J]. 体育世界，2006

[9] TUCKER P, GILLILAND J. The effect of season and weather on physical activity: a systematic review [J]. Public health，2007

[10] 青成明，罗钮欣. 成都市中小学足球运动开展情况调查明[J]. 科教文汇，2008

新媒介“人际网络”与大学生体育健康促进研究

雷　禹*

1992 年，国家教委发布了《全国普通高等学体育课程教学指导纲要》；2003 年，教育部办公厅印发《全国普通高等学校体育课程教学指导细要》，提出“增强体质、促进健康、提高运动素质”的主要目标；2007 年，以迎接 2008 年北京奥运会为契机，中共中央、国务院下发《中共中央国务院关于加强青少年体育，增强青少年体质的意见》；2009 年实施的《全民健身条例》中第三章第二十一条明确提出：“学校应该保证学生在校期间每天 1 小时的体育活动。”研究表明，青少年每天参与体育活动 1 个小时可以明显地改善身体形态和身体机能，提高身体素质，增强体质健康，还可以改善学生的心理健康水平；2014 年，党中央、国务院将“全民健身”提升为国家战略，2016 年 10 月，国务院印发《“健康中国 2030”规划纲要》，向公众再次强调了普及健康生活、全民健身运动的理念。大学生群体作为国家教育培养中的潜力人才，其体质健康、身心发展都是需要格外重视的问题。

21 世纪以来，以互联网为代表的新媒介逐渐深入并深刻地影响着人们的生活，以其“互动性强、参与度高”的特点，改变着人们的人际交往方式。在新媒介的作用下，人与人、国与国之间的交往已经突破了地域、语言、文化等限制，成为一个交错穿行的网络。中国互联网络信息中心（CNNIC）公布的《第 36 次中国互联网络发展状况统计报告》显示：在我国数量庞大的网民中，人数接近 3 000 万的在校大学生是最活跃的新媒体用户群体。由健康促进理论几十年的发展，以及目前国内关于体育健康促进的现有研究成果，可以得出，体

* 本文作者单位：上海交通大学医学院。立项编号：TYSKYJ2018082。

育是健康促进、健康教育的最佳途径。而在大学生体育锻炼的动机中,"与朋友交流社交"占了很大的比重。同时,在影响大学生体育锻炼因素中,"缺乏练习伙伴"也起到了很大的影响。因此在大学生体育健康促进研究的问题上,必须梳理"人际交往"或"人际网络"在其中发挥的作用。因此,本课题将研究方向定为新媒介下的"人际网络"与大学生体育健康促进的影响。

一、研究意义

(一)理论意义

新媒介"人际网络"给予大学生更自由、广泛的人际交往舞台,可以了解陌生人的生活趣事、爱好需求;也给予了大学生更多资源与平台,大家可以根据自己的兴趣,进入相应领域的讨论区,与互不相识的伙伴分享该方向的知识与收获。但"人际网络"极强的自主性和虚拟性,也严重影响、侵占着大学生的上网时间,使大学生陷入网络暴力语言、陷入虚假信息的情境,不利于身心健康塑造。因此,正确认识、充分了解新媒介"人际网络"在大学生体育健康促进中的积极或消极作用,并加以利用、引导,必要且紧迫。

(二)现实意义

在读的大学生群体庞大,大都面临着学习、就业、生活、感情等各方面的强大压力,做好思想政治工作不能仅仅依靠传统的培养方式,而要根据高校大学生现阶段的行为特点,即大学生群体对新媒介及其产生的"人际网络"的深度依赖,制定真正适合且行之有效的,能够稳定提高、改善大学生群体体育健康、心理健康的培养方案。

二、国内外比较研究

(一)国内外研究综述

1. 新媒介人际网络

目前国内对于新媒介的研究,主要聚焦于:新媒介对于大学生生活的影响,新媒介互动性、参与度、虚拟性等特点,怎样加强对大学生的引导这几方面。

国外的研究，则主要研究人际网络过程中人与人的交往互动，如新媒介扩大了人际网络的辐射面与可能性、新媒介也加深了人际网络互动中的焦虑与孤立状态等。人际交往指的是人与人之间在交往的过程中建立的社会关系与心理联系，新媒介对人际交往方式的深刻影响形成了我们这里所说的新媒介"人际网络"。

2. 大学生体育健康促进

健康促进是指以组织的手段，鼓励社会、家庭、个人以科学的方式，提高和改善自身健康（包括身体和心理）。大学生体育健康促进指的是在大学生群体中，倡导以体育锻炼的方式，以个体身体为工具，追求身体与心理的健康状态。

国外对健康促进的研究已较为成熟，已有的研究成果有 Pender 的健康促进模式、PRECEDE-PROCEED 健康促进模式、规律性运动等。

国内的研究以"知识、信念、行为"、计划行为理论、体育在其中发挥的作用等理论为代表。

（二）国内外已有相关成果

现阶段国内对此方向的研究主要集中于对新媒介特点及人际网络对大学生生活的影响等方面，但没有具体到对大学生体育健康促进这一方面的作用；相反的，从健康促进的角度出发，学者们倒是经常提出健康促进对于人际交往的正向作用，包括人际交往或人际网络成为影响大学生体育锻炼、健康促进的重要影响因素。

国外的研究侧重于新媒介"人际网络"过程中人与人之间交往的互动，部分研究提到了人际网络与体育健康促进两者双向作用的关系。

三、研究思路和内容

（一）研究目的

依据现阶段高校大学生行为特征，针对在沪就读的学生，制定有效且适合的，能够稳定提高、改善大学生群体体育健康、心理健康的培养方案。同时正确认识、充分了解新媒介"人际网络"在大学生体育健康促进中的积极或消极作用，并加以利用、引导，使其最大限度发挥对大学生体育健康促进的正面且积极作用。

（二）研究视角

本课题希望根据新媒介、人际交往、体育健康、健康促进几方面已有的研究成果，以大学生群体现有的行为特征为落脚点，将新媒介下“人际网络”的形成与利弊，其对大学生体育健康促进起到的正面与反面作用进行梳理。本研究拟采用交叉学科的方式，以传播学、心理学、体育教育学等专业知识，探索新媒体“人际网络”与大学生体育健康促进两者的交互关系，希望能为日后研究提供新的视角。

（三）研究路径

通过分析新媒介“人际网络”的形成、发展现状，尤其是对高校大学生的生活、学习方面的影响，结合大学生体育健康促进的现有理论研究与实践教学，调研、分析两者之间的相关性以及前者对后者的具体作用关系，以探索新媒介“人际网络”对大学生体育健康促进的正确方向，提出引导建议方案，力图推动高校大学生体育健康促进的实践与发展。

（四）科研手段

通过新媒介“人际网络”和大学生体育健康促进的基础理论研究，探讨高校发挥人际网络对大学生体育健康促进正向作用的可适用理论。通过现有研究、调研成果，借鉴目前国内外成熟的健康促进模式，并结合新媒介“互动性、参与度、传播快速”等特点，运用专家访谈法等多种方法，研究新媒介“人际网络”如何发挥对大学生体育健康促进的正向作用的基本理论与模型。

（五）研究创新点

本课题是对健康促进与人际网络关系由“单向”向“双向”影响的观念转变。以往关于体育锻炼、健康促进的相关研究成果，均通过调查、文献研究等方式，单一强调体育健康的影响因素、男女行为区别以及对个体的积极或消极影响，部分成果关注健康促进对人际交往的正向作用，并以论文、数据等方式进行表述，但尚无研究详细阐述两者之间双向的交互影响。

在新媒介“人际网络”对传统人际交往方式产生重要变革的今天，如何看待大学生的人际网络，以及如何发挥人际网络对体育健康促进的正向作用，是本课题重点关注的问题。

四、新媒介背景下大学生体育健康促进的现状与挑战

（一）现状分析

1. 新媒介背景下，高校大学生的人际交往转化成了人际网络

新媒介突出的“互动性、参与度、虚拟性、快速性”等特点，将世界变成地球村，人与人之间的交往关系也由面对面的交往行为转变成人际网络。新媒介传播速度快、传播内容具冲击力和震撼力的特点，符合并充分满足大学生接受新事物能力强、步入个人社会化需求阶段的属性，大学生成为打造和构建最活跃、普及率最高的人际网络的代表群体。以社交网络QQ为例，QQ群聊设有选人创建与分类创建两种建立方式，包含熟人与学校（即同学、亲友、家校）、兴趣娱乐（即游戏、粉丝、影视音乐等兴趣爱好、同城购物等生活休闲）、学习交流（即投资传媒等行业交流、托福雅思等学习考试、业主装修等置业安家、品牌产品等），将相同地区、相同兴趣和相同需求的陌生人联系在一起，进一步拓宽人际网络。

此外，还有面对面建群的微信群聊、个人或官方公众号、附近、摇一摇等提供更便捷的交流途径；微博则更依据兴趣选择关注相应的推荐人物，互不熟悉的人可以在同一微博下方评论交流，了解关注对象在关注和了解的信息；美食、美妆、健身、生活、情感、娱乐、头条、时事等各层面的博主提供了广泛的信息与广阔的互动平台。还有Facebook、知乎、贴吧、Twitter等各式各类社交网站社交App，将更多的人纳入互联网大网络中，也拉近更多志趣相投、天各一方的陌生人间的距离，由一点带动一片甚至一面，形成真正意义上的人际网络。

2. 人际网络对大学生产生的影响更具体、显性地体现在体育健康方面

人际网络拓宽了大学生人际交往的空间与范围，丰富了人际交往的形式与内容，可了解陌生人的生活趣事、爱好需求，如支付宝或微信的“运动”板块，会实时展示朋友圈好友的步数情况。人际网络也给予了大学生更多的资源与平台，大家可以根据自己的兴趣，进入相应领域的讨论区，与互不相识的伙伴分享该方向的知识与收获，如Keep等App，聚集了一大批业余或专业健身爱好者，以互相打卡、分享经验的方式进行交流。

总体来看，新媒体人际网络在一定程度上增强了大学生体质健康，此外，大学生通过运动、健身等方式提升身体健康的同时能促进新媒体人际网络的进一步形成和强化。具体分析如下：

(1) 新媒体人际网络产生体质健康促进作用

随着科技的进步与互联网络的飞速发展，越来越多的人将自身纳入网络世界的大体系，通过网上交流与互动实现线上交友与维持联系的目的，并将自身人际网络由线下交际拓展并融入人际网络整体结构中，由新媒体产生并推动下形成的人际关系在当代青年人尤其是大学生中占据很大部分比重，新媒体的社交功能不仅起到形成并维系人际关系网，并通过某种程序的设计、App的研发与使用对大学生体质健康起着促进作用。

一是燃起运动热情。健身类 App 作为一种新型的体育锻炼辅助手段，对于促成大学生体育锻炼行为意向、习惯养成效果显著。以社交软件巨头微信为例，其微信记步的功能在推广以后对用户群产生广泛影响，越来越多的人对“每日步数排行”给予极大关注，甚至将排行榜截图分享至朋友圈等，掀起了一场步数运动风。其中，因个人步数累计与朋友圈内对比以折线图的方式呈现，无形中使运动过程实现以形象化图文的方式直观比较。无论是出于减肥、健身等目的还是其他情况，短时间达到运动成效是不现实的，而大多数人更需要通过直观的变化为自己提供动力与激励。咕咚网创始人申波曾经阐述这样一则理念：“运动的人是孤独的，运动社交增加了用户活跃度，易提高用户黏性。”而现有的社交软件设计有运动排行，使用者可看、可学、可交流，并通过在社交网络中与身边的好友进行对比，具象化图文展示使运动的过程被有效地记录，能为受众的情感宣泄提供物质载体，满足了大多数人的“成就感”。

二是宣传健康知识。提高大学生体质健康水平，首先要让其清楚地认识到体质健康的重要性，这种健康观念的提升，可以借助微信平台的推送和“人际圈”朋友的直接宣传。当越来越多的人关注运动与健身，相对应的市场活力将被激发并通过技术者进行多方面、多角度的开发。仍以微信步数排行榜为例，更多的人关注步数排行而参与运动并完成分享的过程，会提升受众对运动、健身的整体关注度。与之相对应的健康知识、运动方式、运动方法、健身塑型的方式方法会被相应关注并广泛推广。除此之外，以微博为例，因自选感兴趣内容，越来越多的人会在朋友或者朋友关注的博主里看到关于运动常识等方面的广泛信息，一定程度上宣传了健康知识和正确的运动方法，为大学生体育健康促进保驾护航。其中，移动互联网微信公众平台在健康知识的宣传方面占重要地位。如微信公众号“全民跑步”的栏目设置就包括跑步技巧、感人文章、运动名人等，这三个栏目分别刊发全民跑步技巧文章、全民跑步感人文章、全民跑步名人的文章，只需进入公众号便可点击查看。微信公众平台是一个高度开放的信息平台，具有开放性和普及性的特点，微信公众平台以其开放性的特点，通过对“体育”“健康”“运动损伤与处理”“裁判”“体质评估”和“体育竞赛”等知识进行普及宣传，可弥补大学生对健康知识的欠缺。

三是激发健身参与。微信运动可以直接影响锻炼行为，即使用微信运动越积极的人，每天的计步数据越多或者是有意去多运动的频率更高。其一是在“群体效应”影响下个体运动心理的变化。如在上述“社交网络晒运动成果赢赞”的成就感作用下，用户往往将其运动轨迹图、步数统计、运动量排行等的相关截图发布于社交媒体上，当社交媒体上出现越来越多与运动相关的分享内容时，运动的热情和氛围会被数倍放大，这将进一步激发更多的人加入运动计步，进而晒出运动成果，形成循环反复的过程。而由此产生的社交及运动信息不仅会显得更加真实，也会感染更多的受众群体加入全民健身的队伍。其次是“签到打卡”形成连带作用，有利于提升运动者的坚持力。以健身应用Keep为例，可通过每日签到、与小伙伴一起约健身打卡等方式促进伙伴之间的督促检查作用。在这里，人际网络在运动健身过程中起着监督、带动、互相鼓励与支撑的作用，在“别人能做到我也能做到”、“小伙伴今天完成了任务我也不能落后，要尽快完成今日运动任务”等心理暗示下，实现在比较中提升运动参与能力。再者，通过“摇一摇”“了解附近”等应用程序的开发，可对附近同类运动人群发挥吸引合力，实现体育信息资源的高度共享，也在潜移默化中提升大众对于全民健身的积极性。

四是实现科学运动。以Keep为例，Keep是由北京卡路里信息技术有限公司推出的一款移动私人健身类应用软件，它可以根据使用者身体信息(性别、年龄、体重和锻炼的目的等)为锻炼者制定一些健身内容，内容会针对人群的不同、器械的不同和每个阶段健身目标的不同来制定，并记录每天训练的次数和组数。同时，既然是一款手机App，它会实时地提醒用户每天打卡的情况、锻炼的次数、锻炼的分钟数、消耗的卡路里、健身计划和健身进度完成情况，并根据每天锻炼情况和消耗的卡路里，对锻炼者一天的饮食情况提出合理的建议。对于很多青年人而言，健身常挂在嘴边，坚持的人却是少数。健身知识匮乏、无人指导、三天打鱼两天晒网等是普遍存在的问题。而Keep含有真人同步视频训练课程，锻炼者可以根据自身身体状况来选择适合自己的训练课程，高阶段的健身锻炼者还可DIY健身内容。类似于Keep等各类App的开发一定程度上为当代大学生自主参与运动或健身活动提供更科学、专业的指导，使健身运动不盲从、不无效，真正塑形塑体，提升大学生体质健康，也因此越来越受到年轻人的青睐。

五是其他联动效应。首先是以支付宝计步器与蚂蚁森林、QQ运动步数与公益捐赠挂钩、微信步数每日排行榜及捐赠步数和步数挑战等为代表，以行动实现微公益，不仅能起到运动强化身体素质的作用，还能助力公益活动，提升运动意义，也同时激发了参与者的责任心。部分微信公众号会推出运动打卡计划，通过报名参与活动，坚持一个月里每日打卡5公里参与最后抽奖活动，以实际奖励为激励因素，汇聚爱好者群体相互鼓励，实现公众号关注度提升与参与者身心受益的共赢结果。其次是以微博关注的博主推荐健身、塑形类视频等为典型，通过步骤简单、可操作性强、耗时耗力较少的短视频跟学，实现碎片化时间锻炼和强身健体，并进一步缓解运动者的身心压力。最后，抖音、西瓜视频等短视频软件多推广生活妙招、娱乐搞笑类视频，在督促使用者参与其中满足自身参与感或其他需求的同时，利用各类正能量视频起到调节工作、学习压力，舒缓心情、提升愉悦感等的作用，帮助使用者调节自我情绪。这种通过新媒体促进身心健康的方式可在在人际网络空间中得到最大限度的共享，一定意义上也以网络联动的形式多方面促进网络参与者身心健康的实现。

(2) 新媒体时代体质健康促进的方式对人际关系有重要影响

伴随新媒体时代到来的还有电子产品依赖化、智能产品普及化等系列现象，学习、工作、休闲、娱乐、购物、出行设计、酒店预约及运动健身都可以实现在移动电子产品所提供信息下实现。在铺天盖地的App、应用席卷现代人生活的时候，体育运动的实现也有赖于电子产品。如健身类App、跑步类应用层出不穷，这些应用除了提供运动方式、运动建议和运动规划，还有两个更显著的作用：

一是通过兴趣关注结识更多共同爱好者，拓宽现有人际网络。志趣相同的人有了一个聚集到一起的平台和机会，这促进了人际关系的发展。以微博为例，爱好相同的人可以通过相互关联的网络被发现，相应的群组、话题都给予上网应用者发现、认识更多人群的机会，QQ群组更是便捷了一群人的相互交流、督促和提醒。互联网背景下社交方式及社交信息的多样化实现人际交往的扩大并进一步强化人际关系网。

二是以互相提醒勉励的方式，缩短陌生群体间的距离。心理学研究表明：在互相勉励下坚持度过艰难时光的人，更容易产生亲近感。如大多数青年人抱怨的那样：有一颗健身的心，没有健身的坚持；有一份减肥的果决，没有贯彻果决的行动力。很多青年人存在最明显的问题即在近乎痛苦的运动过程中大多数人会半途而废，长久的陪伴和互相勉励的坚持显得尤为重要。当一方在社交网络中得到陌生人的鼓励坚持完成了自我运动计划，这个陌生人也将随着计划完成的愉悦心情而被完成者纳入其朋友体系内，人际关系正式建立。

通过以上种种情况的分析可以发现，新媒体环境下人际关系的建立更易实现，网络上简单的互动行为都可能成为人际关系的重要发展，因此在进行健身体育运动的过程中，其方式方法的选择越来越依靠线上网络实现，这对新媒体人际关系的发展有影响作用。同时，新媒体人际网络在形成过程中对大学生体育健康发展也起较大激励和催促作用，形成了互动互利的双向过程。

（二）新媒介“人际网络”给大学生体育健康促进带来的挑战

新媒介“人际网络”以其极强的自主性和虚拟性，影响、侵占着大学生的上网时间，影响身体健康状态；也容易使大学生陷入网络暴力语言、陷入虚假信息的情境，不利于个体心理健康的塑造。因此，我们必须正确认识、充分了解新媒介“人际网络”在大学生体育健康促进中的积极或消极作用，并加以利用引导。

1. 上网时间过长影响身体健康

研究表明，上网3小时以上会对大学生的体质健康产生明显的负效应。分析其原因有多方面因素：大学生持续上网时间长，大脑神经中枢持续处于高度兴奋状态，引起血压升高、植物神经紊乱、体内激素水平失衡、免疫功能降低。长时间上网(尤其是通宵上网)使身体运动“替代性减少”，且与睡眠障碍、饮酒和食欲下降等成正相关。此外，上网成瘾者一旦停止上网，则会出现急性戒断综合征，表现为头昏眼花、食欲下降和体重减轻等。长时间上网还会使心脏功能减退、血液循环变慢、血液流量减少、肌肉供养量不足，引起肌肉僵硬、酸痛乃至萎缩，对身体健康造成极大损害。表1显示不同上网时长对大学生身体健康水平的影响存在较大差别。

表1　大学生每天上网时间与体质健康各指标的相关性检验结果

	df	Asymp Sig(2 - sided)
身高标准体重-平均每天上网时间	3	0.087
身体机能-平均每天上网时间	3	0.008
身体素质-平均每天上网时间	3	0.003
男女体质健康等级-平均每天上网3 h以内	1	0.198
男女体质健康等级-平均每天上网3～5 h	1	0.044
男女体质健康等级-平均每天上网5 h以上	1	0.001

2. 上网方式不当导致身体机能受损

大学生长期长时间上网会使身体处于僵化状态，相对固定的部位有头部、腰部、手臂与腿部等，其后果普遍为视力下降、肩周炎、颈椎病、腰椎间盘突出等病症。最显著的表现是：颈椎病的患病概率逐年提升，且患者年龄结构越显年轻化。反映了大多数上网的青年人因长期沉迷网络，或不注意方式造成永久性影响，如长时间低头玩手机导致颈椎、腰间盘等关节问题突出。此外，智能手机等类的电子产品对人体有辐射作用，且因使用者未保持安全距离，除辐射造成的皮肤质量下降、脱发、恶心等问题外，还对视力有着不可逆的损害。类似的问题在青年人尤其大学生中呈普遍现象。

3. 网络信息参差不齐影响受众身心健康发展

互联网是一个自由广阔的平台，任何人都可以畅所欲言地发表自己的观点和见解，其中不乏“网络喷子、键盘狗、段子手”等网民的存在，低俗、封建、迷信、淫秽信息与正能量精神并驾齐驱一同传播发展。面对如此庞大的网络世界，各种良莠不齐的思想、文化、价值观相互激荡、相互影响融合，很容易对辨识力低的青年学生思想产生潜移默化的影响。

新媒体时代各种信息已经对青少年的思想带来前所未有的冲击，容易使青少年陷入价值观的迷途。网络用户尤其是当代青年学生理应进一步提高辨识度，如网恋遇害的案例已呈急剧上升态势，青年尤其是当代大学生应时刻保持警惕意识，防止上当受骗，以防身心健康受到进一步的伤害。

五、新媒介“人际网络”下大学生体育健康促进新模式构建

利用新媒介“人际网络”体系推动大学生体育健康促进研究，要正确把握

新媒介“人际网络”中互动性、参与度、传播快速等特点，以“体育健康促进”为核心，搭建校内大学生健康共享平台，并做好健康知识的普及、正确积极的健康观念构建、健康习惯的养成等理论教育，并进一步落实体育锻炼、健康行为的教育。

新媒体形势下，社会进入“大众麦克风时代”。人人都是信息的制造者、消费者，并且此形式呈现多向、无序传播的特点，信息量空前巨大，而新媒体互动的无序性、隐蔽性，又使得对信息源头的查找难度剧增。因此在推动新媒体互动下人际关系形成的过程中，开展大学生体育健康促进要注意把握如下几点因素：

（一）加强大学生新媒介体育健康相关的网络技术研究

通过研发设计兼安全性和趣味性于一体的大学生类体育运动 App 应用，不仅激发大学生体育运动的兴趣，保证其体育运动的同时与同伴进行交流互动、在相关社区进行个人运动成果的发布，同时还须保障大学生用户基本的信息安全。

一是帮助大学生不断促成大学生体育锻炼行为意向、习惯养成。

二是通过新媒介人际网络相关 App 软件记录大学生运动过程，提供物质载体进行情感宣泄，满足大学生运动成果展示的“成就感”。

三是在新媒介人际网络交流中，在技术源头上保障新媒体时代大学生用户的信息安全。

（二）加强新媒介人际网络中的大学生体育健康促进的信息管理

对良莠不齐的信息进行严格监管与把控，防止大学生在体育健康运动的人际交往过程中因信息的繁杂与低俗影响大学生网民的身心健康。政府应尽快成立完善的舆情监控、分析体系，同时完善法律法规，加强对日益庞杂、失真严重的网络信息的监管，争取从法律层面、政策层面抑制不良信息的出现，让大学生群体能在更安全、健康的网络环境中锻炼和运动。

同时，政府还应该利用好新媒体时代的便利条件，以新媒体渠道发布更多关系民计民生的政务信息，也可以及时关注舆情走向，在重大新闻、事故中发挥正向引导作用，清理网络谣言环境，为大学生用户提供更真实、有效的信息参考。对于新媒介人际网络中的大学生体育健康促进也需类似“意见领袖”的师生进行引领和管理。

（三）引导大学生正确认识和对待新媒介人际网络

正确引导大学生看待和评价网络社交。建立专职的网络行为引领管理系统，比如师生网络评论员，根据形势需要，对网络上的热点问题、敏感问题进行积极、合理的评论，践行和倡导积极规范的网络交往行为，为普通网民树立学习榜样，发挥积极正面的影响。

加强网络道德教育，提高大学生群体的网络知识素养，让大学生掌握、认可网络社交以及网络道德标准基本要求，从而能树立起正确的规范的网络道德观。

同时，合理构建规范，发挥网络积极作用，加强网络社区管理的规章制度建设，规范大学生的网络交往行为。让大学生能够合理、科学的参与网络生活，不过度上网影响身体健康、不沉迷网络影响学业进步，鼓励大学生群体利用好身边的网络资源，在倡导健身、提倡健康的各类社团人际网络中，逐步养成良好的生活、运动习惯。

（四）通过新媒体“人际网络”渠道带动科学运动

利用各类新媒介 App 互动社区，引导学生树立正确的体育价值观，提倡大学生在自己能够承受的运动量内开展活动，避免不当运动造成肌肉溶解、抽筋等身体问题，或造成膝盖、肌肉等运动不可逆损伤。通过传统媒介与新媒介，如报刊、广播、网站、微信公众号、微博等多种渠道，全面、广泛地开展科普性的健康、运动宣传活动，为大学生提高体质、强健体魄提供良好的引导环境。同时，从健康宣传和设施完善两方面努力，促进大学生形成体育锻炼意识和体育锻炼习惯，引导学生从被动接受体育锻炼变为主动参与。

（五）加强学校体育文化建设

加强校园内的体育锻炼器材和设施建设，优化大学生群体课内课外的体育锻炼环境，在校园内打造“健康第一、终身体育”氛围。可根据教师、学生的爱好、需求，通过新媒介平台发布和组织成立学生体育组织，如各种球类俱乐部、健身俱乐部、艺术体操队等，使学生的特长得到充分的发挥；可结合新媒介技术对体育锻炼器材和设施进行监控、管理，大学生可以通过新媒介平台对设施和场地进行自主选择和预约，让教师、学生真正成为校园体育文化活动的主人。

六、结语

以网络技术的发展为基础形成的网络媒介进一步加强了人们联系的纽带，QQ、微信、BBS、微博等均是其生动表现形式。而新媒体的社交功能兴起的初衷，一方面是促进信息的传播，促进人类文明的繁荣演进和不断满足人们日益增长的精神文化需求；另一方面，“人的本质在其现实性上是一切社会关系的总和”，人作为个体需要在交往中形成多种关系。

新媒体为个体的交往提供了更多途径，促进了新媒体“人际网络”的形成并在此过程中通过运动健身的互动形式对大学生体育健康起促进作用，新媒体人际网络与大学生体育健康是相互促进的，其中不乏有互联网作为“双刃剑”衍生出的种种问题影响大学生身体心理健康。但可通过加强规划与信息管理，设置新型引导方式、开发研制新型应用程序等多种方式来规避风险，推动大学生体育健康促进工作。

参考文献

[1] 黄中华. 移动健身 APP 对大学生体育锻炼行为意向和行为习惯的影响[J]. 浙江体育科学，2018

[2] 蔡卫清. 体育运动 APP 对全民健身活动的影响研究[J]. 青海师范大学学报(自然科学版)，2016

[3] 何军，黄宏芮. 运动类 APP 对体育锻炼行为促进和体育习惯养成的影响[J]. 体育世界(学术)，2017

[4] 王卫明，王楠. “互联网+运动”的策略与启示[J]. 新媒体与社会(个案研究)，2017

[5] 耿红霞. 基于互联网平台对大学生体质健康的促进研究[J]. 体育大视野，2018

[6] 刘西成，邓朝华. 微信作为运动社交产品对锻炼行为的影响研究[J]. 中国卫生统计，2018

[7] 肖婷. “微信运动”的发展与正负向功能[J]. 调查与研究，2018

[8] 张玉秀. 大学生上网方式的体质健康效应研究[J]. 江苏技术师范学报，2012

[9] 刘芳梅. 网络成瘾对大学生体质健康的影响及干预对策研究[J]. 北京体育大学学报，2016

[10] 黄文菁，王黎. 大学生手机微信有效利用对策研究——以江西应用技术职业学院为

例[J]. 纳税,2017
[11] 孙嵬,莫月红. 健身类APP对大学生体育锻炼的影响[J]. 民营科技,2017
[12] 李泳仪. 网络时代大学生人际交往行为研究[D]. 湖南师范大学,2014
[13] 孙志伟. 基于健康促进理论下大学生体育运动行为影响因素的调查研究[D]. 华东师范大学,2010

第3篇

体育产业

上海建设国内外重要的体育资源配置中心：标准与战略

杜　梅　江浩岚*

上海市人民政府2015年第26号文件《上海市人民政府关于加快发展体育产业促进体育消费的实施意见》明确提出，到2025年上海将打造成国内外重要的体育资源配置中心，开创全国体育资源配置中心建设的先河。围绕这一目标，首届上海体育资源配置峰会于2017年11月举行，提出将建立体育资源共享的交易平台，挖掘体育资源的潜力，实现体育资源高效率流动。目前，峰会已经成功举行了两届，但上海对建立体育资源配置中心的设计尚未完成，在体育资源配置方面仍由许多困惑和不足存在，可见设计一套体育资源配置中心的标准是必要的。由于我国目前没有成熟的体育资源配置中心案例可供借鉴，且鉴于经济、社会、文化等的差异，也无法直接照搬国外体育发达城市的经验，因此本研究通过与北京、纽约、伦敦三座国内外公认体育资源配置状况较好的城市进行比较，建立发展目标。

一、理论研究基础

（一）概念解读——国内外重要的体育资源配置中心

上海提出打造成为国内外重要的体育资源配置中心是上海对城市体育产业发展目标的定位，也符合上海建设全球城市的总体目标，对于汇聚体育资源、引导体育产业健康发展具有重要战略意义。然而，这一目标定位实际上非

* 本文作者单位：华东理工大学。立项编号：TYSKYJ2018002。

常抽象概括,如何将上海这座城市打造成为国内外重要的体育资源配置中心,须从准确解读这一定位的含义开始。本课题将从体育资源、资源配置到体育资源配置中心逐步推进,尝试进行解读。

1. 体育资源

资源是指在一定区域内各类要素的总和,由自然资源和社会资源共同组成,自然资源是指区域中原本就存在的资源如阳光、空气、水和树木等,社会资源是指人类通过劳动创造出来的。体育资源从性质上来判断是属于社会资源,由人类创造出来并且造福于人类。

对于体育资源的界定,国内目前来看主要分两类:

一类是从体育资源的功能出发,有专家学者提出体育资源是对增强人民体质和提高运动水平的各种资源的总称。另一类是既明确了体育资源的功能又指出了体育资源的构成要素。比如,专家学者认为体育资源是社会用于体育活动、为扩大体育人口和提高竞技运动水平而进行的物质、资本、人力、时间和信息等方面的投入。还有专家学者认为体育资源是指人类从事体育生产或消费是所要用到的包括人力、财力、物力等有形资源以及包括信息、科研、管理制度、政策法规等无形资源。再有专家学者认为体育资源是人们在参与各种体育活动时所需要的人力、财力、物力、时间、信息、组织及政策法规等资源的总和。

在上述概念界定中,政策法规是公共资源,不属于市场配置的标的,而且对政策法规的简单量化评价也不符合科学规律。因此,本研究结合相关学者的概念,并排除了无法与国内外发达城市进行量化比较的要素,认为体育资源是指有利于人类发展体育产业和体育事业的人力、财力、物力、赛事和组织资源的总和,既包括有形资源也包括无形资源。

2. 资源配置

社会资源相对于人类的需求而言,总是呈现一种无法完全满足性,因而需要通过合理的配置将资源的潜力发挥到最大。我国目前体育资源一直处于紧张的状态,总是供不应求,不能满足大众的体育需求,资源配置就显得尤为重要。专家学者认为经济中各种资源在不同使用方向上的分配使用就是资源分配;还有专家学者认为资源配置就是各种资源通过在不同使用方向的开发和利用,由此形成有效分配。

从资源配置目的角度,有专家学者认为资源配置就是各投资方将资源投入发展过程中,协调各投资方的利益分配,以此达到资源产生效益的最大化。

可见,资源配置就是将有限的资源在各种用途上进行比较、加以选择,以获取各方利益的最大化。

3. 体育资源配置中心

从理论层面来看,根据企业资源配置力理论,企业的竞争力取决于企业所拥有的资源的数量、质量和企业对资源进行定向整合的能力,对于国内外重要的体育资源配置中心而言,既需要集聚一定数量的优质的体育资源(即体育资源配置范围或集中程度),又需要具备在世界范围进行体育资源整合、创新、控制、分配的能力(即体育资源配置能力)。

从城市发展来讲,体育资源配置是更广泛全面的资源配置中的一个细小分支,了解全球资源配置中心的概念有助于我们更好地把握体育资源配置中心的内涵。上海城市规划建设的目标是在2035年基本建成"卓越的全球城市",上海市决策咨询委员会委员一专家认为,全球城市的基本内涵就是全球化的资源配置,应当在世界范围内对资源流动和配置发挥作用,他认为未来作为全球城市的上海要在经济、金融、航运、贸易、科创、文化领域承担国家战略,在全球资源配置中发挥较大作用。按照周振华的全球城市理论,国内外重要的体育资源配置中心不仅仅是吸收外部体育资源在上海沉淀,而是要构筑体育资源配置的平台、提升流量。广州在2016年明确提出要建设成为全球资源配置中心,并为此组织了多场学术会议、专家论证和媒体对话活动,专家认为,全球资源配置中心是指能够在全球范围对资源的用途、布局和流向进行整合、创新,并能够控制、分配和激活资源的城市,不仅要实现资源集聚,更要主导资源配置。可见,全球资源配置中心要至少具备几个基本特点:集中度、配置力和全球化。

因此,国内外重要的体育资源配置中心应当是能够集聚和主导国内外体育资源的用途、布局和流向的城市,具备较强的体育资源整合、创新和分配能力。

(二)体育资源的相关研究动态

1. 国内体育资源配置的相关研究动态

国内学者对公共体育资源配置的公平性和效率给予了较多关注。有专家学者指出,我国的体育资源配置现状中缺乏效率和公平性,特别是人力资源、投资资源、场地资源等有形资源配置,配置不均衡,效率不高。还有专家学者认为,实现公共体育资源配置均等化是将公平和效率为目标,在2005～2011

年间(不包括2010年),体育公共服务均等化水平有明显的二阶段特征,与当地的经济发展水平有很高的相关程度。

再有专家学者研究指出,我国体育资源配置水平的地区差异发现,整体呈现先上升、后下降的演变趋势,其中西部地区内的差距最大,其次是东部地区,中部地区的差距最小,在样本考察期内,全国、东部、西部地区内部体育资源配置水平的差距呈下降态势,而中部地区体育资源配置水平的地区差距则呈上升态势。其发现,我国体育资源配置水平状态流动性较差,并预测,如果按照当前体育资源配置发展模式,我国体育资源配置水平将长期处在中低水平和中等水平。

在资源配置评价方面,有专家学者运用德尔菲法构建了包括5个一级指标、12个二级指标和23项三级指标的公共体育资源配置公平性指标体系,包含了人力资源、物力资源、财力资源、组织资源和信息资源五大方面。

还有专家学者也根据自己的研究目标构建了不同的评价指标体系,大大丰富了我国公共体育资源配置公平性和效率研究。对于解决体育资源配置中存在的问题,部分学者也从不同视角提出了策略。有专家学者指出,根据目前的体育资源利用状况,要充分发挥社会体育资源整体效应的理念,转变传统资源利用观念。再有专家学者指出,针对我国目前大城市中体育资源开发存在资源优势不清、资源聚合力不强、开发主体单一、市场化不足等问题,应积极采用综合开发的方式,加强资源聚合能力。

不少专家学者,提出了政府作用、市场机制和社会文化是我国转型背景下体育产业资源整合的主要动力,推动整合体育产业的资源;指出在公共体育资源配置中政府和市场之间的相互作用,协调好双方的关系是优化配置的核心,各自发挥自己的优势相互配合,形成“有效的市场”和“有为的政府”协同治理。总体而言,给出的建议主要是导向性的建议,对实际体育资源整合或市场与政府协同治理的实践指导还不够具体。

2. 国外体育资源配置的相关研究动态

美国、英国、澳大利亚等国家政府也对体育资源配置在不同社区、人群的公平性方面给予了较多关注,在政策法规层面提供了较好的保障。学界对于体育资源配置的研究主要是从微观层面研究体育资源配置的公平性和效益。比如,路易斯维尔大学的一名副教授认为,在美国的全国大学体育协会(NCAA)中存在着资源分配不公平的现象,赞同公平分配的一级机构管理人员会将资源更多地分配给女性体育运动,而真正影响营销资源分配的人则会将资源分配给男性体育运动。阿肯色大学专家在对美国国家管理结构(NGB)管理人员对奥林匹克运动的金融资源分配公平性的研究中,基于NGB的预算规模、会员规模和在奥运会上的实际结果的分析,发现在分配的公平性上确实存在差异,并且会随着结果的变化优化资源分配。

对于设施经济效益的问题,田纳西州纳什维尔范德比尔特大学的一名经济学教授提出,对公共体育场馆对当地经济的影响,经过调查研究,纳税人对公共体育场馆进行投资,最终的潜在收入会超过了可能对自身造成的负担,企业与公共部门以及公共部门内部通过相互提供有竞争力的价格来提高资源分配过程中的效率。

(三)国内外体育资源的研究评价

综观国内外相关研究可见,学者们对于体育资源配置的关注点集中在资源配置的公平与效率问题上,对于上海体育资源配置中心建设具有重要参考价值,因为高效率和公平性是资源配置中心的必备“素质”,但却无法回答“国内外重要的体育资源配置中心”的标准问题,更无法就上海如何建成体育资源配置中心给出参考建议。

二、体育资源配置中心指标体系构建

(一)体育资源集中程度指标

关于体育资源集中程度,大量的关于公共体育资源配置公平性、配置绩效评价的研究成果为本研究提供了重要参考。本课题首先综合分析了不少专家学者所选取的一级指标(表1)。可见,专家学者们从各自的研究目标出发,构建的指标体系存在一定的差异性。

表1　上海体育资源配置范围指标体系

序号	指标名称	指　标　出　处
1	人力资源	任海等(2001);隋路(2011);唐晓辉等(2012);张大超(2014);韦伟、王家宏(2015)
2	物力资源	任海等(2001);隋路(2011);唐晓辉等(2012);张大超(2014);韦伟、王家宏(2015)

续 表

序号	指标名称	指 标 出 处
3	财力资源	任海等(2001);隋路(2011);张大超(2014);韦伟、王家宏(2015)
4	信息资源	任海等(2001);隋路(2011);张大超(2014);
5	组织资源	张大超(2014);韦伟、王家宏(2015)
6	时间资源	任海等(2001);隋路(2011);
7	文化资源	唐晓辉等(2012);
8	效益	韦伟、王家宏(2015)

鉴于上述研究以公共体育资源为研究对象,不能全面反映体育资源的范围,本课题进一步结合如下参考资料进行梳理:一是2015年《国家体育产业统计分类》11－37－52三级分类体系的具体内容;二是全球化与世界级城市研究小组(Globalization and World Cities Study Group and Network,GaWC)对全球城市的评价指标之一“强大的体育社群,如体育设施、本地联赛队伍,以及举办国际体育盛事的能力和经验”;三是英国“世界顶级体育城市”评价指标体系。综合学者研究及上述指导性文件和获得广泛认可的评价体系,梳理出体育资源集中度指标体系(表2)。

表2 体育资源集中程度指标

一级指标	二级指标	三 级 指 标
体育资源集中度	人力资源	教练员数量(人)
		运动员数量(人)
		社会体育指导员数量(人)
		体育产业从业人员数量(人)
	物力资源	体育场地总面积(万平方米)
		人均体育场地面积(平方米)
		体育场馆数量(个)
		万座以上大型体育场馆(个)
	财力资源	政府投资(万元)
		体育产业生产总值(万元)

续　表

一级指标	二级指标	三级指标
体育资源集中度	财力资源	体育产业占GDP比例(%)
		体育彩票销售额(亿元)
		体育彩票用于体育事业发展金额(亿元)
	赛事资源	国际级赛事数量(场)
		国家级赛事数量(场)
	组织资源	国际体育社会组织数量(个)
		国内各级体育社会组织数量(个)

(二)体育资源配置能力指标

有专家学者认为资源配置能力包含了配置规则和配置技术。配置规则包括配置制度、法律法规、政策支持三个方面。其中,配置制度主要包括政府配置、市场配置和混合配置。本研究认为在国际化的体育资源配置中心定位下,资源配置制度应当逐渐实现与国际接轨,即市场成为调节资源配置的主体。同时,要有健全的法律法规保障资源配置的公允性,必要的政策支持保障公共资源使用的开放性、透明性,从而确保作为资源配置中心城市的公信力、吸引力,实现健康、可持续发展。配置技术是实现资源分配的工具和手段,在不同的配置制度安排下,配置技术也有所不同。资源配置技术是确保资源配置到位的必要媒介,在市场为配置主体的机制下,信息交换服务和产权交易服务是配置技术的核心(表3)。

表3　体育资源配置能力指标

一级指标	二级指标	三级指标
体育资源配置能力	配置规则	配置制度
		法律法规
		政策支持
	配置技术	信息交换服务
		产权交易服务

因此，总体而言，本文构建的国际体育资源配置中心评价体系包含了体育资源集中程度和配置能力2个一级指标、7个二级指标、22个三级指标。

三、国内外主要城市比较分析

（一）体育资源集中程度

近年来上海各类体育资源呈现总体增长态势。运动员、教练员等人才数量基本稳定，人均体育场地面积逐年上升，政府积极思考提高公共场馆开放率、开放学校体育场地、利用广场空地、改造闲置厂房仓库、兴建郊野公园等措施增加体育场地设施供给。自国务院46号文颁布以来，上海各级政府部门重视体育产业发展，出台大量扶持政策，2017年上海体育产业总量达到1 266.93亿元，实现增加值470.26亿元，保持上升趋势。上海对体育事业、产业的财政投入近几年总体呈现增长趋势。体育彩票公益金积累和用于体育事业使用的经费变化不大，对体育事业的支持保持着一定的力度。

在赛事资源方面，目前长期入驻上海的顶级赛事有网球大师赛、世界斯诺克上海赛、F1中国大奖赛、环球马术冠军赛、国际汽联世界耐力锦标赛、国际田联钻石联赛上海站、上海国际马拉松等数十项。近年来上海承办的全国性赛事的数量一直处于增长的趋势，2017年承办了超过100场全国体育赛事。目前上海正在努力打造国际著名体育赛事之都，大力支持引进大型国际赛事和培育本土赛事IP，不断丰富其赛事资源。在信息资源方面，2015年上海联合产权交易所在国家体育总局、市体育局和社会各界的支持下增设了体育资源交易平台，涵盖了赛事运营和冠名权，场馆运营、租赁和冠名权等资源的交易服务。随着2017年、2018年两届体育资源配置上海峰会的举办，平台的目标功能也在逐渐变得更加丰富。

上海体育资源的不断丰富使得在实现国内外重要的体育资源配置中心建设目标上不断提升，但具体发展水平如何，还需要与体育发达城市进行比较。本课题选取北京、纽约、伦敦三个国内外体育城市与上海进行比较分析，寻找差距，确定发展目标。北京举行过2008年的夏季奥林匹克运动会，并且在2022年即将举办冬季奥林匹克运动会，体育资源集中程度和配置能力在全国范围内属于前列。纽约是美国的第一大城市，市内拥有大量的体育场馆供市民使用，并且在美国四大联盟中都各有两只成绩不俗的球队,像MLB的纽约洋基、纽约大都会,NBA的纽约尼克斯和布鲁克林篮网,体育文化历史悠久,市场运作成熟。伦敦于1908年、1948年和2012年举办过三届夏季奥林匹克运动会,对举办大型体育赛事有着丰富的经验。纽约和伦敦分别于2016年、2018年获得国际体育商业(Sport Business International)评选的终极体育城市称号,意味着它们是全球顶级体育城市。

为比较四座城市的体育资源集中程度,本课题研究主要在上海市体育局、上海市统计局、北京市体育局、北京市统计局,NYC open data,NYC,UK Sport,Sport England, London Sport等国内外城市的相关政府、机构网站检索,获取各指标数据。如表4所示,呈现的是各个城市2016年的数据(有特别说明的除外)。需要说明的是,由于不同国家统计机构的设立初衷和统计范围不完全相同、统计指标有差异,因此导致部分指标数据缺失。

表4 上海、北京、纽约、伦敦体育资源最新数据对比

体育资源		上海	北京	纽约	伦敦	备 注
人力资源	教练员(人)	1 289	1 188	1 260①	1 993②	① 高中教练员人数;② 2016年新增注册人数
	运动员(人)	1 042	1 621	430①	505②	① 仅为五大联盟俱乐部中的职业运动员数量;② 仅为部分超级/甲级俱乐部中的职业运动员数量
	社会体育指导员/志愿者(人)	55 211	48 858	—	800 000①	① 指每周至少参与1小时社区体育服务的志愿者人数
	从业人员(万人)	11.42①	14.4②	19.4③	—	①③ 体育与文化娱乐业从业人员;② 体育产业从业人员。

续 表

体育资源		上海	北京	纽约	伦敦	备 注
物力资源	体育场地总面积(万平方米)	4 392.32	4 759.83	11 300①	3 303.88②	① 为市政公园面积;② 为大型公园与开放场地
	人均场地面积(平方米)	1.83	2.25	13.2	3.75	
	体育场馆个数(个)	38 505	20 075	4 274①	13 304	① 仅为公共体育场馆
	万座以上大型场馆(个)	6	5	8①	15	① 大都会地区,不完全统计
财力资源	政府投资(万元)	24 474.8	121 697.14	3 421.7①	15 166.2	① 仅为公园数据
	体育产业生产总值(亿元)	1 266.93	1 154.6	0.2①		① 仅为公园数据
	体育产业占 GDP 比例(%)	1.6	0.9	2.9①	2.0②	①② 分别为美国、英国的数据
	体育彩票销售额(亿元)	32.14	60.9	91.5		
	体育事业所用体育彩票(亿元)	3.25	8.4	—	—	
赛事资源	国际级体育赛事(场)	61	18	37	22	纽约、伦敦数据来自二手资料
	国家级体育赛事(场)	101	44	40	12	
组织资源	国际体育社会组织数量(个)	1	3	1①	5②	①② 仅为 IOC 认可的单项体育联合会数量

续　表

体育资源		上海	北京	纽约	伦敦	备　注
组织资源	国内各级体育社会组织数量(个)	386①	319②	8③	276④	① 2014 年数据;② 2014 年数据,含 97 个国家级体育社团;③ 不完全统计,仅包含国家级国家橄榄球等五大职业联盟总部和单项体育社团;④ 社区体育俱乐部

注:数据来源于上海市体育局,上海市统计局,北京市体育局,北京市统计局,中华全国体育总会,北京市体育总会,NYC open data,NYC,UK Sport,Sport England,London Sport。有特别说明的除外。

横向比较上海、北京、纽约和伦敦的体育资源,上海目前在绝大多数指标上都处于相对落后的水平。具体比较分析如下:

1. 人力资源

从人力资源来看,在教练员人数上,上海与北京数量相差不大,仅指体制内竞技体育教练员的数量,并不能全面反映两座城市具有资质的教练员总人数。鉴于纽约、伦敦的数据也不完全,仅占其有资质的教练员总数的一小部分,尤其是伦敦,仅 2016 年一年新增教练员人数就接近 2 000 人,约为上海目前竞技体育教练员人数的 155%,因此可以粗略地判断上海与顶级体育城市仍存在差距。

在运动员人数上,上海、北京呈现的是竞技体育运动员人数,而纽约、伦敦的数据仅包括了其部分最高水平的职业俱乐部运动员的数量,可比性不强。值得注意的是,有关专家学者认为,职业化是未来竞技体育发展的方向,代表着“一个国家的体育核心竞争力”。目前的竞技体育运动员的职业化转型存在诸多体制机制的障碍,在高水平职业运动员的培养、职业体育俱乐部的运营管理上国内城市都有很长的路要走。

社会体育指导员数量配比,上海与北京基本相同,是 0.2%,即每 100 名居民配备 0.2 名社会体育指导员,而伦敦活跃的配比接近 10%,服务供给远超出上海的水平。

上海体育产业的从业人员数量还太少,占劳动力人口的 0.7%。北京市不包含娱乐文化类的人数就超过了上海包括娱乐文化类在内的人数3 000人左右，占其劳动力人口的1%。同样是体育和文化娱乐业，纽约市的从业人员占纽约市劳动力人口的4.7%，远超出上海的水平。可见，人力资源是上海建设体育资源配置中心的短板，也是今后的努力方向。

2. 物力资源

从物力资源来看，上海在体育场馆数量上领先于其他城市，但各个城市统计范围和方法的不同对该指标影响较大，人均体育场地面积和万座以上大型体育场馆数量更具有直接可比性。上海人均体育场地面积在4座城市中最少，只有1.83平方米，伦敦为3.75，纽约因为包含了公园面积，高达13.2平方米，可见上海的体育运动场地还是比较短缺的，人均不足2平方米限制了参与人数、参与时间，也限制了对场地面积要求较高的运动项目的发展。万座以上的大型体育场馆数量上海与北京相仿，纽约大都会区2 015万人口拥有至少8座大型专业场馆，伦敦则更多，有15座大型专业体育场馆。这些大型专业体育场馆为体育赛事、职业体育发展提供了必要的硬件资源。可见，上海在群众性和专业化体育场馆设施两方面都有待提高。

3. 财力资源

从财力资源方面比较，从政府财政投资数字来看，上海与北京比较有一定差距，但总体要远超过纽约和伦敦，这与我国和美国、英国的体育管理体制不同有关系，竞技体育基本由政府包办，财政投资的相当一部分都用于竞技体育训练竞赛，上海竞训费用占到财政支出总额的47%，北京这个比例更高，达到51%。如果扣除竞训支出，上海财政投资大约为15 419万元，与伦敦相当。纽约由于数据仅包含了政府对公园的投资，无法进行准确比较。

从体育产业占GDP比例来看，上海为1.6%，高于北京的0.9%，但是与美国和英国的平均数据比较尚有差距。彩票销售是城市发展公共事业重要的一部分，在国外的城市发展中也是不可缺少的一环，各个国家的体育彩票管理制度都规定一定比例的彩票收益用于投入体育事业的发展。比如英国所有的彩票收入的28%作为公益金，其中20%投入体育事业发展，这个比例是非常高的。2016年的数据显示，上海体育彩票的销售额只有北京的一半左右，约为纽约的三分之一，虽然没有伦敦的具体数据，但英国是体育彩票的发源地，也是公认的体育彩票销售大国，彩票经营管理已经颇为成熟。从投入体育事业发展的体彩公益金数额来看，上海仅为北京的39%，可见上海在体育彩票经营上还有进步空间。

4. 赛事资源

从赛事资源来看，目前长期入驻在上海的顶级赛事在数量上远超过北京，但上海在举办综合性、超大规模国际赛事上尚为空白。纽约和伦敦虽然国际级赛事数量不及上海，但赛事的影响力、经济效益远远超过上海。比如，纽约市的著名国际体育赛事美国网球公开赛，是网球四大满贯赛事之一，奖金综合超过5 000万美元，被163个国家和地区的电视台、电台直播、转播，是世界上最有影响力的赛事之一。纽约国际马拉松是世界六大马拉松赛事之一，声誉仅次于波士顿马拉松。此外，纽约在美国四大联盟中都有自己的队伍，职业棒球联盟的洋基队和大都会，美式橄榄球联盟的巨人和喷气机，美国职业篮球联赛的尼克斯和篮网，还有国家冰球联盟的岛人和游骑兵，职业赛事全年不断地上演。

伦敦举办过三次奥运会，留下了丰富的奥运遗产，也体现了伦敦市民对体育的热爱。这座城市里拥有92家注册俱乐部、15座正规球场，在英国职业足球俱乐部中，伦敦就占了13个，在全球商业价值最高的英国超级联赛中，伦敦拥有5支球队——切尔西、热刺、阿森纳、水晶宫和西汉姆联。每年在伦敦举行的国际马拉松比赛，与纽约国际马拉松一样，是世界马拉松六大满贯赛事中的分站，影响力很大。另外，泰晤士河上的牛津剑桥赛艇对抗赛也有着悠久的历史。可见，上海的国际国内赛事数量已经颇具规模，但在品牌打造和影响力塑造上还需提升。

5. 组织资源

从组织资源来看，上海对国际体育组织的吸引力略逊于北京，北京有国际武术联合会等3家国际体育组织，而上海仅有国际体育仲裁院上海听证中心一家国际性民办非企业机构。表4呈现的纽约和伦敦数据仅包含了国际奥林匹克委员会认可的国际单项体育联合会，纽约有1个，伦敦则有5个。由于历史、文化、语言等原因，纽约和伦敦在吸引国际组织入驻方面较我国城市有着更大的优越性，值得上海在推动国际化发展、建设卓越的全球城市过程中予以关注。

从各级体育社团数量来看，根据2014年的统计，上海有386家(不包括社区体育健身俱乐部、青少年体育俱乐部等民办非企业单位)，北京有319家，其中97家为国家级体育社团，仅从数量来看，上海具有优势。因此，总体来看，上海体育社会组织数量远超过伦敦的276家。但目前各级体育社团正面临转型发展，尤其是各城市区级体育社团，服务社会的功能发挥严重不足。

伦敦276家社区体育俱乐部承担着政府场地(占城市场地总数的38%)、

学校场地（占城市场地总数的33%）和其自有体育场地设施（占城市场地总数的12%）开放、青少年体育训练等任务，作用发挥较大。有专家学者认为，纽约的体育社会组织统计数据缺失，但从其所有的8个国家级体育协会和联盟总部来看，其影响力是大多数国内的市区两级体育社会组织望尘莫及的，运行也非常规范高效。

（二）体育资源配置能力

1. 配置规则

如表5所示，上海和北京都属于政府主导、市场参与的混合型配置机制，纽约和伦敦属于市场主导的配置机制。上海和北京两座城市目前的体育市场化水平还很低，因此依然是以政府为主导对体育资源进行配置，政府规划未来发展方向，政府能够动用大量的公共体育资源实现发展目标。

由发布年报的机构可以看出，上海和北京的公共体育资源基本都是由市、区两级体育局进行整合，正在积极探索采用向社会力量购买服务等市场化的方式实现供给，但总体来讲公共资源把控在政府手中，体育资源配置注重的是城市的整体发展情况。全国及地方性的法律法规非常多，专业性强，总体来看，规则制定存在数量大、效率低的特点。

表5　体育资源配置能力指标

二级指标	三级指标	上　海	北　京	纽　约	伦　敦
配置规则	配置制度	混合型	混合型	市场主导型	市场主导型
	法律法规	数量多、效力低	数量多、效力低	以综合性为主、约束面广、效力高	综合性+专业性、约束面广、效力高
	政策支持	购买服务、税收	购买服务、税收	税收、项目资助	税收、项目资助
配置技术	信息交换服务	政府网站、联合产权交易所、企业和社会组织官网、资源配置峰会	政府网站、联合产权交易所、中美体育论坛	NYC Open Data、纽约公园管理局等政府网站、职业体育联盟和俱乐部、场馆经营单位、体育类非政府组织、电视转播媒体、数据开放网站等、经纪人直接收集信息	Sport England, London Sport 等政府网站、体育协会网站、体育俱乐部网站、职业俱乐部网站等、经纪人直接收集信息

续 表

二级指标	三级指标	上 海	北 京	纽 约	伦 敦
配置技术	产权交易服务	联合产权交易所体育产权交易中心	体育产业资源交易平台(北京产权交易所、北京华奥星空科技发展有限公司)	职业联盟、经纪中介公司	行业协会、经纪中介公司

美国政府对体育事业的干预有限，在政府部门中，既没有专门的体育管理部门，也没有单独设置的管理体育的机构，但是政府中12个部门间接参与公共体育事业的管理，比如总统健身与体育委员会、卫生与公共服务部、教育部等。无论是体育产业、竞技体育或是群众体育，都是由成熟的体育组织和企业在其中发挥主要作用，政府间接管理。

由美国卫生与公共服务部带头与地方政府、社区和民间专业组织合作颁布的《健康公民》系列指导手册，每10年发布一次，用于促进国民健康的宣传指导。实际真正提供公共体育服务的组织是全国性和地方性的体育协会、体育俱乐部、社会体育组织、企业等。国家对非营利性的体育组织提供优惠政策，主要体现在税收优惠上。

另外美国联邦政府还设有体育与文化项目基金，以项目形式资助体育社会组织开展活动。在法律法规方面，美国关于体育的法律法规多融合于其他综合性法律法规文件中，比如《劳工法》《税法》《版权法》等，同时，早在1978年，美国就颁布了《业余体育法》，并于1998年进行了修订，完善的法律体系为规范其体育市场运行提供了保障。美国四大职业联赛还建立了自己的联盟仲裁法律机构，此外北美律师联合会也定期组织体育和娱乐法规论坛，成立了体育律师协会等。

英国体育资源配置机制与美国相似，政府也是间接管理模式，主要是制定体育政策和财政预算。但是英国稍有不同，政府中有统一管理体育事务的部门——文化传媒体育部，由英国体育理事会和英格兰体育理事会这两个组织进行实际执行，这两个组织负责将政府财政拨款和国家彩票公益金发放到各个组织和个人。

英国体育理事会主要发展竞技体育，英格兰体育理事会主要推动政府的体育目标实现，鼓励大众运动。还有一个是实现教育部制定的有关青少年的

体育运动发展的组织——英国青年体育基金，它为青少年提供有关体育培训、活动等的支持。政府通过这些机构鼓励公众参与体育，而社会中各级体育社会组织，像体育社团、体育俱乐部等才是提供公共服务的供给方。

伦敦市在 2014 年成立了一个名为伦敦体育的组织，旨在将伦敦打造为世界上最具活力的城市，该组织在 2015 年和 2016 年间分配的资源总价值超过 200 万英镑。英国也颁布了数量较多的专业性法律文件来规范体育市场运行，比如 1975 年的《体育场地安全法案》、1989 年的《足球观众法》、1991 年的《足球侵害法案》和 2000 年的《文化和娱乐法案》等，法治框架在体育管理中的重要性和约束力十分明显。

2. 配置技术

在信息交换服务方面，上海主要平台是线上有市区两级体育行政部门网站、上海政府采购网等政府网站、联合产权交易所及社会组织、企业的官网，但大多数社会组织和企业并未在官网建设上给予足够投入，存在更新慢、信息局限等问题。线下，上海自 2017 年开始举行每年一届的体育资源配置峰会，为期一天，吸引了主要是来自周边地区的政府、企业、赛事等前来招商或寻求合作。

北京线上资源与上海颇为相似，不同的是由于国家体育总局位于北京及国家级的体育社团组织较多，使得相应的线上的涵盖全国的信息资源更为丰富。另外，中美体育论坛每年一届，2017 年在纽约、2018 年在北京举行，参与的官员级别高，企业资质好、项目更优，与定位于目前上海的资源配置峰会不同，影响力也更大。纽约和伦敦的信息交换服务尤其是线上服务部分与上海颇为相似，主要来自各种性质机构的网站。线下，对于纽约和伦敦的职业体育俱乐部而言，活跃着一大批职业“球探”，比如，每个英超俱乐部大约会配备 10～15 名球探，负责收集球员信息，为引进球员做准备。成熟的联赛体系及部分项目选秀制度为球探们了解球员提供了丰富的机会。另外，纽约和伦敦体育传媒业发达，体育中介业发展已有近百年的历史，体育经纪人运行和管理机制均颇为成熟，为体育人才、赛事资源等信息交换提供了重要渠道。

在产权交易方面，上海与北京类似，均建有体育产业资源交易平台，主要从事：与体育赛事相关运营权、冠名权、票务开发、媒体转播权交易；体育场馆冠名、合作、经营权转让等；运动队俱乐部商务开发、运动员转会等；体育企业投融资；管理、团队、人才等引进、输出服务等业务。两个平台的业务内容基本一致。纽约和伦敦由于体育市场体系发达，主要通过交易双方谈判等形式达成交易，中介公司在体育信息交换和促成产权交易中发挥重要作用。

（三）国内外重要的体育资源配置中心标准体系

基于上文的对比分析和结合上海市的实际情况，本课题研究根据可比性程度，调整了部分指标，比如，鉴于在当前体制下教练员、运动员人数与国外城市缺乏可比性，在标准中去除了这两项内容。上海各级政府大力推进15分钟体育生活圈建设，取得显著成效，因此在资源配置中心标准设定中，本课题研究将只取更具备横向可比性的人均体育场地面积指标；体育产业规模取体育产业占GDP比例为指标。另外社会体育指导员人数、体育产业从业人员人数分别更改为社会体育指导员配比和体育产业从业人员占劳动人口比例指标，如表6所示。

表6　建设国内外重要的体育资源配置中心标准

一级指标	二级指标	三级指标	当前情况	标准及说明
体育资源集中程度	人力资源	社会体育指导员配比（%）	0.2	居民配比达到10%，提高活跃度
		体育产业从业人员占劳动人口比例（%）	0.7	4.7～5
	物力资源	人均体育场地面积（平方米）	1.83	不少于2.8
		万座以上大型体育场馆（个）	6	高水平职业俱乐部有专业化的主场场馆
	财力资源	政府投资（万元）	24 474.8	保持，可减少
		体育产业占GDP比例（%）	1.6	不低于3
		体育彩票销售额（亿元）	32.14	90
		体育彩票用于体育事业发展金额（亿元）	3.25	18
	赛事资源	国际级赛事数量（场）	61	稳定数量，提高质量
		国家级赛事数量（场）	101	稳定数量，提高质量，发展联赛
	组织资源	国际体育社会组织数量（个）	1	3
		国内各级体育社会组织数量（个）	386	稳定数量，激活功能

续　表

一级指标	二级指标	三级指标	当前情况	标准及说明
体育资源配置能力	配置规则	配置制度	混合型	市场主导型
		法律法规	数量多效力低	加强立法，提高效力
		政策支持	力度大	加强部门协调，提高执行效果
	配置技术	信息交换服务	网站、峰会	提高峰会水平
		产权交易服务	联交所	加强联交所功能发挥，发展体育中介业

本课题研究认为上海建设国内外重要的体育资源配置中心要向国际顶级体育城市看齐，首先是在制度上的优化，包括体育资源配置向市场主导型配置机制转变，推动职业体育俱乐部和职业体育联赛发展。

从具体指标来看，上海“十三五”规划提出到 2020 年社会体育指导员的数量要达到人口的 2‰，大约为 50 000 人左右，目前已经实现了这个目标，但对比伦敦的数据，配比是偏低的，从提高服务面和培育体育文化的角度考虑，应当提高配比，争取达到 10%。

同时，上海当前存在的一个大问题是社会指导员没有真正地发挥作用，带动大众积极参与体育活动和传授体育运动技能，因此还要注重提高指导员的活跃程度和实际能力。纽约市体育和文化娱乐业从业人员占其总劳动人口的比例为 4.7%，考虑在体育资源中人力资源的重要性，上海应当向纽约看齐。

上海目前在物力资源方面做得不够好，根据《“健康上海 2030”规划纲要》中提出的人均场地面积要求为 2.8 平方米，本研究认为从横向比较来看，应该努力达到这一标准，规划提供多种功能效益的城市绿地、体育场地，为大众提供更多参与体育运动的机会，提高市民进行体育活动的便捷性。为提高赛事资源、人才资源的集聚度，大力发展职业体育的同时建设大型、专业化的体育场馆也十分必要。本课题研究建议高水平，比如中超、CBA 俱乐部都应该拥有自己的专业化主场场馆。

应以市场为体育产业运作主体，政府的拨款用于公共体育事业的内容。体育产业生产总值要在“十三五”规划目标基础上保持继续增长，力争实现 3% 的 GDP 占比。

体育彩票销售是上海财力资源中的短板，在发达国家中，彩票销售是公共事业资金的一个重要来源，看齐纽约，政府应当采取措施提升彩票的整体销售额，让体育彩票业健康发展，丰富上海体育资源。

上海赛事数量已经在全国排名前列，与顶级体育城市比较，除了联赛规模小之外，在数量上来看已经颇具规模，建议稳定数量、提高质量、积极发展联赛。上海在提高国际体育组织入驻方面有待加强。各级体育组织数量规模已经颇大，重要的是激活功能。

四、上海建设国内外重要的体育资源配置中心的战略要点

（一）加快转变配置机制

上海目前的配置机制还是以政府调控为主，资源较为集中，同时也对政府财政支出造成压力。要加快转变目前资源配置的机制，使市场成为体育资源配置主体，利用市场的先导性，让政府从参与体育资源配置到汇集丰富资源，为资源配置提供服务和保障。政府今后的职能主要在保证大众的体育需求，提供公共体育产品，并且在宏观上把握体育产业的发展方向，从参与者转变为协助者和监管者。

抓紧完善法律法规体系，尤其是法律体系，既是上海体育资源配置中心建设的保障，也是吸引国内外资源集聚、开展交流交易的利器，有助于增强国内外资源主体的信心。在政策层面，要提升政策指导实效，鼓励市场自由竞争机制，保持体育市场活力，从而使体育资源得到合理的配置。在一些重点领域，政府与市场要共同合作实现资源的优化配置。

（二）建设资源配置平台

目前资源浪费现象的造成主要是因为资源与资源之间的信息交换不完全，建设体育资源配置平台，是将政府与投资者、资源与资本之间的距离拉近，将资源配置的过程更加透明化，也更能让资源流动到最合适的地方。要实现这一目标，以下两个平台建设很重要。

第一，体育资源交易平台。整合国内外体育资源，实现资金与项目、项目与项目的对接，做到“信息汇聚、资源整合、项目孵化、产品流转”，上海联交所

体育产权交易平台已经建成,功能还需不断完善,对国内外资源的吸引力有待提升。

第二,服务市民的体育资源终端平台。整合目前分赛的网络资源,构建一个统一的资源平台,市民能使用一个平台满足日常的体育需求。无论是公共的服务信息还是私人提供的服务信息,都可以在平台上发布。该平台将为培育上海城市体育文化、繁荣消费市场提供重要支撑。

(三) 提升本土资源质量

上海目前大部分本土资源质量较好,但对于要成为面向国内外的资源配置中心而言,仍有欠缺。

第一,要注重人才质量提升。加强体育产业从业人员,尤其是高素质的体育管理人才培养,加强产学合作,实现人才在实践和知识两个层面的提升。优化教练员、运动员的培养考核机制,以评价促提升。优化社会体育指导员年龄结构,提升活跃度和服务能力。

第二,场馆设施数量质量提升。作为一个国内外体育资源配置中心,场馆的标准要与国际化接轨,以国际级赛事的场地要求建设上海大型体育场馆及配套设施,保证各类国际赛事都能完美消化。从数量上,进一步提升人均场地面积,方便市民健身,同时,兴建专业化体育场馆满足职业联赛发展需求。

第三,尽可能开放体育资源,激活社会资本投入体育产业,活跃上海体育市场。

第四,挖掘本土赛事精品,以赛事输出为目标,对标国际水准进行赛事培育。

第五,提升体育社会组织的活跃度和社会责任意识,承担更多公共体育服务功能。

参考文献

[1] Greenwell, T Christopher, Mahony, Daniel F, Andrew, Damon P S. An Examination of Marketing Resource Allocation in NCAA Division I Athletics [J]. Sport Marketing Quarterly, 2007

[2] John Siegfried, Andrew Zimbalist, The Economics of Sports Facilities and Their

Communities [J]. Journal of Economic Perspectives, 2000
[3] Stephen Dittmore, Daniel Mahony, Damon P. S. Andrew, Mary A. Hums. Examining Fairness Perceptions of Financial Resource Allocations in U. S. Olympic Sport [J]. Journal of Sport Management, 2009
[4] 陈杰琼.我国体育产业政府管理体制改革的思路与对策研究[D].东南大学,2017
[5] 程云峰,李金珠.我国体育资源开发的利用战略构想[J].哈尔滨体育学院学报,1998
[6] 傅允生.资源配置能力与东部沿海地区经济增长[J].经济理论与经济管理,2007
[7] 骆秉全.浅议美国四大职业体育联盟的经营发展及特点[J].体育文化导刊,2005
[8] 梁金辉.公共体育资源优化配置问题研究[J].体育文化导刊,2008
[9] 李强谊,钟水映.我国体育资源配置水平的空间非均衡及其分布动态演进[J].体育科学,2016
[10] 任海,王凯珍,肖淑红,赵书祥,陈国强.论体育资源配置模式——社会经济条件变革下的中国体育改革(一)[J].天津体育学院学报,2001
[11] 冉令华,田雨普.泛资源背景下的社会体育资源协同观[J].上海体育学院学报,2007
[12] 中国职业体育如何解困[N].人民日报,2011
[13] 隋路.中国体育资源配置效率研究[M].社会科学文献出版社,2011
[14] 舒宗礼.有效的市场与有为的政府:公共体育资源优化配置的关键[J].成都体育学院学报,2015
[15] 宋忠良.国际体育中心城市评价指标体系理论与实证研究[D].福建师范大学,2012
[16] 徐茂卫,郑永芳.基于资源视角的我国体育产业资源整合的实施路径分析[J].武汉体育学院学报,2013
[17] 谢英.我国大城市体育资源综合开发问题的研究[J].武汉体育学院学报,2009
[18] 张大超,苏妍欣,李敏.我国城乡公共体育资源配置公平性评估指标体系研究[J].体育科学,2014
[19] 张伟,董川.我国体育资源配置公平与效率的实证分析[J].成都体育学院学报,2013
[20] 张颖慧,姚芹,李南筑.上海体育赛事发展的国际比较——以与纽约、伦敦、墨尔本的比较为例[J].体育科研,2010

新常态下促进上海体育消费的路径研究

徐开娟　黄海燕　朱启莹　曾鑫峰*

新时代人民日益增长的美好生活需要与不平衡不充分发展的矛盾成为社会主要矛盾。体育是美好生活需要的重要组成部分，体育消费作为最终体育需求形态，代表着体育领域人民美好生活需要的满足状况，同时也是体育产业发展的根本支撑。近年来，上海体育产业规模和质量不断提升，产业增加值从2015年的337.00亿元提高到2017年的470.26亿元，年均增长18.13%，总产出由2015年的910.13亿元增加至2017年的1 266.93亿元，增长39.20%；2017年体育服务业占比81.71%。体育消费已经成为上海精神文化领域和服务领域消费的重要组成部分，在上海体育产业转型升级和高质量发展中发挥重要基础性作用。

新形势下，积极顺应和把握上海体育消费趋势，以消费引领产业升级、促进经济增长，这有利于满足群众个性化多样化体育需求、增进民生福祉，有利于推动上海经济结构优化升级，激活上海经济增长内生动力，实现上海经济社会持续健康高效协调发展。本课题研究基于对上海体育消费现状的分析和对矛盾问题的梳理，提出促进当下上海体育消费发展的若干政策建议，为相关实践和决策提供参考。

一、上海居民体育消费调查开展情况

体育消费统计是促进体育消费的相关基础性工作。早前，全国范围内对

---

* 本文作者单位：上海体育学院。立项编号：TYSKYJ2018070。

于体育消费信息的系统关注和获取长期缺失。随着体育消费市场的日益活跃和体育产业的快速发展,系统开展体育消费调查工作必要性和紧迫性逐渐凸显。国内首次真正统计工作意义上的体育消费调查,出现在国家体育总局开展2007年中国城乡居民参加体育锻炼现状调查中,其对参加体育锻炼的人群体育消费基本状况信息进行了部分采集;2014年全民健身活动状况调查再次具体涉及20岁及以上人群体育消费金额水平和项目情况等内容。之后,在国务院《关于加快发展体育产业促进体育消费的若干意见》(国发2014〔46〕号)等政策文件推动下,上海率先建立起基于自然年度专项调查活动的体育消费统计调查长效机制并顺利推进。

自2016年开始,上海市体育局联合上海市统计局连续开展2015、2016、2017三个完整年度的居民体育消费调查。调查具体面向6岁及以上全市各区常住人口,区分6~17岁、18~59岁、60岁以上三个年龄阶段人群展开,旨在系统获取儿童青少年、中青年及老年居民个人体育消费情况信息,以服务后续有关形势分析与政策决策等。

为保证继续开展数据比较分析、参数推算等应用工作的有效性,调查整体采取多种措施,主要做好抽样设计、调查设施、数据汇总等各阶段质量控制工作。调查方案每年根据实际变化和过程经验,对分层比例、调查组织方式、数据收集渠道等作出部分修订和调整。调查统一采用按区域和年龄阶段人口规模比例分层抽样方式,保证主要指标对全市、各年龄段的统计代表性。

调查实施阶段,针对不同年龄段人群特征,分别采用不同数据获取方式:18~59岁人群消费信息收集通过96365平台、区县二维码等网络调查形式完成;6~17岁儿童青少年以线下学校渠道调查为主,并结合线上形式;60岁以上人群主要开展线下入户调查,各区体育主管部门统筹负责本区域各渠道调查工作。对调查数据的收集,线上部分由合作网络平台依设计要求筛查导出,线下部分由各区具体负责原始数据采集、录入和检查,上海市体育局统一验收,最终数据汇总整理由上海体育学院上海运动与健康产业协同创新中心独立完成,包括编码统一、数据复查、逻辑审查等。

各年度获取数据情况为:2015年6岁及以上居民有效样本64 042份,其中6~17岁儿童青少年6 609份、18~59岁人群40 168份、60岁及以上人群17 265份;2016年6岁及以上居民有效样本102 491份,其中6~17岁儿童青少年22 782份、18~59岁人群59 390份、60岁及以上人群20 319份。2017年6岁及以上居民有效样本90 554份,其中6~17岁儿童青少年6 303份,18~

59岁人群72 211份，60岁及以上人群12 040份。

二、上海居民体育消费发展概况

调查显示，上海体育消费总体水平取得超过同期经济社会发展的明显提升。与2014年全民健身活动状况调查结果相比，近年来上海体育消费在规模、结构、业态模式等方面都呈现较大发展。

规模方面，2017年上海市有体育消费人群占比79.9%，其中，6～17岁人群有体育消费的比例为89.6%，18～59岁人群有体育消费的比例为89.1%，60岁及以上人群有体育消费的比例为60.8%，均较2015、2016年稳定提升。从消费金额看，2017年上海居民人均体育消费为2 460元，占当年人均可支配收入比例4.2%，占人均消费总支出比例6.2%，同样均较前两年度有所提升(图1)。对比常年居民消费支出统计项目有关情况，2016年上海居民人均衣着消费支出1 734元，占人均消费总支出4.6%；教育文化娱乐消费4 147元，占比11.2%；生活用品及服务支出1 755元，占比4.7%；其他用品及服务支出1 018元，占比2.7%。

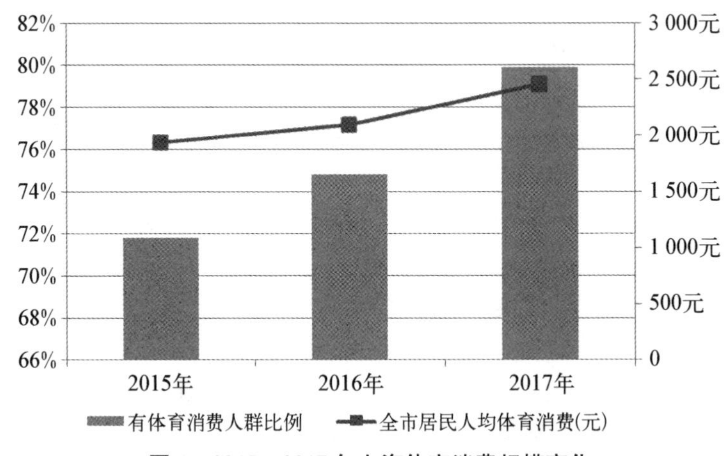

图1 2015～2017年上海体育消费规模变化

消费结构上，2017年实物型体育消费金额达1 338元，占消费总支出3.4%；服务型体育消费524元，占比1.3%；体育旅游及其他体育相关消费599元，总支出占比1.5%。不同年龄层次方面，2017年上海6～17岁人群人均体育消费为3 315元、18～59岁人群人均体育消费为3 205元、60岁及以上人群人均体育消费为915元。进一步统计结果显示，2017年有体育消费人群人均体育消费达2 915元，其中6～17岁人群人均体育消费为3 699元、18～59岁人群人均体育消费为3 596元、60岁及以上人群人均体育消费为1 503元。

有关消费业态，为有效反映体育消费领域新变化新趋势，2017年度消费调查专门将体育旅游项目单独列出，调整之后上海体育消费各主要业态形式得到较充分体现，包括运动服装鞋帽、体育器材、书刊消费，租场地聘教练、购买比赛门票、体育旅游（含旅游的体育项目）消费等。叠加体育旅游与其他未明确形式体育消费，上海体育旅游及其他体育消费金额占比从2015年的15.8%增加至2017年的23.7%。另外互联网信息消费也在构成上海市居民体育消费重要内容，2017年使用过互联网体育媒介的人群比例达70.5%，使用媒介类型日益丰富，使用频次稳定，购买体育类网络视频产品花费逐步上涨。

三、上海居民体育消费结构特征

体育消费结构是反映体育消费规律特征等的重要指标，不同结构内容不仅体现体育消费的丰富内涵和问题层次，而且对体育消费基础和广泛功能作用发挥具有重要影响。以下主要从地区差异、金额水平、产品类型、渠道形式等方面对上海体育消费结构问题进行分析和观察。

（一）消费区域结构

据2014年全民健身活动状况调查结果，我国体育消费总体呈现显著地域差异。全国20岁及以上人群中，39.9%有过体育消费的全年人均消费为926元；不同区域有体育消费人群比例及消费金额情况差别明显，据各省市发布相关公报信息，2014年上海相应人群有体育消费占比55.5%，人均消费1 672元，其他地区如宁夏，20岁及以上人群中有过体育消费的人数比例为27.7%，人均消费604元。整体来看，各地区体育消费规模水平的参差与区域经济社会发展阶段的差异存在一定对应。具体区域内部，基于地理空间的体育消费水平分野也有一定程度体现。

2015～2017年度上海居民体育消费调查数据，较连续地反映出上海郊区与中心城区之间体育消费水平的不均衡问题，同时差异弱化和调整趋势逐步加强，结合上海经济社会协调发展及长三角地区一体化建设推进情况，可以看出体育消费较鲜明的区域空间特征及其丰富内涵。2017年上海中心城区静安区、黄浦区、徐汇区等的人均体育消费水平处于各区前列，奉贤区、金山区、崇明区等周边郊区与之相比存在明显差距(图2)，各地区不同体育消费水平状况与区域内人均国内生产总值以及可支配收入、消费总支出等经济社会发展指标之间，均形成较好正向呼应。

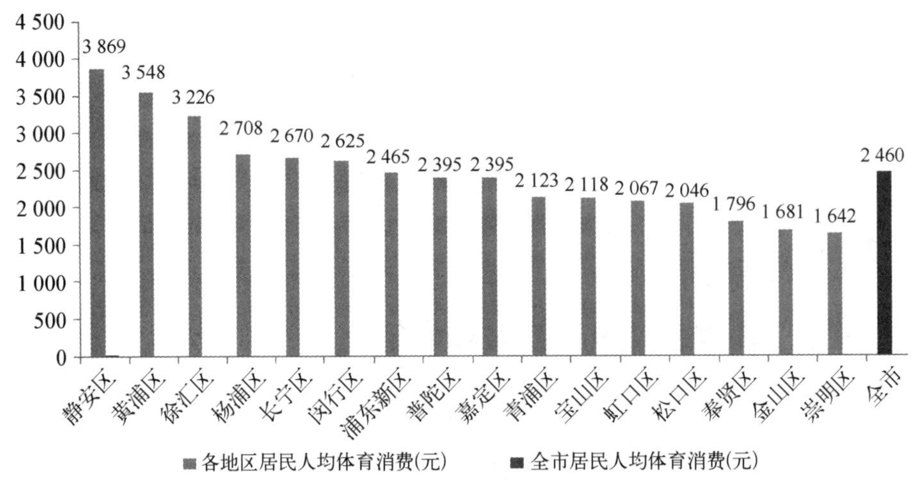

图2　2017年度上海各地区人均体育消费情况

(二) 消费水平结构

简单从消费金额区间分布看体育消费水平层次问题，2014年全国调查显示，20岁及以上人群全年消费总额在499元以下的人数比例为47.6%，在500～999元之间的为24.4%，在1 000～1 499元之间为11.2%，在1 500～2 999元之间为4.6%，在3 000元以上为6.5%。全国范围内，近半数比例人群体育消费处于较低水平，中高层次消费较明显不足。对比上海有关情况，2017年上海有体育消费人群全年体育消费总额在500元及以下的人数百分比为23.0%，在501～1 000元之间的为21.8%，1 001～3 000元之间的为33.8%，3 001～5 000元之间的为9.7%，5 001～10 000元之间的为6.6%，10 000元以上的为5.1%。从连续三年数据，上海居民中等层次体育消费得到较好支撑和巩固(图3)。

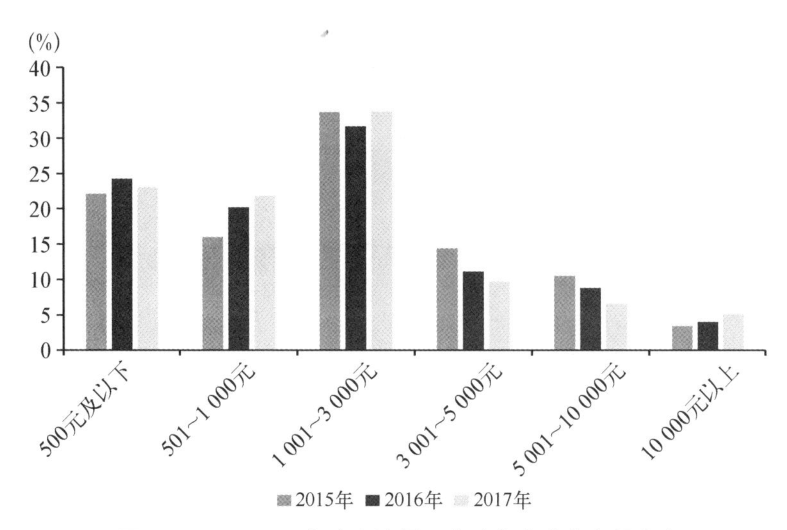

图3　2015～2017年度上海居民人均体育消费金额分布

（三）消费产品结构

根据一般实物型、服务型产品分类，体育消费类型大致可区分为实物型消费和服务型消费。为适应体育消费新业态新模式发展，2017年度上海体育消费调查在购买运动服装鞋帽、体育器材和书刊、租场地聘教练、购买比赛门票等基本分类基础上，对其他体育消费类别作出调整，将体育旅游（含旅游的体育项目）从其他体育相关消费（含体育旅游）中独立出来。2017年上海居民总体消费中实物型消费（包括购买运动服装鞋帽、体育器材和书刊等）占比55.7%；服务型消费（指租场地聘教练、购买比赛门票）占比20.6%；体育旅游及其他体育消费占比23.7%。消费结构呈现变化，实物型体育消费占比收缩，与2015年、2016年相比分别下降3.2%和5.7%；体育旅游及其他体育相关消费等消费新形态潜力开始释放，包括体育旅游在内其他体育消费占比明显增加，具体产品结构状况及变化见图4。

（四）消费渠道结构

据历年数据，传统购买实物型产品方式方面，大型商场和网上购买是包括儿童青少年、中青年及老年各类人群在进行运动服装鞋帽、体育器材实物消费时最普遍的选择。其他如品牌连锁店还保持一定的比重，18～59岁人群通过海外代购形式购买运动服务鞋帽类产品的比例在提高。

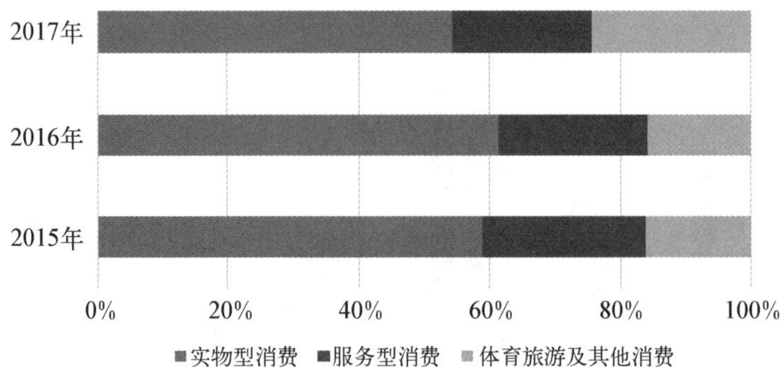

图 4　上海体育消费产品结构状况

进一步从关注体育信息、观摩体育比赛等角度聚焦渠道选择，各类途径载体分布同样体现出有关结构性以及变化趋势。调查显示，电视、互联网、书刊报纸作为各人群获得体育信息和知识的主要渠道较为稳定，另外，广播、学校教育、社交活动中的实际他人告知、现场观摩等方式也都在共同发挥广泛传播体育信息的重要作用；TV 端(电视)、移动端网络(手机、平板电脑)、PC 端网络(台式电脑)占据赛事传播主流地位，其中电视频道的渠道垄断性处于较高水平，网络媒体在体育赛事转播领域的影响力还未达到相当程度。

四、上海居民体育消费主要特点

上述概况和结构特征分析，已对目前上海体育消费发展面貌予以基本描绘，以下主要结合最近 2017 年度调查结果，并与历年数据进行对比，进一步剖析上海体育消费体现有关特点情况。

(一) 消费水平不断提升

如前所述，在消费规模上，2017 年总体有体育消费人群比例达到 79.9%，较 2015 年调查结果 71.8%，提高 8.7%；全市人均体育消费 2015 年以来平均增长 12.8%，较同期人均消费总支出增速 7.0%明显高出。

消费类别方面，传统实物型和服务型消费比例保持动态稳定，体育旅游逐渐成为体育消费重要门类，2017 年度调查将体育旅游(含旅游的体育项目)消费形式单独区分，占比 15.4%，接近体育器材消费规模。另外，互联网视频产品代表信息消费正不断丰富体育消费内涵，2016 年、2017 年有相关消费情况统计，消费人群人均体育类网络视频产品消费稳步增长。

（二）青少年市场持续发展

6～17岁儿童青少年人群有体育消费的比例2017年较2015年增加12%，达到89.6%；人均体育消费较上年增长17.1%，达3 315元。青少年体育市场规模不断扩大。

6～17岁儿童青少年人群花钱参加体育培训项目丰富。参加比例超过10%的项目包括游泳（36.0%）、篮球（24.4%）、羽毛球（23.7%）、足球（15.6%）、舞蹈、韵律操（街舞、形体操、健美操、体育舞蹈等）（13.2%）等。相比2016年，更多项目类型如户外（登山、攀岩、徒步）、橄榄球等也开始形成对传统培训参与项目的分流。青少年培训市场日益细化，这一领域投资将在关注传统项目方向的同时，面临更加多元选择（图5）。

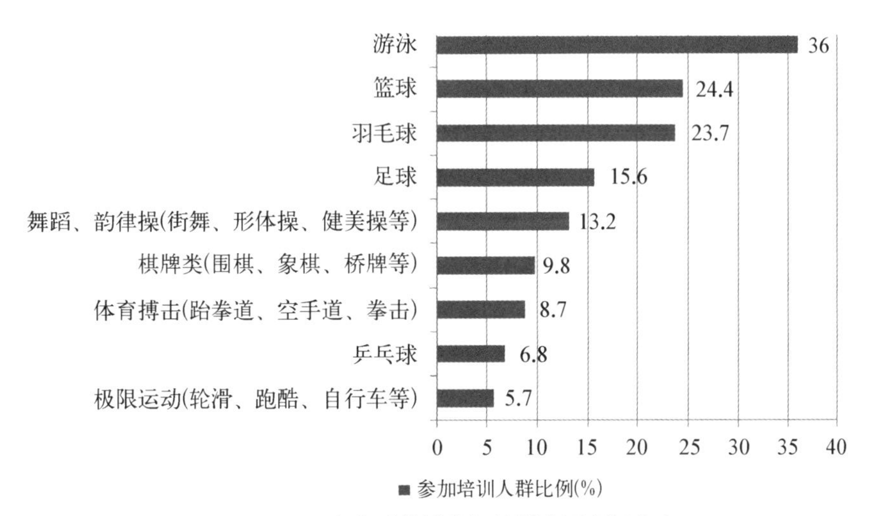

图5　6～17岁人群花钱参加培训主要项目分布

（三）赛事消费需求丰富

2017年花钱观看体育比赛门票人均消费734元，与2016年基本持平。2017年度有过出国、出省观看比赛经历人群占比近三成，尤以18～59岁人群比例最高，达46.7%；青少年及60岁以上老年人群体也有相当数量，分别为7.4%、12.2%。

根据2017年度调查，上海居民喜欢观摩的体育比赛项目最多集中于乒乓球（27.1%）、羽毛球（26.4%）、游泳（25.2%）、足球（24.9%）、篮球（22.7%）

等。在上海现场观看赛事类型则主要涉及中超联赛(上海)(26.3%)、中国男子篮球职业联赛(CBA)(上海)(23.8%)、上海 F1 大奖赛(22.4%)、上海 ATP1000 大师赛(19.9%)、世界斯诺克上海大师赛(14.5%)、国际田联钻石联赛上海赛(13.3%)等高水平职业联赛及特色国际赛事。希望在上海观摩到的顶级赛事类型,基本覆盖目前居民喜欢观摩的各主要运动项目。结合外地观赛人群占比情况,可以看出,本地赛事供给与居民观赛需求之间尚有一定距离和空间。另外,在互联网观赛消费方面,各大球类联赛(56.2%)、赛车赛事(29.8%)、极限运动赛事(22.7%)是主要体育类网络视频产品选择(图 6)。

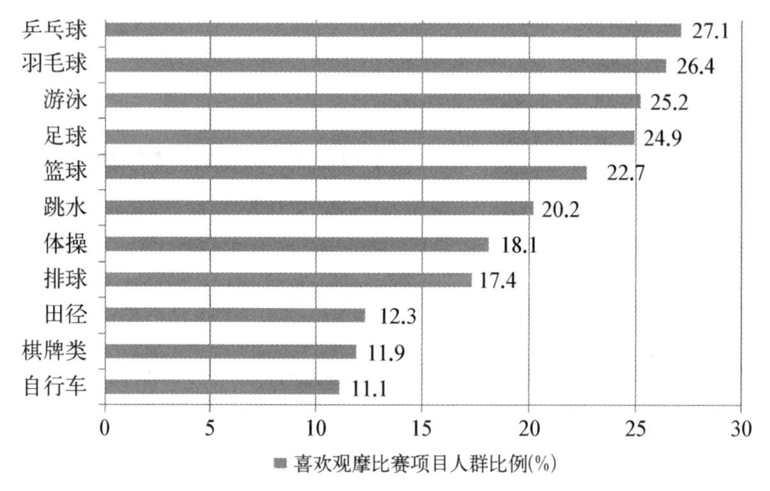

图 6 喜欢观摩的主要体育比赛项目情况

(四)实物型消费基础稳固

在购买运动服装鞋帽方面,同时选择国内、国外品牌比例为 47.3%,单纯购买国内品牌人群占比有所提升,达 38.2%,购买国外品牌人群占比与 2016 年相比基本稳定(14.5%)(图 7)。

体育器材消费方面,类别调整后的调查结果显示,竞技体育器材、辅助性器材、健身健美体疗康复器材等受到最多青睐,购买人群占比分别达 53.7%、40.1%、37.5%。在 6～17 岁年龄段,包括泳帽、羽毛球拍、乒乓球拍等训练竞赛项目用具在内的竞技体育器材需求比例更高,为 78.6%;其次,在购买如滑板、轮滑、自行车等极限运动器材方面,明显高出其他类别人群的人数占比,代

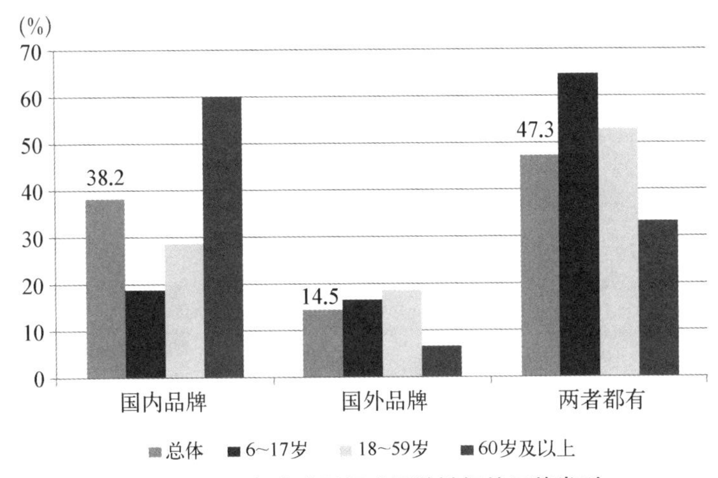

图7　2017年度购买运动服装鞋帽的品牌类别

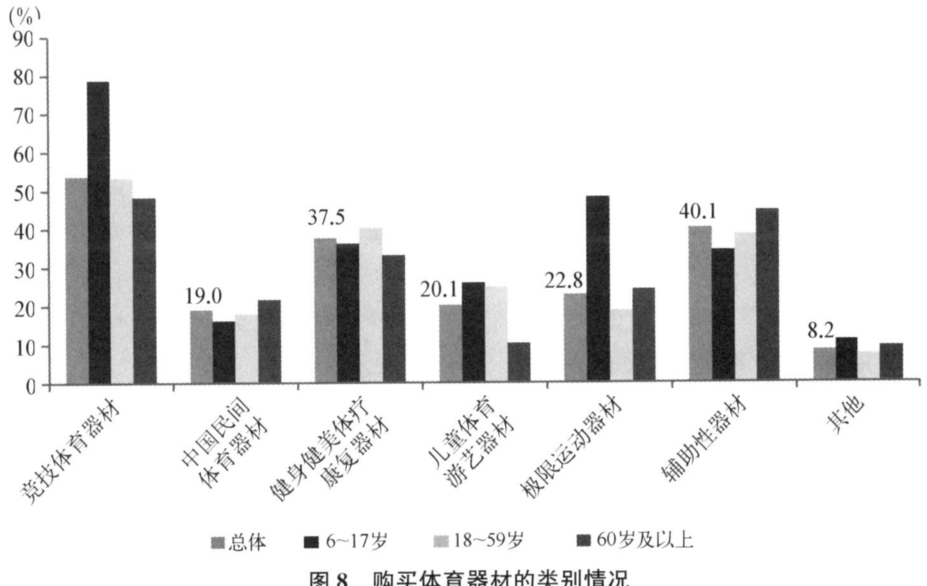

图8　购买体育器材的类别情况

表着基础青少年群体在实物型体育消费类别选择上的鲜明特色(图8)。

(五) 消费内容范围拓展

信息消费成为体现上海体育消费一段时期发展变化的重要内容。2017年使用过互联网体育媒介的总体人群比例扩大至70.5%,其中6～17岁人群76.2%,18～59岁人群89.1%,60岁及以上人群35.7%。随调查类别增加,

具体使用媒介囊括体育新闻类 App(28.5%)、微信体育公众号(27.9%)、健身指导类 App(跑步、健身等)(26.9%)、体育直播 App(22.9%)等(图 9)。

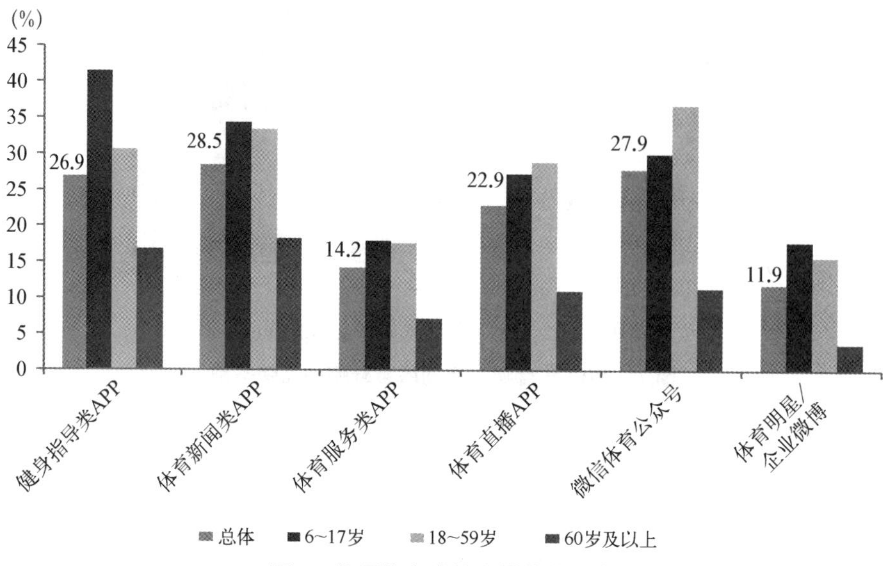

图 9 使用体育类社交媒体的种类

关注和使用互联网体育媒介频率表现方面，不同年龄段人群存在一定差异，总体每周 1～2 次情况最为普遍(36.6%)；18～59 岁人群各频次比例都较高(图 10)，关于购买体育类网络视频产品，2017 年这一消费群体人均花费 522 元，相比 2016 年消费金额有所增长。

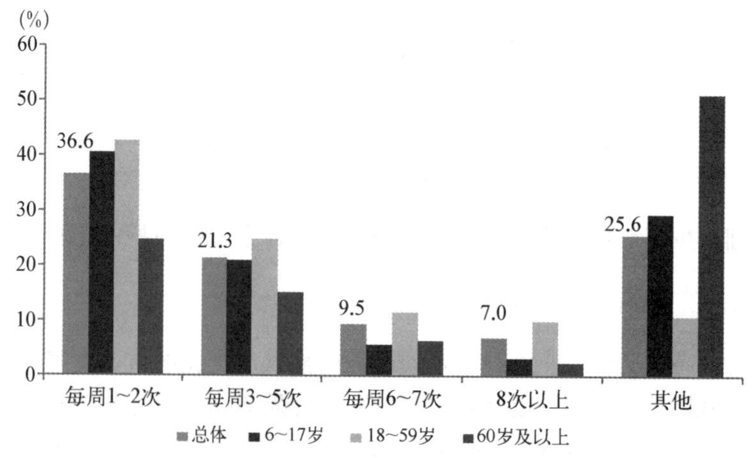

图 10 关注和使用互联网体育媒介的频率状况

五、上海居民体育消费存在问题

综上，上海体育消费在规模和质量上取得长足发展，并体现出较为鲜明的时代特性。但在进一步带动转型升级、推动高质量发展中，上海体育消费还面临一些突出矛盾和问题。

（一）有效供给保障不足

体育产业创新、开放、融合发展过程中，运动项目的推广开发以及资本、技术、跨界内容等多元要素的加入，促使体育消费呈现出更多形态和样式。如越来越多实物型、观赏型体育消费在“互联网＋”业态下的实现；体育与旅游、健康、教育、传媒等的融合，更加放大了体育消费的空间，如以运动休闲、赛事观赏为主题的体育旅游、体质监测服务、青少年体育培训、体育影视等，都是新兴体育消费聚焦的方向。

面对新兴体育消费的涌现，目前上海体育消费市场的供给结构、供给质量，还不能完全适应消费需求增长、消费结构加快升级的需要。体育领域固有体制机制的束缚，如面临的政府职能转变、体育场馆改革、体育社会组织发展、职业体育和足球等运动项目改革等问题，影响着体育消费市场的供给主体行为和供给产品内容。体育用品市场的转型升级压力巨大，高端装备制造、具有自主知识产权的运动器材装备以及以信息技术为主导的智能装备、可穿戴设备、虚拟现实设备等，对当前传统粗放型、低质化体育用品生产提出严峻挑战。

上海体育赛事体系建设存在功能不全、外部效应没有充分释放利用、赛事回报不足等问题，从赛事举办主体和赛事项目呈现上，距离匹配上海体育赛事消费需求和上海国际体育赛事之都定位还有差距。赛事体系不完善、健康服务配套薄弱、时尚运动项目缺乏、智能运动装备研发滞后等，这些都在成为导致相当部分体育消费人群以及中高端消费流失的重要原因。

（二）传统消费路径依赖过度

体育消费在经历总量积累和质量提升后，消费方式将由生存型、传统型、物质型向发展型、现代型、服务型转变。体育产业的快速发展和体育消费的显著增长，促使体育对产业资本、财务资本等社会力量的吸引力迅速提升，各种金融工具和服务融入体育产业和体育消费领域创新实践的步伐加快，激发如体育用品、赛事众筹等体育消费新形态的产生；随着以信息技术为代表的科技创新广泛应用于体育领域，体育消费的内容和形式不断发生新的变化。居民收入水平的提高，精神文化生活需求的增长，体育健身消费意识的增强，都对体育消费业态发展提出新的更高要求。如健康管理、体育动漫、房车旅游等服务消费，可穿戴运动设备、智能运动装备等信息消费，航空、航模等时尚消费等，成为上海体育消费升级的重要领域和方向。

而上海的实际消费状况表现尚较滞后，存在对传统体育消费产品和渠道的路径依赖，没有形成对新兴体育消费的有效对接。在体育消费产品结构中，实物型消费仍然占据绝对优势，不管是从人数比例还是消费金额上看，运动服装鞋帽等实物产品都依旧是当前体育消费的主体，其他除比赛门票、场租、教练之外与新兴体育消费相关的部分占比微小。

（三）引领作用发挥不够

经济发展水平和居民收入状况是影响体育消费能力的重要因素。2017 年上海 GDP 以 30 133 亿元继续位列全国各主要城市榜首，人均 GDP 远超多数发达经济体水平，整体经济社会朝向卓越全球城市不断迈进，因此上海体育消费市场拥有巨大的发展潜力和空间。

与此形成反差的是，目前上海体育消费在人群比例和人均消费金额上，与发达经济体及全球城市相比，还存在较明显差异和不足。整体体育消费水平还处于低位徘徊状态，尤其服务型体育消费占比明显低于国外许多发达城市近 80%的占比水平。2017 年，上海实物型体育消费比重为 55.7%，服务型消费占比 44.3%，明显低于国外一些发达城市占比情况。作为体育领域需求端管理的重要抓手，体育消费以服务型消费业态为主体，并以融合创新为推动，引领产业发展、带动转型升级的作用未得到充分体现。

（四）基础支撑有待夯实

按收入对消费支出的决定性影响及国际惯例，中青年人群应该是体育消费的主力。在对上海 18～59 岁体育消费人群的调查中，发现消费金额分布呈现平均化趋势，即这一年龄阶段人群与 60 岁及以上人群的体育消费金额区间占比基本趋同。中青年人群没有表现出在体育消费能力和意愿上的突出优势，这成为掣肘上海体育消费总体规模和质量的不利因素。

另外，尽管上海居民体育消费支出占人均可支配收入和人均消费总支出比例逐年上升，但绝对值和提升速度仍有较大提高空间。上海体育消费应有更稳定预期判断、习惯倾向及理性认识支持。

六、促进上海居民体育消费的若干建议

新常态下促进上海体育消费，强调从供需两侧对消费的“元动力”属性进行全面深刻认识，以适应和引领经济发展新常态、激活要素潜力的供给动力创新，丰富消费促进手段，扩大消费动力作用空间。在顺应体育消费升级规律以及深刻把握上海体育产业发展和宏观经济运行态势基础上，系统完善促进体育消费体制机制，是破解制约上海体育消费持续健康发展系列问题的关键。

（一）持续推进供给保障和创新

一是注重培育市场主体，在强化体育产业集团对发展体育产业的示范和引导、鼓励创新体育企业发展模式、打造以赛事为核心的体育运动项目产业链的同时，更广泛地吸引社会资金，切实改善体育营商环境，形成社会力量投资体育创新创业热潮；积极发挥金融服务体育产业发展功能，完善体育中小企业信用增信机制，搭建体育产业投融资公共服务平台，创新解决体育中小企业融资难问题，坚定支持民营体育企业发展。

二是着力增加产品供给，积极打造体育科技创新平台，扩展互联网、科技型体育产品在上海体育消费市场空间；加快户外、电子竞技、航空等新兴和消费引领性运动项目发展，注重各种球类、路跑、骑行、游泳、武术等大众和传统运动传统项目普及和巩固；丰富体育赛事和活动项目供给，广泛发展多层次、多样化的体育赛事活动，鼓励机关团体、企事业单位和社会组织等举办各类群众性体育赛事，增加赛事消费价值。

（二）着重加强需求培育和引导

一是重视培育消费人群。加强青少年体育教育，推进学校体育师资队伍建设，保障传统学校体育教育质量，深化学校与社会体育培训机构合作机制；鼓励多样化民间体育社团发展，注重体育社会组织作用发挥，面向不同消费特点人群，发展好体育类社交媒体等信息消费媒介渠道；夯实体育消费人群基础，持续推进学校体育课程改革，增强青少年对运动参与兴趣和体育消费黏性，坚持长期培育未来体育消费主体。

二是持续做好宣传引导工作。综合运用电视、广播、网络媒体等多种平台，广泛宣传体育消费的意义和科学健身常识等内容，营造共促体育消费的浓厚氛围；充分发挥传统宣传阵地功能作用，关注群众普遍关心的健身健康问题，积极推介体育健身和体育消费相关信息，培养大众体育消费意识。

（三）扎实做好相关基础性工作

一是坚持更好发挥政府作用，做好公共体育服务保障，加大对体育消费薄弱地区公共体育服务投入和政策扶持力度，实现地区间体育消费均衡。

二是完善体育基础设施建设，推进体育场馆新建和功能改造，优化公共体育设施建设、管理政府和社会资本合作模式应用。

三是根据《中共中央国务院关于完善促进消费体制机制 进一步激发居民消费潜力的若干意见》《完善促进消费体制机制实施方案（2018—2020年）》等文件要求，在目前长效居民体育消费调查机制保障基础上，加快系统性体育消费统计监测建设步伐，强化大数据等新技术领域内运用。

（四）加快升级和拓展体育消费方式

在消费方式转变和消费手段增加的体育消费发展新形态下，注重调动多方要素参与体育消费便利化手段提供，减少消费过程信息损耗和交易摩擦的发生，优化体育消费环境。推动“互联网＋”在体育消费领域发展，促进“互联网＋”对线上和线下体育消费融合作用的发挥。

加强与金融企业合作，创新体育消费支付产品，鼓励以拓展全民健身公共积分通付性功能的“数字化营销货币”等体育金融科技创新为代表的体育消费便利化工具发展。

推进智慧体育公共信息服务平台建设。以公共信息服务的方式有效促进上海体育消费基础供给和需求信息的连接，畅通消费需求达成渠道，促进体育产品和资源要素等全方位配置效率和规模效益的提升，为上海体育消费营造良好市场空间。

参考文献

[1] 国务院.关于印发全民健身计划(2016—2020年)的通知[EB/OL].2016

[2] 刘东升.论体育消费中的象征性行为[J].上海体育学院学报,2014
[3] 张宏宇.体育消费的异化及其规避[J].山东体育学院学报,2016
[4] 董进,战炤磊.新常态下扩大体育消费的动因与路径[J].学术论坛,2016
[5] 肖锋,徐家兰.影响与启示：当代中国社会分层与体育消费[J].南京体育学院学报(社会科学版),2016
[6] 刘兴刚,冯鑫.现代化城市体育消费升级与体育产业转型[J].广州体育学院学报,2018
[7] 杜道理,刘志民.消费社会视域下炫耀性体育消费促成因素的理论分析和现实思考[J].山东体育学院学报,2017
[8] 岳芳.我国体育消费发展趋势研究[J].商业经济研究,2017
[9] 孟涛.我国体育消费对其产业带动效应研究[J].商业经济研究,2017
[10] 张瑞林,李凌.投资结构理论视域下的体育消费结构影响路径分析[J].沈阳体育学院学报,2016
[11] 张振峰.体育消费需求升级视角下体育产业转型发展路径[J].西安体育学院学报,2017
[12] 杨健.体育消费符码化的社会学认知[J].商业经济研究,2015
[13] 赵歌.身体与体育健身现象的文化哲学研究——基于迈克·费瑟斯通消费理论[J].体育科学,2016
[14] 李凌.论体育消费与体育生态化发展[J].山东体育学院学报,2016
[15] 顾亚婷.理论与实证：体育消费系统论——评《体育消费研究》[J].中国教育学刊,2014
[16] 马德浩,季浏.阶层构成多元化背景下促进中国不同阶层体育消费市场开发的策略[J].成都体育学院学报,2015
[17] 卢永雪.基于SCP范式的体育消费市场研究[J].体育文化导刊,2016(11)：118-121.
[18] 黄亨奋,杨京钟,郑志强.公共体育场馆体育消费与财税宏观激励的关联度研究[J].西安体育学院学报,2018,35(03)：257-263.
[19] 任波,黄海燕.从短期非均衡到长期均衡：我国消费结构升级与体育产业发展互动关系的计量[J].武汉体育学院学报,2018
[20] 张瑞林,李凌."赛事链"溯源：职业体育赛事消费行为模式的影响效果[J].上海体育学院学报,2018
[21] 朱礼才,龙如银."互联网+"背景下信息服务对体育消费的引导[J].南通大学学报(社会科学版),2018
[22] 蔡军,康勤国,李法伟,张旻.我国体育消费统计调查制度建设与创新研究[J].西安体育学院学报,2018

体育赛事对上海旅游经济影响的实证研究

段艳玲*

举办体育赛事成为城市提高吸引力和竞争力的重要途径，体育赛事对城市旅游经济的影响也是专家学者研究的热点。国内外专家学者提出体育赛事对举办城市旅游经济的促进作用主要是通过对城市品牌形象的塑造来体现的，而城市品牌化已成为一种全球发展趋势。体育赛事尤其是大型赛事对城市乃至国家形象的改善与提高得到学界的广泛认同。体育赛事举办吸引媒体报道可有效提升人们对赛事举办城市的认知，而与体育赛事相关的文化活动能使一个城市品牌形象的品牌联想、城市精神和核心价值的定位、传播与维护得到强化，消费者通过参与体育赛事活动对城市品牌的体验可促进城市旅游业发展。虽然体育赛事对城市旅游经济发展有重要的促进作用，但体育赛事对城市旅游经济影响的作用机制还需进一步厘清，国内相关研究尤其是实证研究比较匮乏，无法给国内赛事举办城市和运营企业提供有效的实施路径和实证证据。

上海市政府提出“建设全球著名体育城市”的战略目标，发挥体育赛事对城市体育旅游经济发展的促进作用，成为建设上海全球著名体育城市的重要内容。为此本课题需要厘清体育赛事对上海旅游经济的影响路径及作用机理，通过实证分析检验体育赛事对上海旅游经济的影响机制，不仅可帮助识别体育赛事对促进上海旅游经济发展的内在作用机制，为发挥体育赛事对上海城市旅游经济的促进作用提供有价值的理论指导，而且能为上海进一步发展体育赛事产业提供有力的实证证据，加快推进上海建设全球著名体育城市的进程。

---

* 本文作者单位：上海体育学院。立项编号：TYSKYJ2018071。

鉴此,本课题采用文献研究、案例研究和深度调查访谈方法,提炼出初步的理论模型和理论推断,然后以现场观察和问卷调查方法对这些模型和假设进行实证检验。选择以2018上海ATP1000大师赛为研究对象,通过便利抽样对现场观众进行问卷调查,采集数据对研究概念模型进行了实证分析。

一、体育赛事对城市旅游业影响的现状

目前,体育赛事旅游是体育营销和体育旅游文献的研究热点,相关研究主要从两个层面分析了体育赛事对举办城市旅游经济的影响:一是从整体层面分析体育赛事对城市旅游业发展的影响;二是从体育消费者视角探讨体育赛事如何影响举办地社区居民和外地游客的体育赛事感知和体育消费行为,进而分析对赛事举办地体育旅游业的促进作用。

从体育赛事对城市旅游经济的整体影响看,体育赛事与城市建设和发展呈相互影响的关系。体育赛事为举办地体育旅游业提供了丰富的赛事旅游资源,优化了城市旅游空间,吸引了大量外地游客,提升了举办地政府责任和政府形象,广泛传播了城市文化和强化城市品牌形象等。体育赛事已成为城市发展的触发器,城市要充分发挥体育赛事对城市发展的作用,需构建完备的职业体育赛事体系,大力发展赛事经济。

从体育消费者视角看,体育赛事的举办可对消费者产生显著的社会和心理效应,对城市居民和游客的文化休闲水平和生活质量都有重要影响。获取居民和游客的参与和支持是体育赛事成功举办和持续发展的重要保障,研究显示体育赛事是提高居民体育意识、体育行为的催化剂,大型体育赛事举办为改善民生提供了丰富内容和有效手段,具体表现为可增强民生权益保障意识、完善服务民生、改善民生社会规制、提高居民生活质量等。2008年北京奥运会后对北京9 000多位居民的调查显示,大型体育赛事举办有效提升了市民的幸福指数。由此,专家学者们提出体育赛事举办城市和赛事运营企业应创造机会鼓励居民积极参与体育赛事各项活动,只有提高举办地居民的赛事参与和支持水平,赛事才能成功举办,进而吸引游客、媒体、赞助商和广告商等对赛事的关注和兴趣。

以上两种不同层面分析体育赛事对城市旅游业发展影响的研究都产生了很多有价值的研究结论,本课题试图将消费者的体育赛事的感知视角与体育赛事对城市旅游经济影响的整体视角结合起来,分析体育赛事是如何通过消

费者参与影响到对赛事举办地的形象感知，进而影响消费者对目的地的重访意向的作用机制和路径。

（一）上海体育赛事对旅游经济发展面临的机遇

1. 建设世界著名体育城市为上海体育赛事旅游业发展提供了资源与动力

体育赛事和体育旅游是国际体育城市建设的重要内容和途径。体育赛事与城市旅游业互动发展关系显著，各类体育赛事举办丰富了城市旅游资源，与城市原有静态旅游资源形成互补。研究表明，体育赛事、体育旅游业、国际著名体育城市三者呈线性增长趋势关系，上海建设国际著名体育城市对当地体育赛事和体育旅游发展有显著推动作用。

国际体育城市创建和评价包含的指标体系涉及广泛，主要包括体育观念和文化、时尚休闲体育、职业体育和竞技体育人才培养、体育设施和场地开放、体育产业与消费、青少年体育与健康等，国际著名体育城市建设必将引领上海不断完善城市发展规划和基础建设，促进上海体育产业和体育消费的发展，加快上海建成国际著名体育赛事之都，这些都为上海体育赛事旅游业发展提供了强劲动力和资源保障。

2. 上海已具备发展体育赛事旅游业的完善设施和条件

上海目前在发展体育赛事旅游业方面具备丰富的赛事资源、完备的城市基础设施、成熟的体育赛事运营经验。上海每年举办的各类国际国内体育赛事为体育赛事旅游提供了丰富资源，“十二五”期间上海平均每年举办136场全国性以上体育赛事，其中国际性赛事占40%，到2017年举办的有影响力国际国内赛事近180场。其中F1中国大奖赛、上海ATP1000网球大师赛、汇丰和宝马高尔夫球世界锦标赛、世界斯诺克上海大师赛、上海环球马术冠军赛等品牌顶级赛事已成为重要的城市名片，对上海旅游发展促进作用显著。

上海多年来举办国际和国际体育赛事加快了城市旅游支持系统的完善，建成了一大批符合国际赛事标准、多功能的体育场馆和标志性体育建筑，带动了以大型体育赛事活动为中心的交通设施建设、场馆建设与其他服务接待设施建设，提高了城市旅游服务接待水平。

3. 上海的全球竞争力和城市品牌为体育赛事旅游业发展提供了良好信誉

根据中国城市竞争力研究会发布的2017年城市竞争力排行榜，在中国范围内上海排名第一。在信息不对称的市场条件下，城市品牌能有效传递区域资产价值、产品质量和商誉等信息，有助于将城市企业与市场中其他同类企业区分开来，有效降低企业交易成本和提高经营绩效。上海在国际和国内的综合竞争力及城市品牌无疑为当地体育赛事旅游业发展提供了良好的运营环境，同时各类国际国内体育赛事在上海的成功举办对提升上海城市品牌又有极大的促进作用，体育赛事与城市的融合发展无疑为上海体育旅游业创造巨大的市场空间和发展潜力。

（二）上海体育赛事对旅游经济发展面临的挑战

1. 上海职业体育发展水平有待提高

上海不乏各类国际性和全国性体育赛事，但本土的职业体育赛事水平亟待提高。一般而言世界著名的体育城市往往都有其世界知名的顶级职业联盟和球队。目前，上海是全国第一个拥有足球德比的城市，三大球的职业化改革走在全国领先地位，拥有上港、申花俱乐部，但与世界顶级足球俱乐部相比，其品牌影响力和号召力还有较大差距。纵观世界著名体育城市，一般都拥有久负盛名的俱乐部或球队，体育职业化发展水平是影响体育赛事水平和吸引体育球迷的重要因素。职业体育是发展体育产业的核心，也是体育强国和体育强市的重要标志，上海建设全球著名体育赛事之都面临职业体育发展水平提高的挑战。

2. 体育赛事对上海城市旅游经济的拉动效应未充分发挥

体育赛事元素包括比赛、场馆、运动员等，如何发挥体育赛事元素对城市品牌形象提升作用，尽管有专家学者认为上海目前承办的国际、国内体育赛事平均分布在城市各区，体现了“一区一品”的赛事构建理念，降低了城市空间的分异，提升了城市品牌亲和力，但目前上海在开发体育赛事旅游资源和产品方面还有待提升。以F1赛事为例，上海与其他国家举办F1赛事的城市相比，对顶级体育赛事旅游资源开发能力方面还有很大差距，现有的F1赛事旅游路线数量少、档次不高且多以观赛为主，与旅游项目结合的不多，未来上海的体育赛事产业与旅游业要深度融合，合作开发体育赛事旅游产品。

3. 缺乏举办奥运会、世界杯这些世界顶级赛事的经历

国际知名体育城市往往都有举办如奥运会、世界杯等大型体育赛事的历史。举办大型体育赛事是一个城市运动活力的重要组成部分，如英国伦敦先后承办了1908年、1948年和2012年夏季奥运会，足球文化支撑着城市的发展，日本东

京也将举办两次奥运会，墨尔本举办澳网公开赛、F1澳大利亚大奖赛和板球世界杯。目前国内仅北京举办过一次夏季奥运会，还有2022年冬奥会也将在北京举办，两次大型体育赛事的举办对推动北京建成一流国际体育中心城市有重要作用，这是国内其他城市无可比拟的优势。从英国机构发布的全球体育城市指数看，上海在亚洲体育城市中排名第9位，在全球排名第20位左右，该评价依据主要是从城市举办的体育与赛事大小、规模及影响力等。上海近三年每年平均举办的国际国内专业体育赛事达到150场以上，数量并不少，但缺乏国际顶级赛事，这也是影响其在全球体育城市排名位置的一个主要制约因素。

二、上海体育赛事对城市旅游经济发展的主要对策建议

（一）提升居民和游客的体育赛事参与度

本课题研究发现，体育消费者的赛事参与不仅正向影响其对体育赛事的品牌态度，还影响到他们对城市品牌形象的认知。体育生活化是国际知名体育城市的重要标志，城市体育发展有赖于广大市民的体育参与，居民对体育赛事参与和支持程度直接影响体育赛事对城市旅游业的影响。体育赛事对举办城市旅游业发展的促进作用并不是自发和必然的，没有公众的投入和参与，热烈和引人入胜的体育赛事氛围难以体现，也难吸引外地游客。已有的研究表明，公众对大型体育赛事的价值和风险感知及公众对政府信息透明度和政策法规感知等，都是影响公众参与体育赛事的重要因素。

总体而言，当前我国公众对体育赛事的参与度仍处初级阶段，要提高公众对体育赛事的参与度，充分发挥体育赛事对上海旅游经济的促进作用，未来上海市政府和体育赛事运营企业要通过更多宣传，提高公众尤其是市民对本地举办的大型体育赛事的价值和风险感知，提供公众了解政府相关政策法规和体育赛事信息的渠道，提高相关政策信息的透明度。

目前上海市民对体育赛事的参与程度正在不断提升，未来需要着力提升外地游客参与体育赛事的水平。为加快建设世界一流体育赛事之都，市政府在办赛过程中不断寻求职能转变，搭建平台引入市场化招投标机制确定办赛单位，引入社会力量加入办赛主体，市民选择参与合适自己的赛事活动的机会越来越多，赛事参与程度也越来越高。

然而，上海体育赛事对如如何提高外地游客的赛事参与程度还需有针对

性地推出相应营销策略，体育赛事对城市旅游经济的促进作用有赖于外地游客的参与，有国内研究表明，外地游客消费占赛事期间总消费的70%以上，是赛事经济效应的主要贡献者。为此尽量留住外地游客，提高其在目的地的停留时间是发挥体育赛事经济效应的关键，而提高外地游客的赛事参与度则可有效吸引和留住外地游客。外地游客与本地居民之间对举办城市的感知会有很大差异，对举办地而言，在举办体育赛事过程中，需要针对外地游客提供特定的信息沟通渠道、活动场所、旅游路线等，这对留住和吸引既有外地游客和潜在外地游客都有重要的意义。

（二）提高居民和游客对体育赛事的品牌态度

本课题研究结果表明，体育消费者的赛事品牌态度是影响其城市品牌形象的重要前提，即意味着如果体育消费者对体育赛事质量感知和赛事态度不利，将直接波及损害观众对赛事举办城市品牌形象的认知。研究发现，鼓励市民和游客对赛事的参与可导致更有利的赛事品牌态度，进而引发体育消费者更强的购买意向。消费者与赛事的直接互动是提升其对赛事品牌体验的重要方式，让消费者成为体育赛事的一个组成部分，围绕赛事组织系列活动让消费者沉浸到赛事活动空间里，鼓励消费者积极参与活动并与周围环境互动，通过赛事体验带给消费者情感和身体的刺激，创造消费者体验价值，产生赛事体验价值的观众对赛事品牌态度更有利。

大量研究表明，体育赛事服务质量是影响消费者赛事品牌态度的重要因素。具体针对外地游客而言，他们对赛事品牌态度更多受其感知的体育赛事旅游质量的影响，专家学者们专门针对外地游客提出了体育赛事旅游质量概念，指出体育赛事旅游质量由多个维度组成，主要包括游客的进入质量、住宿质量、会场质量和比赛质量等。为提升游客对体育赛事旅游质量感知，体育赛事举办城市不仅需要围绕体育赛事自身来提高比赛质量和比赛场馆服务水平，同时还要从城市交通运输、餐饮、住宿、购物、旅游等方面改善和提高。由此可见，为提高消费者对体育赛事的品牌态度，需要赛事举办地政府、赛事运营企业、媒体、广告商、赞助商等赛事主要利益相关者协同合作，共同营造一个便利、高效、刺激、健康、快乐的赛事氛围。

（三）把体育赛事元素融入城市品牌形象

利用体育赛事进行城市营销已成为国际上许多城市的通行做法。近年来不少学者探讨通过体育赛事营销来构建城市品牌，学者指出体育赛事有调整和优化城市功能空间、社会空间、公共空间、文化空间、经济空间，进而促进城市品牌形象的提升。通过体育赛事来强化或提升城市品牌形象，需要选择与城市有形、无形资产相一致的体育赛事，体育赛事类似触媒的作用来打通消费者对城市形象的认知，只有当体育赛事品牌与举办地的形象相匹配，体育赛事的触媒作用才能得以发挥。纵观世界著名体育城市，其举办的知名体育赛事与当地文化融为一体相互成就，如伦敦拥有众多著名收费体育景点，体育元素已成为当地文化特色，体育赛事和体育元素造就了伦敦，使其成为世界体育迷膜拜的著名体育之都。

体育赛事是一种社会事件，对举办城市的品牌形象有独特的促进作用，其优势主要体现为体育赛事涉及参与的人数量多，涉及范围广，吸引力强，能长期影响城市形象，因此体育赛事比其他任何主题活动更具促销和推广性。以马拉松赛事为例，一年一次的赛事活动周期性连续举办，每年参与赛事的跑者、观众、赞助商、广告商、媒体等数量巨大、影响范围广，是其他非体育赛事活动无法比拟的。要通过体育赛事进行城市品牌形象提升，需要根据城市品牌战略定位，选择利用合适的体育赛事来进行城市营销。

上海作为拥有广泛资源的国际化城市，可选项举办大型国际化体育赛事的城市品牌营销战略，未来上海可通过努力争办奥运会、世界杯等世界顶级大型赛事的机会，来对城市再设计，包括对城市基础设施、体育场馆、机场、交通、道路、主题公园和现代购物中心等，进而对城市形象进行更新。同时，在赛事举办过程中，必须发动全球化媒体，一方面发挥其全球化传播功能，另一方面利用全球化媒体传播吸引世界领先品牌的赞助，扩大赛事影响力。当前上海要充分利用现有已形成一定国际影响力的体育赛事，创造城市与球队或赛事之间的紧密联系，打造出在全球知名的上海体育场馆、球队和俱乐部等，强化体育元素与城市品牌形象之间的联系，围绕体育赛事创造独特的城市氛围，让市民和游客感受这种氛围。

（四）准确定位和提升城市品牌形象吸引观众和游客重访目的地

本课题研究发现，城市品牌形象对观众重访意向的作用最大，可见城市品牌形象的强化和塑造对提高城市吸引力和竞争力的重要性。区域品牌化已成为创造与保持区域价值的战略工具，而城市品牌化是区域品牌化的一个分支领域，为提供区域竞争力，不同国家、地区和城市运用赛事营销策略来打造区域品牌，吸引投资、游客、居民等。城市是由经济、政治、社会、文化和生态等要素组成的有机体，依托体育赛事来构建城市品牌形象需从多个角度来构建。体育赛事举办对举办城市品牌形象的影响是混合的，既有积极也有负面的影响。城市希望发挥体育赛事对城市的贡献，不能仅仅考虑短期，更要考虑赛事长期带来的影响，城市要做到依托体育赛事建立一个强大完善的体育旅游平台，吸引成千上万的游客，带给他们积极的体育旅游体验。为此，举办大型体育赛事应发挥政府在赛事举办中的作用，建立城市有形和无形资产和特定体育赛事之间的关联，确保举办城市与体育赛事融合发展、相得益彰，形成体育赛事及其观众与城市间形成一种紧密关系。

上海明确将城市定位为国际著名体育城市，选择举办与城市品牌定位相符的体育赛事，是赛事与城市耦合发展的基础。成功将体育赛事形象转移到目的地是举办体育赛事获得经济利益的基础，为此，在体育赛事举办前需要审慎评估，选择与上海城市发展战略和城市品牌形象相符的体育赛事落地；在赛事举办过程要着力提高赛事服务质量，提高观众尤其是外地游客的赛事体验价值；在赛事举办后及时评估赛事综合效应，为未来体育赛事发展提供经验和教训。

有专家学者研究指出，当前我国不少城市在品牌形象塑造过程中存在不了解受众需求、急功近利倾向明显、注重形式不注重实际效果的问题。为避免此类问题，上海应加强对各类不同体育赛事与城市品牌形象关系的研究，探索不同类别体育赛事对上海城市品牌形象的影响差异，识别出对上海城市品牌形象有积极正向促进作用的主要体育赛事类别和特征，以此为上海城市决策者和管理者选择和发展体育赛事提供决策依据和方向，从而科学、合理申办和引进有利于提升上海城市品牌形象的体育赛事，真正发挥体育赛事对上海旅游经济的促进作用。

三、研究展望

体育和旅游是世界上最流行和最普遍的社会休闲现象，而体育赛事旅游是全球旅游业中较大的产业，这从国际化旅游的人数可看出体育旅游在全球的快速增长及其影响。本课题是针对 2018 年上海大师赛个案进行的实证研究，旨在基于体育赛事观众视角揭示体育赛事对城市旅游经济发展的作用机制，研究结论的普适性有待于未来针对其他体育赛事的实证分析予以进一步检验。未来可进一步针对不同类型体育赛事进行对比研究，分析观众对不同体育赛事品牌态度、城市品牌形象的感知和重访意向的差异性。

国内外大量实证研究证明了体育赛事对举办地旅游业的有效促进作用。2017年上海举办的国际性和全国性专业体育赛事近180场，而同年国际入境上海的人数达到873.01万人。目前，上海还没有专门针对体育赛事对城市旅游业发展的影响相关统计数据，只有针对个别体育赛事评估的抽样调查数据，基于当前有限的公开数据无法从整体上测评体育赛事对上海城市旅游经济发展的具体效应和贡献值。

未来，上海体育、统计、旅游等部门可以与体育院校多方合作，设计一个总体数据统计方案，对主要体育赛事吸引到上海的人数、停留时间、消费情况等基础数据进行大数据跟踪统计，这项基础工作不仅可提供体育赛事对上海旅游业发展的拉动效应的实测数据，还可持续跟踪分析数据的变化规律和特点。同时，这些数据还可公开提供给学者们进行深入研究，挖掘更多有价值的促进上海体育赛事经济发展的管理策略和启示。

参考文献

[1] Lee W, Sung H K, Suh E, et al. The effects of festival attendees'experiential values and satisfaction on re-visit intention to the destination: The case of a food and wine festival [J]. International Journal of Contemporary Hospitality Management, 2017

[2] Kim J, Kang J H, Kim Y K. Impact of Mega Sport Events on Destination Image and Country Image [J]. Sport Marketing Quarterly, 2014

[3] Smith, A. Reimaging the city: The value of sport initiatives [J]. Annals of Tourism Research, 2005

[4] Zarantonello, L, Schmitt, B. H. The impact of event marketing on brand equity: The mediating roles of brand experience and brand attitude [J]. International Journal of Advertising, 2013

[5] Shonk D J, Chelladurai P. Service quality, satisfaction, and intent to return in event sport tourism [J]. Journal of sport management, 2008

[6] Beaton, A. A, Funk, D. C, Ridinger, L. and Jordan, J. Sport involvement: a conceptual and empirical analysis [J]. Sport Management Review, 2011

[7] Spears N, Singh S N. Measuring attitude toward the brand and purchase intentions

[J]. Journal of Current Issues & Research in Advertising, 2004

[8] Herstein R, Berger R. Much more than sports: sports events as stimuli for city re-branding [J]. Journal of Business Strategy, 2013

[9] Kotler P, Gertner D. Country as Brand, Product, and Beyond: A Place Marketing and Brand Management Perspective [J]. Journal of Brand Management, 2002

[10] Gupta S. Event marketing: issues and challenges [J]. IIMB Management Review, 2003

[11] 孙有智.大型体育赛事对城市品牌提升的路径研究——基于城市空间理论视角的探索[J].南京体育学院学报(社会科学版),2011

[12] 朱洪军,张林.大型体育赛事与城市公众参与的实证研究[J].体育科学,2014

[13] 冯巍,辜德宏,孟文光.城市体育元素提升城市品牌形象的作用机制和发展策略——基于城市空间理论的思考[J].体育文化导刊,2018

[14] 和立新,姚路嘉.基于潜变量发展模型的国际体育中心城市构建研究——以北京、上海体育旅游与体育赛事互动为视角[J].北京体育大学学报,2016

[15] 叶新才.体育赛事旅游产业化路径研究——以厦门国际马拉松赛为例[J].山东体育学院学报,2014

[16] 王克稳,李慧,耿聪聪,林莉.马拉松赛事旅游的国际研究述评、实践启示与研究展望[J].体育科学,2018

[17] 宋亚伟.标志性体育赛事对当地居民体育参与影响的路径分析[J].河南师范大学学报(自然科学版),2015

[18] 邵源,张现成,刘红霞.大型体育赛事举办与改善民生的关系研究[J].沈阳体育学院学报,2015

[19] 王智慧.大型体育赛事举办后对承办地区居民幸福指数影响的实证研究[J].体育科学,2012

[20] 尹永佩,唐文兵,姜传银.创建国际体育城市的评价指标研究——以上海为例[J].武汉体育学院学报,2018

上海建设世界一流国际体育赛事之都的广度与深度研究

刘 兵 董春华 邓彩兰 姚松伯*

国际性重大专业体育赛事不仅是建设全球著名体育城市的构成内容，也是提高城市竞争力的有效手段。伦敦、东京、巴黎、纽约、洛杉矶等城市不仅在多个国际上具有权威声望的体育城市榜单里占据前排位置，而且这些城市也经常出现在全球顶级城市榜的前列。

上海在推动体育城市的建设上做出了许多努力，2015 年上海正式出台《上海市人民政府关于加快发展体育产业促进体育消费的实施意见》，明确提出“到 2025 年，基本实现全球著名体育城市的建设目标，努力打造世界一流的国际体育赛事之都、国内外重要的体育资源配置中心、充满活力的体育科技创新平台”。然而，在世界上最具权威的体育市场数据和情报提供者英国 SPORTCA 机构所推出的全球体育影响力调查报告中，上海的全球体育城市排名从 2015 年的 25 名下降为 2018 年的 33 名，总体呈下降趋势。而体育城市缺乏本土特色、类型定位模糊、体育氛围不强、城市公共体育空间不足、市民体育需求被忽视以及公众体育参与处于初级阶段等深层次问题是造成近年上海体育城市排名不断下降的原因。

反观伦敦、东京、巴黎、纽约、洛杉矶这五大全球著名体育城市，它们普遍经济社会发达，综合实力强；体育人口众多，运动理念深入人心；体育消费旺盛，体育产业发达；体育基础设施完善，体育场馆不仅是赛事举办地，也是城市发展的重要平台；都有承办顶级赛事的经验；职业体育发达，拥有顶级的职业

* 本文作者单位：刘兵，董春华，上海体育学院；邓彩兰，青海民族大学；姚松伯，上海体育学院。立项编号：TYSKYJ2018075。

俱乐部。由此可见,造成上海体育城市建设停滞不前的根本原因,是对“赛事之都”的理解明显不够,体育赛事虽然数量众多,规格很高,但与体育城市的建设始终存有距离。而目前关于赛事之都的研究还十分缺乏,学者的关注重点主要集中于体育城市的建设上,体育城市的相关研究成果与赛事之都的研究虽然有些交叉,但总体还缺乏对赛事之都的专属研究。

目前国内外学者对于赛事推动城市发展的研究大多集中于通过为城市举办高水平职业体育赛事来推动城市的经济与社会发展。虽然众多研究都表明举办大型体育赛事对城市的软件和硬件的发展都有积极的推动作用,但有关专家学者等指出“大型体育赛事仅仅是城市重建的加速器或催化剂,而非引擎,城市的发展与转型依旧取决于自身的长期发展规划”。体育赛事对城市发展的促进作用并非与生俱来的,城市需要对赛事的举办进行规划和评估以控制成本与风险,而目前的研究既没有把赛事放到一个城市未来发展规划的战略高度去考量,也没有从城市科学发展的视角去看待体育赛事在其中的作用,赛事的数量和质量只是体育赛事之都建设的初期内容,与建设体育城市的差距还相距甚远。

从一个城市未来发展的空间考虑,城市的体育设施布局要让公民充分地享受到参与体育活动的便利;从一个城市科学的发展角度来看,体育赛事不能仅仅用来扩大一个城市的影响力,还要吸引更多的市民参与体育活动,尽可能地将更多的市民转化为体育人口。

虽然在建设体育城市的过程中,提升赛事的数量和质量是基础,但是体育赛事作为一个城市的发展要素还处于一个比较孤立的状态,缺乏与其他要素之间的融合,体育赛事在提高城市影响力的同时与城市整体发展目标还不尽吻合,而这种孤立和出入正是源于对体育赛事之都的广度和深度还不够了解。

因此,建设世界一流的国际体育赛事之都,首先要以“都”为出发点,满足“都”的要求,本研究通过分析上海建设世界一流国际体育赛事之都取得的已有经验、存在问题、面临的困难和发展的挑战,问诊上海在建设“世界一流国际体育赛事之都”过程中存在的问题和困惑,以及提供具有可持续发展的操作性建议与对策。

一、相关概念界定

由于“体育赛事之都”聚焦于“赛事的都市”,因此不能简单理解为一般的

"体育城市"研究。但依据"赛事"和"都"的定义,"体育赛事之都"不仅值得研究,还具有一定的广度和深度。这个广度表现在"赛事"和"都",无论是特点还是类型,均具有一定的维度,体现出研究内容的丰富性。但同时"赛事+都"的融合又明显地体现出国际性、地域性和民族性特征,尤其是世界一流的国际体育赛事之都,更倡导从深层次上挖掘上海作为"体育赛事之都"所应具有的城市内涵、民族特点和文化交融。这种广度和深度的研究,在现有文献中相当稀缺。

通过对文献的梳理与回顾发现,一方面,目前对于赛事之都的建设并无专属性研究,大多数学者的研究主要集中于体育城市的建设和体育城市评价指标体系的建立;另一方面,关于举办大型体育赛事与城市发展的契合度方面的较少,研究的广度和深度都远远不够,难以为我国众多城市选择和利用大型体育赛事提供指导性的意见。

从上海的体育城市排名不升反降可以发现,上海在建设体育城市的过程中出现了许多问题,需要有针对性地解决。但现有文献大多混淆了"体育赛事之都"与"体育城市"之间的概念,把独特性或专属性研究理解为普遍性的泛化研究,导致研究文献雷同较多。这些问题集中起来,就是对赛事之都的认识还不够深入。因此,本课题研究首先力求通过对"都"的准确理解,解释"都"的构成内容和目标指向;然后分析"体育赛事之都"应有的广度与深度,最后通过分析与比较,探寻上海"建设世界一流国际体育赛事之都"过程中的认知、行动和配套建设等软实力问题。

(一)赛事之都的含义

现代汉语大辞典中关于"都"的解释有七项:

首要词意是"大都市",因此"赛事之都"表明,承载赛事的城市首先需要是一个"大都市"。

二是"一国最高行政机关所在的地方",凸显行政机关所在地,借此理解,"都"至少应拥有体育赛事最高行政机构,例如国际奥林匹克委员会所在地,或其他单项体育赛事最高行政机关所在地。

三是"美好",表达体育赛事给大都市带来的美好生活,换句话说,就是赛事如何让城市更美好。

四是"总"的表达,表现出赛事无论数量,还是种类;无论高级别赛事,还是大众体育赛事,都要体现出一个较广的涵括面。

五是“居”，也就是“位于”的意思。体育赛事在城市发展中处于什么样的地位，是否满足“都”的要求。

六是“头目、首领”。如果把意思转换一下，亦指“话语权”，表明在国际体育赛事最高行政机构中的人员任职情况。

七是“姓氏”，看似无关，实则有关，“姓氏”表达的是家族血缘的符号，即以“都”命名的城市是应具有源于国家或城市本土特色的国际知名赛事，就像源自墨尔本的澳式橄榄球一样。

因为赛事之都是建设卓越体育城市的重要元素，因此，赛事之都与体育城市有许多相通之处。目前专家学者对体育城市主要特征的观点如下：

其一，是一个国家或地区的经济、文化或权力中心。

其二，拥有世界一流的职业体育俱乐部或运动队。

其三，是国际或国内重要体育组织总部的所在地。

其四，体育是市民生活的一部分，市民有参与体育锻炼和观看体育赛事的热情和习惯。

其五，体育基础设施建设完备，是国际重大体育赛事的举办地。

其六，对国际体育文化有很强的包容性，赛事数量和种类丰富。

其七，体育产业发达，体育市场健全，体育消费活跃。

赛事之都和体育城市的主要特征虽有相似之处，但仍存在差异。主要是因为赛事之都是建设体育中心城市的过程和组成部分，并且还需要从广度和深度两个维度来考量。赛事与“都”相结合，一方面要能够促进城市建设，即赛事之都的广度；另一方面要能够带动体育发展，即赛事之都的深度。

（二）上海建设世界一流国际体育赛事之都的广度

体育是城市建设的重要组成部分，体育锻炼能够改善市民的身体素质，体育赛事能够丰富市民的业余生活和精神世界，体育场馆不仅能够成为城市的标志性建筑，还能够为广大市民提供运动健身的场地，这些都凸显了体育在城市建设中的重要性，而赛事之都的广度指的主要就是赛事对城市的影响。目前学者们在赛事对城市发展的影响研究上主要涉及下几个方面：

第一种观点也是众多专家学者公认的观点，即体育赛事可以促进城市的经济发展。赛前的经济增长主要通过场馆和城市基础设施的建设来带动，赛中的经济增长主要通过引赛事相关人群、观众及游客的消费来达成，赛后的城市经济在短期内还会持续受到赛事期间需求余波的影响而得到发展。有专家学者指出主办奥运会能够有效带动主办城市和地区的投资需求和消费需求。也有的认为在全球化的背景下，大型体育赛事的举办能够加快城市产业的优化升级，使城市经济在赛后仍然能够继续保持活力。

第二种观点是城市举办体育赛事能够提高城市居民的体育参与度。因为创建体育城市需要有坚实的体育人口基础，一个没有广大市民参与体育运动的城市，也很难说是一个成功的体育城市。还有专家学者的研究也表明，大型体育赛事对促进上海市民积极参加体育锻炼和各类体育活动方面均有较大的提升。

第三种观点是赛事能够促进社会发展。举办大型体育赛事，不仅可以增加就业岗位，通过国家交流提升城市人口素质，还可以起到改善城市形象的作用。举办体育赛事在宣传城市品牌上有促进作用，是塑造城市品牌形象的捷径，体育赛事对城市知名度和城市形象的影响可以通过媒体报道、城市广告、赛事观众的口碑效应以及间接知情者的形象传播四种途径实现。有专家学者认为举办大型体育赛事可以激发全民参与体育活动的热潮，提高公众对体育的认知，增强身体素质，最终提高人力资本状况。还有的认为一个成功的赛事能增加市民的自豪感和荣誉感等良好的“心理收入”。再有的提出了2014年南京奥青会带动群众学习体育、提升自身文化素养等教育功能。因此，体育赛事在树立城市品牌形象、发展文化产业以及推进城市软实力建设等社会发展方面有着积极的促进作用。

第四种观点是对城市建设规划的改善。为了承办大型体育赛事，城市的硬件设施需要有能力接待众多的运动人员和参观人员。大型体育赛事对体育场馆、宾馆、运动村、交通运营速度、城市居住方式、城市形象及城市现代化具有改善作用，还会间接促进城市其他相关产业发展。国外专家学者指出，美国20世纪90年代前后的城市面貌改变与体育赛事产业的发展有很大关系。还有的认为，城市为举办大型赛事而进行的基础设施、应用程序、技术和环境的改造也会对卫生和教育等方面产生积极影响。

综上所述，结合“都”的内涵与体育城市的特征，归纳赛事之都的广度有以下五个维度：

其一，赛事的数量和全面性。

其二，赛事对大众参与体育活动的影响。

其三，对社会整体发展的影响。

其四，体育对城市建设规划的影响。

其五，对大众体育参与便捷性的影响。

（三）上海建设世界一流国际体育赛事之都的深度

大型体育赛事会对一个城市的体育发展起到明显的带动效应，如有的专家学者认为大型体育赛事会提升举办城市的体育竞争力。而赛事之都的深度指的就是举办大型体育赛事对上海市体育发展的影响。目前专家学者在赛事对体育发展的影响研究上主要涉及下几个方面：

第一，是赛事能够促进体育产业的发展。有大量的研究表明，举办体育赛事，尤其是高级别的职业体育赛事能够促进我国体育赛事产业的发展，大型体育赛事可以创造众多商机，促进体育竞赛表演业、体育用品业、体育旅游业、体育传媒业等产业的繁荣与发展，进而带动体育产业结构的调整和城市体育的发展。

第二，是体育赛事能够加深大众对体育的理解。有学者认为体育赛事的举办，能够提高人们对相应运动项目的认知程度，体育赛事能够传播参与体育锻炼的理念，从而促使人们形成主动参与体育锻炼的意愿。并且体育运动本身无论是参与还是观赏都会使人感到快乐。还有的研究结果显示，奥运会的举办在一定程度上排解了社会的负面情绪，促进了社会和谐，有效地提高了市民的幸福指数。

第三，是体育赛事的举办能够推动体育职业化与市场化发展。举办大型体育赛事能够加速我国体育的产业化转型，还能够为我国体育市场化创造一个良好的发展环境。体育协会和俱乐部等组织还可以借助举办大型体育赛事的机会得以扩张，相关的体育项目也能够得到推广，进而推动体育事业的发展。

第四，是体育赛事对竞技体育的影响。举办体育赛事能够在运动员技战术水平、竞赛规则的科学合理演进等方面起到推动作用。有专家学者认为体育赛事的举办还能够为运动员提供更多学习机会，增长国际大赛的比赛经验，适应国际大赛的比赛节奏与强度。还有的学者在研究中指出，体育赛事的不断发展，能够在一定程度上推动相关场馆的建设和使用，使得运动设备和运动员装备得到更新，也能够使得技战术水平和与赛事相关的竞赛规则变得更加的合理，与此同时，对现代科学技术的应用也能够推动各项运动项目的不断发展。

综上所述，归纳赛事之都的深度有以下五个维度：

其一，加深大众对体育的理解。

其二，促进体育产业全面布局。

其三，进一步推动竞技体育职业化，市场化。

其四，加快体育科技发展。

其五，促进体育管理体制深度变革。

二、上海建设世界一流国际体育赛事之都现状分析

（一）上海建设世界一流国际体育赛事之都的广度现状

在大众对现阶段上海建设世界一流国际体育赛事之都的广度认识上，本课题设计了相关问题，进行了征询(表1)。

表1　上海建设世界一流国际体育赛事之都的广度认知现状(N=279)

题目/选项	非常不认同	不认同	一　般	认　同	非常认同
上海举办的有影响力的国际体育赛事引起了我对相应运动项目的关注	8 (2.87%)	19 (6.81%)	75 (26.88%)	101 (36.2%)	76 (27.24%)
上海举办的有影响力的国际体育赛事吸引我参与到该项运动项目的锻炼	13 (4.66%)	35 (12.54%)	118 (42.29%)	68 (24.37%)	45 (16.13%)
上海举办的有影响力的国际体育赛事的项目种类能够与国际体育赛事之都这一称号相吻合	5 (1.79%)	15 (5.38%)	74 (26.52%)	114 (40.86%)	71 (25.45%)
上海举办的有影响力的国际体育赛事的数量能够与国际体育赛事之都这一称号相吻合	6 (2.15%)	17 (6.09%)	91 (32.62%)	101 (36.2%)	64 (22.94%)
上海举办的有影响力的国际体育赛事为上海体育人口的增长做出了贡献	11 (3.94%)	19 (6.81%)	65 (23.3%)	121 (43.37%)	63 (22.58%)
上海举办有影响力的国际体育赛事带动了相应项目在上海本地的普及与发展	3 (1.08%)	12 (4.3%)	58 (20.79%)	127 (45.52%)	79 (28.32%)

续 表

题目/选项	非常不认同	不认同	一 般	认 同	非常认同
在赛事促进城市发展的过程中，我感觉到获取和利用体育运动与健康方面的信息更方便了	9 (3.23%)	11 (3.94%)	76 (27.24%)	118 (42.29%)	65 (23.3%)
在赛事促进城市发展的过程中，上海的体育场馆的选址和建设与城市规划有很好的融合	6 (2.15%)	11 (3.94%)	82 (29.39%)	121 (43.37%)	59 (21.15%)
上海的体育场地和设施建设能够满足承办有影响力的国际体育赛事的要求	6 (2.15%)	15 (5.38%)	58 (20.79%)	123 (44.09%)	77 (27.6%)
为承办有影响力的国际体育赛事而建设的场地和设施等资源可以非常方便地让上海市民使用	12 (4.3%)	23 (8.24%)	90 (32.26%)	102 (35.56%)	52 (18.64%)

从调查结果来看，上海的赛事对大众参与体育活动的影响力一般，调研对象对“上海举办的有影响力的国际体育赛事引起了我对相应运动项目的关注”这一问题的认同率只有 63.44%（“非常认同”和“认同”之和），但是这些赛事并没有很好地吸引到他们参与相关运动项目的锻炼，大多数调研对象认为上海举办的国际体育赛事对吸引他们参与到该项运动项目锻炼的影响力一般(42.29%)，认同率只有 40.5%，如果按照 60%为合格线，那就是不合格。这可能与上海举办的国际体育赛事项目有关，虽然在上海举办的国际体育赛事了解程度这一题上，排名前三位的是国际田联钻石联赛上海站、上海国际马拉松赛和世界一级方程式锦标赛(图 1)，但大众普遍更关注的运动项目主要是篮球，足球和羽毛球(图 2)，并且总体上与上海举办的国际体育赛事项目并不匹配。

虽然上海举办的国际体育赛事目前的影响力一般，但是赛事的数量、质量和项目全面性比较优秀。在“上海举办的有影响力的国际体育赛事的项目种类能够与国际体育赛事之都这一称号相吻合”这一题上，分别有 40.86%和 25.45%的调研对象“认同”和“非常认同”这一说法，认同率达到 66.31%。在

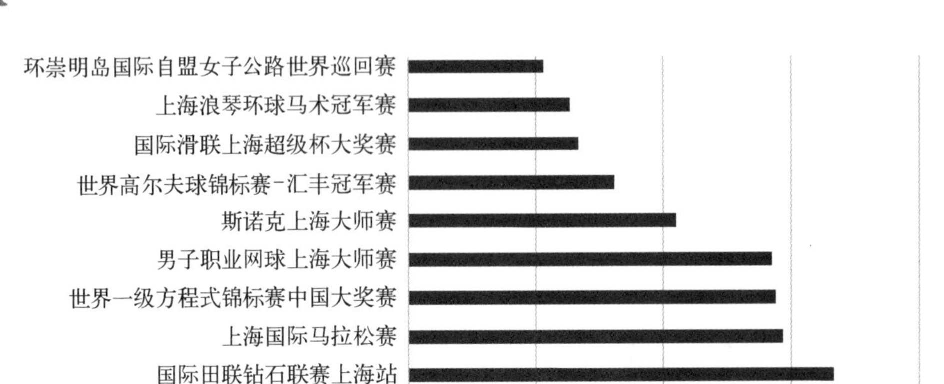

图1　上海市国际体育赛事关注程度平均综合得分

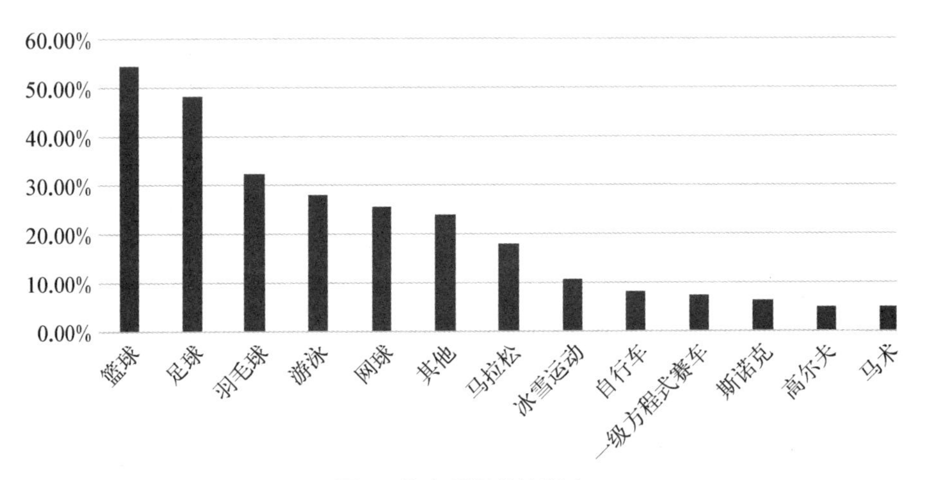

图2　体育项目关注程度

“上海举办的有影响力的国际体育赛事的数量能够与国际体育赛事之都这一称号相吻合”这一题上，认同率为59.14(36.2%“认同”，22.94%“非常认同”)，说明上海在举办有影响力的国际体育赛事的数量上还需要提高。调研对象对“上海举办的有影响力的国际体育赛事为上海体育人口的增长做出了贡献”这一问题的认同率达到了65.95%，在“上海举办有影响力的国际体育赛事带动了相应项目在上海本地的普及与发展”这一问题上的认同率达到73.84%，表明上海举办的国际体育赛事质量较高，能够有效地促进体育人口的增长，带动相关项目的发展。

目前上海举办的国际体育赛事对于上海的社会整体发展起到了一定的促进作用。共计有65.59%的调研对象(42.29%“认同”，23.3%“非常认同”)

“在赛事促进城市发展的过程中，我感觉到获取和利用体育运动与健康方面的信息更方便了”。随着互联网的发展，大众获取信息的方式越来越多。从图3可见，绝大多数调研对象(93.55%)获取上海体育发展相关信息的渠道为搜索引擎、社交媒体、电子邮件和各类网站等新媒体。由于调研对象为在校研究生，课堂也是他们获取上海体育发展相关信息的重要渠道(40.86%)。但是电视、报纸、杂志和广播等传统媒体也并未退出舞台，在传播上海体育发展相关信息上仍然发挥着不可取代的作用(26.88%)。

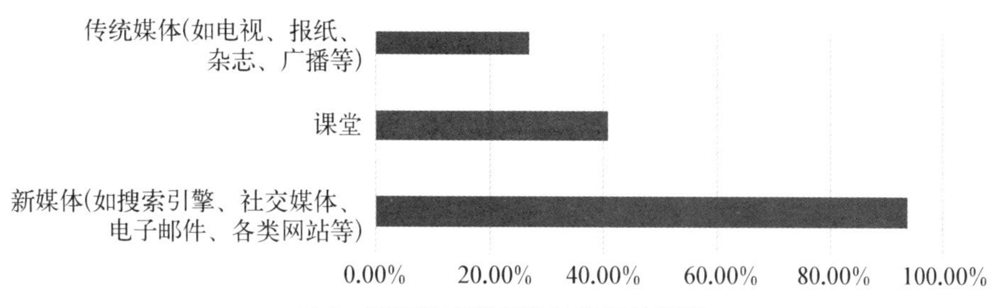

图3　获取体育发展相关信息的渠道

同时，目前上海的体育场馆选址和建设与城市规划也有较好的融合，对于“在赛事促进城市发展的过程中，上海的体育场馆选址和建设与城市规划有很好的融合”这一问题，调研对象的认同率达到了64.52%(43.37%“认同”，21.15%“非常认同”)，同时调研对象对“上海的体育场地和设施建设能够满足承办有影响力的国际体育赛事的要求”这一问题的认同率为71.69%(44.09%“认同”，27.6%“非常认同”)。

但是，在体育场地和设施对于大众参与的便利性这一方面上，上海还需要提高，在“为承办有影响力的国际体育赛事而建设的场地和设施等资源可以非常方便地让上海市民使用”这一问题上，有32.26%的调研对象表示“一般”，认同率只有54.2%(35.65%“认同”，18.64%“非常认同”)。说明现阶段上海市的体育场馆虽然规格很高，但开放性不够，不能满足市民的使用需求。

(二) 上海建设世界一流国际体育赛事之都的深度现状

从表2可以看出，在赛事加深大众对体育的理解方面，上海取得了较好的评价，在“上海如果拥有较多的国际体育组织，可以进一步促进赛事之都的建设”这一问题上，认同率达到84.22%，其中44.44%的调研对象表示“认同”，有39.78%表示“非常认同”。在“上海举办的有影响力的国际体育赛事对校园体育赛事的开展有积极的影响”这个问题上，认同率达到72.04%，其中有43.01%的调研对象表示“认同”，有29.03%表示“非常认同”。在“举办有影响力的国际体育赛事对普及上海的大众体育认知有较强的促进作用”这一问题上，也有超过75%的调研对象表达了积极的态度，其中46.95%表示“认同”，29.75%表示“非常认同”。

表2 上海建设世界一流国际体育赛事之都的深度认知现状(N=279)

题目/选项	非常不认同	不认同	一 般	认 同	非常认同
上海如果拥有较多的国际体育组织，可以进一步促进赛事之都的建设	5 (1.79%)	4 (1.43%)	35 (12.54%)	124 (44.44%)	111 (39.78%)
上海举办的有影响力的国际体育赛事对校园体育赛事的开展有积极的影响	5 (1.79%)	8 (2.87%)	65 (23.3%)	120 (43.01%)	81 (29.03%)
举办有影响力的国际体育赛事对普及上海的大众体育认知有较强的促进作用	3 (1.08%)	6 (2.51%)	56 (20.07%)	131 (46.95%)	83 (29.75%)
举办有影响力的国际体育赛事对上海体育产业布局有促进作用	2 (0.72%)	6 (2.15%)	41 (14.7%)	135 (48.39%)	95 (34.05%)
举办有影响力的国际体育赛事对上海市民的体育消费有较强的刺激作用	5 (1.79%)	7 (2.51%)	58 (20.79%)	135 (48.39%)	74 (26.52%)
举办有影响力的国际体育赛事能够促进上海软实力的提高	5 (1.79%)	7 (2.51%)	49 (17.56%)	118 (42.29%)	100 (35.84%)
举办有影响力的国际体育赛事对于理顺上海体育管理体制与机制有较强的促进作用	4 (1.43%)	9 (3.23%)	70 (25.09%)	123 (44.09%)	73 (26.16%)
目前上海举办的有影响力的国际体育赛事提升了上海在国际上的美誉度和知名度	5 (1.79%)	3 (1.08%)	48 (17.2%)	123 (44.09%)	100 (35.84%)
上海已经达到世界一流的国际体育赛事之都的水准	12 (4.3%)	29 (10.39%)	86 (30.82%)	95 (34.05%)	57 (20.43%)

在促进体育产业全面布局这一方面，调研对象总体上给出了很高的评价，在“举办有影响力的国际体育赛事对上海体育产业布局有促进作用”这一问题上，调研对象的认同率达到了82.44%，其中表示“认同”的有48.39%，表示“非常认同”的有34.05%，认同率很高，说明大众普遍认同举办有影响力的国际体育赛事能够促进上海体育产业的全面布局。因此，上海在举办有影响力的国际体育赛事过程中，如果能够抓住机遇，协调好体育产业内部的发展，会更有效率，能够取得更好的效果。

调研对象认为赛事在进一步推动竞技体育职业化和市场化上也有着重要的作用。在“举办有影响力的国际体育赛事对上海市民的体育消费有较强的刺激作用”这一问题上的认同率达到了74.91%(48.39%“认同”，26.52%“非常认同”)。说明举办体育赛事能够促进体育用品业，体育服务业和竞赛表演业的协同发展。

在举办大型职业体育赛事加快体育科技发展方面，调研对象在“举办有影响力的国际体育赛事能够促进上海软实力的提高”这一问题上的认同率为78.13%(42.29%“认同”，35.84%“非常认同”)。说明上海在举办体育赛事过程中，市民能够切实地感受到科技在体育领域的应用。

在赛事促进体育管理体制深度变革方面，调研对象能够明确地感受到举办体育赛事对上海体育管理体制变革的推动作用，在“举办有影响力的国际体育赛事对于理顺上海体育管理体制与机制有较强的促进作用”这一问题上，认同率为70.25%(44.09%“认同”，26.16%“非常认同”)。

总体上看，上海在建设世界一流国际体育赛事之都的广度与深度上取得了一定的成绩，在绝大多数维度上的认同率都过了及格线，并且有79.93%的调研对象在“目前上海举办的有影响力的国际体育赛事提升了上海在国际上的美誉度和知名度”这一问题上表达了认同(44.09%“认同”，35.84%“非常认同”)，说明举办国际大型体育赛事对提升上海的城市品牌也有着很大的作用。但是上海距离建成世界一流的国际体育赛事之都还有一段距离，在“上海已经达到世界一流的国际体育赛事之都的水准”这一问题上，有将近三分之一的调研对象表示“一般”(30.82%)，认同率只有50.88%(34.05%“认同”，20.43%“非常认同”)，为不及格。从图4可见，虽然上海在世界一流国际体育赛事之都的深度建设上取得了比较不错的成绩，但是目前上海建设赛事之都的主要矛盾是广度的发展问题，特别是在促进大众参与体育活动和参与体育活动的便捷性上存在的问题尤为突出。

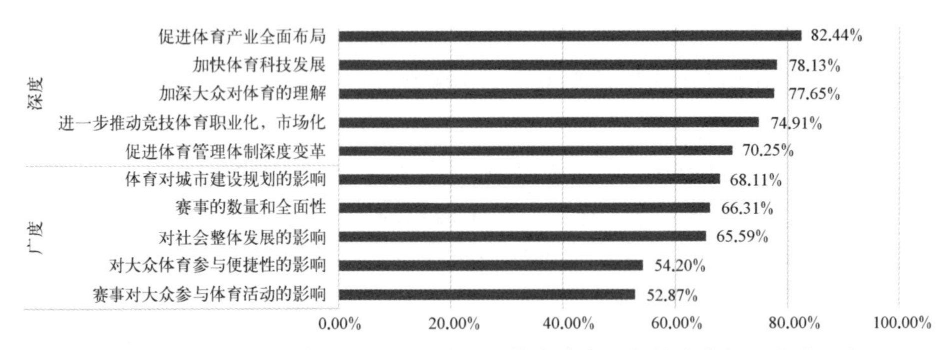

图4 调研对象对上海建设世界一流国际体育赛事之都的广度与深度认同度

三、上海建设世界一流国际体育赛事之都存在的主要问题

（一）赛事之都广度建设存在的问题

1. 公共体育空间不足，大众体育需求不能得到满足

虽然上海已建成的大型体育场馆规格很高，但是并不能让大众方便地使用。大型体育场馆在营造体育氛围、打造体育文化，提升体育城市影响力等领域具有非常重要的作用。大赛后大型体育场馆的闲置是政府将要面临的一大考验，也是体育城市亟待解决的重要问题。特别是为举办大型体育赛事而新建的体育场馆若不能在赛后正确、充分地利用，将带来巨大的资源浪费，成为城市经济的负担。

因此，上海的体育场馆建设要避免盲目追求高大上，要充分考虑赛后的多功能使用与运行和养护的需要。还要避免由于过分追求外形设计而忽视了场馆应该具备的多功能需求。在建筑材料上要充分考虑绿色节能，以减少高昂的能耗与养护费用。

2. 上海职业体育赛事与大众体育赛事缺乏融合性

职业体育赛事的亲民感明显不足，如墨尔本网球大师赛期间会为青少年网球活动和草根网球准备诸多花絮。另外，本土大众体育赛事影响力缺乏引爆点，讲究数量但缺乏与公共事业相关联，造就赛事品质不高。这一点值得借鉴的城市是纽约，纽约的赛事本土化程度高，市民参与热情高，尽管群众性和传统体育赛事数量也非常多，但纽约市非常注重赛事意义，积极宣传赛事价值。纽约的群众体育赛事与社会的公益事业或市民的切身利益十分相关，如2006年创立的梅捷·琼斯篮球联赛是为了纪念首次执教并率领Army女队杀入美国大学体育总会篮球锦标赛并夺冠，之后因病不幸逝世的主教练梅捷·琼斯，因而该赛事的举办吸引了社会和媒体的广泛关注。纽约赛事有着广泛的群众基础，对纽约的城市精神、市民素质和城市风貌都有积极的促进作用，也利于团结全市市民的力量推动整体赛事的发展。

3. 缺乏本土特色，体育氛围不强

体育竞赛使人们将关注点集中于体育的本体特征，而往往忽略体育的社会包容和融合作用。目前世界主流的大型体育赛事都具有良好的社会整合作用，这种整合作用并不是微观的，而是在全社会宏观层面上进行的，需要放到整个社会结构中来考量。如NFL赛事，近些年来倡导的主题发生了很大变化，从NFL的个人英雄崇拜演变成NFL是每个家庭的参与和快乐，妇女和孩子才是NFL真正的主角。

（二）赛事之都深度建设存在的问题

从目前情况看，上海缺少职业体育组织，体育职业化和市场化水平较低。上海在引进有影响力的体育组织方面还存在着劣势，不仅在全球体育组织的影响力较低，即便在国内也缺乏影响力。政府依然是现在竞技体育的主体，竞技体育的管理体制相对僵化，培养市场化体育组织的力度欠缺，不利于上海体育职业化和市场化的进程。并且许多俱乐部在发展过程中往往忽视俱乐部的文化、组织、人员、各管理层级建设。

四、上海建设世界一流国际体育赛事之都的对策建议

（一）丰富赛事种类与提升赛事级别

在“引进来”的同时，吸收举办国际大型职业体育赛事的经验，培育本土品牌赛事，为自主赛事“走出去”创造积极的条件。开展篮球、足球、羽毛球和电子竞技等上海市民普遍关注和具有本土特色的项目，同时融入赛事的价值理念，加强职业体育赛事与草根、青少年赛事的融合，通过职业体育赛事，推动草根和青少年赛事发展，提高赛事举办的亲民性，并推动赛事可持续发展。

（二）加快培育体育赛事发展的专业性机构

我国的体育俱乐部的话语权较低，受到的制约较大。墨尔本规模最大的体育场馆墨尔本板球馆在周边的开发过程中，积极引进国内有影响力的各单项体育组织，各大体育传媒、体育用品、体育中介的南半球总部均设于此，使墨尔本成为名副其实的集体育赛事营销总部、体育用品研发总部、社会体育休闲组织总部等于一体的国际体育中心，在国家和国际体育事务中享有较高的话语权。

设立独立的市场化和职业化机构，不仅能有助于理清管理体制，还能够积极带动体育组织的发展。同时还要努力吸引全球知名体育营销公司如IMG、八方环球、Lagardere Sports、盈方体育等巨头企业总部到上海来。要为国内知名的体育营销企业和有影响力的体育社会组营造良好的经营条件和优惠政策，力争为他们的发展创造良好环境。

（三）充分考虑场馆建设在赛后的社会服务性

上海在城市体育发展的建设规划上，虽然也考虑了场馆与交通的结合，但总体来说，场地设施较少，开放性不够，交通可达性与便利性还需要向墨尔本借鉴学习。墨尔本的体育场馆建设与城市发展的融合是值得上海学习的样本。墨尔本的体育场馆大多分布于城市中心或交通便利的近郊，前往现场观赛十分便利。如澳网举办地墨尔本公园位于城市中央商务区，场馆常年对外开放；F1阿尔伯特公园赛道只在比赛前后三个星期关闭以筹备比赛，其余时间作为开放的道路使用，不仅节省城市空间，而且还实现了生活的体育化。墨尔本的体育场馆周围配套基础设施也都十分完善，整座城市的绿地覆盖率为40%，能够保障各项大众休闲体育活动安全便利的开展。

参考文献

[1] 黄海燕.上海建设全球著名体育城市的若干思考[J].体育科研，2016

[2] Global Sports Impact (GSI) Cities Index [EB/OL]. https://www.sportcal.com/GSI/GSICitiesIndex

[3] 王成，张鸿雁.美国体育城市的类型特征、创建成因与本土启示[J].体育科学，2015

[4] 贺蕾,张子翔. 上海建设全球著名体育城市的相关研究及策略[J]. 体育科研,2017
[5] 孙胜男,尹晓峰,杨圣韬,王金鲁,王燕. 国际体育强市视角下的上海国际体育大赛对提升市民素质的纵贯研究(2008～2013年)[J]. 体育科研,2015
[6] 张懿. 建设国际体育赛事之都,助力打响"上海服务"[N]. 文汇报,2018
[7] 谭艺,王广进,胡晓庆. 祝建波. 西方国家对大型体育赛事与城市(国家)研究述评[J]. 体育与科学,2012
[8] 张永韬. 大型体育赛事对城市(区域)的影响研究述评[J]. 体育与科学,2013
[9] 崔鹏,王影,马志君. 体育赛事对主办城市发展的影响[J]. 当代体育科技,2016
[10] Sterken E. Growth impact of major sporting events [J]. European Sport Management Quarterly,2006
[11] 张林. 提升体育赛事对城市发展的贡献率[J]. 成都体育学院学报,2012
[12] 肖焕禹. 上海建设国际知名体育城市研究[J]. 体育科研,2010
[13] 鲍明晓. 北京建设国际体育中心城市的相关理论问题研究[J]. 上海体育学院学报,2010
[14] 崔鹏,王影,马志君. 体育赛事对主办城市发展的影响[J]. 当代体育科技,2016
[15] 史立峰,樊东声,赵凡. 2014青奥会对南京城市体育发展重大影响的研究[J]. 南京体育学院学报(自然科学版),2011
[16] Sterken E. Growth impact of major sporting events [J]. European Sport Management Quarterly,2006
[17] 鲍明晓. 2008年奥运会对中国及首都经济的深刻影响[J]. 前线,2001
[18] 黎冬梅,肖锋. 举办大型体育赛事对大都市经济影响之研究[J]. 河北体育学院学报,2007
[19] 尹永佩,唐文兵,姜传银. 创建国际体育城市的评价指标研究——以上海为例[J]. 武汉体育学院学报,2018
[20] 温阳,国际大型体育赛事与城市发展研究——以上海国际网球赛事为例[J]. 南京体育学院学报(自然科学版),2017
[21] 田夏,龚明波. 举办大型体育比赛对城市发展的影响[J]. 北京体育大学学报,2002
[22] 黄海燕. 体育赛事与城市发展[J]. 体育科研,2010
[23] 董杰. 奥运会对举办城市的经济影响[J]. 中国体育科技,2004
[24] 曹庆荣,雷军蓉. 城市发展与大型体育赛事的举办[J]. 西安体育学院学报,2010
[25] 蔡晓红. 承办第二届青奥会对提升南京城市体育软实力的影响及策略选择[J]. 南京体育学院学报(社会科学版),2010
[26] 赵泽群. 论举办大型体育赛事对城市现代化的作用[J]. 西南师范大学学报(自然科学版),2007
[27] 周雯艳. 体育赛事对主办城市经济发展的影响[J]. 商业时代,2008

[28] 陈峰. 大型国际体育赛事对现代城市建设的影响效应[J]. 体育与科学，2011
[29] Sport in the city: The role of sport in economic and social regeneration [M]. Routledge, 2002
[30] Kaplanidou K, Karadakis K. Understanding the legacies of a host Olympic city: The case of the 2010 Vancouver Olympic Games [J]. Sport Marketing Quarterly, 2010
[31] 肖锋，沈建华. 析举办重大体育赛事对城市体育事业竞争力的提升作用[J]. 南京体育学院学报(社会科学版)，2005
[32] 徐成立，刘买如，刘聪，田静. 国内外大型体育赛事与城市发展的研究述评[J]. 上海体育学院学报，2011
[33] 易剑东. 大型赛事对中国经济和社会发展的影响论纲[J]. 山东体育学院学报，2005
[34] 杨建明. 重庆市举办大型体育赛事对体育产业发展的影响分析[J]. 当代体育科技，2016
[35] 景益科，梁仁春，游丹. 浅析大型体育赛事对举办城市的影响[J]. 山西师大体育学院学报，2009
[36] 杨慧卿，耿廷芹. 大型体育赛事与阳光体育运动互动机制探讨——以环海南岛国际公路自行车赛为例[J]. 海南师范大学学报(自然科学版)，2014
[37] 王智慧. 大型体育赛事举办后对承办地区居民幸福指数影响的实证研究[J]. 体育科学，2012
[38] 汪英. 2008北京奥运会对我国体育产业发展的影响[J]. 体育世界，2006
[39] 殷鹏飞. 中外田赛高度项目运动员大赛中竞技表现对比分析[D]. 北京体育大学，2014
[40] 徐祥峰. ITF、ATP、WTA赛事体系与中国职业网球赛事发展战略思考[J]. 武汉体育学院学报，2014
[41] 王建龙. 从奥运会看世界田径运动的发展态势[J]. 体育科技文献通报，2015
[42] 刘荃. 在碰撞中统一：体育在中国城市化进程中的作用与反作用——“体育与城市发展”论坛综述[J]. 体育与科学，2013
[43] 郭艳华. 发达国家大型体育场馆建设的国际经验[J]. 武汉体育学院学报，2017

赛事营销对上海国际体育赛事之都建设的作用机制

——以上海网球大师赛为例

冯维胜[*]

一、绪论

（一）研究背景和意义

我国体育产业总产值已超过2万亿元人民币，为体育赛事的发展提供了重要基础。当前居民消费理念更新换代，休闲娱乐需求快速增长，尤其即将举办的北京冬季奥运会、杭州亚运会等重大体育赛事，将进一步增强居民的体育消费意识、激发群众参与体育的热情。全国各个城市都非常重视体育发展，构建体育旅游城市、筹划体育特色小镇、兴办各类赛事等做法蔚然成风。国际上，能够称上全球知名体育城市的伦敦、东京、巴黎、纽约等，也是大型体育赛事的频繁举办地。而正在迈向全球卓越城市的上海，当以全力打响"赛事品牌"为契机，厚植体育文化土壤——建设国际体育赛事之都，助力打响"上海服务"品牌。

1. 上海体育产业发展概况

体育产业已不再是单纯的体育制造和装备销售的企业集合，许多西方国家早已不把该项收入纳入本国体育产业的收益中，而转向赛事举办、体育组织、体育新闻传播、球员经纪、场馆运作、体育创意文化等。基于政府对体育的重视，支持政策不断出台，上海体育产业的规模逐渐扩大，产业的结构不断优化，增加值和质量都稳步提高。统计数据显示，2017年，上海体育产业总产出

---

* 本文作者单位：上海电机学院。立项编号：TYSKYJ2018079。

跨过1 266亿元人民币大关，实现增加值470余亿元，体育服务业占体育产业总产出和增加值的比重分别超过65%和81%，呈现强劲的发展势头。

近几年来，上海体育行业的整体已经取得了飞跃发展，直观体现在体育场馆建设和赛事组织上。目前上海大型的体育场馆有20多个，除了这些已建成使用的场馆外，还在加速扩建新的体育场馆，已列入规划建设的有：浦东足球场、徐家汇体育公园、上海市民体育公园等项目。这一系列举措，不仅有利于全民健身的推进，也加快了体育产业的发展，为上海建设"国际体育赛事之都"打下坚实的基础。

2. 上海网球大师赛发展背景

上海不断加强宏观管理，培育竞争、开放和有序的体育市场体系，吸引域外体育资源集聚，把F1中国大奖赛、ATP1000网球大师赛、田径钻石联赛、斯诺克上海大师赛、上海国际马拉松赛、汇丰高尔夫世界锦标赛和崇明岛自行车赛等作为"品牌赛事"持续打造，同时新增具有全球影响力和引领作用的赛事。其一，对于城市的宣传而言，赛事营销活动产生了积极的影响。顶级赛事的举办不仅改善城市的社会氛围，而且为市民供给公共体育服务。其二，大型赛事逐渐地显现出对体育产业的拉动作用。专项调查显示，上海目前从事体育经纪、公关、策划投资管理的公司达87家，体育中介公司达183家。如今，一些海外的知名体育经纪公司竞相驻扎上海，这些体育经纪公司的纷至沓来，使中介活动与赛事活动互促互融，并带动产业发展。

上海网球大师赛作为"品牌赛事"之一，其前身为上海喜力网球公开赛和上海网球大师杯，在上海举办至今已近20个年头，依靠赛事本身的影响力以及上海网球的推广计划：20世纪90年代还仅占1.3%的上海人口比例，随后快速增长超过17%，特别是从2005年到2015年间，上海网球人口增速迅猛(图1)。

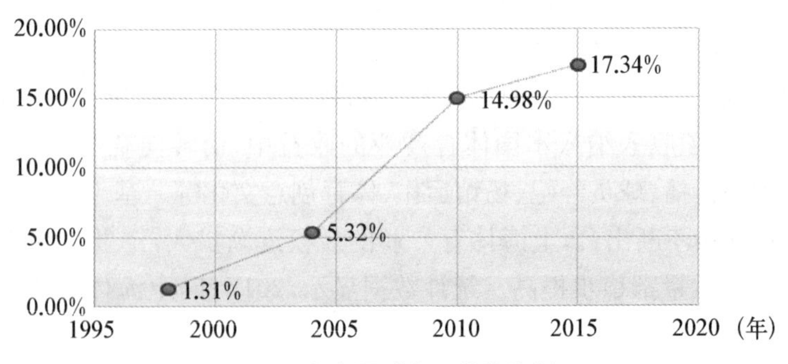

图1　上海网球人口总数比例

时至今日，上海已有超过120万人参与到网球运动中。网球人口的高速增长，让上海网球大师赛的转型显得更为重要。如何让赛事在庞大的网球人口基数上获得更大的收益，同时如何让网球爱好者有更好的赛事体验是转型的关键所在。

3. 研究意义

体育产业作为上海产业结构调整的重要部分，受到社会各级的广泛关注。政府政策支持对体育产业的快速发展起到不可限量的推动作用。但相关产业的发展均处于起步阶段，特别是健身休闲业、体育培训业、体育中介业等细分行业动力不足。而大型赛事具有较大的产业关联面，具有较高的可研究性。

（二）体育赛事营销理论

将体育本身作为产品营销，是赛事营销的两个层面之一。营销学意义上的产品，小到个体运动员或集体的球队，大到大型赛事，这个层面可以称之为“微观营销”。而另一个层面，就是指以体育赛事为平台，来推广产品以及传播品牌的“宏观营销”。就像观众观赛，留下深刻印象的除了精彩的赛事，还有不同品牌赞助商为了宣传产品而展示的巧妙的营销手法。

首先，赛事营销也可以说是“金三角”，赞助方、受众和体育赛事是必备条件，如果缺少了任何一方，就无法称为成功的赛事营销。其次，因为对体育赛事进行赞助，给企业品牌的形象赋予了赛事项目特征，两者巧妙结合将有利于品牌宣传；顾客对产品的购买是一个过程，潜在客户先对相关产品形成认知，逐渐产生购买兴趣，在具备支付条件后开始购买，形成“首次营销”。在此基础上，培养顾客忠诚度，建立广大的“回头客”，形成“循环营销”。在体育营销中，品牌内含于赛事项目，而赞助规模、赞助级别、产品知名度、传播频率与赛事营销效果密切相关。最后，从树立品牌的角度来说，赛事依照客户的要求设计方案，从而达到赛事和产品的互利共赢目的。而站在赛事营销的角度来谈，要开展体育营销的首要因素就是赞助，但是，赞助并不是唯一要素，要提高赛事知名度，即通过赛事营销传播技术来塑造品牌。

二、上海网球大师赛的营销现状

上海网球大师赛，即网球联合会开展的“ATP 1000系列”之世界巡回赛，仅次于ATP年终总决赛和网球四大满贯，它的重要程度是毋庸置疑的。每年的10月举行上海站比赛，在上海旗忠森林城举办，为室外硬地赛。以下从上海网球大师赛的推广策略、品牌建设、运营流程、服务管理、社会效益这五个方面对营销现状进行阐述。

(一) 上海网球大师赛的推广策略

1. 赞助商的推广策略

从赞助商推广策略来说,作为亚洲唯一的、也是男子网球 ATP 最高级别的上海网球大师赛,从 2009 年开办以来,不仅得到了国内外球迷、全球职业网球选手和 ATP 的高度认可,同时也成为众多国内外品牌所关注的焦点和争夺的对象。投资者(也就是赞助商)看中赛事平台能够为自己创造更高的价值,通过赞助冠名、联合宣传、会展、奖金赞助等方法来提升品牌形象,同时赛事主体由于赞助商的加入使赛事形态更加饱满。2018 年,上海网球大师赛又新增了三家赞助商,在九大 ATP1000 赛事中,其赞助总数位居第一。赞助商推广和公关活动也是精彩纷呈,如"直面传奇""酩悦香槟派对""健达儿童日""大师浦江夜"等。虽然与同级别赛事相比占有优势,但与大满贯赛事相比还是存在差距。

在网球大师赛的九站比赛中,赞助商数量分别为印第安维尔斯(26)、辛辛那提(12)、蒙特利尔(9)、意大利(13)、马德里(21)、蒙特卡洛(26)、迈阿密(19)、巴黎(14)、上海(29)。可见上海的赞助商总数在九大 ATP1000 赛事中位居第一。

2. 大牌球员的推广策略

上海网球大师赛近年来对申城体育文化的影响力越来越大,世界顶级网球选手德约科维奇、费德勒、穆雷、纳达尔等积极参与。作为网球赛事,大牌球员是赛事票房的有力保障。以 2015 年的上海网球大师赛为例,随着德约科维奇捧杯,15.1 万的入场观众人数几乎与 2014 年持平,基本处于历史最高位。同时以 2016 年的迪拜男子公开赛为例,迪拜公开赛是一站 ATP500 级别的比赛,每年 2 月在迪拜举行,而由于大牌球员的提前退赛或是在赛程中因伤退赛,直接导致赛事票房相较于上一年减少了 50%。如何在大牌球员效应之外吸引观众,是上海网球大师赛再次获得提升的突破口。

3. 门票销售的多元化策略

上海网球大师赛的售票周期将近一年,在本年度比赛结束后,下一年赛事的售票工作就随之启动,所以赛事一票难求的现象也已经持续了多年。而售票多元化同样是票房取得成功的主要原因,其中主要通过互联网售票、新媒体售票、电话订票、赞助商套票、教育超市出售学生票及现场售票等。

五年中观赛人数虽然仍有所起伏，但总趋势是不断增长，且在 2016 年和 2017 年基本已达到赛事观赛人数的峰值。但在观赛人数和票房趋于饱和的状态下，如何利用新媒体资源提升赛事的知名度和影响力，将赛事推向世界并更深入人心，是现阶段需要努力解决的问题之一。

（二）上海网球大师赛的品牌建设

品牌建设是基于赛事本质的考虑，它具有全局性、创造性和长期性的特征。对于大型赛事这样的文化性品牌来说，因其营销产品的特殊性，其品牌建设一定面临着独特的设计挑战。

从人气上来看，上海网球大师赛已完成预期目标。但是随着品牌建设逐渐发展，一味追求热闹的场面已不符合现阶段的发展需求。久事国际赛事管理有限公司的评价是：如果要发展长期大型赛事，赛事的品牌建设是其根本追求。多年来，赛事主办方一直在拓展赛事资源，寻求新的价值增长点，并把打造国际知名精品赛事作为目标，同时以此来体现出更强的吸引力。

在 2017 年，赛事主办方开始采取新的措施，他们探索互动式的展示，改变了传统的单调模式，从而使赞助商得到更好的呈现，丰富观众的观赛感受。通过主办方与赞助商联合，“质感生动”由此诞生。观众所感受到的，是一种新的生活理念，是代表着智慧、优雅、随心、理智等高质感的理念。从中可以观察到的是，“展赛联动”这一重要形式，不仅将会成为培育赛事生命力的重要手段，同时也会促使未来的赛事逐渐趋向平台发展。但浓重的商业化氛围使得赛事缺少亲和力和归属感。这对于赛事品牌的建设无疑会有所影响，主办方必须处理好商业氛围及观众体验之间的关系，这样才能使上海网球大师赛成为综合性的品牌。

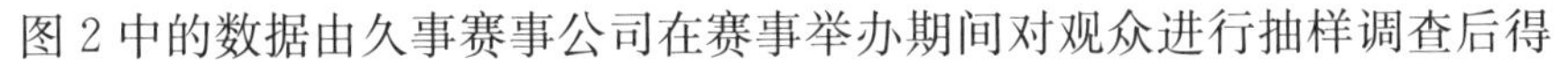
图 2 中的数据由久事赛事公司在赛事举办期间对观众进行抽样调查后得

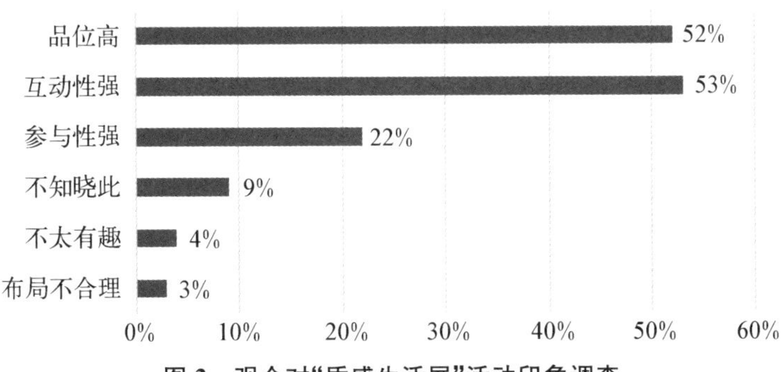

图 2　观众对“质感生活展”活动印象调查

出。从反馈的数据中可以看出观众认为互动性强的占53%，认为品位高的占52%。由此可见，观众对于这一创新举措持欢迎的态度，参与度较高。

（三）上海网球大师赛的运营流程

上海网球大师赛由国际男子网球协会（Association of Tennis Professional，ATP）主办、上海久事国际赛事管理有限公司承办，前期通过合约形式与有意向加入的赞助商、媒体合作，通过联合赞助商及媒体完成前期的宣传、购票、场馆布置等一系列准备工作。在赛事开展期间，上海久事国际赛事管理有限公司为赛事最核心的运营公司，全权负责赛事的各项事宜，其中通过与国际男子网球协会的合作主要负责运动员及赛程的管理，通过与媒体的合作主要完成赛事进行中的直播与报道工作，而通过与赞助商的合作在观众中聚拢人气。赛事的收入主要分为三大块：广告收入（户外广告＋媒体广告）、商业赞助收入和票务收入，还有一小部分来自电视转播收入（即版权经营收入）和衍生产品收入。图3所示，广告收入占到总收入的77%，而票房收入和赞助商收入合计仅为23%，与广告收入相比具有非常大的差距。这一数据虽然可以证明上海网球大师赛这一商业化品牌知名度很高，非常依赖于广告收入，但是其他类型收入并不均衡。

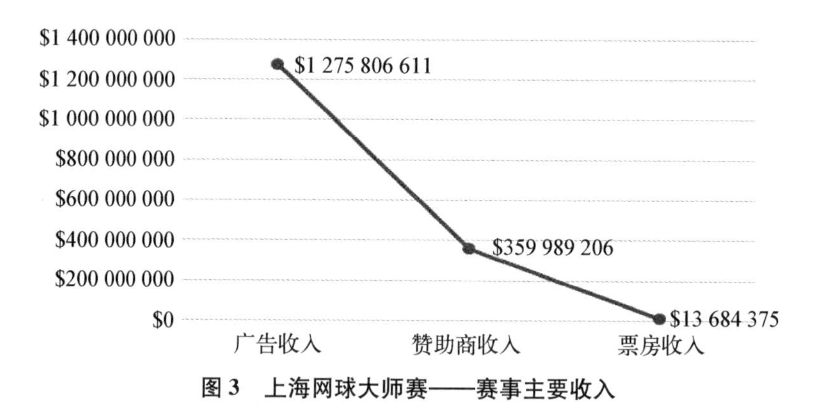

图3　上海网球大师赛——赛事主要收入

（四）上海网球大师赛的服务管理

在服务管理方面，上海网球大师赛连续五年被参赛球员评选为最佳ATP1000赛事，这是ATP历史上独一无二的殊荣，可以说是同等级赛事中的佼佼者。

上海网球大师赛赛事组委会在赛事举办期间成立专门的服务管理部门，主要负责监督和协调服务状况，并调研球迷对于服务体系的满意情况。同时聘请第三方服务平台来支持赛事的服务体系，如赛事短驳车、球员及媒体接送大巴、餐饮服务、志愿者服务、安保安检等。在赛事举办期间服务管理部门同样还会抽样调查观众对于赛事的满意度，问题包括："经常关注的体育赛事""经常参与的体育运动""平时通过什么渠道了解大师赛的信息""希望赛事官方纪念册内赠哪些纪念品"等。

除此之外，赞助商提供服务也是上海网球大师赛的一大特色，赞助商在支持比赛的同时，为赛事带去了自身品牌的特色服务。以上海网球大师赛合作伙伴中国银联为例，2015年是银联与上海劳力士大师赛合作新旅程的开端，赛事支付服务方面将有更多新亮点值得期待。除提供各类支付创新服务外，还将在银联钱包客户端开设网球赛事专享服务页面，为注册用户提供赛票购买优惠、现场停车券、球星签名岛资格、观赛路径查询以及现场餐饮、购物优惠等全方位增值服务，畅享从购票到观赛及现场消费的专属支付体验。

（五）上海网球大师赛的社会影响

随着时间的推移，上海网球大师赛的平台效应已逐渐显现，它已经不再是单纯的一场体育赛事，开始具有了亚洲高端赛事的号召力。在赛事期间，上海被ATP职业网球联合会选中，接着，张德培、斯里查潘、佩斯、锦织圭老中青三代亚洲网坛精英以及亚洲乃至亚太地区各大ATP赛事总监齐聚在上海网球大师赛，这一"亚洲盛典"的圆满举行是为了让他们共同研讨亚洲网坛的未来发展前景。在赛事周中，四大满贯赛事之一的澳网，宣布了将与上海劳力士大师赛缔结为战略合作伙伴。并且令人意外的是，中国网球协会的换届预备会议也放在大师赛期间，并召开于旗忠网球中心。在这一周，上海不仅是中国的网球中心，也成为亚洲网球中心。

一年又一年，上海网球大师赛不断丰富赛事内涵，扩展赛事发展空间，积极尝试培养更多的未来观众、培育更多网球人口。如今，网球大师赛已成为上海一张闪亮的"名片"。

上海网球大师赛作为上海体育赛事产业中不可缺少的重要一分子，在自身发展的同时带动着社会经济发展，首先从最基本的衣食住行上来看，如交通、住宿、餐饮等，赞助商对于赛事的支持同样会得到潜在的回报，频繁出现在观众眼中的品牌无形中增加了消费者对于该品牌的认知；"质感生活馆"在倡导新鲜生活理念的同时，带给观众更多体验的机会，带动了零售业；看比赛的同时球迷的激情也会被点燃，运动装备、体育培训同样在赛场内被观众挖掘。

上海久事体育产业发展(集团)有限公司董事长姜澜曾表示，大师赛落户上海已经九年，如今要把上海大师赛这一亚洲最高级别的ATP巡回赛从“最高”向“最好”打造，进一步增强辐射力和影响力，为将上海打造成国际体育赛事之都作出新贡献。

三、基于赛事营销理论分析上海大师赛存在的主要问题

上海网球大师赛赛事成熟的标志是功能突破体育赛事本身，目前已顺利通过了“商业化运作、盈利”的初始阶段，并逐步成为社会各界共享、共融、共创的标志性平台。但如何更好地利用上海网球普及率高、网球人口众多的优势，如何将赛事办得更具上海特色乃至中国特色，值得深思。

(一) 赛事延伸度不足

在当下仅有每年9月在上海举办的职业男子挑战赛作为上海网球大师赛的延伸，该站赛事的获胜者将获得赛事组委会颁发的外卡参加同年的上海网球大师赛。

增加上海网球人口作为“上海网球推广123方案”的一部分，在计划执行的十余年后取得了良好的成效。上海市大学网球阳光普及计划每年推广并开展活动百余场，该项活动已经延伸到了整个长三角地区，囊括了各个行业的网球协会、俱乐部和组织。在增长网球人口取得阶段性突破之时，赛事主办方并没有关注到这一群体的深层需求，而是仅仅每年通过赛事宣传，让他们来现场观看比赛，并没有做更深层的定位和部署。其原因可归咎为：分工和目标不同的问题，作为一站在全世界范围内公认的最成功的商业赛事之一，久事国际赛事公司带领着上海网球大师赛致力于追求商业利益最大化，但是扩大网球人口和通过赛事来带动网球发展却主要是上海网协和相关部门的工作，而各方目标存在明显的差异，导致赛事没有更多地考虑到这一人群的深层需求。

(二) 赛事结构较单一

在职业网球巡回赛中，除四大满贯赛事外其余赛事的举办时间均为一周(大满贯赛事为两周)。由于赛事时间短、赛程紧凑，导致上海网球大师赛在赛

事结构中，相较于更高级别的大满贯赛事略显逊色。

在上海网球大师赛的赛事结构中，主要以男子职业赛事为主、赞助商活动为辅的赛事结构运营，近些年又加入了相关上下游企业的参展，来丰富球迷的观赛体验。但这些观赛体验多为网球之外的附加体验，对于网球运动本身的体验是赛事结构中有待增强的。比如在大满贯级别的赛事中我们可以看到元老赛、青少年赛、业余赛等不同水平的比赛。在业余赛中，观众同样有机会作为运动员参赛，以最直接的方式，让观众参与到赛事之中。同时球迷在观赏不同级别的比赛中寻找共鸣，因此如何让赛事结构更丰富，使更多的观众参与到网球运动中，看到更多元化、具有趣味性且不乏专业性的赛事，需要仔细摸索。

（三）赛事宣传欠创新

上海网球大师赛在宣传策略上主要采用传统宣传与新媒体宣传结合的方式。传统宣传主要通过横幅广告、赞助商广告、纸媒广告、电视广告，而新媒体主要为微信公众平台、微博等。相较于传统宣传方式，新媒体宣传在成本和效率上更占优势，但传统宣传同样不可或缺，因为传统宣传能够更直观地起到宣传的作用，同时它能够起到增添赛事氛围的作用。据了解，在赛事举办期间，但凡赛事专用车辆途径的线路以及前往赛事的道路，都会由组委会统筹安排赞助商划分区域，联合在道路两侧做横幅海报广告，这对于运动员而言能够有一种归属感以及被重视的感觉，对于前往赛场观赛的球迷来说能够提前融入赛事的气氛之中。在四大满贯赛事集体推出赛事官方 App 的数年后，商业运作取得成功的上海网球大师赛却始终没有在新媒体宣传中继续向前迈进，是否能够在新媒体宣传中再做一些文章成为赛事今后值得考虑的方面。

（四）服务营销不够到位

上海网球大师赛曾连续 5 年被评为该级别赛事中的最佳赛事，服务方面虽然被业内称赞为首屈一指，赛事举办期间的人气一直很高，但赛事的氛围相较于四大满贯以及同级别的一些赛事，仍然略显逊色。其中一部分原因可以归结为文化的差异，而另一部分便是在服务营销中仍有一些差强人意。

2017 年赛事举办期间曾有记者对于观众在赛场内及赛场外的一些问题进行搜集，其中就包括餐厅菜品及饮料价格过高、购买门票后乘坐短驳车依旧要收费等问题。从大体上看确实光鲜亮人，但深掘其内，仍有一些可以改进之处。

从图 4 中可以看出餐饮收费过高是观众对于赛事服务中最不满意的一

点，占到了 35%，而班车间隔时间过长和班车收费不合理紧随其后，分别达到了 22%和 14%。安保的规范、服务人员的礼仪欠佳、赛场内外标识不明确以及停车难的问题也同样存在。

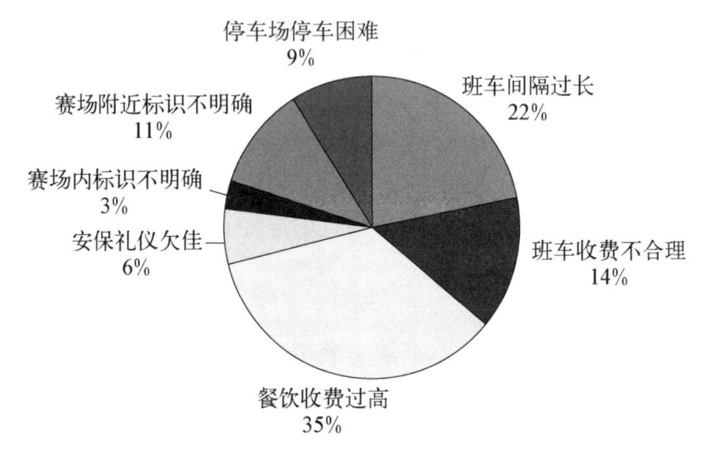

图 4　赛事服务主要的有待提高之处

（五）在青少年群体中推广不足

在实施“上海网球 123 推广计划”的这十几年间，上海市网球协会等各类网球团体共组织 500 余次网球推广活动，此活动覆盖长三角地区；参与此活动的是来自 36 个市区行业网球协会俱乐部会员、29 所高校教师学生、17 个区县 104 个青少年俱乐部及 40 余所中小学师生；数十万人次被此活动吸引前来参与。

青少年网球的发展势头非常良好，而当下赛事除了在门票上推出价格诱人的学生票，希望热爱网球的学生能够来到赛事现场体验浓厚的网球氛围外，并没有太多的推广活动。许多同级别或者大满贯赛事，对青少年群体的推广做了许多的文章，例如澳大利亚网球公开赛、深圳女子网球公开赛等多项赛事，专门设立赛事的儿童日，让小朋友与大牌球员一同接触网球、体验网球游戏，从而培养青少年对于网球的兴趣。

四、赛事营销体系中上海网球大师赛转型的对策和建议

上海网球大师赛无疑是当下中国大力推动体育发展背景下的排头兵和先行者，但想要让上海网球大师赛的活力保持得更为长久同时将其积极效应发

挥到最大化，就必须在赛事延伸度、品牌建设、宣传力度、服务理念、青少年推广等方面有所突破，率先转型，由单纯的商业顶级赛事转向具有上海乃至中国特色的顶级赛事。

（一）依托网球人口基数拓宽赛事延伸度

“上海网球123推广计划”的实施对于上海的网球人口增长已基本达到计划设立之初的预期目标。而现在上海网球大师赛以及赛事的管理单位久事国际赛事管理有限公司，可以进一步对这一人群做一个细分，为不同细分对象提供不同类型的延伸产品。如可按年龄段或球技水平等，为受众提供冠名业余赛事和不同阶段的网球培训。虽说现在的业余赛事和培训不计其数，但利用其品牌特征和优势做出有别于一般的业余赛和培训对于上海网球大师赛来说并不是一件难事。赛事方可以通过与兄弟赛事及大满贯赛事建立友好合作关系，通过会员俱乐部机制带动运动休闲组合产业，其主要理念就是观赛与旅游结合，在观赛的同时领略比赛地的优美风光。

（二）优化赛事组织结构促进创新营销组合战略

顶级职业男子比赛与赞助商的一系列活动，一般可以满足赛事的正常商业运作，但赛事若想取得新的突破，就必须优化组织结构，创新营销组合战略。

首先，赛事的转型要将球迷从观赛转变到参与到赛事之中，成为赛事的一员。想要做到这一点，体验营销非常重要。在赞助商方面已经成为先行者，而作为赛事的主办方似乎并没有为买票的观众设立许多的体验活动。若能够加强场馆的运营与管理，为观众举办一系列网球体验活动或者是比赛，对于提升观众的参与度非常有帮助。此外，赛事同样可以考虑开拓海外市场开设旅游＋观赛的组合式营销，通过与四大满贯赛事以及兄弟赛事建立良好关系，在其他赛事举办期间，作为参展方将自己的赛事带到他国，吸引海外球迷来上海观赛，通过观赛＋旅游的模式开拓海外市场。

（三）利用“高新尖”产品增强赛事宣传力度

在传统媒介宣传和新媒体宣传利用率已几乎接近100％之时，若想将赛事的宣传再上一个级别，那么就必须设计“高新尖”产品，最直接的就是赛事官方App，四大满贯赛事均已设计完成独立的App并启用这一软件，该软件是集赛事新闻、比分直播、赛程预告、视频、图片、门票购买等功能为一体的综合赛事

App。虽然开发这样一个 App 需前期投入研发费用，且使用周期仅为一周，但官方 App 能够有效提升赛事宣传效率、提升赛事的专业水准，还能为观众观赛提供便利，从而到达双赢的效果。

（四）注重顾客价值完善服务体系

上海网球大师赛在细致入微的服务方面有待提升。首先是赛区内食品价格普遍偏高，乘坐短驳车需要支付额外的费用。主办方可以考虑推出套票，将餐饮费、短驳车费放入门票之中形成套票，规避二次收费，提升观众的满意度。其次短驳车会是多数球迷前往现场的首选，但球迷选择前往赛场的时间不尽相同，可考虑在前往赛场的短驳车上开通直播信号。

（五）关注年轻一代受众提升赛事形象

年轻人有着鲜明的特点，对于不同的娱乐元素有着更加开放的态度，喜欢在社交网络上沟通和分享。他们是体育 UGC(用户产生内容)大潮的发起者。一方面，在青少年人群中开展网球推广活动，能够挖掘潜在的网球好苗子，此外培养青少年对于网球的兴趣，有助于提升网球运动在本国的普及率。与此同时赛事通过青少年网球的推广，对于提升赛事形象有着积极的作用。建议设立儿童日或在赛程中增加青少年体验活动，让青少年能够近距离与大师们接触。另一方面，体育赞助如果能够俘获年轻一代受众的心，通过社交络和 UGC，口碑营销会产生“滚雪球效应”。

五、结论

本课题以上海网球大师赛作为研究对象，通过采用文献研究、数据比较分析和统计分析方法，结合赛事营销理论对上海网球大师赛的运营现状进行剖析，并对其未来的转型提出建议，结论如下：

上海网球大师赛从探索逐步走向成熟，取得的成就有目共睹。无论从赛事主体端的营销数据、媒体数据、赞助商质量、公关及推广活动、社会关注程度，还是从参与方的球迷参与度和网球人口，均获得了突破性的增长和提高。上海网球大师赛作为商业赛事运作的典范，已成为同级别赛事中的佼佼者。

虽然上海网球大师赛在商业化运营上取得了傲人的成绩，但忽略了一些成为更优质赛事的条件，比如，赛事延伸度不够，扩大网球人口的实质效果没有能够体现；由于赛制及举办时间的限制，导致赛事的结构比较单一，球迷参与度不高，无法寻求共鸣；赛事在收获高额收益的同时，却忽视了宣传媒介、服务体系和推广平台的持续建设。

本课题给出了建议和策略。首先，在赛事延伸度方面，赛事应在现有商业运营的基础上以观众为导向，对观众进行细分，挖掘观众的不同需求，增加优质服务。其次，在赛事宣传策略上，应从传统媒体转向新媒体，扩大宣传范围，提升传播速度。最后，赛事不可忽视对青少年的营销，推广青少年网球能够有效提升赛事形象。

参考文献

[1] 王冰. 中国网球公开赛营销策略研究[D]. 首都经济贸易大学，2015

[2] 刘颖. 上海网球大师赛赞助商营销方式的研究[J]. 商场现代化，2014

[3] 姚芹. 网球大师杯·上海赛现场观众消费调查与分析[J]. 上海体育学院学报，2009

[4] 高樊. 中国网球公开赛网动中国项目整合营销研究策略的研究[D]. 北京体育大学，2009

[5] 戚雪枫. 中国网球公开赛网络营销策略研究[J]. 体育文化导刊，2014

[6] 王晨宇. 上海与迈阿密网球大师赛票务方案比较分析[J]. 体育成人教育学刊，2010

[7] 肖林鹏. 体育管理学[M]. 北京师范大学出版社，2011

[8] 曾国军. 赛事营销 [M]. 中山大学出版社，2014

[9] 徐祥峰. ITF、ATP、WTA 赛事体系与中国职业网球赛事发展战略思考[J]. 武汉体育学院学报，2014

[10] 张智. 从中网公开赛和上海大师赛看我国网球文化的发展[J]. 山西大同大学学报，2013

[11] 黄鹤. 姜澜使命感和平常心[J]. 网球大师，2015

[12] 黄丹丹. 我国网球赛事商业化运作的现状与发展对策[D]. 重庆大学，2013

[13] 吴艳. 中国网球公开赛发展趋势的分析与研究[J]. 运动，2012

[14] 王新平. 基于 CES 模型的中网价值创造[J]. 体育学刊，2009

[15] 菲利普·科特勒. 营销管理 [M]. 上海人民出版社，2012

[16] Charles W. L. Hill. International Business: The Globalization of Markets and Brands, 7th edition. [M]. McGraw-Hill Press, 2009

[17] Gary Armstrong, Philip Kotler. Marketing: An Introduction, 10th Edition. [M] Pearson Educa

上海建设具有全球影响力的体育资源配置中心内涵研究

曹如中　熊鸿军　郭　华　朱军璇　邱　羚　李　霞*

2014年国务院发布《关于加快发展体育产业促进体育消费的若干意见》，将体育产业发展上升到重要地位。根据《2016年上海市全民健身发展报告》表明，上海经常参加体育锻炼的人数比例已经从2015年的40.8%，增加到2016年的42.2%。体育锻炼人数的急剧增加对于体育资源的需求也就越来越大，上海体育设施总量少、体育产业结构不合理、体育资源配置不均衡等问题日益明显。

因此，如何提高上海体育资源配置效率，不断满足城镇居民日益增长的体育资源需求，成为上海经济社会改革发展中应该解决的一个现实问题。同时，作为国际大都市，上海致力于四个中心建设，近年来着力打造具有全球影响力的科技创新中心。新的形势和任务，使上海必须加快体育产业的改革发展。

为响应国家体育产业发展战略，全面提升体育产业发展水平和国际形象，上海明确要求在2025年将基本建成国内外重要的体育资源配置中心，努力打造世界一流的国际体育赛事之都，构建具有专业性和公信力的体育资源交易平台。而建设具有全球影响力的体育资源配置中心，不仅可以将上海打造成充满活力的体育科技创新平台，使上海形成体育资源集聚区，而且可以搭建政府与市场、资本与项目的沟通桥梁，充分挖掘上海体育产业特色和发展潜力，促进上海体育资源规范高效流转。

---

* 本文作者单位：曹如中，上海工程技术大学；熊鸿军，上海电机学院；郭华，朱军璇，邱羚，李霞，上海工程技术大学。立项编号：TYSKYJ2018085。

一、体育资源配置中心的理论认知

（一）体育资源配置中心的概念与分类

从理论上分析，资源配置中心至少包括资源与能力两个方面的内容：

一是必须具有特定行业属性的人力、资本、技术、装备等各种经济资源；

二是必须具有对上述资源进行配置和使用并最终实现经济价值或社会效益的能力。

通常情况下，资源配置中心往往都具有超强的市场竞争优势，能够实现低投入高产出的目标。因此，体育资源配置中心必须是既拥有丰富的体育资源，又能够对这些资源进行科学配置和合理使用，并最终实现经济或社会效益的集聚区。

体育资源配置中心至少需要具备两个方面的条件：

一是具有所能配置的重要而丰富的体育资源；

二是具备能够在既定范围内进行体育资源配置的能力。

其中，体育资源是指一个社会用于提供体育产品所需要的各种条件及要素，体育资源稀缺性的客观存在是体育资源配置的基本前提。体育资源配置的最终目的就在于通过体育资源的有效利用，提高稀缺资源的增量，以解决体育资源供给与日益增长的体育资源公共需求之间的矛盾。

由于体育资源具有产业属性，因此，对体育资源的配置离不开市场调节手段。同时，体育资源又具有公共产品属性，离不开公共财政的支持与保障，所以体育资源配置也离不开政府的行政调节手段。

结合理论研究成果来分析，目前学界尚未就“体育资源配置中心”达成统一的认知。国内有关体育资源配置中心一词最早来源于《上海市人民政府关于加快发展体育产业促进体育消费的实施意见》。借鉴“全球资源配置中心”“全球著名体育城市”“国际体育中心”等基本概念以及考虑到体育产业属性及其资源禀赋，本课题认为“体育资源配置中心”主要是指通过利用各种行政和市场手段，主动促成各种体育技术、资本、人才、机构、信息、规章和制度等软硬资源向特定区域集聚，以提高体育产业资源配置的效率，降低运营成本的大型体育资源集聚区。

根据区域大小，体育资源配置中心可以划分为具有全国影响力的体育资源配置中心、具有国际影响力的区域体育资源配置中心和具有全球影响力的国际体育资源配置中心。其中,具有全国影响力的体育资源配置中心的体育资源相对丰富,体育资源配置能力能够辐射全国。而具有国际影响力的区域体育资源配置中心作为跨国界的体育资源领导者,所能调配的资源和服务的能力范围虽然未能覆盖全球,但至少跨越了两个以上不同的国家或区域,资金、机构与人才等体育资源的区域参与程度较高,体育资源配置能够辐射范围全区域以内,区域范围内体育资源整合能力较强,配置效率较高。具有全球影响力的国际体育资源配置中心是能够主导全球体育资源市场发展的最高级别的体育资源集聚地,至少包含体育市场环境优良、资源集聚度高、配置方式多元高效、服务功能健全、所调动的资源和服务网络覆盖全世界等内涵。

结合全球资源配置中心发展的内在规律来分析,体育资源配置中心建设的步骤通常是先在全国范围内具备体育资源配置能力,然后将这种能力逐步向关联区域拓展,并建设成为区域性体育资源配置中心,再逐步建设成为全球性体育资源配置中心,在全球范围内达成应有的影响力。上海构建具有全球影响力的体育资源配置中心是配合国家体育产业发展战略的主动行为,既可以打造具有专业性和公信力的体育资源交易平台,促进体育资源高效规范流转,又可以搭建政府与市场、资本与项目的桥梁,大力挖掘体育产业发展潜力,还可以解决传统管理体制使上海体育资源过度垄断和集中的问题,促进上海体育事业的发展与体育产业的改革,提升上海作为国际大都市的形象与地位。从上海提出的要求和标准来看,具有全球影响力的体育资源配置中心必须是既能够承担国际国内体育资源配置功能,又能够为国际国内提供体育资源配置服务的集聚中心。

(二)具有全球影响力的体育资源配置中心的技术指标

综合分析目前国际体育城市的实际情况,具有全球影响力的体育资源配置中心不仅体育资源门类齐全而丰富、高层次体育人才汇聚,而且体育资源配置能力多元和高效,所能调动的资源和服务网络覆盖全球。因此,具有全球影响力的体育资源配置中心可以从以下四个方面进行评价。

1. 通过汇集体育货物形成的超级体育货物配置中心

超级体育资源汇聚地一般与体育加工制造业集聚区联系在一起。研究表明,每一次世界性的体育加工制造业向低成本国家和地区进行大规模转移时,都会催生出全新的超级体育货物汇聚区。这些超级体育货物汇聚区既是体育资源的主要集聚地(包括门户集聚和中转集聚),也能够吸引一大批跨国体育集团总部入驻,并带动区域性的体育服务业的集聚。体育货物资源配置中心主要评价指标包括：跨国体育集团总部数量及能级，国际体育产业集团数量及规模，全球体育资源货运企业数量及能力，体育货物通关及装卸效率，体育营商环境指数，体育商务运营成本，体育产业信息化水平，体育货运体系的发达程度，体育货运港口通达及优惠政策等(表1)。

表1　体育货物资源配置中心评价指标

评价对象	具　体　指　标
体育货物资源配置中心	跨国体育集团总部数量及能级，国际体育产业集团数量及规模，全球体育资源货运企业数量及能力，体育货物通关及装卸效率，体育营商环境指数，体育商务运营成本，体育产业信息化水平，体育货运体系的发达程度，体育货运港口通达及优惠政策等

2. 通过吸引跨国体育集团总部入驻形成的全球关联体育资源配置中心

跨国体育集团是全球体育市场的产业主体，其总部拥有在全球范围内直接支配体育资源的能力，直接影响到体育资源的国际中转和布局。跨国体育集团总部所在地往往也是与体育产业相关联的金融、保险、代理、货运等服务企业的主要集聚地。主要评价指标包括：跨国体育集团总部或其营运调度中心的数量及实际控制规模，本地注册的国际体育企业数量及规模，体育融资、租赁、保险、代理等方面的国际化水平，体育服务的便利程度，体育税负和营商成本，体育资源集中度，体育支持政策等(表2)。

表2　全球关联体育资源配置中心评价指标

评价对象	具　体　指　标
全球关联体育资源配置中心	跨国体育集团总部或其营运调度中心数量及实际控制规模，本地注册的国际体育企业数量及规模，体育融资、租赁、保险、代理等方面国际化水平，体育服务的便利程度，体育税负和营商成本，体育资源集中度，体育支持政策等

3. 通过促进体育资源交易形成的全球体育资源交易中心

全球体育资源交易中心一般都是体育资源交易市场和体育资源交易业务结算的集聚地，也是体育金融、保险、经纪、信息的集聚地和研究中心。通过动态发布权威的体育资源运输和交易指数，影响和支配整个体育制造业、运输业、租赁业、服务业的发展。主要评价指标包括：体育产业化程度及市场化规模，体育交易市场实际控制规模，体育交易市场的国际影响力，体育金融的创新力度,体育保险、经纪、代理、评估的国际化水平,体育市场信息发布的权威性和影响力,体育交易衍生品发达程度,体育电子商务发展程度等(表3)。

表3 全球体育资源交易中心评价指标

评价对象	具 体 指 标
全球体育资源交易中心	体育产业化程度及市场化规模,体育交易市场实际控制规模,体育交易市场的国际影响力,体育金融的创新力度,体育保险、经纪、代理、评估的国际化水平,体育市场信息发布的权威性和影响力,体育交易衍生品发达程度,体育电子商务发展程度等

4. 通过制定体育规则、制度、标准形成的全球体育"软资源"配置中心

体育规则、制度、政策、文化、标准等是体育软资源,是提升体育产业软实力的重要体现。在全球范围拥有体育软实力的城市一般都具有在体育法律、规则、标准等方面的制定权,这些城市也是各类国际体育组织总部或相对集中地,通过对国际体育规则和标准的制订和修改,影响和支配全球体育资源的配置。主要评价指标如下:本国体育产业的国际地位,驻本地的国际体育机构数量及影响力,本地体育规则、仲裁机构的国际地位及影响力,本地体育研究机构的国际影响力,在本地注册的国际体育社团数量、规模及影响力等(表4)。

表4 全球体育"软资源"配置中心评价指标

评价对象	具 体 指 标
全球体育"软资源"配置中心	本国体育产业的国际地位,驻本地的国际体育机构数量及影响力,本地体育规则、仲裁机构的国际地位及影响力,本地体育研究机构的国际影响力,在本地注册的国际体育社团数量、规模及影响力等

二、上海体育资源配置能力的现状分析

(一) 积极盘活存量体育资源,体育资源对经济社会的贡献效应明显

近年来上海体育产业发展势头良好,体育产业占GDP比重不断上升(图1),对经济社会的贡献明显。统计数据表明,按不变价计算,2014～2017年上海体育产业总规模平均增长18.2%,增加值平均增长15.1%。而细化到体育产业单位数量方面,2015～2017年上海主营体育产业单位数量平均增幅

20.3%，其中体育服务业增幅超过平均水平，为22.0%；体育建筑业单位数量增幅为8.0%；受宏观经济环境和上海产业结构调整等多方面影响，体育制造业呈略微下降趋势，降幅为1.7%。

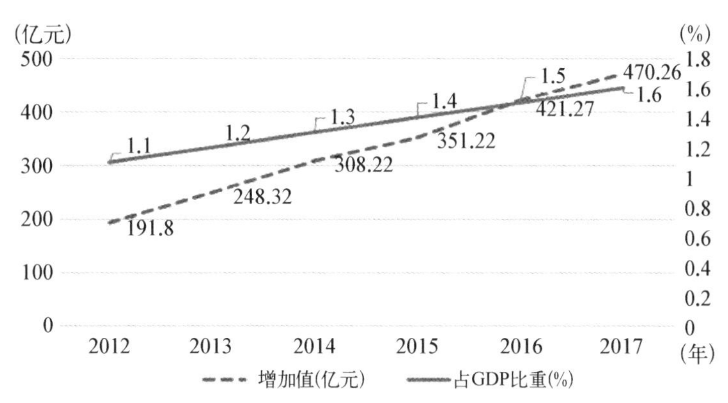

图1　2012～2017年全国和上海市体育产业增长值

（二）不断创新管理体制机制，有效释放体育资源活力

近年来，上海采取积极措施激活体育产业管理体制和组织机制，体育产业资源使用效率和活力得到有效释放(表5)。如体育赛事的审批已经不再由体育局负责，而是“下放”到市场，体育赛事产业不仅没有因为管理权下放而陷入混乱，反而在门票、赞助商、转播权等获得的收益大增。数据显示，上海“十二五”期间，平均每年举办的全国性赛事约130多次，其中国际赛事占到40%以上，不仅提升了上海的城市形象和国际影响力，而且带动了关联产业的迅猛发展，促进了体育产业资源的合理配置。实践证明，将专业体育赛事交给有专业经验的体育赛事公司承办，不仅可以获得更多的产出，而且对体育产业的发展大有裨益。目前，上海进一步加强体育赛事的商业化运作，以便吸引更多的人前往观看。

表5　2016年和2017年上海体育产业总产出和增加值规模及结构比较

体育产业类别名称	总量(亿元)				结构(%)			
	2016年		2017年		2016年		2017年	
	总产出	增加值	总产出	增加值	总产出	增加值	总产出	增加值
上海体育产业	1 045.87	421.27	1 266.93	470.26	100.0	100.0	100.0	100.0
体育管理活动	31.37	18.2	46.23	20.26	3.0	4.3	3.6	4.3

续 表

体育产业类别名称	总量(亿元)				结构(%)			
	2016年		2017年		2016年		2017年	
	总产出	增加值	总产出	增加值	总产出	增加值	总产出	增加值
体育竞赛表演活动	35.71	23.68	56.93	32.96	3.4	5.6	4.5	7.0
体育健身休闲活动	45.66	30.27	54.00	31.27	4.4	7.2	4.3	6.7
体育场馆服务	18.24	12.55	19.76	13.53	1.7	3.0	1.6	2.9
体育中介服务	8.82	1.87	11.93	2.49	0.8	0.4	0.9	0.5
体育培训与教育	17.26	12.58	19.96	13.96	1.7	3.0	1.6	3.0
体育传媒与信息服务	60.48	36.77	86.51	44.90	5.8	8.7	6.8	9.5
其他与体育相关服务	59.89	10.52	72.76	14.64	5.7	2.5	5.7	3.1
体育用品及相关产品制造	350.47	72.16	412.45	79.77	33.5	17.1	36.4	44.7
体育用品及相关产品销售、贸易代理及出租	397.93	197.84	461.37	210.22	38.0	47.0	36.4	44.7
体育场地设施建设	20.04	5.01	25.03	6.26	1.9	1.2	2.0	1.3

(三)深化长三角一体化合作,初步形成区域体育产业协同发展模式

研究表明,长三角地区体育产业发展起步较早,发展速度较快,已成为我国体育产业最为发达的区域,体育产业总量约占全国的30%左右。而长三角地区体育产业一体化协作模式可追溯到2012年。经过六年多来的努力,长三角各省市秉承"互利共赢"的理念,在合作机制构建、合作课题研究、合作项目落地等方面均取得明显成效,每年定期召开联络员及协作工作会议,形成了体

育资源配置上海峰会、长三角运动休闲体验季、长三角运动休闲博览会、长三角体育产业发展蓝皮书等一批品牌活动和项目，还在上海体育学院、南京体育学院、浙江黄龙体育中心、安徽财经大学建立了四个长三角体育产业人才培训基地。其中上海依托专业的体育力量和独有的国际化大都市资源，成为长三角体育产业的核心城市。

为了推动长三角体育产业一体化协同发展，上海出台了《长三角地区体育产业一体化发展三年行动计划（2018～2020年）》。为了加强体育产业创新能力，目前上海正围绕“深化长三角一体化模式、丰富体育产业合作内涵”的任务，以构建“全球著名体育城市”为终极目标，为倾力打造具有全球竞争力的世界级城市群贡献力量。

三、上海体育资源配置中存在问题

（一）缺乏有影响力的国际体育项目，与上海建设国际一流大都市形象不相适应

体育产业作为当下国民经济的新增长点、体育强国建设的重要内容、体育供给侧结构性改革的重要举措，无论在经济、民生方面都扮演起越来越重要的角色。近年来，在政府引导以及社会和市场的共同参与下，尽管上海体育产业已经踏上了发展的快车道，但体育产业整体仍处于培育阶段，与上海作为国际大都市的形象极不相符。

根据规划，上海到2025年基本建成全球著名体育城市，对上海体育资源配置能力提出了全新的要求。然而，尽管上海近年来聚焦新兴体育产业业态，全力推进体育产业结构优化和转型升级，着力打造以体育产业为核心的多域跨界、多业融合的体育产业发展新生态，通过大力引入品牌赛事和优势企业资源，建成了一批优质体育产业载体。但在短时期内达成上述目标，仍然存在着诸多现实问题，如缺乏有国际影响级别的体育赛事，体育公共空间也有待拓展，国际体育资源配置能力有待提升，体育科技创新能力有待加强等。

（二）受到体育资源管理体制约束，体育资源配置效率无法得到优化提升

随着我国经济体制改革的不断深入，经济增长方式由数量扩张的粗放型

向内涵发展的集约型转变,我国计划经济体制下建立的单纯依靠国家和主要依靠行政手段办体育的传统体育产业管理体制逐步退出历史舞台,依托社会力量为主、通过国家宏观调控的现代体育产业管理体制和运行机制得以建立。而体育资源的合理配置既是体育产业管理体制与运行机制的核心所在,也是体育产业可持续发展的基本前提。当前,随着上海经济社会的持续改革发展,城镇居民的人均收入极大提高,人们对生活质量的追求大步提升,体育消费层次结构也逐步转型升级,人们的健康意识正在提高,对体育资源的需求巨大。然而,由于体育资源行政管理体制等多方面的原因,导致民间和社会资本无法大量进入体育产业,致使当前上海体育产业结构不完善、体育基础设施总量不足、体育产业布局不合理等问题突出。

上海体育产业加快发展,但体育资源配置效率并不尽如人意,人民群众日益增长的体育服务需要与体育资源配置不合理之间的矛盾没有得到解决,上海体育产业增加值在全国体育产业增加值中所占比例仍然不高(图2)。

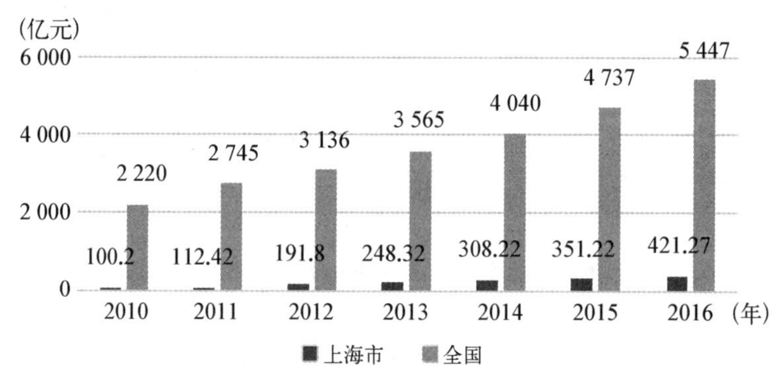

图2　2010~2016年全国和上海体育产业增加值比较

(三)体育资源配置机制不灵活,存量体育资源盘活和利用的空间有限

目前上海体育资源配置机制不灵活,优质体育资源较为稀缺,投资吸引力不强,存量体育资源盘活和利用的空间相对有限。由于核心体育资源交易平台欠缺,导致体育资源交易规模和活跃度远远不够,一些具备交易条件和具有市场价值的体育资源权益无法在市场上进行交易和流转。

到目前为止,上海的体育场馆基本上都是政府和市、区体育局在进行管理和维护,许多前景较好、具有发展潜力的优质体育项目无法得到资本的支持,即使部分项目得到了孵化,但进一步成长的空间十分有限。究其原因主要在于,长期以来政府未能摆正自己的位置,没有理顺与市场的关系,未能发挥市场对资源配置的决定性作用,并做好体育资源的配置和规划工作,未能通过逐步改进管理体制和机制促成传统的政府建设和管理向"政府建设+社会力量管理"模式转变,导致自身无法发挥应有的引导作用,促进和扩大体育消费的层次和能级。

(四) 体育资源配置改革力度不足,未能有效促进体育产业资源市场化流转

近年来,尽管上海体育产业改革力度有所提升,但体育资源合理流转和配置的空间仍然巨大,与上海体育产业发展的整体战略布局尚不适应,与广大市民对体育资源的需求以及健康生活的向往仍有较大距离。如上海在财政资金扶持与引导、企业税费减免与优惠、人才队伍强化与培养、产业用地供给与保障等方面的支持力度不够,各类政策对体育产业的支持效果不强,未能有效调动各类市场主体合作利用存量资源兴办体育产业;未能引导银企合作为中小型体育企业建立融资服务平台;未能深入推动体育保险开发新的体育险种;未能出台相应的扶持政策和激励措施鼓励退役运动员从事体育资源开发与利用工作等。

四、上海建设具有全球影响力的体育资源配置中心的契机

(一) 国家和地方相继出台相应的支持文件,体育产业政策持续发力

2014年,国务院颁布了《关于加快发展体育产业促进体育消费的若干意见》,为上海体育产业指明了未来发展方向。2015年,上海出台《上海市人民政府关于加快发展体育产业促进体育消费的实施意见》,对上海体育产业发展提出了"一个总目标""四个分目标"。根据这一规划,上海将于2025年基本建成全球著名体育城市,打造世界一流的国际体育赛事之都、国内外重要的体育资源配置中心、充满活力的体育科技创新平台,预期将在体育产业规模、体育产业技术、体育产业环境、体育产业基础四个方面取得重大突破。

为了推动上海全球著名体育城市建设，2017年和2018年又相继出台《上海市体育产业集聚区布局规划(2017～2020)》和《关于加快本市体育产业创新发展的若干意见》，旨在推动体育产业朝集聚化、融合化、高端化和品质化方向发展。按照初步规划，未来上海体育产业将构建结构优化、布局合理、功能完善、层次分明、特色突出的"一核两带多点"的空间体系，在2020年左右建成一批高水平的国家体育产业示范基地、体育产业特色集聚区和重点集聚区。上述文件为上海建设具有全球影响力的体育资源配置中心提供了强有力的政策保障。

(二) 体育产业规模持续扩大，体育产业资源相对丰富

研究表明，上海体育产业发展有着深厚的土壤，产业资源相对丰富，更拥有大批体育明星资源。近年来，上海体育产业市场规模不断扩大，经营主体数量快速增加，产业结构与布局不断优化，产业盈利能力日益提升，资源配置与共享效率持续改善，体育产业整体发展态势良好。以2016年为例，上海体育产业增加值为421.27亿元，总体规模达到1 045.87亿元，而体育服务业在其中的占比分别达到81.7%和64.6%，总体水平与体育发达国家较为接近。

自2016年以来，上海一大批创新型体育企业崭露头角，体育类相关经济单位多达11 489个，在数量上同比增加近三分之一。而2017年体育产业总体规模上升至1 266.93亿元，同比增长21.1%。有数据预测，上海体育产业总体规模在2020年将达到2 000亿元左右。

而到2025年，上海体育产业总体规模预计将超过4 000亿元。其中，体育服务业占比超过60%。到2035年，达到与卓越全球城市相适应的体育产业发展水平，为上海构建具有全球影响力的体育资源配置中心奠定坚实的产业基础。

(三) 体育产业成长环境持续优化，体育产业发展优势明显

近年来，上海着力破除行业壁垒，政府在购买服务、规划、土地、税收、财政、金融、投资、人才、就业等发展体育产业方面的政策措施进一步完备。历经各方努力，上海体育产业成长环境不断改善，产业发展活力持续增强，基本形成全民健身、职业体育和体育赛事引领体育产业协调发展的新格局。其中，体育竞赛表演、健身休闲、场馆服务、体育培训、体育中介、体育商贸等服务业蓬勃发展；高端体育用品制造业、智慧体育快速发展；体育旅游、体育传媒、体育

金融、运动与健康促进等新兴体育业态不断壮大。

目前，上海体育产业发展主要是服务业为主，未来必须围绕体育产业的细分体育产业市场建设，加快建设具有全球影响力的体育资源配置中心，大力提升体育产业资源配置能力，着力打造体育国际贸易中心，建成一批具有集聚效应和产业特色的重点体育产业基地和项目，涌现一批具有国际竞争力、带动性强的骨干体育企业集团，不断完善体育产业结构体系。体育产业成长环境的不断优化和良好的发展趋势，为上海建设具有全球影响力的体育资源配置中心奠定较好条件。

（四）体育产业原有基础持续巩固，体育消费市场初步形成

近年来，随着上海城镇居民人均收入的不断提高和闲余时间的增加，居民参加体育健身的意识和科学健身的素养普遍增强，体育消费规模和水平明显提高，上海体育消费快速提升，体育消费市场初步形成。为了进一步提高公共体育设施以及居民对体育资源需求的满意度，上海市委、市政府也正在逐步提高体育健身设施建设标准，将许多公共体育设施和场馆包括学校体育场地，均对市民实行开放。据统计，未来上海经常参加体育锻炼的人数比例将达到45％以上，人均体育场地面积达到2.6平方米，学生在校期间每天至少参加1小时的体育锻炼活动，其他各类人群参加体育锻炼的人数比例高于全国平均水平。

可以预计，未来上海体育产业将有良好的契机，也为建设具有全球影响力的体育资源配置中心提供了足够的发展空间。

五、上海建设具有全球影响力的体育资源配置中心的方案设计

（一）上海建设具有全球影响力的体育资源配置中心的战略步骤

近年来，由于我国在生产制造工艺水平上的大力提升，再加上长三角区域内强大的产业基地和制造能力，可以说上海在体育资源的汇聚上并不成问题。然而，由于上海在体育金融保险、体育人才培养、体育服务体系、体育营商环境、体育国际话语权等高端体育服务领域以及软环境方面的建设相对滞后，阻碍了全球体育资源配置能力的进一步提升。

对比国际知名体育资源配置中心，上海在体育资源配置能力上存在的差距主要有两个：一是高端体育服务机构集群效应不明显；二是体育服务的国际化水平亟须提高。因此，未来上海建设具有全球影响力的体育资源配置中心，必须积极培育包括体育金融、体育咨询、体育规则、体育仲裁、行业协会等在内的具有全球配置潜力的体育资源能力，强化与扩展包括体育组织注册登记、体育管理、体育经纪在内的全球性体育资源配置能力。结合我国国情和上海实际情况来分析，建议上海在构建具有全球影响力的体育资源配置中心的战略步骤上可以分两步走。

第一步：到2025年基本建成具有全球影响力的体育资源配置中心。

按照中央和上海规划，2025年上海基本建成全球著名体育城市，全球体育资源配置能力不断提升，必须着力做好"体育资源高度集聚、体育服务功能健全、体育市场环境优良、物流运输服务高效"四个方面工作。体育资源高度集聚主要体现在以体育资源物流吞吐量、体育企业集团、体育服务机构等为代表的体育资源要素集聚方面始终保持国际领先地位；体育服务功能健全主要体现在配套服务功能初步完善，能为行业各类利益相关者提供服务，对外辐射能力大幅提升，市场服务范围达到一定规模，以增强对国际体育服务企业的吸引力，主要包括体育金融、体育咨询及行业协会等；体育市场环境优良主要体现在政府监管、服务高效和法治环境优良，体育注册登记、体育管理、体育经纪的制度科学完善；物流运输服务高效主要体现在运输体系合理、全程物流服务、口岸综合效率达到国际先进水平。

做好上述四个方面的工作，上海体育资源配置中心便能够在更大范围内配置资本、技术、信息和人力等体育资源，基本建成具有全球影响力的体育资源配置中心，同时与上海国际金融中心、经济中心、航运中心、贸易中心、科技创新中心建设形成互动，使上海从过度依赖国内体育资源转向综合利用海内外体育资源，由此形成体育——航运——经济——贸易——金融——科创的多功能互动态势。

第二步：到2030年强化和巩固上海具有全球影响力的体育资源配置中心地位。

2025～2030年，上海体育资源中心应在巩固本土性体育资源配置能力和强化区域性体育资源配置能力的基础上，更加专注于向全球性体育资源配置能力的方向拓展，包括在国际体育仲裁、体育规则、体育行业组织等软实力建设方面取得突破性发展，并且积极参与国际体育规则的制定，以提高上海体育产业的国际影响力与地位，逐步构建上海体育资源配置中心的全球话语体系。

（二）上海建设具有全球影响力的体育资源配置中心的目标任务

为了助力上海建设具有全球影响力的体育资源配置中心，上海必须着力推进以下几个方面的目标：

一是充分借力“一带一路”的建设，助推上海体育要素资源向沿线国家辐射，促进体育要素资源的全球配置。

二是以港口物流和海运物流的发展为突破口，把上海的体育服务资源（特别是高端体育服务资源）带到世界各地，提升上海体育资源配置中心的形象，改进对海外体育资源的业务处理能力。

三是以创新体育服务业业态为手段，实现“弯道超越”，在全球抢占体育新业态资源的全球配置先机。

四是以上海自贸区建设为契机，实现体育产业管理体制机制全面创新，促成体育产业成长环境不断优化，渐次提升全球体育资源配置能力。

六、上海建设具有全球影响力的体育资源配置中心的政策建议

（一）在体育资源配置方式上，采取政府调节为主、市场调节为辅的混合模式

调查显示，目前上海体育产业正围绕完善产业政策、明晰产业规划、培育产业氛围、夯实产业基础、挖掘产业主体、建立产业市场等方面持续推进，而产业资源的合理配置是前提与基础。由于资源配置主体的投资能力和价值理念不同，由此产生不同的资源配置模式。而不同的资源配置模式对于体育产业可持续发展的影响也是不同的。事实证明，尽管采取相对单一的政府机制和市场机制，在推动产业资源的配置方式方面都各有所长，但其效果并不理想。只有根据体育产业社会价值与经济价值的相对大小（或价值目标），构建政府调节与市场调节相结合的混合模式，才是未来提高体育资源配置能力的发展方向。

未来上海在建设具有全球影响力的体育资源配置中心过程中，对于业余体育资源采取由政府配置的机制，对于职业体育资源采取由市场配置的机制，

并配合以适当的纠错机制，这种混合调节模式不失为相对理想的配置方式。

（二）在体育资源配置方法上，推动优质体育资源进入市场，不断繁荣体育产业市场体系

加快体育产业发展需要释放存量资源，促成资源增量。目前，上海在服务市场主体和发挥市场作用方面，积累了较为成熟的做法和丰富的经验。如上海联合产权交易所从2015年开始推进体育产权交易板块建设，在2016年成交了一系列品牌赛事（如上海市民运动会等）。但对标国际国内先进做法，上海在服务市场主体、吸引社会资本、促进体育产业发展方面仍然有着需要改进的地方。

未来上海必须切实保障体育产业资源政策措施落地，着力深化银企合作模式，不断创新体育金融服务平台，力争使体育产业扶持政策更加精细化，力求体育产业保障措施更加精准和可行。鼓励各区因地制宜地发挥比较优势，通过设立形式多样的专项发展资金，发挥体育产业资源的支持力度，着力推进体育产业资源配置的特色化发展。鼓励和支持体育企业用好自贸区金融政策，建立银企合作的体育金融服务平台，支持中小型体育产业主体发展。同时，体育企业集团加大对高端体育产业人才的引进，高等院校加大对体育产业人才的培养力度。

（三）在体育资源配置政策上，坚持以改革创新为主线，明确各主体的职能定位和责任划分

体育产业资源的合理配置关键在于体制机制创新，目标应该是做到政府规范管理，市场依法运营。近年来，尽管上海在盘活现有体育产业资源、推进体育产业资源市场交易方面的管制有了进一步的放松，但在政策内容方面仍然比较含糊，仍需进一步细化。

要持续深化改革，不断改进政府服务职能，完善社会监管机制，明确定位政府机构、事业单位和行业协会的职责和功能，正确处理好政府宏观指导、市场主导资源配置、行业协会自行监管等关系，形成“政府监管、市场配置、社会监督、产业发展”的运营管理体制和资源配置机制。

要建立健全市、区、街道（镇）三级联动和跨部门协同配合机制，建立体育产业资源规划与保障机制，推广运用政府、企业和社会资本跨界合作模式，鼓励多元社会主体参与体育基础设施建设和体育场馆运营，建立重大体育活动

市场化运作机制，不断完善以企业为主体的体育赛事机制，积极引导和培育体育消费增长点。

（四）在体育资源规划发展上，完善体育产业功能布局，提升体育资源配置水平与配置能力

在总体目标上，牢固树立“大体育”理念，以完善体育产业功能布局、让市民更好地参与体育活动为宗旨，以加强体育产业供给侧改革、推动体育产业需求侧协同为重点，探索建立以体育资源集聚区为核心的空间布局和发展体系，促成体育资源和城市发展的功能配套。

以体育产业集聚区为核心，结合所在区域体育运动优势、体育文化基础和特色体育设施等情况形成特色及主导优势，积极完善各类体育配套设施，不断满足市民体育消费的多层次需求，形成功能完善、相互支撑的空间布局和结构体系，并以此为基础来辐射和引领周边体育资源建设与发展。

明确各方主体的职责与定位，着力提升上海体育资源配置水平与配置能力，着力构建布局合理、结构优化、功能完善、层次分明、特色突出的体育产业空间发展体系。不断创新发展理念、完善产业政策、规划产业发展、挖掘产业主体、培育产业氛围、夯实产业基础、保障公共投入，最终走出一条具有上海特色的体育产业发展之路。

七、上海建设具有全球影响力的体育资源配置中心的保障机制

（一）资源整合机制：全面做好体育资源的统计和核算工作，对体育资源进行统一规划布局

统筹规划是上海建设具有全球影响力的体育资源配置中心的基本前提，而对上海体育资源进行全面统计和科学核算是进行统一规划和合理布局的首要条件。全面做好体育资源的统计和核算工作，有利于发挥存量资源的作用，为增量资源和能力提升奠定基础。

调查显示，相对于其他省市而言，上海体育资源统计和核算工作尚处于起步阶段。未来随着体育产业在GDP中所占的比例不断增加，上海体育产业对于GDP的贡献率不断提升，体育资源统计工作逐渐被得以重视。特别是近年

来上海已经着手开始对体育资源进行全面统计和科学核算，为上海构建具有全球影响力的体育资源配置中心奠定了较好的基础，但目前上海体育资源统计仍然处于起步阶段，未来必须按照产业分类做好体育资源的全面统计工作，并根据体育产业资源的核算数据，对体育资源进行统一配置和规划，为基本建成具有全球影响力的体育资源配置中心奠定基础。

（二）能力提升机制：认真落实政策保障工作，推动体育产业资源配置效益更好发挥

上海基本建成具有全球影响力的体育资源配置中心的关键，在于做好配套的政策保障措施，通过能力提升促成存量体育资源效益的发挥，达成增量的目的。近年来，特别是自 2008 年北京奥运会的成功举办，提供了其他国家无法比拟的优势，人们对体育产业资源进行合理配置的功能有了深刻的认识，理论界和社会的呼声也日益高涨。时至今日，上海逐步重视存量体育产业资源的合理配置，认识到了体育产业资源合理配置的重要性，不仅可以带来良好的经济效益，而且可以带来良好的社会效益，还可以促进体育产业整体环境的改观。

尽管近年来上海体育产业发展势头良好，但与其他全球城市相比，上海在体育产业资源的合理配置方面仍然相对缓慢，亟须由政府部门出台相关政策予以保障，大力提升体育产业资源配置能力，将体育产业资源合理配置工作纳入经济社会发展规划，将基本建成具有全球影响力的体育资源配置中心纳入长三角一体化协同发展议程。

（三）产业培育机制：不断优化体育产业结构规模，积极培育产业主体促进市场发展

近年来，上海体育产业经过长期发展积累，在结合地域特色的基础上逐渐形成了相对完善的产业结构体系。依托上海海派文化为后盾，上海体育赛事成为一枝独秀的优势产业，较好地发挥了体育资源集聚功能，未来体育赛事产业具有广阔的发展空间。

由于上海体育场馆资源相对完善和丰富，竞赛表演应该作为未来上海体育产业重点发展对象，同时发达的传媒产业也有利于上海竞赛表演业的宣传推广，可以为体育表演业赢得巨大的赞助空间。而上海体育培训业历经起伏，只有建立良性有序的管理体系和市场准入机制才能赢得持续发展。对于体育

用品业而言，上海主要以体育用品销售为主，缺乏知名品牌和国际竞争力。未来上海体育用品制造业的发展，可以考虑依托长三角大力发展高端体育制造业。

根据以上基本思路，通过跨区域和跨产业的协调，不断优化上海体育产业的结构布局，促成体育资源不断向上海集聚，为上海建设具有全球影响力的体育资源配置中心奠定发展基础。

（四）环境支撑机制：发挥要素集聚功能，吸纳民间资本和社会力量参与体育产业发展

长期以来，在举国体制的影响下，上海体育产业的发展主要以行政手段为主，对体育资源配置采取计划方式调控，政府财政拨款成为体育资源最为主要的来源。在资源有限的特定时期，这种方式能够形成合力集中办体育。但随着人民群众对体育资源需求的日益增长，仍然无法满足人民日益增长的体育资源需求。

未来，上海在建设具有全球影响力的体育资源配置中心过程中，亟须寻求新的投入方式，以解决体育资源投入有限的难题。应鼓励社会力量和吸引社会投资参与体育产业发展。民间资本和社会力量的参与，建立在一定的投资回报基础上，通过体育产业资源的合理配置，可以为民间资本和社会力量争取合理的回报。未来上海应开拓多元融资渠道，整合各种民间资本和社会力量参与体育产业发展，为上海基本建成具有全球影响力的体育资源配置中心提供必要的环境支持。

参考文献

[1] Ritchie, J. & B. Smith. The Impact of a Mega-Event on Host Region Awareness: A Longitudinal Study [J]. Journal of Travel Research, 1991

[2] May. V. Environmental implications of the 1992 Winter Olympic Games [J]. Tourism Management, 1995

[3] Mato Bartoluci. Evaluation of the Economic Impact of Sport In Developed Countries and in Croatia [J]. Kinesiology, 1997

[4] 张大超，苏妍欣，李敏. 我国城乡公共体育资源配置公平性评估指标体系研究[J]. 体

育科学,2014
[5] 董艳芹.转型时期中国体育资源配置中的利益均衡[J].河北学刊,2015
[6] 陈华伟,丁聪聪.全民健身公共体育资源配置效率测度及影响因素分析[J].西安体育学院学报,2016
[7] 李强宜,钟水映.我国体育资源配置水平的空间非均衡及其分布动态演进[J].体育科学,2016
[8] 安宏.构建和谐社会背景下的体育资源配置公平与效率研究[J].广州体育学院学报,2014
[9] 钟武,王冬冬.基于基尼系数的群众体育资源配置公平性研究[J].体育科学,2012
[10] 钟伟,董川.我国体育资源配置公平与效率的实证分析[J].成都体育学院学报,2013
[11] 王晓易.提升上海全球资源配置实力[N].文汇报,2013
[12] 隋路.中国体育资源配置效率研究[M].社会科学文献出版社,2011
[13] 王晓易.2025 年上海体育产业目标超 3000 亿[N].东方早报,2015
[14] 平萍.体育产业发展存在巨大空间,上海出台体育产业集聚区布局规划[N].中国体育报,2017
[15] 马勇,叶锦,汪青青.BSC 理论下体育资源配置中心建设标准:模型与实证[J].沈阳体育学院学报,2018
[16] 董新光.论公共体育资源配置的不平衡及改革取向[J].体育文化导刊,2007
[17] 吴周礼.体育资源配置方式变迁及相关问题分析[J].体育文化导刊,2007
[18] 吴周礼.体育资源配置方式及实现机制分析[J].浙江体育科学,2007
[19] 周传志.论体育资源配置的公正[J].湖北体育科技,2006
[20] 董喆.长株潭城市群体育产业资源配置及一体化发展构想探究[J].当代体育科技,2012
[21] 段爱明,谭平.长株潭城市群体育资源配置与管理战略研究[J].体育科技,2008
[22] 梁金辉.公共体育资源优化配置问题研究[J].体育文化导刊,2008

第4篇

体育法治

上海体育科技创新平台建设研究

龚耀飞　马成国　沈　东*

一、前言

（一）研究背景

1. 我国建设世界科技强国的战略发展要求

党的十八大提出:“实施创新驱动发展战略。科技创新是提高社会生产力和综合国力的战略支撑,必须摆在国家发展全局的核心位置。深化科技体制改革,推动科技和经济紧密结合,加快建设国家创新体系,着力构建以企业为主体、市场为导向、产学研相结合的技术创新体系。”这是党中央明确要求新时代下要加快转变经济发展方式,促进创新资源高效配置和综合集成,以创新为动力,将科技创新与制度创新、管理创新、商业模式创新、业态创新和文化创新相结合,以全球视野规划和促进创新发展,不仅要提升原始创新、集成创新,引进、吸收和再创新能力,更要注重协同创新,注重知识转化,技术进步和劳动力升级,形成符合世界科技强国发展的先进的经济形态、经济分工和经济结构新格局。

根据国家“十三五规划”“国家创新驱动发展战略”和“2006～2020年国家中长期科学和技术发展规划”,国家又专门出台了《“十三五”国家科技创新规划》指明了科技创新的思路、目标、任务和措施,再次强调国家发展的首要动力和核心是创新,必须要全面深化科技体制改革,以科技创新为核心的全方位创新,大力推进综合创新,增强自主创新能力,打造创新人才队伍,拓展科技开放

* 本文作者单位:龚耀飞,崇明区体育局;马成国,华东师范大学;沈东,崇明区体育局。立项编号:TYSKYJ2018004。

合作，推进群众创业创新，创造更多依靠创新带动更多优势的引领型发展，确保我国如期进入创新型国家行列，为建成世界一流的科技强国奠定坚实的基础。

2. 我国体育“十三五”规划的战略发展要求

2014年10月，国务院发布《关于加快发展体育产业促进体育消费的若干意见》明确体育产业的地位和发展方向。体育消费显著增加，体育产业规模逐步扩大，产业结构不断优化，产业体系和产业政策不断完善，体育与商业、农业、工业等相关产业融合不断深入，“体育＋”日益加深，体育与文化、旅游、医疗、养老、健康、互联网等业态融合趋势明显。

《体育发展十三五规划》指出：全面建成小康社会将为体育事业的发展开辟更大的新价值，体育除了增强人民体质的价值外，还能服务社会民生和促进经济转型升级。体育产业将成为未来我国经济发展的新增长点，体育消费对经济发展的贡献不断增加。与此同时“健康中国”和“全民健身”已经成为国家战略，将为体育科技创新发展提供新机遇，体育科技新产品和新服务将不断满足广大人民群众的健康需求，营造科学健身的良好氛围，推动体育科技融入生活，培育健康绿色生活方式，增强人们的幸福感和获得感，有效提高全民族健康水平。习近平总书记提出的“体育强则中国强”，“没有全民健身就没有全民健康，没有全民健康就没有全面小康”，表明体育已经成为国家复兴的一个标志。

当前全球化、信息化、网络化和智能化的时代为运动领域的发展提供了新的科学技术引擎。随着供给侧结构性改革的不断深入，体育科技创新和体育产业的改革，“健康中国”与“全民健身”战略得到进一步推进，体育需求由低水平的弱化到多层次和多元化的需求，体育消费方式将从实物型消费向参与型和观赏型消费扩展，体育产业将从追求规模扩大到提高质量和竞争力。

3. 上海全球影响科技创新中心的区域发展要求

2016年4月12日，国务院为了加快上海向具有全球影响力的科技创新中心步伐，推出《上海系统推进全面创新改革试验加快建设具有全球影响力的科技创新中心方案》，提出了上海抓住机遇建设全球影响力的科技创新中心的发展要求：一是要做好创新发展先行者；二是要坚持四个创新原则，即：“问题导向、企业主体、以人为本、开放合作”；三是利用创新驱动推动经济转型发展；四是创新的核心是科技创新，创新的主攻方向是破除体制机制障碍，创新的纽带是带动长江经济带发展战略；五是协调国内外的创新资源、创新链和产业链、上海自由贸易试验区和上海张江国家自主创新示范区的制度创新，采用新模式，全面推进创新和改革试验，充分激发全社会创新活力和动力，不断深入群众性创业创新；六是把“互联网＋”“＋互联网”引入更多领域；七是创业创新活动要把科技人员与普通群众、企业与科研院所、大中小微企业、线上线下的有机结合起来，促进科技创新与经济社会发展深度融合。

因此，上海体育科技创新平台建设是上海建设具有全球影响力的科技创新中心的重要组成部分，是上海体育发展创新的重要抓手，让上海体育发展成为转变上海经济发展方式的重要新动力，促进供给侧结构性改革，发展新经济、培育新动能、改造提升传统动能，推动经济增长的新亮点和新优势。

4. 上海运动休闲特色小镇建设的实际发展要求

习近平指出：技术创新要有新思路、新设计和新战略。探讨上海新兴产业共性技术研发转化平台的建设模式，聚焦研发与转化的关键环节，是支撑上海率先转变经济发展方式和率先提高自主创新能力的关键。

2017年5月，国家体育总局《关于推动运动休闲特色小镇建设工作的通知》提出：运动休闲特色小镇是在全面建成小康社会进程中，实施全民健身和健康中国战略背景下，帮助新型城镇化建设和供给侧结构性改革的重要举措。2017年8月10日，体育总局公布了上海首批运动休闲特色小镇：崇明区陈家镇体育旅游特色小镇和绿华镇国际马拉松特色小镇、奉贤区海湾镇运动休闲特色小镇、青浦区金泽帆船运动休闲特色小镇。体育科技创新属于行业创新，提升行业创新能力，增强有效科技成果供给，需要集中体育行业和非体育行业的优势创新资源，建设一批先进的高水平体育科技创新平台，开展行业关键、共性技术的攻关，为传统产业的转型升级、战略性新兴产业的培育提供强有力的技术支撑。上海体育特色小镇要真正实现高质量的可持续发展，必须要有体育科技创新平台的支持，必须与国内外高校院所、企业以及地方政府开展合作交流，必须依托项目联合攻关，共建研发基地和创新联盟，支持孵化创业企业，打造上海体育产业集群，提供咨询服务，举办国际赛事等多种形式，才能充分凸显上海体育产业区域辐射能力和影响力。

（二）研究意义

1. 理论意义

国内现阶段的体育创新研究的几乎都是在竞技体育领域、某项技术的或者某种训练方法的创新，关于竞技体育科研成果推广普及到全民健身、转化成体育产品或服务、促进体育产业发展上明显不足。用上海科技实力来推动体育产业发展、提升城市软实力、增强全民身体素质和健康水平,显得迫切而具有重要研究意义。

进入新时代后,上海正迈向全球卓越城市,加快建设全球影响力的科技创新中心,打造创新、人文、生态之城的历史阶段。通过上海建设科技创新中心推动上海市体育科技创新平台的建设,一方面通过加强体育科技创新平台建设和研究的顶层设计,瞄准世界体育科技前沿,弥补国内对体育科技前沿与基础研究和科技创新平台建设研究的不足;一方面加速体育科技创新基础平台布局,加快启动体育科技国家实验室,同时培养体育科技创新人才,部署前瞻性体育科技创新平台,为其他城市乃至全国建设体育科技创新平台提供参考。在健康和高技术领域,推动一批重点实验室,彰显上海体育科技创新实力,为上海建设全球著名体育城市和健康上海提供理论依据。

2. 现实意义

上海市政府《关于加快发展体育产业促进体育消费的实施意见》提出:“建设全球著名体育城市,打造世界一流的国际体育赛事之都、国内外重要的体育资源配置中心、充满活力的体育科技创新平台的战略目标。”为上海体育产业发展指明了方向,体育将成为服务经济的重要突破口。同时,上海建设具有全球影响力的科技创新中心,也为体育发展提供强大的科技和要素支撑。建设上海体育科技创新平台,特别是人工智能、大数据、物联网、互联网和云计算等新技术,能引领体育领域中的数字经济和平台经济的融合技术的高速发展,同时实现上海体育科技创新平台在拉动投资和驱动经济增长以及支撑供给侧结构性改革等诸多领域的协同发展,对主动引领上海体育创新跨越发展、促进上海体育产业高质量发展都具有很重要的实践和现实意义。

二、文献综述

(一)相关概念

1. 科技创新

科技创新是一个包括新知识的产生、新技术的应用、新工艺的创造,到新的生产方式的出现、新产品的开发、新服务的提供的系统的动态过程。科技创新是科学研究为主导的知识创新、标准化支撑的技术创新,信息化统领的管理创新的有机统一，它是引导经济社会发展的核心动力，是决定国家强大和科技实力的重要标志。科技创新大致归纳为从生产技术、生产方式、生产材料、生产机器以及全新产品的不断更新和开发，再到产品的推广使用和商业运作等一系列环节的整合。核心点还是对于各类生产因素以及产品的生产方式的合理科学的分配，减少资源的浪费，从而提升企业整体的生产效率，最终获得高额的社会和经济效益。

由此，可以总结出科技创新主要包括以下几个特征：

第一，科技创新过程的整体性。科技创新包括技术的革新到产品的推广和使用，最终获得效益回报的所有环节。

第二，科技创新的经济价值性。每项科技创新都是根据企业自身的商业计划来制定的，企业的出发点还是为了获取最大的社会经济利润。

第三，科技创新的不稳定性或风险性。科技创新项目是否成功或是否有达到预期目标都必须考虑到各方面的作用并且相关的科技创新项目人员绝对不是百分之百的制定了最科学合理的发展规划，同时就其本身而言，结果也是不确定的。

第四，科技创新的辐射性。一方面科技创新成果的使用权以及专利权等都是掌握在创新者的手中；另一方面相关的技术创新也会辐射到相同或其他的领域，从而不断加快其他企业的技术革新，最终促进整个社会及国家科学技术和创新体系的逐步完善。

2. 科技创新平台

美国在以国家创新形势为主题的演讲报告中提出了科技创新平台的含义。它的本质为从事各类创新活动的基本设备和其他关键因素，而这些关键因素大致包括以下几方面：首先是相关科研人员以及研发技术的高水平性，其次是配套的科学的创新理念以及管理法规的完善，再者就是各类管理费用及研究资金的投入，最后便是资金投入市场后的收益以及科研成果和专利的保护。以上所提到的因素都会影响创新平台的建设和完善。

一般将科技创新平台归纳为：在某一地区，大量要素的整合和共享，也就是相关人才、信息、技术以及法规的整合。其不仅需要齐全的基础设施，也需要系统科学的管理体制，通过研究团队提出一个符合社会发展要求的创新目标，开展相关的科研项目，同时再不断对信息和人才的流动共享，促进自身创新体系的完善以及研究成果的转化。地方性科技创新平台的建设首先攻破阻碍当前科技发展的相关领域的主要技术难题，从而推进技术的产业化应用。地方性科技创新平台打破了传统的行政区域限制，地方性创新形式和内容相比单一的企业性创新平台更丰富，能成为带领整个相关领域科学技术不断革新的平台。

科技创新平台能够发挥其自己的技术支持功能。它拥有一整套齐全的高端科技基础研究仪器，同时它还包含依托企业来进行各类创新的下级创新体系。科技创新平台的搭建和完善是整个创新体系的不可或缺的重要一环，而且对于平台的构建和完善来说，相关创新活动的基础仪器的购置和引进是至关重要的，同时平台中的各类基础研究仪器室可以共享和开放，正是如此，才使得平台为不同领域的研究人员、相关合作企业和地方政府的互动与合作提供了最合适的空间场所。

从整个创新体系的发展进程来看，创新平台的建设是起始环节。建立更加科学合理的创新平台后，还要继续完善平台的管理体制和运行机制。从中国地方性创新平台的发展情况来看，平台的建设规模很大，相关领域范围较广，但是平台的各类信息和人才没有做到充分的流动，也没有一套科学合理的平台管理体制，从而使得整个平台的效率不高，社会收益也较少。

中国是一个正处于发展中的国家，整个社会的科技创新能力较低，领先科技和优势技术相对落后。因此，政府必须主动引导和鼓励各个有实力的高校同企业以及研究院所合作共同搭建科技创新平台，才能不断增强整个社会的自主创新实力，推动技术的跨越式发展。

3. 体育科技创新平台

体育科技创新平台是一个开放性的平台，通过聚集体育科技资源，并进行体育资源管理和运营为体育科技创新活动提供支撑和服务，进而使体育科技创新活动参与者能快速获得理想的科技综合效应的一个组织机构。体育科技创新平台是国家或地区将体育现有的资源进行整合，通过多方合作为体育发展注入最强动力。

体育科技创新平台是一个从综合类的科技创新平台细分的体育专业领域的创新平台，主要聚焦并服务于体育专业的科技创新平台。在此平台上，构建“官——产——研——学——用”一站式的体育科技创新平台，主要汇集需求侧与供给侧的信息发布，实现供需双方的互动、研究、开发与交易的平台，推动科技领域的新技术、新成果，向体育专业领域的转化、孵化和应用，促进我国体育的可持续地高质量发展。

(二)国内外研究现状

1. 国外研究现状

(1)科技创新平台的现状

美国竞争委员会于1999年发布的《走向全球：美国创新新形势》的报告中提出“创新平台”的概念，指出创新平台是创新基础设施及创新过程中不可或缺的要素，包括人才、资本、科研成果、知识产权保护、法律法规等。有专家学者从不同角度对创新平台的结构进行了分类：从组织结构方面，创新平台分为基层式、网络式和统制式结构；从运作范围方面，创新平台分为地方式、全球式和交互式结构。还有的指出创新平台是企业不断创新的动力和源泉，建设创新平台可以促进创新思维的产生，还可以减少创新过程风险。再有专家学者在研究中指出科技成果转化无论是对一个企业，还是对一个国家或地区，都起到非常重要的战略意义，而且实证检验科技成果转化能力在组织资源、创新能力与新投资项目之间的中介作用。

有专家学者通过对美国的研究，认为科学研究必须符合国家利益和需求，美国国家实验室运行模式呈现出目标导向型。还有的以德尔菲法为研究方法，从组织结构、运作方式、成本控制等角度出发，建立了科研实验室绩效评价体系。还有的综合分析大量研究资料，认为科技创新平台科技转化效率是由市场决定，还有包括政策因素、创新氛围等原因。有专家学者在研究中认为CRADA协议对于美国实验室的科技创新和成果转化起到了促进作用，同时提出行业沟通交流以及资金缺乏是目前两个主要制约因素。

通过对美国、欧盟、日本和韩国科技创新平台的文献总结发现：政府、企业、科研机构和大学，担任角色、合作模式、经费来源、研发计划和政策法规，各具特点(表1)。

表1 国外科技创新平台的特点

国家	角色	合作情况	经费来源	典型的计划、政策、法规
美国	政府引导	注重政府、企业、大学各方参与	政府设立专项资金、资助研发设施建设；企业配套；政府和企业共同投入	1《国家信息基础设施》 2《设施监管指南》 3《研究设施法》 4《设备管理指南》

续　表

国家	角　色	合 作 情 况	经 费 来 源	典型的计划、政策、法规
欧盟	政府引导	注重科研机构、大学和企业合作	政府资助,参与方共同投资	1《欧盟跨国使用研究基础设施计划》 2 欧盟"地平线 2020"战略 3《大型研究设施战略路线图》(荷兰)
日本	政府主导	以大学、科研机构和大企业为主体实行联合开发	政府投入为主	1 国立大学等设施紧急整备5年计划 2 国家科学技术发展计划
韩国	政府主导	强调产学研合作研发	政府投入为主	《面向先进一流国家的黎明博政府的科技基本计划(2008～2012)》

(2) 体育科技创新的研究

美国从1981年开始建设现代化体育运动中心,集聚尖端设备、人才、科技力量和相关体育科技计划的配套实施,提高了美国竞技体育的水平和快速发展。美国奥委会运动医学委员会前任主席达迪克指出:一旦你把体育与科学结合起来,你就会取得成就。

1986年,美国开始实施全美各单项体育协会"科学服务与研究课题拨款计划",推动各个体育协会的体育科学研究,通过技术服务提高优秀运动员的表现。

有专家学者在研究中着眼于那些对体育行业产生巨大影响的科学技术力量,研究和推动人机界面、基因治疗和超智能等领域的技术发展。关注运动员的未来、企业体育会员和绿色体育,预判未来体育的发展趋势。

还有专家学者在研究中提出:科学技术改变了运动鞋、自行车和体育场馆等运动设施,对运动员及观众产生了更大影响。资金和技术的投资也改变了运动员的才能和体育比赛的公平性。对球拍、泳衣、撑竿跳运动员的杆、网球中的鹰眼等先进设备的运用进行分析并提出了一些可能出现的问题。再有的在研究中通过实验数据证明各种先进高科技体育训练设施和比赛装备的研发对提高运动员竞技水平方面的作用,证明了体育科技的创新价值明显。

2. 国内研究现状

（1）科技创新平台的现状

《我国高科技园区创新平台建设研究》一文中提出，从构建数字化园区创新平台的角度来加强和完善政府职能，推动中国数字高科技园区创新平台建设和区域经济的发展。

《科技创新平台建设中的政府职能研究——以常州科教城为例》一文中分析了科技创新平台建设中在制度安排、资源共享、公共服务、评价和激励等方面政府职能。

《我国新药研发技术平台发展策略研究》一文提出：在建设中国新药研发技术平台体系中，政府应该在基础性、公益性和战略性的研究型平台建设上，重点关注国有资金投入和监督管理，并建立以绩效评价为核心的监督管理机制，提高管理效能和平台输出。企业应该是新药研究开发的主体，积极参与新药研发技术平台的建设。

《高速铁路科技创新平台运行管理模式研究》中指出：高速铁路科技创新平台的建设内容为建设目标，组织结构和功能，以及高速铁路科技创新平台运行管理模式，分析了人力资源管理，仪器设备管理，科研项目管理，开放与国际合作以及科技成果管理。

《区域科技创新平台生态系统发展模式与机制研究》提出了区域科技创新平台生态系统的发展机制，具体有发展动力机制、平衡发展机制、环境支撑机制、创新与服务融合机制、协同共生机制等五个机制，并对它们之间的相互作用进行研究。

《威海市科技创新综合服务平台建设研究》指出，科技创新综合服务平台是聚集技术研发、成果转化、资源共享、创业孵化、人才培养、科技金融等多功能的科技创新服务。强调公益性、开放性、战略性“一站式”平台的特征。

《基于平衡计分卡的江西省科技创新公共服务平台运行》指出，科技创新公共服务平台的运行应制定宏观战略地图，通过多维度均衡评分评估目标实现科技平台的运行效率。

（2）体育科技创新的研究

《体育创新技法的研究》总结现有的体育技术创新技术，并分析了其他学科的一些创新技术，提出体育创新技术的基本类型是创新思维方式、创新途经、创新来源等。

《关于我国体育科技创新体系的探讨》通过体育科研工作者的科研和创新能力、创造性解决实际问题、提高训练水平、奖励和表彰科研成果、公开发表科研成果数量和水平、提供科研经费、科研管理体系以及科研工作者的学历等多方面的调查数据，分析了我国体育科技创新体系的现状，提出了对体育科技创新项目的监督和目标评估是提高体育科技创新效率的重要手段。

《体育科技创新指标体系和评价方法研究》建立了体育科技创新指标体系，这些指标包括创新潜能、创新环境和创新绩效三个层面，其中创新潜能包括三个次要指标：基础创新、技术创新和社会创新；创新环境包括三个次要指标：创新政策、科技投入、技术获取；创新绩效包括四个次要指标：产品创新、知识产权、科技进步和成果奖励。

《山东省体育科技创新体系现状及建设对策研究》中提出体育科技创新体系一般由主体要素、客体要素和中介要素组成。

《我国体育科技创新体系构建研究》中对体育科技创新体系是指在体育领域内由生产企业、科研院所、高等院校、科技中介组织以及其他科研和服务组织构成，实施知识创新、技术创新、管理创新和制度创新等相关活动的有机系统。文中指出了构建我国的体育科技创新体系主要在于发挥其体育科技创新平台的搭建功能，体育科技成果的培育功能，体育科技成果的推广功能。也指出整体的体育科技创新体系由知识创新体系、技术创新体系、管理创新体系和制度创新体系，共四个子体系构成。

综上所述，可见我国体育科技创新研究起步较晚，从2000年以后才有部分体育科技创新的研究，但还是从体育科技创新体系的构建和指标体系研究。对体育科技创新平台的实践建设研究是空白，因此本文的研究具有很高的创新性，对推动上海体育科技创新的发展具有一定的理论参考价值。

三、政策与文件

（一）国务院有关“科技”与“科技创新”的政策文件

以“科技”和“科技创新”为关键词，在中央政府门户网站搜索国家相关政策与文件，国务院颁发的10篇文件中，根据《国务院关于宣布失效一批国务院文件的决定》（国发〔2016〕38号），有3篇文件已宣布失效，有效文件为7篇（表2）。

表2　以“科技”与“科技创新”为关键词的国务院文件统计表

序号	“科技”与“科技创新”文件	发文字号	成文日期
1	国家重大科技基础设施建设中长期规划(2012～2030年)	国发〔2013〕8号	20130223
2	加快科技服务业发展的若干意见	国发〔2014〕49号	20141009
3	深化中央财政科技计划(专项、基金等)管理改革方案	国发〔2014〕64号	20141203
4	实施《中华人民共和国促进科技成果转化法》若干规定	国发〔2016〕16号	20160226
5	上海系统推进全面创新改革试验加快建设具有全球影响力科技创新中心方案	国发〔2016〕23号	20160412
6	“十三五”国家科技创新规划	国发〔2016〕43号	20160728
7	北京加强全国科技创新中心建设总体方案	国发〔2016〕52号	20160911

(二)国务院有关“创新与创业”的政策文件资料

以“创新与创业”为关键词,在中央政府门户网站搜索国家相关政策与文件,其中国务院颁发的文件8篇(表3)。

表3　以“创新与创业”为关键词的国务院政策文件统计表

序号	“创新与创业”文件	发文字号	成文日期
1	关于发展众创空间推进大众创新创业的指导意见	国办发〔2015〕9号	20150302
2	关于深化高等学校创新创业教育改革的实施意见	国办发〔2015〕36号	20150504
3	关于大力推进大众创业万众创新若干政策措施的意见	国发〔2015〕32号	20150611
4	关于加快构建大众创业万众创新支撑平台的指导意见	国发〔2015〕53号	20150923
5	关于建设大众创业万众创新示范基地的实施意见	国办发〔2016〕35号	20160508
6	关于支持返乡下乡人员创业创新促进农村一二三产业融合发展的意见	国办发〔2016〕84号	20161118

续 表

序号	“创新与创业”文件	发文字号	成文日期
7	关于建设第二批大众创业万众创新示范基地的实施意见	国办发〔2017〕54号	20170615
8	关于强化实施创新驱动发展战略进一步推进大众创业万众创新深入发展的意见	国发〔2017〕37号	20170721

（三）国家体育总局有关体育“十三五”规划的政策文件

以“十三五”为关键词，在国家发展与改革委员会门户网站，搜索国家专项规划文件，关于体育专项规划有5篇(表4)。

表4　以“十三五”为关键词的体育专项规划文件统计表

序　号	“十三五”文件	发文日期
1	体育宣传文化工作“十三五”规划	20170810
2	体育发展“十三五”规划	20170810
3	体育产业发展“十三五”规划	20170810
4	青少年体育“十三五”规划	201708100
5	竞技体育“十三五”规划	20170810

以“科技创新”“科技创新平台”“体育科技创新”为关键词，在“中国知网”收集与本研究高度相关的文献68篇。在阅读和分析的基础上理清思路和研究脉络，掌握了大量前人研究成果，为本课题研究提供宝贵的有价值的文献资料。

四、体育科技创新平台建设综合分析

建设上海体育科技创新平台是一项复杂而动态的系统工程，但从已有的资料中，国内外尚无有可借鉴的典型案例。本课题是以政府主导视角和着重建设前期的理论研究，从上海体育科技创新平台建设的方向、结构类型、主体定位、平台价值、运行机制和优劣势等方面进行分析。

（一）体育科技创新平台建设的定向分析

1. 平台建设的方向分析

体育科技创新平台是一个专业的科技创新平台，目标是以科技创新驱动，推动体育行业和产业的升级发展。

（1）政府管理的责任部门

从体育科技创新平台建设的专业管理和专业内容特点，应主要由政府中发改委、规土、科技、教育、经济、产业和体育部门等牵头，完成顶层设计。在高校、研究所和企业联合组成不同的平台，各自承担不同平台的工作责任和目标，共享创新成果。

（2）科技领域的助攻学科

体育科技是体育科学技术的简称，应该是能应用到体育科学中的科学与技术，是“体育＋科学＋技术”三者深度融合的科技创新并能应用于体育中的新技术、新工艺和新产品或新服务。根据《中华人民共和国学科分类与代码简表（国家标准 GBT13745－2009）》将学科分类定义到一、二、三级，共设 62 个一级学科、676 个二级学科、2 382 个三级学科，特别是自然科学（表 5）与体育科学的紧密融合的创新性研究成果是体育科技创新平台建设的主要创新的领域，但有的学科对体育创新的融合度较低，如天文学、林学、水利工程等。

表 5　中国自然科学部分的学科分类与代码简表

<table>
<tr><th>代码</th><th>学　科</th><th>代码</th><th>学　科</th><th>代码</th><th>学　科</th></tr>
<tr><td>110</td><td>数学</td><td>220</td><td>林学</td><td rowspan="2">410</td><td rowspan="2">工程与技术科学基础学科</td></tr>
<tr><td>120</td><td>信息科学与系统科学</td><td>230</td><td>畜牧、兽医科学</td></tr>
<tr><td>130</td><td>力学</td><td>240</td><td>水产学</td><td rowspan="2">413</td><td rowspan="2">信息与系统科学相关工程与技术</td></tr>
<tr><td>140</td><td>物理学</td><td>310</td><td>基础医学</td></tr>
<tr><td>150</td><td>化学</td><td>320</td><td>临床医学</td><td rowspan="2">416</td><td rowspan="2">自然科学相关工程与技术</td></tr>
<tr><td>160</td><td>天文学</td><td rowspan="2">330</td><td rowspan="2">预防医学与公共卫生学</td></tr>
<tr><td>170</td><td>地球科学</td><td>420</td><td>测绘科学技术</td></tr>
<tr><td>180</td><td>生物学</td><td>340</td><td>军事医学与特种医学</td><td>430</td><td>材料科学</td></tr>
<tr><td>190</td><td>心理学</td><td>350</td><td>药学</td><td>440</td><td>矿山工程技术</td></tr>
<tr><td>210</td><td>农学</td><td>360</td><td>中医学与中药学</td><td>450</td><td>冶金工程技术</td></tr>
</table>

续 表

代码	学　科	代码	学　科	代码	学　科
460	机械工程	530	化学工程	570	水利工程
470	动力与电气工程	535	产品应用相关工程与技术	580	交通运输工程
480	能源科学技术			590	航空、航天科学技术
490	核科学技术	540	纺织科学技术	610	环境科学技术及资源科学技术
510	电子与通信技术	550	食品科学技术		
520	计算机科学技术	560	土木建筑工程	620	安全科学技术

(3) 体育领域的主要学科

根据我国学科分类与代码标准(GBT13745－2009)中体育学科的分类(表6),其中至少有运动生物力学、运动生理学、运动心理学、运动生物化学和体育保健学5个体育学科,有深度的科学创新的学科,是主攻的体育创新领域。

表6　体育学科分类简表

代码890	体育科学	是否科技融合
89010	体育史	非
89015	体育理论	非
89020	运动生物力学	是
89025	运动生理学	是
89030	运动心理学	是
89035	运动生物化学	是
89040	体育保健学	是
89045	运动训练学	是
89050	体育教育学	非
89055	武术理论与方法	非
89060	体育管理学	非
89065	体育经济学	非
89099	体育科学其他学科	不确定

运动训练学(代码：89045)是体育科学中最重要的核心学科和基础学科，运动训练学的学术水平和创新能力决定了运动项目(奥运会比赛)的竞技水平和成绩。因此运动训练学是体育科技平台主攻的目标学科。运动训练学科群中有运动员选材、运动监控、运动恢复、运动损伤与预防、运动康复、运动营养、运动心理、运动器材、运动服装、运动场馆、运动竞赛等领域，都是可以与融入其他科学的新技术、新工艺和新成果，推进体育科学与技术的飞速发展。因此体育科技创新人才队伍主力军是拥有某种科学与技术体系的人才与拥有体育科学(尤其是掌握运动训练规律)知识体系的人才的一个合作团队，团队重心以研发的科技人才为主，以应用的体育人才为辅，两者相辅相成，共同创新才能有理想的产品或服务。

(4) 体育消费主要目标对象

按照市场营销的目标消费对象分析，体育科技创新的产品的主要目标消费者是不同运动项目的高水平的专业和职业运动员，运动员的消费产品相对来说科技含量要求高、研发难度大。同时适合高水平的专业运动员的产品也能适合大众体育消费者，即使此类产品淘汰了再转为非运动人员消费，产品销量也有市场。但如果把体育科技创新的产品的目标消费者，设定为大众化消费者，科技含量要求相对不高，研发相对简单，但对于运动员作用不大，就会失去运动员高端消费者群体。

据普华永道统计：2016年体育科技市场的规模约为1.25亿美元，未来4年体育科技市场规模最悲观的预测将会超过6亿美元。对2021～2022年体育分析技术市场规模乐观的预测将会达到50亿美元。美国专业体育科技团队的市场估值很高，达拉斯牛仔队估值约为40亿美元，少数运动员的身价能达40亿美元。全球职业运动员一直都在寻找方法达到自己运动成绩的极限高度。

如今，各种运动新技术正在兴起，包括VR、大数据、智能穿戴技术和运动药物，来帮助专业运动员提高他们的表现，但是必须保护运动员的健康安全。特别是能提高运动员运动成绩的新型运动药物新技术的创新产品具有巨大的市场需求。过去有的运动员和教练为了在重要比赛中取得好成绩，冒着被禁赛和伤害身体、甚至运动猝死的风险使用兴奋剂。如，个别运动员注射的促红细胞生成素(简称EPO)，是人工合成药，是国际奥委会和世界反兴奋剂机构三百多种禁药之一，它能促进肌肉中氧气生成，使肌肉更有活力、工作时间更长，能提高耐力性运动成绩，但是输入后会使血液变稠，容易发生血栓，导致运动猝死。

2. 外国体育科技创新企业的案例

(1) STRIVR Labs

STRIVR Labs是一家VR技术公司,"VR+体育"新技术将运动员带入沉浸式运动环境,该公司主要为许多职业运动团队和大学体育团队提供服务,其中包括达拉斯牛仔队、旧金山49人队、底特律活塞队。同时也面向企业通过虚拟方式提供沉浸式就职培训服务。

(2) Synergy Sports Technology

Synergy Sports Technology是一家开发大数据分析产品的运动分析公司,是于"体育教练平台技术"提供商,它利用大数据制定策略,帮助教练员筛选精英运动员。根据ReportsnRepots报告,2014年体育数据分析市场的规模只有0.49亿美元,2021年将会达到8.64亿美元,市场规模每年至少将增加2.5倍。

(3) PlaySight

PlaySight是以色列的一家公司,主要运用智慧球场技术,开发了不同运动项目的系统。它的核心产品是网球智慧球场,是一套可以瞬间从多个角度重播网球视频"摄像头一体机"系统,使用先进的图像处理和分析算法捕捉、分析数据,为运动员和教练员提供比赛的数据分析,做出正确的决策,提高运动技能,赢得比赛。比如击球类型中,球的路线、速度、旋转度、深度镜头数据、运动员的移动数据等大数据的采集与分析。PlaySight已经在美国、欧洲和亚洲等地区安装了600多个SmartCourts系统。它被评为2017年最具创新力的体育科技创新公司。

(4) FocusMotion

FocusMotion是位于洛杉矶的一家创业公司,它将AI技术应用于任何穿戴设备的开发,使用者只要下载FocusMotion软件开发者工具包(简称SDK),再使用强大的SDK就能制作自己的App,从而帮助运动者采集运动数据,科学控制运动量和运动强度,提高运动水平。

(5) PIQ

PIQ是法国的一家体育穿戴技术公司。它有50名工程师开发的一套AI系统机器人,名叫GAIA,能理解拳击、网球、高尔夫、风筝和滑水等体育运动中的人类动作。

(6) Zepp

Zepp是美国硅谷一家体育可穿戴技术公司,是法国PIQ的竞争对手。

Zepp开发的可穿戴传感器适合于棒球、高尔夫、网球和足球。售价99～149美元。如果将棒球传感器连接于球棒手柄的一端，则每次挥杆都会获得诸如击球速度、攻击角度等数据。Zepp提供数据分析，以改善运动员的技术动作。它还为职业棒球大联盟(MLB)提供视频教程。

(7) Orreco

Orreco是以色列的一家公司，它将各种不同的科技分析技术集合和融合。通过IBM Watson，Orreco用AI技术分析结构化、非结构数据，包括运动员的生物指标、表现、饮食，睡眠和天气、旅行计划数据等，再根据收集到的全世界体育科学知识数据库，向教练的移动设备发送建议信息。比如运动员睡前是否应该喝水。赛后是否应该睡觉。运动员训练过程中是否可能受伤，训练后是否疲劳等。Orreco已经与2 000多名世界顶级运动员合作，其中有40位奥运会奖牌获得者。

在体育技术领域也有一些创新型公司，特别是可穿戴技术公司。可穿戴技术正在不断进化，行业正在整合，随着世界传感器技术的不断改进和创新，用不了多久，通过AI和其他技术的科技创新会不断满足运动员训练和比赛需求。

综上可以发现国外科技创新企业将新技术与体育运动的融合发展方向，实现“科技改变体育，体育改变人生”。体育科技创新技术给运动员、教练和运动爱好者带来全新体验，同时实现产品或服务的经济价值。

因此上海体育科技创新平台应该发展的主要方向是：体育+AI，体育+VT，体育+大数据，体育+物联网，体育+可穿戴技术，体育+云端，体育+影像，体育+力学。

(二) 体育科技创新平台建设的结构类型分析

根据文献资料调查，科技创新平台类型很多，目前主要分类有：

1. 建设主体的成员类型

(1) 单独建设型：只有一个主体建设者，人员较固定。由主体直接管理。

(2) 共同建设型：它由政府、企业和政府共同管理。

(3) 虚拟管理型：由政府、高校、研究所、企业联合组成，多为短期组合，流动性最高，灵活多样的协商管理。

2. 平台的功能分工类型

(1) 技术研发协作平台。

（2）科技中介服务平台。

（3）科技资源共享平台。

（4）科技成果转化平台。

在上海建设体育科技创新平台是新时代背景下体育发展的战略需要，可以更好地实现竞技体育的竞技训练和竞赛成绩、体育产业的产业内涵发展和产业升级以及大众体育的运动休闲和健康的强烈诉求，同时也实现体育产业的经济效益诉求。上海体育科技创新平台建设应该有五类平台（图1），即基础条件共享平台、知识创新平台、体育科技创新创业服务平台、体育企业技术研发平台、体育产业技术服务研发平台。

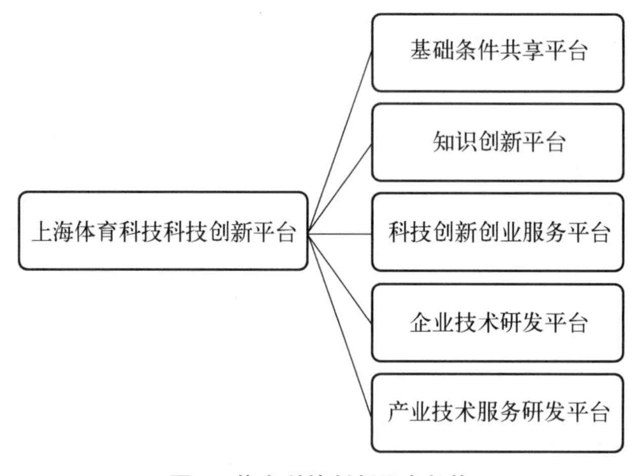

图1　体育科技创新平台架构

政府与企业之间的分工和合作不同，政府主要提供公共服务平台建设，企业主要提供商业服务，其中不同平台再细分子项目平台，共同组成上海体育科技创新生态体系平台，集合政府、大学科研机构、企业和其他组织的共同履行不同平台的责任。

根据上海实践情况（图2），政府主导建设的平台是知识创新平台和基础条件共享平台，其中知识创新平台包括国家级和省级实验室，国家级和省级重点实验室，基础条件共享平台包括科学仪器资源共享平台，科学信息文献共享平台，科学资源及实验动物平台。

企业主导建设的平台是体育科技创新创业服务平台、体育企业技术研发平台、体育产业技术服务研发平台。

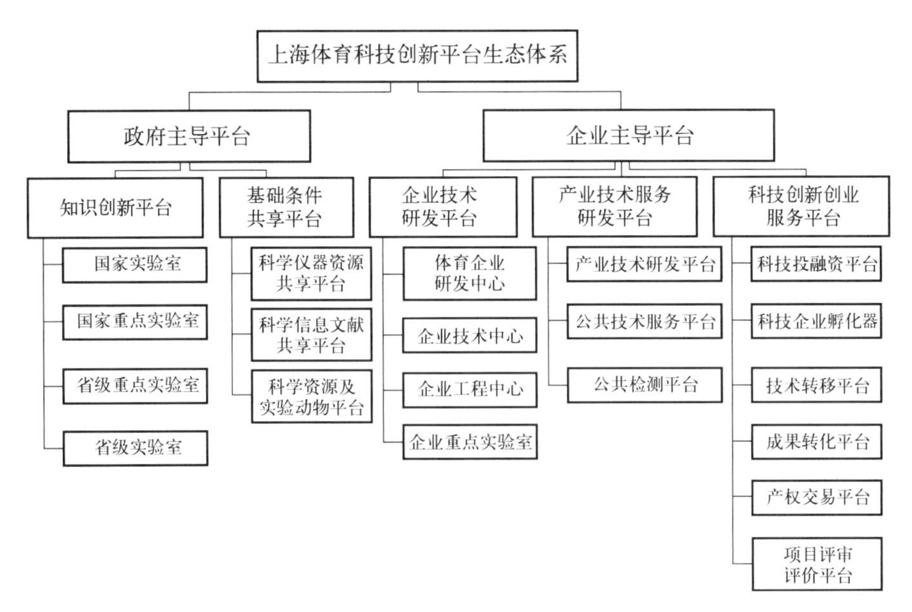

图2　体育科技创新平台生态体系图

（三）体育科技创新平台的建设功能定位分析

1. 平台目标功能分析

上海体育科技创新平台建设目标要具有战略性、先导性和引领性，符合国家对体育战略目标定位，它不仅可以促进体育前沿基础研究，而且可以促进高科技体育的应用。体育科技创新的目标是促进体育快速健康地发展，各级政府要充分谋划本级政府的引导作用，有明确的分工和配合（图3）。

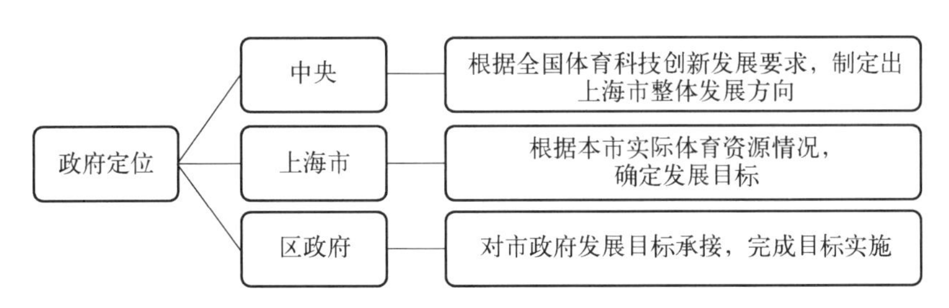

图3　三级政府的目标定位

2. 联合体定位分析

体育科技创新平台是通过政府引导将高校以及企业的自身技术资源和信

息进行整合形成的体育联合体。建设联合体的两个前提要求：首先是联合体个体必须拥有同样或相似的发展目标，遵守效益分享原则；其次联合体具备能够整合或融入相关技术创新资源。有科学合理的管理平台，才能最大限度地激发联合体的主动性。

（1）政府定位

政府必须从多功能政府转向服务型政府，实现政府指导完善政策环境和科技创新的融资机制，建立考核体系，强化人才。实现政府引导、高校主导、企业主体的联合建设模式，政府弥补了市场缺陷和市场失灵，创造一个创新的商业环境。

在科技创新平台建设中，政府将面临整体规划和指导的新要求：第一个是传统科技管理面临新挑战，传统体制无法适应新要求；第二个是科技管理走向创新治理，多元合作、多元参与和民主协商；第三个是新要求强调企业、高校、科研机构话语权与作用。如规划编制、资金支持、组织协调、人才引进等。

（2）高校与科研机构定位

本市高校与科研机构应积极响应政府政策引导和号召，对自身进行定位发挥自身价值，积极投身于创新创业中去，努力做好自身角色，鼓励学生、科员人员进行个体创业，发挥好高校创新平台创新实际载体的承载作用（图4）。

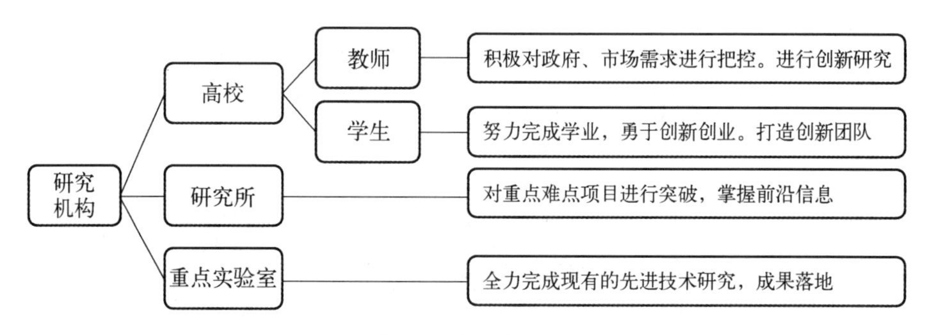

图4　研究机构定位

（3）企业定位

建设体育科技创新平台必须坚持国家引导、高校指导、促进体育企业主导，形成密切协同研发的体育联合体。企业为了将体育高端技术产生周期进行缩短，其发展离不开上层建筑的统筹设计，各体育企业应各有特色又抱团取暖（图5）。

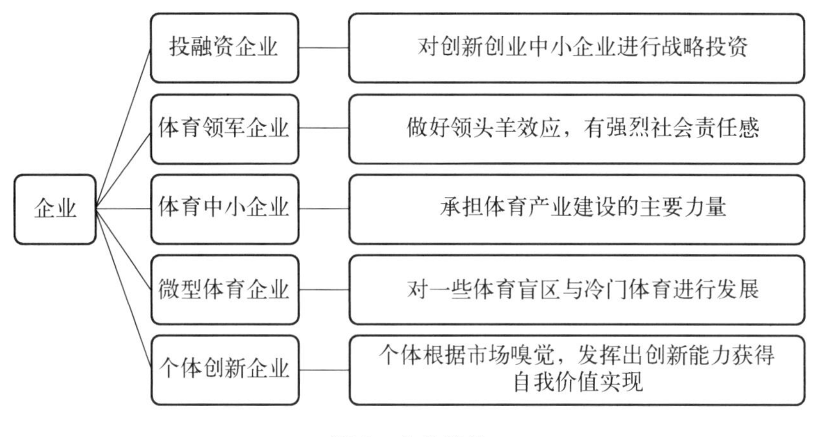

图5　企业定位

（四）体育科技创新平台的运行机制分析

1. 整合共享机制分析

科技创新平台的内涵有两个关键点：一是“集成”，二是“共享”。

（1）资源整合机制

通过市场方式或政府自上而下地对体育资源进行挖掘、合并、转移、重组，从而促进资源的有效配置和利用，在市场竞争过程中，使体育资源动态调节、相互补充、相互协调，从而产生整体的动态效应。创新资源整合应该充分发挥市场配置资源的作用，通过自觉设计，促进不同创新资源整合、创新资源分配，以提高创新绩效的法式。

持续深化体育体制改革，整合上海科技力量，全力推动体育科技的发展，从战略高度认识科技创新的意义，推动体育科技创新平台建设的全面实施。目前，上海已经形成了一个综合的技术研发服务保障体系。上海研发公共服务平台，实现了对上海区域信息、知识、技术、设备、公共科技服务等创新资源的集成，为创新活动提供了良好的支持。因此，上海体育科技创新平台的建设必须充分利用上海研发公共服务平台资源与体育相关的信息进行分离整合，为打造体育独特的体育科技创新平台公共服务平台。

（2）资源共享机制

体育科技创新平台将全市资源整合后，平台内汇聚大量体育资源，然而这些资源极度分散、信息存储方式繁多、信息共享程度较低。如何将这些大量的信息资源有效应用到实际所需的实施主体上是亟待解决的问题，即科技信息文献共享，建立资源共享机制是解决这一问题的重要手段，开辟信息管理系统，降低信息沟通成本。资源共享机制的实际应用即是建立一个资源共享子平台，将现有的可共享资源发布在平台窗口上，各实施主体根据自身需求去选择信息，再通过科技中介服务平台进行获取实际数据信息文献。

资源的整合不仅是信息资源，体育资源还有大量的实体场馆、高科技运动装备、科技仪器与大量各类体育人才。平台要将这些实体资源进行价值最大化，平台应先对平台内的实施主体进行价值定位。体育资源的共享必须打破体育单学科壁垒，实现多学科多方位的联合创新和资源互补，为体育的全面发展与科技创新打开全新的方向。

2. 经营管理机制分析

(1) 经营方式分析

体育科技创新平台建成后只有通过分析体育市场需求，构建新产品和对原产品进行迭代。在产品构思阶段企业利用市场嗅觉，通过平台数据分析，捕获用户诉求。政府利用平台数据制定合理的政策和制度，引导市场发展，高校则对接企业和政府的需求。从产品研制到成果落地，高校和科研机构是创新主力军，研发攻关，企业全程参与研发，对成果实时共享。政府利用公共权力组织、协调各方活动并提供资源的支持，保证平台稳定性和持续性。成果进入市场，高校进行小型测试，批量生产由企业承担，高校承担技术问题解决，实现产品商业化，政府构建市场，保障公平合理的市场环境。最后实现体育产业的良性互动与可持续发展。

(2) 管理模式分析

以合同为基础的管理模式是主要的，企业政府协同管理。建立体育科技大数据平台，提升科技资源公共服务能力，大数据作为新时代的创新战略，能打破创新平台的管理盲区，实现透明运营和管理。大数据技术和管理思想为科技创平台运行机制提供了新方向。加强大数据挖掘技术使用，充分利用数据价值，同时也能给科研工作者提供灵感和数据支撑，为企业把控市场和技术动态提供借鉴，使政府能科学管理，资源合理配置共享，社会效益最大化。

3. 监督奖惩机制分析

(1) 政府监督分析

运行评估主要侧重绩效的考核，同时兼顾实施主体的实际条件与硬件的评估。评估最大的意义不在于对现有的绩效进行评估，更重要的是认识自身的优势与不足，评估后对于后续科研活动的指导意义。

(2) 科技成果分析

科研经费投入额度、科技合同成交量以及专利数量是反映区域科技资源的重要指标。技术交易总额是反映科技创新交易成果质量的重要指标，科技专利数量是反映科技成果产出的重要指标，交易额是衡量科技成果转化的指标。

(3) 人才激励分析

建立科学评价的激励体系，充分发挥自身的功能，加快机制的完善与革新。创新人才的培养是各高校科研机构的重要功能，要在现有的创新基础上培养更多的创新人才。

4. 利益分配机制分析

(1) 政府效益分析

政府的效益不仅体现在经济利益，更注重实现社会效益。政府的财政资金支持是维持平台运行初期的主要经费来源。引入市场机制，以市场需求为导向，承接科学研究、工程化开发、技术服务等有偿服务项目，实现自主分销，自筹资金，自我开发。

(2) 企业利益分析

一个区域要发展就要让企业获得相对应的利润和稳定的利益回报，才会有创新基础。政府的优惠政策、科技成果的交易与落地后的利益分配，是支撑企业创新利益的最重要的收益来源，要保证企业利益的实际收入才能让企业持续保持创新动力。

(3) 人才利益分析

一个企业想要发展壮大，就要实现为企业利益做出大量贡献的人才对利益的诉求。科技成果的产出是确定个人利益分配的重要手段，要设立创新激励机制，鼓励个人进行创新创业。

5. 中介服务机制分析

科技中介服务机构背靠政府、依托科技，是为企业特别是中小企业提供非营利性的社会化科技服务机构。体育科技中介服务平台是促进创新体系形成和发展的重要媒介，成为提高国际竞争力或上海竞争力、实现规模报酬递增的引擎，有助于完善技术市场体系、技术扩散的渠道和中小企业获得外部技术，促进技术市场的商品流通和技术成果转化。

（五）体育科技创新平台的价值分析

1. 外部价值分析

平台的建设目标是根据上海市的经济发展目标布局，创建全球卓越城市，打造上海四大品牌，提升体育产业竞争力，形成独具上海体育产业集群特色的品牌标签。对全市的中小微企业提供更多的资金、人才、信息、技术等资源的支持，增加就业岗位，稳定提升 GDP 增长率。

上海体育科技创新平台建设要以实体平台进行落地，载体的选择应与上海现有的资源配置相匹配。通过连接上海巨头体育企业、知名高校、上海市体育局、上海科技创新园区等，建立一批体育行业的先行者与践行者。崇明区两个运动休闲特色小镇是最佳的物理空间承载，环境和地理位置优势明显，能辐射到上海市区与浦东国际机场，形成实际载体与国内外的对流。

以体育科技创新平台为中心，将上海体育产业全部纳入各个子平台，以平台为支点，推动、支撑、驱动产业的效益化，让平台成为所有企业的发展契机；以平台为起点，实现“体育＋”与“＋体育”的多元产业创新技术融合。体育科技创新平台必将成为上海建设具有全球影响力的科技创新中心的强劲推助力。

2. 内部价值分析

上海体育科技创新平台的建设必须和国家科技创新平台相衔接，以国家科技部的体育科技项目为出发点，同时又不能缺少上海科技创新中心独有的地方特色的科技创新平台，集国家之智、行业之力。上海体育科技创新平台的顶层设计时期，政府规划是要注重以创新为基点、科技为重点、体育为主体。

通过体育科技创新平台的建设将全市体育资源聚集，制定好平台规则，支持优势项目，扶持新进企业，保护优质资源，淘汰劣质公司。对市场秩序进行优化改革，对管理盲区进行重点管理。上海竭力打造全球卓越城市时，体育科技创新能力会直接反映上海城市影响力，同时也引领上海体育发展的新方向。

3. 附加价值分析

上海体育科技创新平台将为体育企业提供高品质的社会关系，增强企业的社会网络；为企业提供获取体育创新创业资源，扩大体育企业之间的交流合作，为上海体育创新创业提供实际载体与共享平台，解决科技创新成果落地前的困难期与创新想法萌发期的困境。

体育强则国强，体育科技创新平台为竞技运动提供最新科技运动装备，对赛事成绩影响是最直接的。同时为群众提供科学有效的方式方法以提高全民身体素质而获得社会效益。最终目标是使上海体育产业发展成为一个具有独特魅力的国际级产业基地，形成一种充满活力的体育生态系统。

五、上海体育科技创新平台建设的优劣分析

（一）优势分析

上海是国内体育基础设施最为完善的城市之一，配套服务完善，体育产业附加值日益显著。上海体育产业需求庞大，体育人口基数较高，体育人才资源充沛。上海公共基础建设扎实，公共科技服务平台建设完善。海外文化与国内文化形成文化对流效益明显，对科技创新有一定的推动力。

（二）劣势分析

体育科技创新平台的建设是新时代的新任务，无历史经验，一切需要摸着石头过河。上海科技基础条件的优化和重整的效益，决定上海体育科技创新平台建设的质量。上海体育市场的基础条件已经基本完备，但体育市场规模和质量有待提高，上海体育科技创新缺少科学规划，体育资源配置中市场活力不足。体育中小微企业数量较多，体育地位不明朗，定位不准确，创新率较低，科技创新发展动力和产业竞争力不足。体育高校与研究所或实验室的科学研究偏学术性和理论性，科技创新性和应用性较差，研究与社会需求脱节，科技成果转化率低，创新产出与创新投入失衡。

六、对策与建议

（一）成立上海体育科技创新领导小组

习近平总书记关于新时代体育发展的一系列重要论述，是做大做强体育事业的行动指南。要把建设上海体育科技创新平台作为贯彻总书记要求的重要措施，建议成立上海体育科技创新领导小组，建立政府部门联席会议，加强上海体育科技创新管理和支持政策。

（二）建设上海体育科技创新平台联合体

组织科技和体育专家进行顶层设计，发挥高校、研究所和企业作用，把上

海体育科技创新平台分成基础条件共享平台、知识创新平台、体育科技创新创业服务平台、体育企业技术研发平台、体育产业技术服务研发平台五个子平台，不同主体承担不同平台的工作责任，共享创新成果。

（三）成立上海体育科技创新平台发展基金

建设上海体育科技创新平台需要大量资金支持，需要集中政府、企业和社会的支持资金和运用多渠道融资手段，尽快启动平台各项工作。

（四）出台支持上海体育科技创新研究人才和奖励办法

体育科技创新研究是一个新兴的研究，跨专业人才匮乏，如何组建一支有全球竞争力的人才团队，事关平台建设的成败。对特殊稀缺人才的引进和跨专业人才培养必须有特殊政策和支持手段。重大创新研究的突破成果奖励要有吸引力，才能吸引人才流入。

（五）确定上海体育科技创新平台的物理空间和虚拟空间

为使上海体育科技创新平台成为上海科技创新驱动的主要支持力量，确定上海体育科技创新平台的物理空间的选址尤其重要。崇明区承担两个全国体育特色小镇的建设任务，而且崇明的地理、生态和体育产业发展优势突出，陈家镇自行车特色小镇也急切需要有科技引领的市级项目带动体育产业升级；同时张江高科技园的分部——智慧岛科技园有四幢大楼已经结构封顶，智慧岛也急需新的创新基地和平台落户。因此，崇明有条件成为上海体育科技创新平台的最佳物理空间承载地。

上海体育科技创新平台建设应该充分激发和运用现有的科技创新资源，如上海体育学院、崇明体育训练基地、上海体育科学研究所、复旦大学、上海交通大学、同济大学、华东师范大学等机构的科研人才和创新资源以及上海张江高科技园区的科技平台资源，以科技创新带动上海体育供给侧结构的优化和升级。运用新技术、新工艺和“互联网＋”促进多业态融合，提升传统体育产品与服务。以网络化、数字化、绿色化、智能化等为抓手，培养和组建一批研发机构。紧密结合科技创新发展新模式，打造一批上海体育科技新产业和新业态，推动体育“双创”发展，为全国提供体育创新和体育产业发展的经典案例。

参考文献

[1] 新华网. 党的十八大报告[EB/OL]. 学习出版社，2012

[2] 国务院. 关于印发“十三五”国家科技创新规划的通知（国发〔2016〕43 号）[EB/OL]. 中央政府门户网站，2016

[3] 国家体育总局. 体育发展十三五规划[EB/OL]. 中央政府门户网站，2016

[4] 国务院. 关于印发上海系统推进全面创新改革试验加快建设具有全球影响力科技创新中心方案的通知（国发〔2016〕3 号）[DB/OL]. 中央政府门户网，2016

[5] 习近平. 为建设世界科技强国而奋斗[N]. 人民日报，2016

[6] 国家体育总局. 关于推动运动休闲特色小镇建设工作的通知[EB/OL]. 中央政府门户网站，2017

[7] 任远. 我国体育产业科技创新路径研究[D]. 华东师范大学，2012

[8] Cooke P. Urange M. Etxebarria G. Regional Innovation Systems：Institutional and organizational dimension [J]. Research Policy，1997

[9] Nieolas B. Kara G. Building an innovation platform [J]. European Business Forum，2007

[10] Hick D，Sylan K. Science policy for a highly collaborative science system [J]. Science and public policy，2009

[11] Jacque line Z，Anne Z. Identifying indicators of laboratory management performance：a multiple constituency approach [J]. Health care management review，2010

[12] Maura M，Rodney M. High tech start-up in University Science Park incubators：the relationship between the start-up's lifecycle progression and use of the incubator's resources [J]. Technovation，2012

[13] Ashcimli. T，Boschma R，Cooke P. Constructing regional advantage：platform policies based on related variety and differentiated knowledge bases [J]. Regional Studies，2013

[14] Asheim M D，Elola A. The strength of science and technology drivers for SME innovation [J]. Small Business Economics，2015

[15] James De Winter. Secrets of Sport：The Technology That Makes Champions [J]. 2009

[16] Aaron Smith Hans Westerbeek. The Sport Business Future [J]. 2004

[17] Stewart Ross. Higher，Further：Is Technology Improving Sport [J]. 2008

[18] 贾康. 供给侧改革与科技创新[N]. 华夏时报，2016

上海游泳场所游泳者安全风险管理研究

沈　伟　吉　宏　陈　雷*

随着经济社会快速发展，广大市民的文体生活日益丰富，正朝着多样化、健身强体的方向发展。游泳既是竞技体育项目，也是群众性、大众化的强身项目。游泳活动能够改善和提高心血管系统的功能、预防疾病、康复治疗、培养意志品质，深受社会大众的欢迎。

安全是体育休闲健康发展的基础，随着人们对体育经营活动安全管理认识的不断深化和标准化意识的不断提高，标准化作为体育经营活动实现规范化、秩序化发展的技术手段，逐渐受到政府和社会的关注和重视。高危险性体育项目符合国家标准的体育设施作为经营许可条件，是发挥标准化技术支撑作用的具体体现。国务院《全民健身条例》明确规定，经营高危险性体育项目应当经体育主管部门批准。2013 年 2 月 21 日，国家体育总局第 17 号令公布了《经营高危险性体育项目许可管理办法》，贯彻落实法律法规关于经营高危险性体育项目管理的要求，积极推动全民健身事业和体育市场健康发展。

为了规范高危险性体育项目经营活动，保障群众健身安全，完善公共体育设施建设运营管理模式，促进公共体育设施向社会开放，推动体育服务监管方式创新，提高社会管理和公共服务水平，自 2013 年 6 月 1 日起，上海市体育局制定的《上海市高危险性体育项目（游泳）经营许可实施办法》施行。经营游泳项目，应当具备下列条件：一是游泳场所、救生设施、救生器材等设施符合国家有关标准(GB19079.1－2003)，消毒剂检测装备、储存场所及设施符合有关

* 本文作者单位：沈伟，上海交通大学；吉宏，上海市青少年训练管理中心；陈雷，上海交通大学。
立项编号：TYSKYJ2018022。

规定；二是应当配备符合国家标准（GB19079.1－2003）数量要求、具有国家职业资格的、年度审核注册合格证的救生员，配备一定数量的水质处理人员、医务人员、安全保卫人员等。从业人员，举办游泳技能培训班的还应当配备符合标准数量要求、具有国家职业资格的、年度审核注册合格证的教练员；救生人员配备标准：水面面积在 250 m^2 以下的人工游泳池，至少配备 2 名固定救生员；在 250 m^2 以上的，按每增加 250 m^2 及以内，增加 1 人的比例配备固定救生员，至少设有 1 名流动救生员；三是具有安全生产岗位责任制，溺水抢救操作规程，消毒剂泄漏、中毒和溺水等突发事件应急救援预案，游泳设施、设备、器材安全检查等安全保障制度和措施；四是法律、法规规定的其他条件。为此，通过游泳场所经营许可实施办法的制定，明确游泳场所休闲功能的基本内涵和必需要素，确定对游泳场所休闲供给和服务等方面的要求，提高游泳场所服务意识、管理水平和规范化程度。

同时，建立和推广以高危险性体育项目（游泳）为重点的体育休闲服务与管理标准体系，可以突出体育休闲功能，明确体育休闲的发展方向，完善统筹配套，加强公共管理与服务，优化产业结构，促进产业发展。

本课题通过对上海游泳场所游泳者的安全风险的实证调查，用风险管理理论，找出游泳者在游泳过程中实际存在或可能存在的安全隐患问题。借鉴国内外同行相关研究成果，拟找出上海游泳场所游泳者在游泳中安全风险根源，采用识别、评估的方法去规避和应对，从而降低安全事故发生概率，以利于游泳场所对外开放工作朝着安全、有序、规范的方向发展。同时，提出上海游泳场馆游泳者安全风险应对的措施和安全防范风险合理化建议，为体育行政主管部门依法依规进行事中、事后监管提供科学依据。

一、上海游泳场所游客溺死事故发生的现状分析

游泳场所是指本市各区社会体育指导科（中心），依照《上海市高危险性体育项目（游泳）经营许可实施办法》的申报流程和要求，通过验收确认发放经营性高危体育项目（游泳）许可证后的对外开放游泳场所。溺死俗称淹死，指因大量液体被吸入呼吸道和肺泡，影响气体交换而引起的窒息死亡。多由于游泳者自身原因产生溺水事故，导致溺死。

上海夏季游泳场所开放时间一般为 7 月 1 日至 8 月 31 日。2018 年全市已有 823 家游泳场所经过审核，取得高危体育项目（游泳）许可证对外向市民

开放。上海游泳场所开放管理联席会议成员单位作为管理主体，各司其职，密切配合，加大管理和联合监督力度，以安全开放为首位，全面落实各项法规文件要求，提升游泳场所精细化服务水平，落实各项监督管理服务制度，积极开展安全开放管理专项检查，引导和规范游泳场所安全、卫生、文明、和谐开放，保障市民游泳健身权益。夏季游泳场所开放工作经历较长时间的高温期，游客人数相对众多且比较集中，溺死事故不断发生，带来更多安全风险。所以，游泳场所对外开放工作的管理具有长期性、复杂性和不确定性。

根据近11年来对上海市游泳场所发生游客溺死事故原因报告的统计（表1），除了2015年、2018年夏季对外开放游泳场所没有发生游客溺死事故以外，其余的年份都发生了溺死事故。另外，在发生的38起溺水事故中可以看到，各个年龄层次、不分男女老少均有发生溺死事故。其中，游客自身疾病引发的猝死16起，占42.11%，其余游客溺死事故22起，占57.89%。游泳救生员工作责任心不强、思想不集中、观察水域经验不足；游客对自己的身体状况不了解，或有的是经常参加游泳活动，知道自己患有心血管疾病，认为可以通过游泳锻炼来控制或缓解的，思想上麻痹大意；有些游客由于身体疲劳，没有注意休息和睡眠，引起疾病的诱发，导致猝死；有的游客游泳技术水平不高，造成溺水事故；还有的儿童或青少年由于家长监护不力，疏于管控，继而引发溺水事故；游泳场所负责人不重视安全工作，管理混乱，没有规章制度或规章制度形同虚设，根本没有把安全工作摆在首要位置，追求经济利益的最大化……基于上述原因，游客溺死事故连续不断，给家庭和社会带来不稳定因素。

表1　近11年来上海夏季对外开放游泳场馆发生溺死事故的主要原因

年　份	溺死者		引起溺死原因			
	性别	年龄	救生员	救生负责人	游泳场所	游客疾病
2008年	男	10岁	漏看	职责不落实	管理混乱	
2008年	男	72岁	漏看	职责不落实		
2008年	男	19岁	漏看			
2009年	女	33岁	漏看			猝死
2009年	男	39岁				猝死
2009年	男	28岁				猝死
2009年	男	57岁				猝死

续 表

年 份	溺死者		引起溺死原因			
	性别	年龄	救生员	救生负责人	游泳场所	游客疾病
2010年	男	65岁	漏看	职责不落实	管理混乱	
2010年	男	16岁	漏看	职责不落实	管理混乱	
2010年	男	59岁				猝死
2010年	男	27岁	漏看		管理混乱	
2011年	男	54岁	漏看	职责不落实	管理混乱	
2011年	女	66岁	漏看			猝死
2011年	女	71岁	漏看	职责不落实	管理混乱	
2011年	男	55岁				猝死
2011年	女	60岁	漏看	职责不落实		
2011年	男	39岁				猝死
2011年	男	66岁				猝死
2011年	男	9岁	漏看			
2012年	男	75岁				猝死
2012年	男	49岁				猝死
2012年	男	34岁	漏看	职责不落实		
2012年	男	6岁	漏看	职责不落实		
2013年	男	74岁				猝死
2013年	男	73岁				猝死
2014年	男	54岁	漏看	职责不落实		
2014年	男	25岁	漏看	职责不落实		
2014年	男	65岁	漏看	职责不落实	管理混乱	
2014年	男	62岁	漏看	职责不落实		
2014年	男	8岁	漏看			
2016年	男	13岁	漏看	职责不落实		
2017年	男	46岁				猝死
2017年	女	26岁				
2017年	女	22岁	漏看	职责不落实	管理混乱	

续　表

年　份	溺死者		引起溺死原因			
	性别	年龄	救生员	救生负责人	游泳场所	游客疾病
2017年	男	69岁				猝死
2017年	男	70岁				猝死
2017年	男	69岁	漏看	职责不落实	管理混乱	
2017年	男	29岁	漏看			

二、上海游泳场所游客溺死事故发生的风险识别

（一）上海游泳场所游客溺死事故发生风险源

风险种类是指那些可能对游客产生负面影响的风险源，为了深入全面地认识风险，并有效地管控，有必要将风险进行分类。按风险来源，我们将游泳场所游客溺死风险划分为游泳救生员、游客、游泳场所管理包括游泳救生负责人、游泳场所环境安全标志等四个方面。游泳救生员风险主要是职业道德风险、施救技术风险和认知态度风险；游客风险主要是健康风险、游泳技术风险和自我保护风险；救生负责人风险主要是代表游泳场所管理的风险以及游泳场所整体管理的风险；游泳场所环境风险是指安全标志，即警示牌、告示牌和须知牌。

（二）上海游泳场所游客溺死事故发生的风险识别方法

本课题研究主要采用列表排序法，它采用逐项评分的方法来量化游泳场所风险大小，即事先确定评估标准，然后由游泳救生员对识别的风险发生的可能性、严重性和可控性等指标逐一进行打分，即3个分值相乘，得出不同风险的风险量(Rv)。风险量值越高，表示风险越大。其风险量(Rv)计算公式是：

$$R\mathrm{v}=P\cdot S\cdot C$$

式中，P 为风险发生的可能性，S 为风险发生的严重性，C 为风险发生的可控性。风险评估采用5级评判（表2，表3，表4），对上海游泳场所游客溺死事故发生的风险进行评估。

表2　上海游泳场所风险发生的可能性程度

风险发生的可能性				
根本不可能	不可能	有点可能	比较有可能	非常有可能
1	2	3	4	5

表3　上海游泳场所风险发生的严重性程度

风险发生的严重性				
没有影响	不严重	不太严重	比较严重	非常严重
1	2	3	4	5

表4　上海游泳场所风险发生的可控性程度

风险发生的可控性				
很容易控制	较易控制	控制有难度	控制难度很大	不能控制
1	2	3	4	5

（三）上海游泳场所游客溺死事故发生的风险检查项目

在确定了游泳场所游客溺死事故发生风险项目后，采用问卷调查法让游客、游泳救生员和游泳救生负责人对游泳活动风险项目进行筛选。从游泳救生员、游客、游泳救生负责人三类对象进行分析、归类、整理，找出游泳场所游客在游泳过程中溺死事故发生的原因检查条目（表5）。

表5　《上海市游泳场所游客溺死事故发生的风险检查表》条目基本情况

风险源	风险种类	风险项
游泳救生员	职业道德	不爱岗敬业
		不服从指挥
		不团结互助
		不执行规章制度
		不文明礼貌
		不爱岗敬业

续 表

风险源	风险种类	风险项
游泳救生员	救生技术	不明确观察区域
		不熟练赴救技术
		不掌握心肺复苏
	认知态度	工作强度过大
		心理压力较重
		上岗注意力不集中
		人际关系复杂
		工作环境较差
		领导关心不够
游客	健康状况	身体状况异常
		对自己的疾病不了解
	游泳技术	掌握游泳技术不熟练
		在游泳时潜泳
	自我保护	游客人数拥挤
		水质不干净
		没有注意安全警示牌
		游泳前吃食物
		发生危险时求救救生员
		游泳前不做准备活动
游泳场所管理	规章制度	救生员公告栏
		医务人员岗位职责
		水质人员岗位职责
		工作人员岗位职责
		游泳池负责人岗位职责
		救生员负责人岗位职责
	游泳救生负责人	救生员岗位职责区划分
		现场应急抢救预案

续　表

风险源	风险种类	风险项
游泳场所环境	警示牌	禁止跳水
		禁止奔跑、戏水打斗
		禁止潜泳
		浅水区、深水区
	告示牌	游泳场所示意图
		救生员岗位值班图
		救生器材标志牌
		各工作室标志
		水温
		pH 值
	须知牌	游泳者须知
		游泳安全须知
		紧急抢救程序须知

（四）上海游泳场所游客溺死事故发生识别问题讨论

上海游泳场所游客溺死事故发生的风险识别与其他高危项目活动的风险识别面临问题一样，就是保证风险识别的可靠性。游泳活动的风险识别是一个复杂、交织、动态的系统。

本课题编制的《上海市游泳场所游客溺死事故发生的风险检查表》目的是为了运用于游客在开展游泳活动的风险识别，帮助游泳救生员在实际观察水域和游泳场所管理者、游泳救生负责人对可能出现的溺水问题有一个较为正确的判断和提前的预测。其次，《上海市游泳场所游客溺死事故发生的风险检查表》作为风险识别的重要工具，不仅有助于游泳救生员在值岗中，及时观察游客的游泳活动，而且有利于对发生安全问题的归因分析，作出客观评价，进而有针对性地提出风险应对的措施和合理化建议。

三、上海游泳场所游客溺死风险评估结果

（一）上海游泳场所游泳救生员风险评估结果分析

游泳救生员是指对外开放的游泳场所中对游泳者的安全进行有效的观察和防护，并对溺水者进行赴救和在医务人员到来之前进行现场急救的人员。他们是游泳场所内的安全卫士，担负着保护生命角色。然而，游泳运动是一项高危的体育项目，游客的安全问题始终难以得到彻底有效解决。所以，每年游泳场所都会发生游客溺水事故，游泳救生员工作的重要性日趋凸显。

从表 6 中可以看出：在游泳救生员认知态度风险类别内，排在第一位的“上岗注意力不集中”选项风险较大，其次为救生技术风险类别内的“不明确观察区域”，按照行业协会要求，应明确观察自己负责的水域，做到主责区和次责区划分明确；在职业道德风险选项上“不爱岗敬业”排在第三位；排在第四位的救生技术风险类别内的现场急救的“心肺复苏”技术最为重要，一旦出现溺水事故，就要争分夺秒，及时进行心肺复苏术。

在游泳救生员风险全因素总排序中可以看出：“上岗注意力不集中”“不明确观察区域”“不爱岗敬业”分别排列前三位，这说明游泳救生员上岗思想不重视、观察水域不明确是造成溺水事故的主要风险来源。

表 6　上海游泳场所游泳救生员风险评估结果

	风 险 因 素	风险量	类内排序	全因素总排序
职业道德风险	不爱岗敬业	50.49	1	3
	不服从指挥	30.11	3	11
	不团结互助	29.08	4	12
	不执行规章制度	42.89	2	5
	不文明礼貌	17.57	5	14
救生技术风险	不明确观察区域	51.14	1	2
	不熟练赴救技术	41.18	3	7
	不掌握心肺复苏	48.63	2	4

续 表

	风 险 因 素	风险量	类内排序	全因素总排序
认知态度风险	工作强度过大	41.45	2	6
	心理压力较重	19.49	6	13
	上岗注意力不集中	57.23	1	1
	人际关系复杂	35.62	4	9
	工作环境较差	32.34	5	10
	领导关心不够	37.77	3	8

(二) 上海游泳场所游客溺死风险评估结果分析

游泳场所的游泳者通常以锻炼身体为目的和以休闲娱乐为目的。以锻炼身体为目的游客通过长距离、长时间不间断的游泳来达到强身健体;以休闲娱乐为目的游客通过家庭、同学、朋友聚集等来达到戏水、避暑、消遣。随着游泳场馆大量修建和投入使用,参与游泳者的人数倍增,安全风险日趋严重。一旦现场危险发生,临场急救迫在眉睫。

从表7中可以看出:在游泳技术风险选项中,“掌握游泳技术不熟练”风险程度较高,自己认为如果游泳技术水平不好溺水风险就会增大;在游泳者对自己身体健康状况风险类别中,“身体状况异常”风险排列较高,认为自己身体感觉异常,如果去游泳会出现意外事故的机会加大,其次,一些中青年群体对自身是否有疾病缺乏了解,认为自己身体状况良好,忽视潜在的病因,从而导致溺水事故的发生;在游泳者自我保护意识风险选项中,“游泳前吃食物”会导致潜在的风险,部分游泳者认为“游泳前不做准备活动”容易引起抽筋等,造成伤害甚至溺水。

表7 上海游泳场所游客溺死风险评估结果

	风 险 因 素	风险量	类内排序	全因素总排序
健康状况风险	身体状况异常	54.30	1	2
	对自己的疾病不了解	52.67	2	3
游泳技术风险	掌握游泳技术不熟练	57.09	1	1
	在游泳时潜泳	38.51	2	8

续　表

	风 险 因 素	风险量	类内排序	全因素总排序
自我保护风险	游客人数拥挤	29.27	6	10
	水质不干净	43.27	4	7
	没有注意安全警示牌	31.34	5	9
	游泳前吃食物	50.13	1	4
	发生危险时求救救生员	44.75	3	6
	游泳前不做准备活动	47.62	2	5

（三）上海游泳场所管理风险评估结果分析

规章制度是体现企业与劳动者在共同劳动工作中所必须遵守的劳动行为规范的总和。游泳场所依法制定规章制度是规范游泳池运行和行使权力的重要方式之一。但实践中还有些游泳场所并未对此予以重视，认为反正有国家法律、法规，出了事按国家法律、法规处理就行。俗话说："不成规矩，何以成方圆。"规范管理，能使游泳场所经营有序，增强游泳场所的竞争实力。游泳场所管理包括游泳救生负责人的管理工作。它是游泳池救生工作中很重要的一个环节。

从表8中可以看出：在游泳救生负责人风险选项中，"救生员岗位职责区划分"程度较高；排在第二位是"现场应急抢救预案"；排在第三位的是"救生员负责人岗位职责"。可见，管理制度的建立和落实，是游泳救生工作的重中之重。

表8　上海游泳场所管理风险评估结果

	风 险 因 素	风险量	类内排序	全因素总排序
规章制度风险	救生员公告栏	48.41	3	4
	医务人员岗位职责	46.97	5	5
	水质人员岗位职责	32.52	4	8
	工作人员岗位职责	37.28	6	7
	游泳池负责人岗位职责	41.31	2	6
	救生员负责人岗位职责	48.51	1	3

续 表

	风 险 因 素	风险量	类内排序	全因素总排序
游泳救生负责人风险	救生员岗位职责区划分	54.43	1	1
	现场应急抢救预案	51.76	2	2

(四)上海游泳场所环境安全标志风险评估结果分析

安全标志是向游客警示游泳池及周围环境的危险状况,指导游客采取合理行为。安全标志能够提醒游客预防危险,从而避免事故发生。游泳场所的安全标志不仅类型要与所警示的内容相吻合,而且设置位置要正确合理,否则就难以真正充分发挥其警示作用。

从表9中可以看出:游泳者对于“警示牌”的关注度相对比较高;有的游客明明知道游泳池内不能跳水的,却不顾救生员的劝阻,连续违规。有的游泳场所设置进入游泳池的通道不合理,游客从消毒脚池出口直接进入深水区,造成安全隐患。

表9 上海游泳场所环境安全标志风险评估结果

	风 险 因 素	风险量	类内排序	全因素总排序
警示牌	禁止跳水	54.43	2	2
	禁止奔跑、戏水打斗	45.43	3	7
	禁止潜泳	57.25	1	1
	浅水区、深水区	51.65	4	3
告示牌	游泳场所示意图	32.21	1	10
	救生员岗位值班图	48.79	2	5
	救生器材标志牌	47.36	3	6
	各工作室标志	23.21	6	13
	水温	26.77	5	12
	pH值	28.26	4	11
须知牌	游泳者须知	44.34	2	8
	游泳安全须知	32.44	3	9
	紧急抢救程序须知	50.45	1	4

四、上海游泳场所游客溺死的风险应对理论分析

风险应对是指在确定了决策的主体经营活动中存在的风险并分析出风险概率及其风险影响程度的基础上，根据风险性质和决策主体对风险的承受能力而制定的回避、承受、降低或者分担风险等相应防范计划。制定风险应对策略主要考虑四个方面的因素：可规避性、可转移性、可缓解性、可接受性。而应对风险的措施有四种：规避风险、接受风险、降低风险和分担风险。

游泳场所在管理游客游泳过程中，应该识别所有可能存在的溺水机会，从主体范围或组合的角度去认识风险，以确定总体剩余风险是否在主体的风险容量之内。因此，游泳场所针对风险类型采取应对措施是对游客溺死风险防范体系的重要内容。同时游客风险的防范、转移特殊性建立一种管理策略，并用它来制定一整套计划，去控制游泳者的活动风险。

（一）上海游泳场所游客溺死的风险防范措施

1. 完善安全管理制度、职责到位

首先，体育行政主管部门要对游泳场所落实安全管理责任，实行严格的游泳池池主任岗位责任制，签订责任书。凡因责任不落实、措施不到位、工作失职而发生溺死事故的，将依法依规从严追究有关人员的责任。

其次，制定《游泳场所安全责任管理标准》《游泳场所安全责任检查制度》《游泳场所安全责任考核标准》等一系列文件管理制度，并逐级落实和完善安全责任、规范游泳救生负责人的管理行为和游泳救生员的安全作业行为，真正体现安全工作全流程、全方位的管理。要进一步严明职业纪律，切实加强职业道德教育，要加强游泳救生员队伍的教育和管理。

再次，制度到岗，责任到人，落实到位。要让每位游泳救生员明确岗位职责和安全管理中的位置，提高游泳救生员的主人翁思想，将责任真正落到实处。

2. 增强游泳救生员的责任心

由于目前培养出来的游泳救生员的专业技能水平参差不齐，有些救生员表现为综合文化素质偏低。其中一部分年龄较大的游泳救生员，大多数来自某些单位离职职工，他们从事游泳救生工作只是寻求一份职业而已；一

些年轻的游泳救生员则多属文化水平偏低，他们虽在从事游泳救生员的工作，但多数对枯燥的游泳救生思想不稳定，工作缺乏热情，责任心不强。要加强游泳救生员的职业道德教育，要细化职业观念、职业态度、职业技能、职业纪律作风等方面的行为标准和要求，树立典型，学习先进，使救生员从先进模范人物的事迹和品质中受到教育和鼓舞，从而建立起良好的职业道德，并且在管理、考核、奖惩制度中，要把救生员遵守职业道德的情况作为重要内容。制定职业道德的考核办法，从制度上强化救生员的职业道德意识，通过制度的约束和经常性教育，使救生员逐步养成良好的职业习惯，全身心地投到本职工作中去。

3. 提高游泳救生员队伍业务水平

游泳场所要加强游泳救生员的队伍建设，定期或不定期进行救生员培训，培养和提高救生员专业知识和技能。增强救生员队伍协作能力，让整个团队的工作效率保持较高水平，多组织一些团队活动可以提升团队间的合作精神。要重视救生员队伍文化建设，让团队各自成员间的凝聚力、协同作战能力有效发挥。

4. 加大游客的安全教育力度

各级体育行政主管部门要充分认识抓好游泳安全教育工作的重要性和必要性，以对群众安全高度负责的态度，增强责任感和紧迫感，深入开展宣传安全知识教育，进一步增强群众的安全意识，提高游客自我保护能力。其次，游泳场所也要对游客进行安全教育。游泳场所游客溺死事故，大多是因为游客安全意识薄弱、缺乏安全常识、自救措施不当而引发的。可通过举办图片展、观看安全教育录像、组织安全知识讲座、墙报、挂横幅、警示牌等各种形式，引导游客牢固树立安全意识，从根本上预防和减少意外溺死事故的发生。

（二）上海游泳场所游客溺死的风险转移保险措施

溺水事故的发生往往对于家庭是一个沉重打击。风险转移的方法客观上可以减少溺死家庭的矛盾和纠纷，也减轻了游泳场所经营者单位的经济负担。风险转移的方法种类很多，如可采用保险方法，通过专门保险机构，依照有关法律和规定签订保险合同。当溺死事故发生后，可以获得保险理赔，使游泳场所经营者的正常经营得到保障，不至于因事故纠纷及债务问题而陷入困境或倒闭，也维护了消费者的合法权益。

参考文献

[1] 朱从彬. 成都市武侯区游泳场馆安全保障措施现状调查研究[D]. 成都体育学院,2014

[2] 黄毅. 游泳池安全管理刍议[J]. 内江科技,2011

[3] 寇健忠. 福建省游泳场馆游泳者风险管理问题研究[J]. 洛阳师范学院学报,2011

[4] 樊维,廖品松. 游泳事故的分类与预防[J]. 成都体育学院学报,1999

[5] 陈文华. 厦门市游泳场馆行业保险的现状调查与分析[D]. 集美大学,2014

[6] 赵立祥,刘婷婷. 海因里希事故因果连锁理论模型及其应用[J]. 经济论坛,2009

[7] 刘钧,徐晓华,刘文敬. 风险管理概论[M]. 3 版. 清华大学出版社,2013

[8] 邱菀华. 现代项目风险管理方法与实践[M]. 科学出版社,2003

[9] 周强,戴艳,温光清,汪建刚. 日本高危险性体育项目安全管理特征及启示——以游泳池为例[J]. 当代体育科技,2014

[10] 陈毅清,余笃玄. 安徽省大众游泳的管理制度及公共安全服务研究[J]. 黄山学院学报,2016

[11] 张帆. 太原市游泳场馆游泳安全保障现状的分析研究[D]. 山西大学,2012

[12] 田浩. 湖南省游泳救生员培养现状与对策分析[D]. 湖南科技大学,2013

[13] 周强,戴艳,温光清,汪建刚. 日本高危险性体育项目安全管理特征及启示——以游泳池为例[J]. 当代体育科技,2014

[14] 樊维,廖品松. 游泳事故的分类与预防[J]. 成都体育学院学报,1999

[15] 宋旭. 经营性游泳池的安全管理[J]. 安徽体育科技,2008

[16] 框架课题组. 全面风险管理理论与实务[M]. 中国时代经济出版社,2008

[17] 张新. 北京市大众游泳培训班教学安全影响因素与对策[D]. 北京体育大学,2012

[18] 顾孟迪,雷鹏. 风险管理[M]. 清华大学出版社,2005

[19] 龚文全. 浅论体育活动的安全问题及其风险防范[J]. 知识经济,2008

[20] 张雯雯. 对我国体育赞助企业行为的风险识别与风险管理策略的研究[D]. 首都体育学院,2008

[21] 叶新新. 温州市大众游泳健身市场运行状况及其影响因素的研究[D]. 北京体育大学,2005

人口结构转变下的上海体育发展战略研究

马德浩*

生活在特定社会制度与地域，具有一定数量的人的总数叫作人口。数量与结构是反映人口变化的两个基本侧面。其中，人口结构是生成性因素，决定着人口发展的未来走向。根据人口学理论，人口结构可分为年龄结构、性别结构、家庭结构、阶层结构、空间结构等。进入新世纪后，“低生育陷阱”“深度老龄化”“出生性别比失衡”“四二一家庭结构”“丁字形阶层结构”逐渐成为我国大众传媒的关注热点，这其实是人口结构发生深刻变化的写照。

党的十八大以来，国家连续对生育政策进行了两次大的调整：一次是党的十八届三中全会提出的“单独二孩”政策；另一次是党的十八届五中全会提出的“全面二孩”政策，反映出了国家对人口可持续发展的高度重视。党的十九大也强调：“要促进生育政策和相关经济社会政策配套衔接，加强人口发展战略研究。”体育发展的主体是人，其价值导向是促进人更好的发展。所以，不管从发展主体的角度出发，还是从价值导向落脚点出发，上海体育均应把人口结构转变作为重要参考，制定出与其人口结构转变相契合的发展战略。

一、人口年龄结构转变与上海体育发展

（一）人口深度老龄化要求积极发挥体育的健康促进价值

2017 年，上海的老龄化率（即 65 岁及以上常住人口占全部常住人口的比

---

* 本文作者单位：华东师范大学。立项编号：TYSKYJ2018023。

例)为14.3%,已进入深度老龄化社会,是国内一线城市中最高的,在国际大城市中也属于较高水平(图1)。上海的老龄化呈现出两个明显特点:一是规模大,二是增速快。2017年,上海65岁及以上常住人口数量为345.78万人,新增65岁及以上常住人口数量为29.66万人。而2015年,上海新增65岁及以上常住人口数量仅为3.96万人,两者相差近7倍。据估算,上海65岁及以上常住人口数量将于2030年达到历史峰值(约为480万人),老龄化率也将达到19.2%。此外,上海80岁及以上高龄老人的数量也呈持续增多态势。据统计,上海2017年的80岁及以上高龄老人数量为82.77万人,相较于2015年,增加了3.39万人。

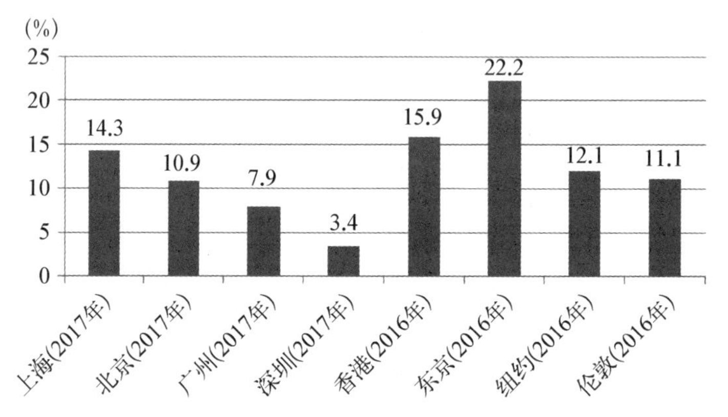

图1 上海与国内一线城市以及国际大城市老龄化率比较

资料来源:上海市统计局.上海人口老龄化现状和预判[Z].201。

人口老龄化带来的一个突出问题是老年抚养比(即老年人口与劳动年龄人口的比值)的增加。而老年抚养比增加又会导致养老金费用的增长,进而导致政府财政“吃紧”。此外,上海的疾病模式已完成了从以传染病和寄生虫病为主的模式向以慢性病和变性疾病为主的模式转变。比如在2016年,排在上海居民疾病死亡原因前四位的分别是循环系统疾病(占40.24%)、肿瘤(占30.74%)、呼吸系统疾病(占8.81%)、内分泌营养代谢病(占5.16%),均为慢性病或变性疾病,而传染病和寄生虫病仅为1%。与传染病和寄生虫病相比,慢性病和变性疾病的治疗周期更长,医治费用也更多。据统计,上海2015年的卫生总费用为1 536.6亿元,相较于2010年的751.99亿元,增长了1倍多。

事实上,人口老龄化已成为全球性难题。欧美发达国家在应对人口老龄化所带来的医疗负担和财政压力问题上,越来越重视对国民健康生活方式的干预，强调体育运动对健康生活方式养成的促进作用，其国民健康促进体系也正在由传统的以医疗保障为主的模式向医疗与体育并重的模式转变。

（二）青少年人口占比萎缩要求转变竞技体育后备人才培养模式

与上海人口深度老龄化相伴随的是青少年人口占比的萎缩，如图2所示，2004年，上海户籍人口中17岁及以下人口占比为12.5%，此后逐渐下降为2011年的10.3%。然后，受“单独二孩”“全面二孩”等生育政策调整的影响，呈现出缓慢上升的趋势，但仍低于2004年的占比。此外，据第六次全国人口普查数据显示，2010年，上海户籍人口中14岁及以下人口占比仅为8.6%，而全国的这一比例为18%，美国为20%，德国为14%，日本为13%。青少年人口占比的萎缩从刚性上制约着上海竞技体育后备人才的选拔与培养。据上海统计局的数据显示，2005年上海优秀运动员人数为1 248人，2015年该人数减少至766人，10年间缩减近半。

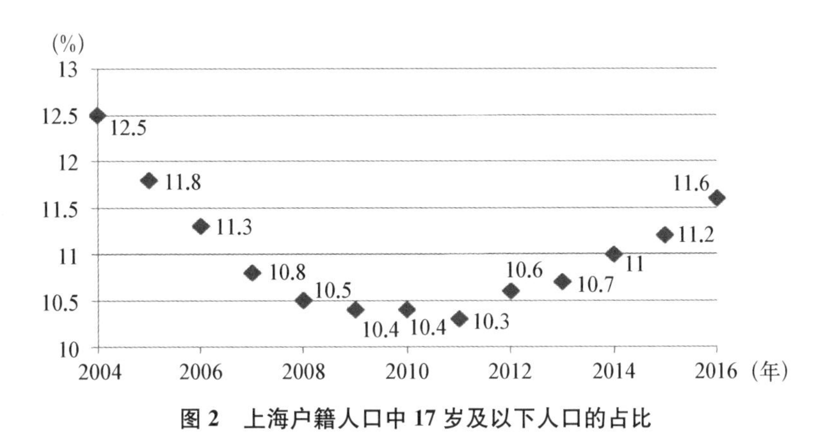

图2　上海户籍人口中17岁及以下人口的占比

资料来源：根据2005～2016年《上海统计年鉴》数据整理。

如表1所示，20世纪80年代以来，上海在全运会上的奖牌排名，也经历一个先升后降的过程。尤其是进入新世纪后，上海在全运会上的奖牌排名均未进入前三。虽然，走“少而精”路线，已成为上海竞技体育发展的共识，《上海市体育改革发展“十三五”规划》也强调“走精兵之路”。但需注意的是，青少年人口占比萎缩事实上也会制约“少而精”路线的实施，毕竟后备人才基数是制约运动项目可持续发展的刚性条件。

表1　20世纪80年代以来上海在全运会上取得的奖牌情况

届　次	金牌(枚)	银牌(枚)	铜牌(枚)	名　次
5	33	35	30	2
6	32	29	25	2
7	26	19	16	3
8	42	34	32	1
9	29.5	29.5	24.5	4
10	26	48	44.5	7
11	41	34	46.5	5
12	45	48	36.5	4
13	29	33	24	6

资料来源：根据历年《上海体育年鉴》数据整理。

此外，上海为了破解竞技体育后备人才基数萎缩的瓶颈，利用其自身的经济与区域优势，引进了不少外省籍运动员。比如，上海在第9届全运会取得的金牌中，有14%是由引进运动员取得的，而第10、第11届全运会的该比例分别为38%、36%。引进策略虽然短期内取得了一定成效，但也有较大弊端。比如，大量引进运动员会导致原有的竞技体育后备人才输送系统阻塞，削弱竞技体育后备人才学校培养运动员的积极性。同时，由于引进的运动员多来自经济欠发达省份，其受教育质量能否使其退役后在上海找到理想的工作，也是亟须关注的现实问题。再加上，随着广东、浙江、江苏、山东等经济强省对竞技体育的重视度逐步加强，其也出台了各种政策引进外省籍运动员，导致引进运动员的竞争日益加剧，引进成本也逐渐提高。所以，不管是基于运动项目竞技水平保持核心竞争力的视角，还是基于对引进运动员策略弊端反思的视角，上海均应把转变竞技体育后备人才培养方式作为破解后备人才基数萎缩难题的根本路径。

二、人口性别结构转变与上海体育发展

(一) 男性人口预期寿命相对偏低要求加强对其体育参与干预

从人口学上讲，决定一个地区人口数量的因素主要有两个：一是出生率，

二是死亡率。从表2可以看出，2008年之前，在上海户籍人口中，男性人口的数量整体要多于女性人口。而从2009年开始，女性人口的数量开始反超，并呈现出逐渐拉大的趋势。然而，2003～2013年，上海户籍人口的出生性别比(即每100名女婴对应的男婴数)平均在106～108之间，说明出生率并不是导致男性人口数量被女性人口反超的主要原因。进一步分析可以看出：2006～2016年，女性人口的预期寿命平均要高于男性人口4岁左右(表2)，说明死亡率才是导致男性人口数量被女性人口反超的主要原因。

表2　上海不同性别户籍人口数量及其预期寿命

年　份	男性人口数(万人)	女性人口数(万人)	男性人口预期寿命(岁)	女性人口预期寿命(岁)
2006	686.66	681.42	78.64	83.29
2007	691.08	687.78	78.87	83.29
2008	695.57	695.47	79.06	83.50
2009	699.25	701.45	79.42	84.06
2010	703.57	708.75	79.82	84.44
2011	706.37	712.99	80.23	84.80
2012	709.62	717.31	80.18	84.67
2013	711.93	720.41	80.19	84.79
2014	714.71	723.99	80.04	84.59
2015	716.37	726.60	80.47	85.09
2016	719.35	730.65	80.83	85.61

资料来源：根据2017年的《上海统计年鉴》数据整理。

导致男性人口预期寿命相对偏低的原因有很多，但主要致因是不良的生活方式，比如抽烟、酗酒、体力活动少等。而且，上海目前的疾病类型以不良生活方式引起的慢性病和变性疾病为主。科学研究已证明，经常参加体育锻炼能有效提升人体免疫力、改善心肺机能、降低血脂异常，从而减少慢性病和变性疾病的患病率。此外，经常参加体育锻炼也可以相对地挤压男性人口抽烟、酗酒以及长期久坐的时间，有助于其形成良好的生活方式。

然而据上海全民健身活动状况调查数据显示：2014年，上海20～59岁男

性人口中每周平均锻炼5次、6次、7次及以上频率的占比分别为8%、4.5%、10.6%，而相对应的女性人口占比为9.3%、5.1%、15%，说明在高频次体育锻炼的人口占比上，男性低于女性。如果将体育锻炼频次、时间和强度综合进行考虑的话，上海男性经常参加体育锻炼的人口占比为30.4%，低于女性人口1.8%。而且，在20～59岁不同性别人口的体育锻炼习惯中断率上，男性人口占比(11.1%)也高于女性人口(10.6%)。另据上海国民体质监测数据显示：2014年，上海男性人口体质综合评价优秀率和达标率分别为20.7%、94.8%，均低于相对应的女性人口比例(23.3%、96.9%)。尤其在与慢性病、变性疾病患病率高度相关的体重超重率与肥胖率上，成年男性人口的比例分别为40.1%、12.4%，而成年女性人口为24%、6.5%，差距均接近2倍。这需要引起政府部门的高度重视，加强对男性人口的体育参与干预。

(二) 出生性别比相对偏高要求重视女性竞技体育的可持续发展

在上文论述已讲到，2003～2013年，上海户籍人口的出生性别比平均在106～108之间，整体高于国际正常水平(103～107)。事实上，上海常住人口的出生性别比户籍人口还要高。据统计，2013年，上海常住人口的出生性别比为109.6，其中户籍人口为105.9、外来人口为114.4。为此，上海于2014年专门颁布了《关于极端重视和强化出生人口性别比综合整治的指导意见》，旨在控制出生人口性别比偏高的问题。如图3所示，出生性别比相对偏高，导致上海5～19岁常住人口中女性人口的占比相对偏低，并整体呈下降态势。

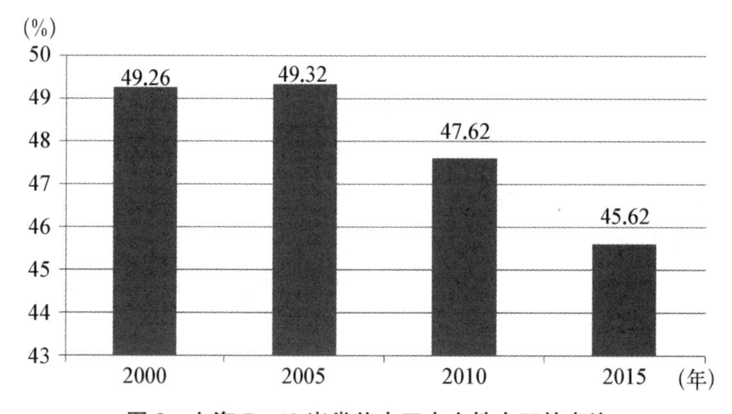

图3　上海5～19岁常住人口中女性人口的占比

资料来源：2005年、2015年全国1%人口抽查数据，2000年、2010年全国人口普查数据。

然而,5～19岁人口又是竞技体育后备人才选拔的重要基础。事实上,受5～19岁女性常住人口占比下降的影响,上海优秀运动员中女性运动员的占比也呈萎缩趋势。

据统计,2000年,上海优秀运动员中女性运动员的占比为44.7%,2005年缩减为42.9%,2015年缩减至32.5%。而从上海在第12届全运会上取得的奖牌分布来看,除去男女混合组队获取的奖牌外,男性运动员共荣获18枚金牌、20枚银牌、14枚铜牌,女性运动员共荣获19枚金牌、17枚银牌、16枚铜牌。在奖牌获得总数上,男女持平,但女性运动员获得的金牌数要略多于男性运动员,这也从侧面反映出女性运动员在上海竞技体育发展中的重要作用。从长远发展看,出生性别比相对偏高导致的5～19岁女性人口占比下降,势必会影响到女性竞技体育的可持续发展,这也要求政府部门采取相应举措,夯实、提高上海女性竞技体育目前的水平。

三、人口家庭结构转变与上海体育发展

(一) 家庭稳定性下降要求强化家庭体育的开展

家庭稳定性主要表现为两方面:一是代际内稳定性(主要指夫妻关系),二是代际间稳定性(主要指亲子关系)。受计划生育政策以及婚育理念转变的影响,上海家庭规模已从1978年的3.77人/户下降到2016年的2.68人/户,核心家庭(即由一对夫妇及未婚子女组成的家庭)已成为上海的主要家庭类型。上海家庭稳定性下降的首要表现是离婚率增加。从表3可以看出,2006～2016年,上海离婚案数在数量上增长了近2倍,离婚案数占结婚数的比例也翻了一番。家庭稳定性下降的另一表现是家庭暴力事件增加。据上海妇联统计,2013年、2014年、2015年分别受理家庭暴力咨询投诉事件282起、243起、440起,占当年所受理家庭婚姻类咨询投诉事件的比例为5.75%、6.44%、9.18%,呈逐年上升态势。需引起注意的是,在家庭暴力事件中,父母针对子女的暴力约占2%。

表3　上海结婚件数与离婚件数比较

年　份	结婚件数(万对)	离婚件数(万对)	离婚件数/结婚件数
2006	16.56	4.72	0.29
2007	12.01	4.69	0.39

续　表

年　份	结婚件数(万对)	离婚件数(万对)	离婚件数/结婚件数
2008	14.16	4.68	0.33
2009	14.99	4.83	0.32
2010	13.03	4.67	0.36
2011	14.89	4.78	0.32
2012	14.42	5.29	0.37
2013	14.95	6.96	0.47
2014	14.19	6.15	0.43
2015	14.18	6.66	0.47
2016	12.52	8.26	0.66

资料来源：根据2017年的《上海统计年鉴》数据整理。

另据调查：上海核心家庭的亲子沟通情况不容乐观，父亲经常与子女沟通的比例还不到20%。在沟通主动性方面也不甚理想，近20%的父母仅在亲子双方有需求时才进行沟通，且多利用吃饭时间进行沟通，专门抽出时间与子女谈心的占比较少。此外，有专家学者的调查研究也发现，上海初中生家庭在亲子关系上存在相当比例的内隐冲突，且父母与子女均未较好地掌握有效应对亲子冲突的策略。

2013年，在上海办理协议离婚的人群中，有44.23%是因感情不和而离婚，有26.8%是因感情破裂而离婚。事实上，随着新媒体的兴起，夫妻间的很大一部分闲暇时间被电影电视剧、微视频、电子游戏等娱乐方式占据，导致夫妻间情感交流的时间被压缩，容易出现感情不和，甚至破裂的情况。这就需要夫妻寻找可以增进交流的途径来加深情感，进而保持婚姻稳定性。而夫妻共同参与体育锻炼不仅有助于使其从电影电视剧、微视频、电子游戏等娱乐方式中走出来，拉近相互间的情感距离，还有助于促进夫妻身体健康，为家庭稳定打下健康之基。此外，夫妻与子女共同参与体育锻炼也有助于加强亲子交流，消除亲子隔阂，促进青少年体育锻炼习惯养成，强健其体魄。

故以家庭为单位开展的体育活动，相较于个体独自参加的体育活动，更具有多元的积极效应。而且，家庭作为社会的基本“细胞”，家庭稳定是社会和谐的基础，家庭健康也是“健康上海”的基础。

（二）空巢老人数量增多要求为其提供针对性的公共体育服务

与上海家庭类型核心化相伴随的是家庭的空巢化。《上海市老年群体生活质量调查分析》显示，2012 年，在上海居住满一年的 60 岁以上人群中，农村老人 54.3%为空巢家庭，城镇老人 49.5%为空巢家庭。该调查还显示：在与子女分开居住的老年群体中，85.1%的独居老人一个月以内能与子女见面，另有 7.7%的独居老人平均一年及以上才能与子女见一次面。在老年群体考虑最多的生活内容上，排在首位的是健康状况，其他依次为养老保障、经济负担、日常生活起居需要等。另外，老年群体对心理咨询也有一定需求，有 19.9%的老人表示很需要心理咨询，说明除了关心空巢老人的生活外，还应注意关心其心理状况。根据上海社科院的预测，随着独生子女一代的父母迈入老年，上海空巢老人的数量将进入一个快速增长期。

研究显示，25 岁以后，人体有氧适能每年会下降 8%～10%，而经常参与体育锻炼能够将有氧适能的降幅减少至 4%～5%。事实上，有氧适能的改善对老年人预防高血压、高血脂、糖尿病等慢性病有较积极的效果。另有研究显示，人体肌肉力量在 60～80 岁间每年降幅为 15%，80 岁以后每年降幅为 30%，而经常参与体育锻炼有助于减少肌肉力量的降幅。此外，经常参与体育锻炼对减缓老年人骨质流失，提高其免疫力也有良好效果。经常参与体育锻炼除了能促进老年人身体健康外，对改善老年人心理状况也有积极作用。

实证性研究显示，随着老年人体育锻炼参与水平的提高，其孤独感呈下降态势，幸福感则呈增加态势。另有研究表明，集体参与形式的体育锻炼能够拓展老年人的社交范围，增强其社会支持感知度，进而提升其生活满意度。所以，随着上海空巢老人数量的增多，要求政府部门要重视发挥体育参与在促进空巢老人身心健康上的积极作用。

四、人口阶层结构转变与上海体育发展

（一）橄榄型阶层结构日趋形成要求激活中等收入人群的体育消费牵引作用

从 1982～2015 年的上海常住人口职业分布情况看，机关企事业单位负责人、各类专业技术人员、办事人员和有关人员、商业服务业人员四类主要中等

收入人群的占比均呈逐年递增态势，而相应的生产运输设备操作人员、农林牧渔水利生产人员两类非中等收入人群的占比则呈逐年递减态势（表4）。从总体上讲，1982～2015年间，上海中等收入人群的占比已从28.5%增加至79.8%，阶层结构的形态也已从1982年的“土字形”逐渐转变为当前的“橄榄形”。另根据中国（海南）改革发展研究院的调查，当前我国中等收入群体比例大致为23%～25%。表明上海的中等收入人群占比已远超过全国平均水平，并达到了欧美发达国家该占比的平均水平（在70%～80%之间）。

表4 1982～2015年上海常住人口职业分布 单位：%

职 业	1982年	1990年	2000年	2010年	2015年
机关企事业单位负责人	3.2	3.7	3.4	5.3	8.3
各类专业技术人员	10.7	13.3	12.8	15.0	15.7
办事人员和有关人员	3.1	5.8	11.8	13.5	27.0
商业服务业人员	11.5	15.2	22.4	28.6	28.8
生产运输设备操作人员	47.7	50.4	38.2	34.6	18.2
农林牧渔水利生产人员	23.8	11.5	11.3	3.0	2.0

资料来源：除2015年数据来源于“特大城市居民生活状况调查”数据外，其他数据来源于全国人口普查数据。

此外，调查数据显示，在不同收入等级的人群中，消费倾向呈“倒U形”，即中等收入人群的消费倾向不仅高于低收入人群，且高于高收入人群，在国民消费中不仅处于主导地位，而且具有较强的牵引作用。2015年的“特大城市居民生活状况调查”结果也显示，上海中等收入人群具有较强的经济实力和消费欲望，其频繁地参与文化、娱乐和休闲消费，是文化休闲消费的引领者。体育消费作为文化休闲消费的一部分，也应当重视中等收入人群在体育消费上的牵引作用。

然而，从调查结果来看，上海中等收入人群从不参加健身活动的占比为31.1%，与非中等收入人群的该占比（37.2%）差异不大；中等收入人群经常参加健身活动（每周参加2～7次）的占比反而低于非中等收入人群。与此形成对比的是：中等收入人群更愿意去现场欣赏古典音乐或轻音乐的占比为23%，显著高于非中等收入人群（15%）。由此可见，中等收入人群在上海居民体育消费上的牵引作用尚未得到充分激活。

(二) 新社会阶层人口规模的壮大要求关注其体育参与情况

新社会阶层是伴随着改革开放进程形成的,其主要包括四类体制外知识分子,即私营企业和外资企业的管理人员和技术人员、社会组织从业人员、自由职业人员与新媒体从业人员。新社会阶层的共性特征包括:在体制外部门工作,大体位于社会中间阶层,受教育程度和总体素质较高,市场能力突出,职业流动性强等。中国综合社会调查数据显示,2013年,我国新社会阶层人口数量已占到总人口的5.05%。《2017年中国社会形势分析与预测》的数据显示,上海新社会阶层的人口占比已达到14.8%,高于同为一线城市的北京(8.4%)与广州(13.6%)。事实上,随着上海服务业占比的进一步提高,其新社会阶层人口的规模也将进一步扩大。

新社会阶层在吸纳社会就业、维护市场秩序、推动产业结构转型、提供公共服务等方面发挥着积极作用,是上海建设国际经济中心、金融中心、航运中心、贸易中心的重要力量。习近平总书记多次强调要加强对新社会阶层的关注,《中国共产党统一战线工作条例(试行)》中也指出:"新社会阶层是新时期统战工作的重要对象之一。"对于新社会阶层人口占比较高的上海而言,关注新社会阶层的需求及其身心健康状况,无疑是必要的。

调查数据显示,新社会阶层中,吸烟人群的占比为27.3%,喝酒人群的占比为29.91%,均高于社会平均水平(分别为24.99%和24.52%),也高于体制内人群(分别为23.21%和23.67%)。此外,新社会阶层的社会组织参与活跃度要明显低于体制内人群,其社会公益活动参与度也整体低于体制内群体。而且,新社会阶层在社会信任方面选择"一般""不信任""根本不信任"的占比总和高达70%,表明其社会信任度较低。

正如上文所讲的,经常参与体育锻炼不仅有助于形成健康的生活方式,促进人的身心健康,而且有助于增进交流,提升人与人之间的信任感。故关注新社会阶层的体育参与情况,促进其体育参与具有重要社会意义。

五、人口空间结构转变与上海体育发展

(一) 城乡居民收入差距拉大要求保障农村居民的公共体育服务供给

上海是我国城镇化程度最高的地区之一。1990年,上海户籍人口中农村

人口占比为32.6%，2000年下降为25.4%，2010年下降为11.1%，2014年下降为9.7%。与上海城镇化进程相伴随的是，城乡居民收入差距的拉大。如表5所示，2005年，上海城镇家庭人均可支配收入的差距为10 303元，到2014年时已拉大为26 518元。2014年，上海城镇家庭人均生活消费支出结构中，食品、衣着和居住三项消费的占比为51.6%，医疗保健、教育文化服务两项消费占比为20.9%。而同时期农村家庭人均生活消费支出结构中，食品、衣着和居住三项消费的占比为63.6%，医疗保健、教育文化服务两项消费占比为15.5%，说明与城镇居民相比，农村居民的消费结构升级仍相对滞后。

表5　上海城镇与农村家庭人均可支配收入比较　　单位：元

年　份	城镇家庭人均可支配收入	农村家庭人均可支配收入	两者的差值
2005	18 645	8 342	10 303
2006	20 668	9 213	11 455
2007	23 623	10 222	13 401
2008	26 675	11 385	15 290
2009	28 838	12 324	16 514
2010	31 838	13 746	18 092
2011	36 230	15 644	20 586
2012	40 188	17 401	22 787
2013	43 851	19 208	24 643
2014	47 710	21 192	26 518

资料来源：根据2017年的《上海统计年鉴》数据整理。

根据上海2014年全民健身活动状况调查数据，在过去一年中参加过体育健身活动的城镇居民占比为83.1%，比农村居民高30.7%；在参加过体育健身活动的人群中，每周体育健身3次及以上的城镇居民占比为57.9%，比农村居民高11.7%；每次体育健身在60分钟以上的城镇居民占比为42.9%，比农村居民高23.1%；体育健身锻炼通常能达到大强度的城镇居民占比为21.2%，比农村居民高10.1%。此外，有47.7%的城镇居民表示目前的体育健身习惯已坚持5年及以上，比农村居民高12.5%。以上数据表明，农村居民无论在体育健身参与率上，还是在体育健身习惯养成上，均显著滞后于城镇居民，亟须在公共体育服务供给上给予保障与加强。

（二）人口区域分布的变化要求科学统筹公共体育资源布局

全国人口普查数据显示，在第四、第五、第六次人口普查中，上海中心城区常住人口占比分别为55.8%、47.1%、33.8%，近郊区常住人口占比分别为22.7%、33.7%、43.7%，远郊区常住人口占比分别为21.5%、19.2%、22.5%。在区域人口年均增长率上，中心城区在2000～2010年间为0.1%，近郊区为6.2%，远郊区为5.1%。在区域人口密度上，中心城区在第四、第五、第六次人口普查中的人口密度分别为2.26%、2.35%、2.37%，整体增幅较小；近郊区分别为0.12%、0.22%、0.4%，20年内增长了3.3倍；远郊区分别为0.07%、0.08%、0.13%，20年内增长了1.9倍。从以上数据可以看出，上海常住人口区域分布整体上呈现出中心城区人口占比快速下降且人口密度逐步稳定，近郊区人口占比和密度快速增长，远郊区人口占比和密度稳步增长的态势。

如图4所示，截至2013年底，上海中心城区人均体育场地面积整体要少于近郊区，而近郊区人均体育场地面积则整体少于远郊区。另据《2015年上海市全民健身发展公告》显示，在区域健身步道覆盖率上，达到百分之百覆盖率的区域分别为闵行区、嘉定区、金山区、奉贤区、普陀区，覆盖率低于70%的区域依次为浦东新区(63.9%)、虹口区(62.5%)、黄浦区(60%)、杨浦区(50%)、

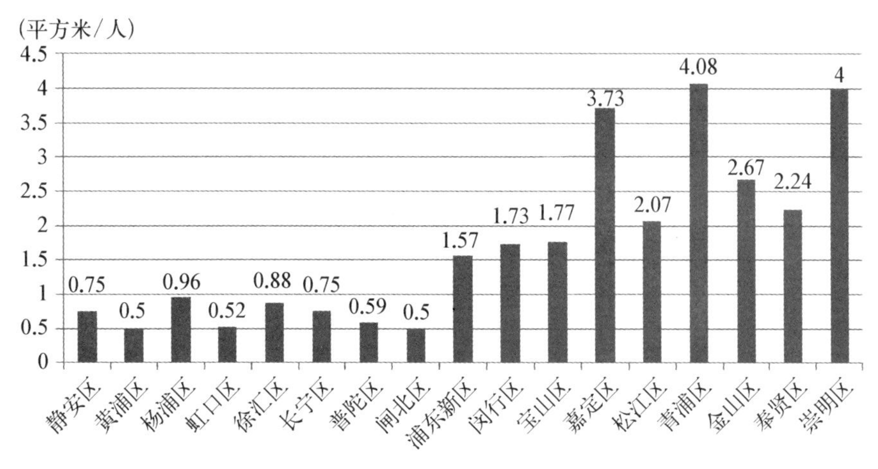

图4　上海各区人均体育场地面积比较

资料来源：根据《上海市第六次全国体育场地普查公报》数据整理。

静安区(20%),表明近郊区、远郊区的健身步道覆盖率整体高于中心城区;而在区域体育社会组织活跃度上,中心城区的体育社会组织活跃度平均为67.4%,整体要高于近郊区和远郊区的平均水平(43.4%)。这种变化也要求政府部门加强对公共体育资源的空间布局进行科学统筹。

六、基本结论与对策建议

(一)基本结论

改革开放以来,尤其是进入新世纪后,上海人口结构发生了深刻变化。这些变化也要求体育发展给予重视与回应,制定出更契合上海人口结构转变现实的发展战略。具体表现为:人口深度老龄化要求积极发挥体育的健康促进价值;青少年人口占比萎缩要求转变竞技体育后备人才培养模式;男性人口预期寿命相对偏低要求加强对其的体育参与干预;出生性别比相对偏高要求重视女性竞技体育的可持续发展;家庭稳定性下降要求强化家庭体育的开展;空巢老人数量增多要求为其提供针对性的公共体育服务;橄榄型阶层结构日趋形成要求激活中等收入人群的体育消费牵引作用;新社会阶层人口规模的壮大要求关注其体育参与情况;城乡居民收入差距拉大要求保障农村居民的公共体育服务供给;人口区域分布的变化要求科学统筹公共体育资源布局。

(二)对策建议

1. 积极发挥体育健康促进价值,满足人口深度老龄化要求

我国于2014年颁布了《关于加快发展体育产业促进体育消费的若干意见》,明确提出:“营造重视体育、支持体育、参与体育的社会氛围,将全民健身上升为国家战略。”2016年8月,在全国卫生与健康大会上,习近平总书记强调:“要把人民健康放在优先发展的战略地位,加快推进健康中国建设……坚定不移贯彻预防为主方针,倡导健康文明的生活方式,推动全民健身和全民健康深度融合。”同年10月,中共中央、国务院颁布《“健康中国2030”规划纲要》,正式启动了“健康中国”建设,也进一步强调了全民健身在国民健康促进体系中的重要作用。上海也对标国家,于2015年颁布了《上海市人民政府关于加快发展体育产业促进体育消费的实施意见》,于2018年颁布了《“健康上海2030”规划纲要》。

上海作为我国老龄化程度最严重的一线城市，在积极发挥体育的健康促进价值上，应着重做好以下方面的工作。

（1）推进群众体育治理重心向基层下移。受科层制行政体系的制约，上海群众体育治理重心仍相对偏高，导致很多群众体育政策的落实更多地停留在街道办事处或乡镇一级，难以有效地激发社区的自我治理能力。对于此，建议根据党的十九大关于“推动社会治理重心向基层下移”的要求，以街道办事处或乡镇体育工作站为支点，在社区或农村设立相应的体育工作点，在业务上对接体育工作站分派下来的职能，并与社区居委会或村委会共同治理社区群众体育发展。在具体分工上，体育工作点主要负责群众体育指导与管理工作，而社区居委会或村委会则主要负责群众体育组织与落实工作。

（2）健全群众体育跨部门协同治理机制。目前，上海群众体育治理整体上仍呈现出体育行政机构单部门治理的特点，跨部门的协同治理机制尚不健全，难以对群众体育发展中遇到的复合型难题（如体育场馆的对外开放、健身步道的规划建设、体育资源与医疗资源的整合等）进行有效治理。在健全群众体育跨部门协同治理机制上，建议参照国务院设立全民健身工作部际联席会议制度的经验，在上海人民政府内部建立全民健身工作联席会议制度，并将其延伸至区级政府。同时，利用现代信息技术搭建群众体育跨部门电子政务平台，通过信息共享提升政府多部门共同治理群众体育复合型难题的能力。

（3）着力构建政府、社会组织与市场组织多元合作的群众体育治理结构。上海群众体育治理整体上仍表现为“大政府、小社会”的现状，体育社会组织、市场组织在参与群众体育治理上尚存在很多政策障碍。对于此，建议尽快制定体育社会组织“直接依法登记注册方案”，并参照广东经验探索“一业多会”模式，为体育社会组织发展壮大提供政策支持。同时，进一步转变政府职能，推进政事分开、管办分离，通过委托、采购、公私合营等形式，为体育社会组织、市场组织参与群众体育治理提供机会。

2. 尽快转变竞技体育后备人才培养模式

在转变上海竞技体育后备人才培养方式上，亟须注意以下几个方面：

（1）转变传统的“政府办竞技体育”的观念。明确竞技体育后备人才培养的目标模式应是“以学校培养为主，以政府培养、俱乐部培养、协会培养和家庭培养为辅的多元模式”。就现阶段而言，主要是根据上海竞技体育的运动项目整体布局以及运动项目的群众基础、市场化运行适应度，分类别、分步骤地将其后备人才培养任务转移给学校、俱乐部、协会、家庭等主体，政府层面则应主要抓一线运动队的训练与管理。

（2）进一步健全“体教结合”治理体系。“体教结合”是上海转变竞技体育后备人才培养模式的重要抓手。对于此，上海先后于2012年、2016年分别颁布《关于深化上海市体教结合工作的意见》和《上海市体教结合促进计划（2016—2020年）》。但仍需加强以下方面的工作，比如：如何将政策转化为可操作性的实施举措，如何增强体育部门与教育部门的治理协同性；如何对“体教结合促进计划”的实施效果进行监督与评估等。

（3）提高运动员选材成功率。在竞技体育后备人才基数萎缩背景下，提高选材成功率显得尤为重要。对于此，一方面要加强科技研发投入，构建不同运动项目的选材指标参照体系；另一方面要利用现代信息技术，建立竞技体育后备人才信息库，跟踪、检测运动员的相关指标发展情况。

（4）加强教练员队伍建设，提升运动训练科学化水平。对于此，一方面要通过加大政策支持、资金投入、科技支撑、后勤保障，建立精英教练员培养机制，并围绕精英教练员打造助教团队；另一方面是完善教练员培训体系，创造条件让教练员出国学习先进训练知识与技能。

3. 加强对男性人口的体育参与干预

在促进男性人口体育参与上，这需要引起政府部门的高度重视。

（1）需要加强舆论引导，通过新媒体、报刊、广播等媒介宣传体育参与在增强男性人口体质健康，降低慢性病、变性疾病发病率上的重要作用，提高男性人口的体育参与意识。

（2）需要对特殊年龄段男性人口进行精准干预。上海2014年全民健身活动状况调查数据显示，男性人口体育锻炼习惯中断年龄段主要集中在20～39岁（占比为68%），故要加强对该年龄段男性人口体育锻炼的干预，减少其体育锻炼习惯中断率。

（3）需要提高干预的靶向性。上海男性人口体育锻炼习惯中断的原因除包括“工作忙”“突发事件影响”“住所或工作单位变动”等刚性因素外，还包括“没有场地设施”“场地设施距离太远”“运动损伤”“对体育锻炼失去兴趣”等弹性因素。

对于此，建议以“构建15分钟体育生活圈”为目标，进一步优化体育场地设施布局，可根据男性人口体育锻炼倾向于选择球类项目的特点，增加户外多功能球场、小型体育场馆的建设。同时，可参照日本、德国等国家经验，加强对社会体育指导员的精细化管理，探索构建社会体育指导员分类机制，并根据分类建立相应的绩效考核制度，提升其参与社会体育指导的频次与质量。

4. 促进上海女性竞技体育可持续发展

(1) 需要在女性竞技体育后备人才培养方式上，着力构建“以学校培养为主，以政府培养、俱乐部培养、协会培养和家庭培养为辅的多元模式”。

(2) 需要优化女性竞技运动项目布局，一方面是夯实游泳、足球、帆船等优势项目竞技水平，另一方面是提高体操、排球、场地自行车、高尔夫等潜优势项目竞技水平。同时，要重视田径、体操、射击射箭、乒乓球、羽毛球等奥运项目竞技体育后备人才的培养，争取在这些非传统优势项目上有所突破。

(3) 需要在排球、篮球以及其他球类运动项目青年队的发展上，要充分总结U18女足的成功经验，走从小学到中学，再到大学的“一条龙”培养模式。四是要进一步提升运动员选材成功率，重视女性教练员、裁判员的培养。

5. 强化开展家庭体育

从健康意义上讲，家庭体育开展不仅对家庭稳定与健康具有促进价值，也对上海构建和谐城市、健康城市具有积极作用。2017年，国家体育总局、民政部、文化部等部门也联合颁布了《关于加快推进全民健身进家庭的指导意见》，进一步强调了家庭体育开展的重要意义，并制定了详细的实施举措。

(1) 调整群众体育政策制定逻辑，重视家庭体育开展。目前，上海群众体育政策制定所遵循的是“国家→地方→社区→个人”的逻辑，相对地忽视了“家庭”这一从社区到个人之间的过渡环节。事实上，如果家庭体育这一过渡环节不能很好开展的话，社区体育开展可能会更多地表现为形式主义的样态，而个人体育锻炼行为也可能会由于缺少家庭环境支持而中断。事实上，从美国、澳大利亚、英国等群众体育开展较好的国家经验来看，其在国民体力活动计划制定上，是非常重视家庭体育开展的。所以，建议在群众体育政策制定上要重视家庭的过渡作用，遵循“国家→地方→社区→家庭→个人”的逻辑。

(2) 在上海市民体育大联赛中，适当增加以家庭为单位参与的比赛项目，同时可以通过设立“上海家庭体育日”或“上海亲子体育日”等形式，调动家庭体育的开展。

(3) 重视学校体育与家庭体育的融合发展，一是进一步规范法律法规，提高学校体育场地的对外开放率；二是通过健全引导与奖励机制，鼓励体育教师在课外组织面向学生家庭的体育活动；三是鼓励市场组织研发适合家庭体育开展的健身器材或应用程序，引导市场组织和社会组织开展以家庭为单位的比赛或培训活动等。

6. 为空巢老人提供公共体育服务

(1) 在促进空巢老人体育参与上，关键是根据老年人的身心特点，提供针对性的公共体育服务。比如，在健身指导方面，要充分考虑什么形式、多大强度的体育锻炼能够有效促进老年人身体健康，且能保证老年人的身体安全。对于此，可参照《国际老年人健身指南》，制定符合上海老年人实际需求的《上海老年人健身指南》。同时，建议增设"老年人社会体育指导员"类别，以更科学地指导空巢老人健身。再比如，在健身路径以及老年人社区活动中心建设上，要通过实地调研、专家论证，科学地增设适合老年人健身的场地设施。

(2) 要进一步加强政策保障，可参照美国将《国家计划：促进50岁以上成年人身体活动》作为《健康公民2010》配套规划的形式，着手制定与《"健康上海2030"规划纲要》相配套的《上海老年人身体活动促进计划》。此外，还应加大对空巢老人体育社会组织的培育力度，通过政府采购、财政补贴等形式引导其多举办团体性的空巢老人健身活动，进而增强空巢老人的社会支持感知度。

7. 激活中等收入人群的体育消费牵引作用

(1) 进一步提高中等收入人群体育参与率，从发达国家的经验看，较高的体育参与率是保证体育消费规模持续扩大的核心动力。对于此，一方面要针对中等收入人群经常参与的运动项目(依次为散步、跑步、羽毛球、广场舞、徒步、游泳等)，合理地规划全民健身路径、多功能体育场馆的建设布局；另一方面要根据中等收入人群参与公益活动积极性高且社会组织参与度高的特点，重点加强中等收入人群体育社会组织的培育，通过多样化的比赛活动吸引更多中等收入人群参与体育健身。

(2) 积极推进体育产业供给侧结构性改革，一方面是根据中等收入人群对高质量、创新产品有较高消费意愿和能力的特点，引导体育产业转型升级，加大研发投入，提高体育产品的科技含量与设计特色。另一方面是在引进国外高质量赛事的同时，积极培育上海本土赛事，尤其是根据中等收入人群对子女学业教育和兴趣爱好投资意愿强的特点，参照美国经验重点打造中学生、大学生体育大联赛，以此为抓手提升中等收入人群对体育赛事的关注度。

8. 关注新社会阶层人口体育参与

(1) 要在上海全民健身活动状况调查以及上海国民体质监测上，进一步对调查人群进行精细化划分，把新社会阶层的体育参与以及体质监测情况纳入统计分析范围，以为政策干预提供更准确的反馈。

(2) 要根据新社会阶层参与"校友会""商业与行业协会"比例较高的特

点，引导“校友会”“商业与行业协会”多开展一些体育健身活动，通过组织化的形式提高新社会阶层的体育参与积极性。

(3) 引导社区居委会针对新社会阶层开展类型多样的体育健身活动。

(4) 加强与统战部门的合作，将体育健身活动开展纳入到针对新社会阶层的统战活动中来。

9. 保障农村居民的公共体育服务供给

(1) 增强对农村公共体育服务建设的专项财政转移力度，以“事权”与“财权”相匹配为原则，理顺区政府与乡镇政府在农村公共体育服务治理上的权责，有效避免乡镇政府“事权多、财权少”，难以对农村公共体育服务进行精细化治理的现状。

(2) 提升农村公共体育服务的自我治理能力，一方面是厘清乡镇政府与村委会间的权责，加强村级行政服务中心建设，进而相对地减少村委会的行政管理事务，使其有更多精力用于公共体育服务等民生事务的治理；另一方面是完善村民议事制度，使村民能够真正参与到农村公共体育服务治理的决策、实施与监督上来。

(3) 据调查数据显示，分别有 18.4%的农村居民认为当前的体育场地设施数量不足，26.1%的农村居民认为体育场地设施种类不齐，24.9%的农村居民认为体育场地设施地理位置不合适。对于此，一方面要增加对农村体育场地设施的建设投入，另一方面要根据农村居民的体育健身需求和特点，科学地规划体育场所设施的投放种类与布局。

10. 科学统筹公共体育资源布局

(1) 在公共体育场地设施布局上，一方面要根据近郊区逐渐成为常住人口吸纳主区域的趋势，在新建公共体育场地设施上重点向近郊区倾斜；另一方面要根据中心城区人口密度高，但土地建设紧张的特点，充分利用楼宇空间、沿河沿江地带、公园绿地等空间进行健身步道或健身器材的投放，同时要进一步推动学校体育场地、公共体育场馆的对外开放率。同时，还应加强远郊区体育休闲公园或小镇建设，并引导中心城区或近郊区居民利用节假日时间赴郊区参加体育休闲活动。

(2) 在体育社会组织建设上，一方面是加强对近郊区、远郊区体育社会组织的培育力度，扩大其总量；另一方面是通过健全督导、评估与奖励机制，优化治理结构，提高近郊区、远郊区的体育社会组织的活跃度。

(3) 充分利用上海高校目前主校区向近郊区、远郊区迁移的趋势，鼓励地方体育部门与高校加强合作，利用高校良好的体育场地设施、优质的体育培训师资以及活跃的体育健身氛围，带动近郊区、远郊区居民的体育参与热情。

参考文献

[1] 佟新. 人口社会学[M]. 2版. 北京大学出版社，2010

[2] 中国共产党第十九次全国代表大会. 决胜全面建成小康社会，夺取新时代中国特色社会主义伟大胜利[Z]. 2017

[3] 上海市统计局. 上海人口老龄化现状和预判[Z]. 2018

[4] 上海市统计局. 上海统计年鉴(2017年)[EB/OL]. 2018

[5] 马德浩，季浏. 人口老龄化加速背景下提升我国国民体育健身投资的意义与策略研究[J]. 体育科学，2014

[6] 国务院. 关于加快发展体育产业，促进体育消费的若干意见[Z]. 2014

[7] 习近平. 习近平在全国卫生与健康大会上的讲话[N]. 人民日报，2016

[8] 姚丽萍. 上海人口形势分析：青少年人口比重严重偏低[N]. 新民晚报，2014

[9] 上海市统计局. 上海统计年鉴(2016年)[EB/OL]. 2017

[10] 上海市人民政府办公厅. 上海市体育改革发展"十三五"规划[Z]. 2016

[11] 缪佳. 上海竞技体育可持续发展之路：引进？还是培养？[J]. 体育科研，2012

[12] 薛原，刘文华，曾朝恭. 上海市竞技体育后备人才资源现状及对策[J]. 上海体育学院学报，2010

[13] 周战伟. 基于发展方式转变的上海市竞技体育后备人才培养研究[D]. 上海体育学院，2016

[14] 虞慧婷，蔡任之，钱耐思，等. 上海市2004～2013年出生性别比变化及影响因素分析[J]. 中国公共卫生，2016

[15] 上海市体育局，国家统计局上海调查总队，上海体育学院. 上海市全民健身活动状况调查报告集[C]. 内部资料，2015

[16] 上海市体育局，上海市教育委员会，上海市卫生与计划生育委员会. 2014年上海市国民体质监测公报[Z]. 2015

[17] 李加奎. 日本社区体育分析[J]. 体育文化导刊，2010

[18] 戴俭慧，刘小平，罗时铭，等. 英、美、德三国体育指导员制度及启示[J]. 上海体育学院学报，2003

[19] 上海市卫生和计划生育委员会. 关于极端重视和强化出生人口性别比综合整治的指导意见[Z]. 2014

[20]　上海反家暴报告：施暴者中本科以上学历占比最高[EB/OL]. 澎湃新闻，2016
[21]　刘宁，陈锡宽，闻增玉，等. 上海核心家庭亲子沟通状况及其影响因素分析[J]. 中国公共卫生，2005
[22]　霍利婷. 上海市初中生家庭亲子冲突的调查与分析[D]. 华东师范大学，2010
[23]　去年上海离婚率升近四成，70后80后离婚最多[EB/OL]. 新民网，2014
[24]　国家体育总局、民政部、文化部、全国妇联、中国残联. 关于加快推进全民健身进家庭的指导意见[Z]. 2017
[25]　曹振波，陈佩杰，庄洁，等. 发达国家体育健康政策发展及对健康中国的启示[J]. 体育科学，2017
[26]　上海市统计局. 上海市老年群体生活质量调查分析[Z]. 2014
[27]　2020年上海老年人口将达570万，空巢老人最怕精神空巢[EB/OL]. 新浪网，2016
[28]　王步标，华明. 运动生理学[M]. 高等教育出版社，2006
[29]　王健，何玉秀. 健康体适能[M]. 高等教育出版社，2010
[30]　陈爱国，殷恒婵，颜军. 体育锻炼与老年人幸福感的关系：孤独感的中介作用[J]. 中国体育科技，2010
[31]　戴群，姚家新. 体育锻炼与老年人生活满意度关系：自我效能、社会支持、自尊的中介作用[J]. 北京体育大学学报，2012
[32]　周兰君. 荷兰德国老年人体育活动模式研究[J]. 体育文化导刊，2009
[33]　李承伟. 21世纪以来中美老年体育政策比较[J]. 体育学刊，2017
[34]　姚烨琳，张海东. 中等收入群体的扩大与橄榄型社会的形成——以北上广特大城市为例[J]. 河北学刊，2017
[35]　苗树彬，方栓喜. 扩大中等收入群体是个大战略[N]. 光明日报，2013
[36]　上海研究院社会调查和数据中心课题组. 扩大中等收入群体，促进消费拉动经济——上海中等收入群体研究报告[J]. 江苏社会科学，2016
[37]　陆小聪，吴永金. 上海市中间阶层体育休闲参与及其国际比较[J]. 首都体育学院学报，2018
[38]　张海东，陈群民，李显波. 上海新社会阶层人士调查报告[J]. 科学发展，2017
[39]　张海东. 中国新社会阶层——基于北京、上海和广州的实证分析[M]. 社会科学文献出版社，2017
[40]　唐颖. 农民的终结和上海城乡一体化路径——基于上海三个类型郊区的调查研究[D]. 上海大学，2016
[41]　陆燕秋. 上海市域人口分布与变动：1990～2010年[D]. 复旦大学，2014
[42]　上海市体育局. 2015年上海市全民健身发展公告[Z]. 2016

体育消费预付卡相关法律问题研究

——以上海经营性体育健身俱乐部为例

郭捍东　陶　钧[*]

健身俱乐部都要求健身者办理会员卡，以上海的经营性体育健身俱乐部为例，短则一年，长则4～5年。这样的预付式消费方式，一般都会根据健身消费者预存金额给予相应折扣或者赠送相关服务。健身消费者受折扣优惠等吸引，少则投入数百元、多则花费数万元办理了预付卡（会员卡），一个有一定规模的健身房单店所收的预缴会费已然不是个小数目。

中国消费者协会在2018年初发布的受理投诉情况分析报告中显示，健身等领域预付式消费成维权重灾区。有经营者以免费体验、高额折扣优惠、夸大宣传服务质量等为诱饵吸引消费者办理预付卡，一旦发现经营者不履行事先约定或承诺时，难以退卡。部分经营者因经营不善等原因，发生关门歇业、易主、变更经营地址等情形，不能继续提供服务，也未采取其他善后措施。若体育健身俱乐部一旦经营不善、资金链断裂，就有不法经营者卷款跑路，健身消费者预付卡中的钱款直接损失的情况发生。

本课题正是在消费预付卡在体育健身领域凸显出上述问题的背景下，通过对上海各大经营性体育健身俱乐部的走访调研，分析目前预付卡管理的现状和在法律上存在的监管问题，从而提出解决问题的设想，为维护健身消费者合法权益的同时，又为健身俱乐部有效参与到监管制度的制定、完善提供方案，总体提升本市居民积极、放心地去健身俱乐部参加体育锻炼的热情。

本课题研究的主要对象是体育健身领域消费预付卡，其内容是以上海经营性体育健身俱乐部作为典型，重点分析和探讨体育消费预付卡背后的信用

---

* 本文作者单位：上海汉联律师事务所。立项编号：TYSKYJ2018026。

机制以及预付卡资金规制、监督等解决方案。

一、体育消费预付卡的法律性质与法律规制评析

(一)体育消费预付卡的法律性质

体育消费预付卡是涉及多部门法的集合体。其基础性法律关系是一种服务合同,因该合同一方当事人与服务内容的因素,又属于消费者权益保护法的调整范畴。同时,预付卡是商事关系中的一种支付方式,预付资金对于商户而言,又具有金融性质。

1. 合同性质

体育健身服务合同(预付卡是其最常见的形式)在合同法学理上属于“双务合同”,即体育健身俱乐部(以下简称“俱乐部”)和健身消费者两方当事人之间互负对待给付义务。

体育消费预付卡可以认为是一种特殊形式的买卖合同、一种预付式的消费服务合同。它是由持卡主体(健身消费者)与发卡主体(俱乐部)基于意思表示一致所达成,持卡主体提前预付价款,发卡主体自身或委托第三人提供服务的一种合同类型。

预付卡的优点和特色正是方便和快捷,因此在实际发行过程中,一些小规模的俱乐部甚至没有正式的书面合同文本,健身消费者手中仅持有一张预付卡(通常还是磁条卡,成本很低),卡上印有基本的俱乐部信息和服务类别标题,并无也无处记载双方权利义务的信息。

即使一定规模俱乐部与消费者签订的纸质合同,一般也不超过两页纸,预付卡便成了消费者未来接受服务的唯一凭证——到店刷卡、核对身份、换取更衣箱钥匙等。而在消费中,预付卡的资金使用情况、消费记录等信息都是由俱乐部掌握,消费者基本上得不到上述相关信息。虽然存在合同,一旦双方产生纠纷,消费者亦无力进行举证。缺少有力证据或取证成本高昂,难以避免承担举证不能的不利后果,诉讼成本、时间成本和审判的不确定性等,都会使得消费者维权时望而却步,只能自认倒霉。

此外,俱乐部和消费者之间的书面合同现在尚没有统一、规范的文本,俱乐部便可有意无意地利用这种优势,设定不公平的格式条款侵害消费者合法权益。

首先，购卡签约的过程中，消费者几乎没有时间或不会进行审阅，一般直接签字，对双方的权利义务不甚了解。

其次，对于记载于消费卡上的文字、俱乐部场所内的公告以及书面合同中排除己方义务、单方剥夺消费者权利的条款，由于没有醒目提示，消费者亦难以关注。

最后，此类合同文本基本不存在消费者选择的余地，即使消费者发现了不妥之处也很难与俱乐部商榷并修改合同，一般就带着些许侥幸心理，听从了健身顾问（销售员）的口头承诺。除此之外，合同中的霸王条款也约束着消费者，如："本卡仅限由本人使用""过期作废""卡内金额不退换现金""本店拥有最终解释权"等类似字词的声明。

由于没有规范统一文本且属于合同法上的"无名合同"，因而在内容的规定上，只能按照合同法的一般原则。虽然合同法对格式条款的适用有所限制，但处于相对弱势方的普通消费者不熟悉法律，只有接受或放弃的"二选一"。双方的权利义务与其说是"约定"，不如说是"制定"，这样无疑更容易给消费者带来不公平。

既然体育消费预付卡基础性的是合同关系，那么合同的单方面解除（即退卡）就不可避免，而且还是体育健身消费纠纷中的主要原因之一。如果俱乐部在合同中规定"禁止退卡"或不恰当地阻却消费者单方面行使合同解除权，使得其退卡程序复杂、难度大、成本高，这一行为显然违反了《合同法》和《消费者权益保护法》关于公平合理的前提下使用格式条款的相关规定。除了承担该格式条款内容无效的不利后果外，俱乐部还可能面临行政处罚。

"概不退卡"的格式条款固然无效，但是，消费者毫无代价地使用单方解除权（退卡权）亦会让俱乐部陷于不公。至少应当按照该退卡消费者已使用时限占整个时限的比例，线性地退还该消费者预付款项，适当地收取额外的手续费作为消费者行使单方解除权的代价，但不能超过合理的限度（合理限度需要结合实际做深入调查、研究）。

2. 单用途商业预付卡性质

体育消费预付卡在给消费者带来方便、快捷和优惠的同时，也给俱乐部带来了可观的预付资金和稳定的客群，这样的模式给俱乐部和消费者都带来了双赢，但不可避免存在因信用缺失和信息不对称而导致的道德风险。有的俱乐部会夸大优惠宣传，虚假承诺折扣，利用消费者贪图便宜的心理，通过推销多年卡可以打折优惠、免费赠送私教课程等方式诱导消费者购买预付卡（包括会员卡)。而当消费者交付费用后要求享受服务时,有的俱乐部就以各种理由推辞或者刁难客户,无法兑现最初的承诺。

更有少数不法分子为了敛财,通过大量优惠等方式欺骗消费者交预付费办预付卡,等获得一定资金后,便借口说俱乐部需要整修等理由,携款潜逃。导致消费者非但没有享受到所谓的优惠,反而损失钱财,这种情况还特别引起群体事件,造成恶劣的社会影响。

产生以上这些情况是由于俱乐部和消费者在预付卡的消费场景下处于天然的信息不对称和地位不对等状态中,单用途商业预付卡的法律规制上均对这种双方天然的地位和状态进行调整,将砝码向消费者方向倾斜。

3. 预付卡资金权属性质

我国现行法律、法规尚未对预付卡中沉淀资金的归属等问题做出任何具体的规定。

美国部分州将一定期限内预付卡内的余额视为无主财产,不能随意由发卡企业无偿占有,要按照本州的《无主财产法》上交州政府保管,由州政府履行保管该无主财产及其孳息和继续寻找所有人的义务。有的州为了最大程度地保护消费者的权益,对预付卡内的余额部分变通规定返还给消费者。也即,发卡企业是无权仅通过对预付卡的占有事实而获得卡内余额的所有权的。

但不能简单地就认为预付卡余额资金的所有权不属于发卡企业,这里其实是个信托关系,发卡企业是信托委托人,消费者是受益人,而作为保管人的州政府则是受托人。

因而,从法律角度,在消费者将预付资金或会员费交给俱乐部之后,由于货币属于"占有即所有",预付资金即应归属于俱乐部所有,用户则享有要求俱乐部提供约定健身服务的债权,或者享有要求俱乐部退还剩余预付资金或会费的债权。从商业角度,预付资金可理解为俱乐部对未来应收账款的折现收入(暂不考虑货币时间价值);消费者确实承担了一定风险,但是却获得了一定优惠作为了风险补偿。只要俱乐部能够在未来履行合同期间内提供约定服务,将该等预付资金或会员费为俱乐部所有并受其支配使用,并没什么问题。所以,无论从法律还是商业上讲,预付资金都应该由俱乐部享有所有权。

既然消费者的预付资金或会员费的所有权归属于俱乐部,那么俱乐部当然就有权自由使用该项资金。出于风险的考量,需要对俱乐部使用预付资金的行为加以限制,相关监管部门应当谦抑、审慎,采用适当、必要、损害最小的规制方式,以符合行政法比例原则的要求。

（二）体育消费预付卡的法律规制

消费预付卡在避免了验钞、找零或者使用银行卡付款等烦琐步骤、方便消费者支付、刺激拉动消费、增强商户的品牌凝聚力和消费者的认可度和品牌忠诚度等方面发挥了积极作用，受到商户企业和消费者的普遍欢迎，在体育健身消费领域亦是如此。对健身消费者一般还伴随着一定优惠，如办卡年限越长、单价折扣力度越大，或赠送私教课程、健身大礼包，等等，这样可以扩大同等价格服务的购买力；对俱乐部来说，开通预付卡或会员卡业务最直接的好处是可以提前获取未来的应收账款，缓解其在经营过程中的资金压力。

但在消费预付卡市场蓬勃发展的同时，也存在违反财务纪律、缺乏风险防范机制甚至卷款跑路以及公款消费、收卡受贿等问题，严重扰乱了市场秩序，也助长了腐败行为。

2011 年 5 月 23 日，国务院办公厅下发了《国务院办公厅转发人民银行监察部等部门关于规范商业预付卡管理意见的通知》（国办发〔2011〕25 号，以下简称“国办 25 号文件”），就规范商业预付卡管理做出全面部署。国办 25 号文件明确要求商务部门对单用途商业预付卡“强化管理，抓紧制定行业标准，适时出台管理办法”。根据文件要求，商务部起草了相应管理办法，并听取社会公众意见。2012 年 9 月 21 日，《单用途商业预付卡管理办法（试行）》（以下简称《管理办法》）以商务部 2012 年第 9 号令公布。

《管理办法》是目前唯一现行专门管理单用途商业预付卡的重要监管规则，但限定仅适用于零售业、住宿和餐饮业、居民服务业三大行业领域的企业法人，具体到老百姓手里的就是购物卡、美容卡、洗衣卡、按摩卡、洗车卡等。体育健身卡与洗车卡、美容卡等一样都是与百姓生活息息相关的消费项目，而《管理办法》却将体育健身业排除在调整范围之外，导致广大健身消费者失去维护自己合法权益的重要法律依据。尽管依据《民法总则》《合同法》《消费者权益保护法》，也能够调整健身消费者和俱乐部之间的纠纷，但一般只能事后通过向消保委投诉或靠诉讼解决，无法通过《管理办法》在作为发卡企业的俱乐部具体经营过程中进行规制和约束，这样既不利于消费者的维权，又容易增加俱乐部的诉累，亦无益于企业及体育健身行业的进一步发展。

《管理办法》尽管在其适用范围上排除了体育健身业，但从其对预付卡资金的监管和规制措施来看，原则上允许企业使用其收取的预付卡资金并有所限制：一是该预付卡资金需要申报备案，并限制企业收取预付资金的总量；二是所收取的预付卡资金也不能全部使用，应按一定比例进行银行存管；三是即使其他未在银行存管的预付卡资金，发卡企业只能用于其主营业务。

《管理办法》有一定的规制效果，但除了适用范围外，问题也显而易见：

首先，低于年度年营业收入500万元的企业法人以及任何非企业法人主体（如个体工商户）均不在监管范围，可能由于规制执法的难度大，消费预付卡的重灾区反而被排除在外。

其次，申报备案的实际规制力度不够，截至2016年三季度末，上海全市预付卡备案率不足1%。此外，限制收取的预付卡资金使用的措施实操难度大、并不一定有效且一定程度上牺牲了发卡企业的财务自由度。

在本课题研究过程中，上海市人大常委会于2018年7月27日通过《上海市单用途预付消费卡管理规定》（以下简称《上海规定》），自2019年1月1日起施行。《上海规定》除了涵盖了体育健身领域外，对“经营者”也做了扩展解释，不单指企业，还包括同一品牌特许经营体系内的个体工商户。此外，《上海规定》要求建立“单用途卡预收资金余额风险警示制度”，对预收资金余额超过风险警示标准的，应当采取专用存款账户管理（即资金存管）；也明确指出经营者可以采取履约保证保险等措施，冲抵存管资金。

二、法律规制效果的衡平

对于体育健身行业最敏感和最突出的预付卡资金的规制问题，管不到位，容易发生本文前述的消费者权益受损；管得太死，又会过分压抑市场，作为商业主体的俱乐部可能仍然将此压力转嫁给消费者，从而导致“双输”局面。法律实施的理想效果应当至少是个“帕累托改进”的过程。

目前最常用的规制方法即保证金存管制度。这一制度也是最容易被想到的，日常生活和商业活动中的各行各业均有运用。虽然我国消费预付卡领域尚未作出类似规定（《管理办法》仅规定部分资金的银行存管），但域外立法中亦是种常规手段，比如前述美国被各州扩大适用的联邦存款保险制度。

在日本，为保护其“预付式票证”（即预付卡）消费者权益，设立了保证金烘托制度。当预付式票证余额在规定的时间超过了规定的金额，要求发行人需要拿出其中的一半，交给有关机构，由国家代为保存。法律还允许银行、信用金库、保险公司等有保证实力的机关作为第三人，与发行人签订“保全契约”以保证其清偿能力。这就类似于我国担保法下的相关制度。

我国群众性的体育健身行业仍在发展阶段，需要市场发挥其积极作用，正如国家体育总局副局长赵勇在报告中所讲，“无论是搞竞技体育还是群众体育，市场的力量越来越大，产业发挥的作用越来越大，现在很多群众身边的设施都是市场的力量提供的，一个网络体育公司就提供了四五百家老百姓方便使用的健身房”。优化市场环境，鼓励市场力量参与其中，同时让健身消费者放心，发挥体育消费预付卡的正向作用，这是立法者的智慧体现，也是法律衡平的结果。

在上海市健身健美协会（以下简称“协会”或“行业协会”）与上海汉联律师事务所共同组织的本市几家知名的健身俱乐部负责人座谈时，上海市商务管理部门正就拟定《上海市单用途预付消费卡预收资金管理（试行）办法》（以下简称“征求意见稿”），向协会和各俱乐部征求意见。

征求意见稿对发卡企业的预收资金进行专户管理，即经营者的预收资金余额超过风险警示标准（分为一般和特别两个标准）后，应当将预收资金余额的一定比例存入其专用存款账户（一般为40%，特别为100%）。一般风险警示标准不超过20万元人民币；体育健身类经营者的预收资金余额的特别风险警示标准是其上一会计年度主营业务收入的30%，且不超过2 500万元人民币。

据本市某头部健身俱乐部反映，刨去房租、人员开支（工资、社保、公积金等）、设备及折旧这些固定成本外，其毛利所剩无几（8%左右）；再加上各项费用支出后，通常处于微利甚至亏损的状况。从现金流角度，尽管健身俱乐部的收入模式绝大部分系预付卡（会员卡），但依然需要应付各种现实开支，现金流也不宽裕。因而，征求意见稿如将体育健身行业与其他使用预付卡的行业一起“一刀切”地实行预收资金存管制度，虽特别风险警示标准较其他行业偏高，但仍未考虑行业实际情况。

因此，保证金存管制度并非没效果，但“釜底抽薪”的副作用可能很明显，规制过于简单，很可能事倍功半。保证金这剂“方子”不应当单独使用，需要搭配其他“方子”一同使用。

三、预付卡规制的相关建议

在简要分析了体育消费预付卡的法律内涵以及我国目前在法律规制上的空白——这既是合同法上的问题，又是金融法律课题；不宜简单规定预付资金所有权归属，亦不宜单独设立保证金制度等措施以期一劳永逸。

（一）预收款信托

1. 我国台湾地区的实践

20 世纪 90 年代以降，随着磁卡、数字储值卡等技术手段应用渐趋普及，预收款业务模式在我国台湾地区快速拓展。同时，因服务商破产倒闭或主观违约，导致消费者遭受损失的事件在台湾地区不断出现。消费者的预付款因缺乏第三方监管及破产隔离安排而蒙受损失，引起了金融监管和立法部门的注意，从而催生了我国台湾地区的预收款信托业务。

我国台湾地区“立法院”于 1998 年颁布了“电子票证发行管理条例”，最先提出由受托机构保管预付款，并对信托的设立和管理给出了详细指引。为规范信托机构的预收款信托业务，台湾地区“信托业商业同业公会”（以下简称“同业公会”）发布了“办理预收款信托业务应行注意事项”，对事前尽职调查标准、信托合同注意事项、受托人权利义务进行了详细的说明，并且提供了信托合同范本。

需要强调的是，预收款信托是我国台湾地区政府立法统一设立的一种消费信托，为维护公益及保护消费者权益，把与公众利益密切相关的从事延迟消费商业模式，如各种礼券、消费预付卡，获得的企业预收款设立信托，由信托机构作为独立的第三方增信、管理并监督资金运用，预防企业因经营不善破产倒闭或发生信用风险损害公众利益。其基本交易结构如图 1 所示。

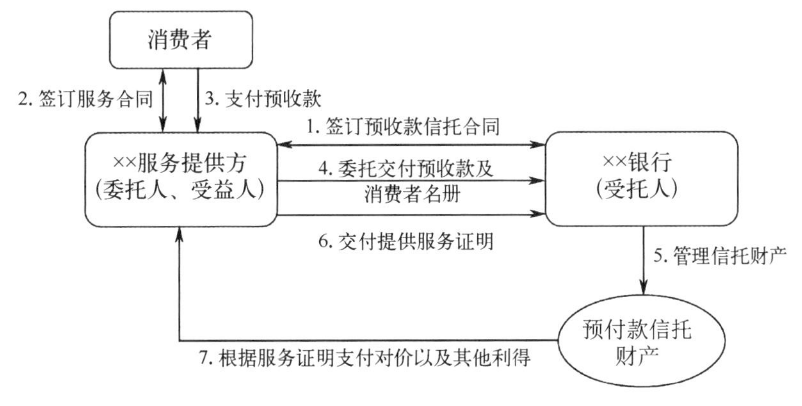

图 1　我国台湾地区预收款信托结构

数据来源：2015 年信托业专题研究报告。

除了“信托法”和“信托业法”之外，其预收款信托的制度体系由一系列部门规章和行业规定组成，其中包括规定一般事项的“注意事项”、规定合同文本形式的多项契约范本及其适用疑义和规定各类具体商品或服务的预收款信托合同的必要条款和禁止条款等。

2007年“同业公会”颁布关于健身中心和体育场馆业发行商品（服务）礼券的定型化契约应记载及不得记载事项，要求健身业者就收取金额（含入会费、预收使用费等）依信托法规交付与银行（即信托业者）开立信托专户管理，并依实际交付信托额度，按比例按期自专户领取。若业者发生解散、歇业、破产宣告等导致无法履行服务契约义务者，视为业者同意其受益权归属消费者或其受让人。

2. 其他域外经验

美国的《联邦存款保险法》与《电子资金转账条例》（即E规制）两部联邦层面法律仅能够对金融机构账户进行限制，而对于存于非金融机构账户的备付金不受上述法律保护。但各州层面的《资金划拨主体法》扩大了上述“账户”与“金融机构”概念范围，使得所有提供电子资金划拨服务的商家以及备付金账户都会受到与FDIA下“存款”同样的监管，预付卡消费者的利益由此受到法律保护。

此外，《信用卡问责、责任和信息披露法案》第401节对《电子资金转账条例》进行了修订，对礼品卡发卡商业企业的责任和义务做了更明晰的规定。

加拿大魁北克省专门针对商业预付卡通过了《第60号法律》，对其《消费者保护法》进行修订。其中规定，在订立合同之前，商业企业必须向消费者解释，商业预付卡使用完后卡内的余额用什么方式支付给消费者；要求不得以送交或使用商业预付卡而向消费者收取任何费用，如激活费用、暂时不使用期间的费用；在预付卡中余额少于行政法规规定数额且消费者要求的情况下，商业企业应当返还卡中余额等。

3. 借鉴意义

北美地区的实践，不约而同地都从商业预付卡的有效期、管理费、预付资金的安全、卡内余额的处理等方面进行了规制和管理，这点无疑是值得我们学习和借鉴的，可以作为预付卡规制的配套制度先行。

鉴于我国大陆和台湾地区在文化、消费者心理和法域体系及体育健身业态具有一定可比性，因此在上述配套制度先行的基础上，预收款信托制度对解决体育消费预付卡问题有较高参考价值。

首先，预收款信托带有政府强制性，是预付卡消费法律规制中的重要一环。

其次，运用信托这种具有破产隔离、所有权与受益权分离、信托财产独立性、受益人保护功能的工具来参与预付卡消费是十分必要的。

俱乐部所收取的预付卡资金可按不同档次部分或全部设立信托，俱乐部作为委托人，信托公司是受托人（台湾地区是银行）。设定信托的款项由信托公司运用，可以投资于低风险高流动性的金融产品。在正常情况下，俱乐部也是信托受益人，对信托资金专款专用。其所称专用者，指供发行人履行交付商品或提供服务义务使用。

再次，信托居中在监督管理信托资金运行的同时，客观上对作为发卡方的俱乐部起实质上的增信作用。因为一方面预付卡资金成为信托财产后的独立性和破产隔离功能可以有效提升消费者对俱乐部服务的信任和认可，进而提升俱乐部的形象和市场影响力；另一方面俱乐部也可能因受到信托合同的约束而不会降低服务水准、挪用资金。

最后，即使俱乐部发生极端情况（倒闭、歇业、破产、跑路等），此时信托受益人则不再是俱乐部而是消费者。由于信托财产破产隔离的特性，消费者的预付款资金也不会损失。

（二）预付卡保险制度

与本课题论述的保证金制度类似，预付卡保险制度本质也是预付卡担保制度的一种，只不过这种担保方式是以商业保险的风险保障模式来实现的。

通过俱乐部与保险公司建立起商业保险关系，应消费者的要求对其发行的预付卡进行投保，并向保险公司缴纳一定的保险费用，再由保险公司对俱乐部发行的预付卡信用作担保，一旦俱乐部违约则由保险公司对购卡的消费者进行损失赔偿。

形式上，预付卡保险制度类似于预付卡保证金制度，都由俱乐部按收取的预付卡金额比例向第三方缴纳一定的资金作为违约担保，一旦俱乐部有违约情形则由第三方对消费者进行损害赔偿，但两相比较，至少在三个方面存在明显差异：

1. 俱乐部缴费金额不同

俱乐部所需要缴纳的保险费应明显少于向银行等第三方缴纳的保证金，因为如果保证金太少则根本起不到保证金赔付的效果。

2. 俱乐部主体规模不同

保险公司有内部模型，会对投保俱乐部的信誉、商业实力以及市场竞争力进行综合评估后，方能接受承保；而预付卡保证金制度无此限制。

3. 消费者赔付效果不同

预付卡保证金制度只能按照俱乐部缴付比例向消费者赔偿，而保险则按照消费者的实际损坏赔付，而非按照损失比例计算。

2013年10月，商务部与原保监会联合下发了《关于规范单用途商业预付卡履约保证保险业务的通知》(商秩函〔2013〕881号)，明确了保险示范性条款。随后，保险行业成立了单用途商业预付卡履约保证保险共保体，由以人保财险为首席的6家保险公司组成。

当预付卡企业申请破产且被依法裁定、或被依法吊销营业执照、或被备案机关处以最高限额的行政处罚，以及企业拒绝履行或无法履行兑付商品或服务的义务，且未能退还卡内预收的资金余额时，持卡消费者可以依据保险合同约定获得相应的保险赔偿。

但遗憾的是，目前国内保险公司已有的单用途商业预付卡履约保证保险仅针对《管理办法》规定的零售业、住宿和餐饮业、居民服务业三大行业领域，并不适用体育健身行业。《上海规定》中列举了履约保证保险可以作为一种风险防范措施冲抵存管资金，也就是作为前述保证金存管制度的补充。就上文分析推断，接下来一定会向本市体育健身行业推出，但预付卡保险制度的适用范围仍然相对狭窄，恐怕只能针对大规模、积累有良好信誉的俱乐部，短期内可能不具有普适性。

(三) 相关建议

事实上，健身行业所发生的预付卡重大纠纷甚至俱乐部“跑路”等事件，绝大部分是发生在小型健身工作室，它们治理不健全、管理不到位。而大部分连锁俱乐部，经过了行业的摸爬滚打，在场地管理、教练管理、会员(用户)管理等方面都积累了相当经验，并非看中短期利益，而着眼于行业的长远发展；它们基本是协会会员，在入会时，也经过了协会的相应考核和筛选，因此它们发生预付卡重大纠纷事件的概率较小。

1. 配套制度先行

(1) 预付(会员)卡年限。预付卡年限越长，对经营者的诚信水平和经营能力越是要求高，消费者所面临的风险也越高。对于健身(会员)卡，尽管我国台湾地区规定最高年限不超过 10 年，而北美的加拿大则要求必须一年一年签，就连校外培训机构也被要求“不得一次性收取时间跨度超过 3 个月的费用”。如健身俱乐部动辄 5 年、甚至 10 年以上的收费，又如何确保它们在 5 年、10 年后的依然存续？因此，建议最长期限 3 年为宜，对于非连锁的俱乐部需要限制在最长 1 年。

(2) 收费结构调整。目前的行业惯例下，健身俱乐部的预付卡跟其他行业的还不尽相同——主要是预付会员卡，即会籍权利义务的固化，而非每次消费扣减相应服务费的“余额式”预付卡。这样的预付卡性质决定了俱乐部日常经营的行业特殊性，也就产生了上文所论及的实施保证金存管制度所派生出的副作用。建议不妨在合同中明确健身预付费的明细组成，如入会费(固定收费)、使用费(浮动收费)和其他费用，其中使用费可约定年、季、月、周的费用。这样既做到了服务收费透明，又方便后续厘定不同来源资金的监管。

(3) 消费者保护措施。为了保障消费者的合法权益，提升健身俱乐部的公信力，减少因预付卡产生的纠纷，可以在合同中约定一些特别情形的处理，诸如：消费者冷静期内的反悔权，因出国、生病、怀孕等需要会籍暂停的约定(期限、次数、收费)，会籍转让、私教课程转让的允许、限制和收费，经营场所的变更(装修、面积缩减、搬迁)，以及会员的转店，等等。

2. 预收款他益信托为主

不同于我国台湾地区预收款自益信托结构，他益信托是指以信托的设立人(委托人)以外的第三者作为受益人享受信托利益的信托架构。采取这种法律架构，信托合同的订立者仍为发卡俱乐部，而消费者为受益人。委托人(俱乐部)与消费者之间仍存在订立预付卡消费合同的法律关系。委托人需在信托公司开立信托专户，专款专用；信托公司须履行相关受托人的义务。在委托人履行预付卡消费合同的义务后，将信托专户中的财产对俱乐部进行支付；当俱乐部发生解散、宣告破产、撤销登记或歇业等事由，致无法履行交付商品或提供服务的情况下，信托财产的受益权归属于预付卡消费合同的债权人，即持卡的健身消费者。

由于消费者是受益人，受益权为消费者所有，即便在俱乐部未出现法定的事由之前，可以避免俱乐部的其他债权人对俱乐部基于其受益权而主张清偿债务的权利，也可以避免委托人(俱乐部)滥用权利，擅自变更信托财产的管理方式。

设立预收款他益信托对健身消费者的保护不言而喻，对俱乐部而言，也并不会带来较多的财务压力和负担。但由于受益人为消费者，人数规模庞大，信托公司作为受托人将面临较大的运营成本，极可能将该成本效益压力以信托手续费形式转嫁俱乐部，从而最终仍然由消费者埋单。

建议可以由体育健身行业协会出面与信托公司协商，通过打包协会会员参与预收款信托，以增加该项信托的总规模量，降低信托公司的单位成本，提高其业务积极性；政府也可以适度规制信托公司参与其中，多承担一些社会责任。

3. 辅以保险和其他担保机制

信托公司参与积极性尚未达到其规模化要求的，以保险或其他担保机制加以辅助和补充。

就以上的分析，建议不论是保险还是担保，应由行业协会牵头组织，在行业内制定自律规则和评级公示披露，提高行业内各俱乐部的信用水平。在此基础上，协会可以与保险公司共同开发履约保证保险，按不同评分等级厘定保险费率，或者要求符合要求的各俱乐部需加入行业协会连带保证协定参加行业互保。

为避免小规模或排名较后的俱乐部“搭便车”，应鼓励行业领先的俱乐部发挥表率，积极承担社会责任，但在协会资源和流量等方面给予政策倾斜。

加入连带保证协定的俱乐部提供的服务应当无差别化，在协定中的某俱乐部出现状况后，其预付卡消费者可以持卡在其他加入协定的俱乐部进行自由消费，因为加入协定的俱乐部之间相互成为对方的预付卡债务的履行保证人。

对没有达到基本准入门槛的俱乐部，应该给予警告和进行消费者警示等措施，既促进市场优胜劣汰，又保障了消费者合法权益。对于资信较差或严重违反诚实信用原则的俱乐部，应将其列入黑名单，限制其采用此种担保方式，而只能缴纳高比例的保证金（即“釜底抽薪”式的传统保证金）。

四、结语

本课题立足实际，结合我国现行法律法规和域外相关制度与实践，权衡各种对体育健身领域预付卡的规制举措，尝试提出解决预付卡法律问题的思路如下：

第一，行业协会牵头制定行业自律规定，依此对本市体育健身俱乐部进行动态化的评分评级，并形成长效化的机制。

第二，由行业协会与信托公司谈判协商，先行先试，逐步建立预收款信托制度，并渐次推广至全行业。

第三，在信托制度先行先试的同时，行业协会牵头与保险公司共同开发针对本市体育健身行业的履约保证保险，并按各俱乐部的不同评分评级结果来厘定保险费率。

第四，行业协会负责制定连带保证协定及其准入条件，组织适格的体育健身俱乐部加入行业该连带保证协定，并按俱乐部的不同评分评级结果收取协定保证金。

第五，对于评分评级较差、受协会警告、公开谴责等而不满足准入连带保证协定的俱乐部，且该俱乐部亦不被保险公司接受的，应按常规要求向存管银行缴纳保证金。

以上这样五个层次的措施，考量了体育健身俱乐部的可接受能力与行业发展的影响，同时可以有效降低体育预付卡消费风险，营造良好的消费环境。

对体育消费预付卡法律制度的理论与实践方面仍有待进一步深入研究，希望本课题对我国体育预付卡消费者的权利保护、体育预付卡消费行业的健康发展、完善我国的相关立法等方面具有一定的参考价值和意义。

参考文献

[1] 中国消费者协会. 2017年全国消协组织受理投诉情况分析报告[EB/OL]. 中消协网站

[2] 国务院办公厅转发人民银行监察部等部门关于规范商业预付卡管理意见的通知(国办发〔2011〕25号)[EB/OL]. 中央政府门户网站，2011

[3] 沈则谨. 上海专项整治预付卡乱象[N]. 经济日报，2016

[4] 上海市单用途预付消费卡管理规定(上海市人民代表大会常务委员会公告第3号)[EB/OL]. 上海市人大官方网站，2018

[5] 李猛. 我国商业预付卡金融监管制度完善之域外经验借鉴[J]. 上海金融，2015

[6] 黄泽宇. 预付式消费合同的消费者权益保护问题研究[D]. 上海师范大学，2017

[7] 赵勇. 2018年全国群众体育工作电视电话会议上的讲话[EB/OL]. 国家体育总局群众体育司，2018

[8] 加拿大安大略省政府 [EB/OL]. “Consumer Protection Ontario”板块下“Joining a gym or fitness club”栏目
[9] 中国台湾地区“信托业商业同业公会”. “预收款信托相关重要法规及函令”[EB/OL]. “同业公会”网站
[10] 中国信托业协会. 2015年信托业专题研究报告 [R]. 2015
[11] 刘迎霜. 商业预付卡的法律规制研究[J]. 法商研究,2012
[12] 郑爽. 国外预付卡保险机制监管经验对我国的启示 [J]. 国际金融,2016
[13] 林鹏程. 预付卡消费合同履约保证制度研究[D]. 广东财经大学,2017

上海体育赛事加强事中事后监管研究

汪 丰 姜 林 徐新宇*

2014 年 10 月 2 日,《国务院关于加快发展体育产业促进体育消费的若干意见》(以下简称“46 号文”)明确规定:“取消商业性和群众性体育赛事活动审批,加快全国综合性和单项体育赛事管理制度改革,公开赛事举办目录,通过市场机制积极引入社会资本承办赛事。”2014 年 12 月 24 日,国家体育总局发布《关于推进体育赛事审批制度改革的若干意见》,对于体育赛事审批制度作出了细化规定,根据级别、规模、影响力等因素,对各项体育赛事实施分类管理,并向各级体育主管部门提出了提供技术指导和服务、规范赛事名称、人事及其他制度、明确责任、业务手续、完善配套制度、重大事项报告等进一步要求。

在 46 号文出台之前,我国对体育竞赛的组织和举办实行审批制度。46 号文对体育赛事审批制度的改革,标志着我国体育行政管理部门在职能方面的重要转变。根据“管办分离”的原则,大量与体育赛事组织有关的公共服务和相关事项,将随着行政机关与体育行业协会的脱钩,由体育行业组织自行承担和管理。

近年来,上海体育竞赛市场持续活跃,赛事活动丰富多彩。根据 2018 年上海市体育工作会议消息,2017 年全年上海举办国际国内重大体育比赛共 41 个项目 162 次,其中国际性赛事 61 次,全国性赛事 101 次;上海城市业余联赛,共设 10 个项目联赛、11 个品牌特色赛事活动和 35 个项目系列赛,先后举办赛事活动 1 528 个,参与人次超百万,通过招投标方式确定 33 家社会组织及

* 本文作者单位:上海市联合律师事务所。立项编号:TYSKYJ2018067。

74家市场主体为办赛单位；上海目前还成功申办了2021年赛艇世锦赛和2019年武术世锦赛。面对如此广阔、活跃的体育赛事市场，加强和完善体育赛事事中事后监管制度的重要性自不待言。

46号文对体育赛事审批制度改革后，体育行政主管部门构建权责明确、透明高效的事中事后监管机制，系正确处理政府和市场关系、维护和谐稳定市场秩序的关键举措。取消赛事审批制度并不意味着我国政府将完全退出对体育赛事组织和举办活动的过程监督和管理。

在新的发展环境和态势下，体育行政管理部门将面临在推动市场健康稳定发展的同时如何约束政府权力边界的诸多课题，并需为此进一步出台、完善和调整具体配套措施。例如：赛事审批制度取消后，体育行政管理部门应当如何平衡权力、资源配置，采取行之有效的宏观管理方式，以确保体育赛事合法有序地开展？如果赛事审批制度取消后部分赛事申办者在技术层面缺少必需的资源和组织能力，从而导致赛事各相关参与方出现矛盾纠纷并可能对社会稳定造成潜在影响时，体育行政管理部门是否会希望并以何种角色介入此类纠纷的解决过程？

针对上述取消赛事审批制度后可能产生的一系列问题，体育行政主管部门构建权责明确、透明高效的事中事后监管机制，无疑成为正确处理政府和市场关系、维护和谐稳定市场秩序的关键举措。本课题的研究成果可作为上海相关体育赛事立法之参考，并将上海体育赛事的规范化运作起到有益的促进作用。

一、体育赛事监管现状的评价和分析

（一）我国体育赛事监管立法历程

1. 体育赛事监管立法初始阶段：新中国成立后至1994年

新中国成立初期，为了“发展体育运动，增强人民体质”，中华全国总工会于1955年发布了《关于开展职工体育运动的暂行办法纲要》，国家体育运动委员会（以下简称“国家体委”）在1956年相继发布了《中华人民共和国体育裁判员等级制度条例》等，规范体育赛事的相关制度逐步开始建立。

此后，在1959年和1965年举办的第一届和第二届全国运动会期间出台的针对体育赛事的规范性文件，标志着我国大型体育赛事立法的开始。1978

年后，我国体育赛事法制建设处于较快发展阶段，国家体委作为当时最重要的立法主体，颁布了一系列体育赛事的相关规范性文件和部门规章，包括但不限于：1982年发布的《仲裁委员会条例》([82]体政研字8号)、1986年发布的《全国体育竞赛赛区工作条例》([86]体综办字13号)、1986年发布的《违犯〈全国体育竞赛赛区工作条例〉的纪律规定》([86]体综办字14号)、1989年发布的《对在重大国际比赛中做出突出贡献单位的奖励试行办法》([89]体训竞综字第21号)等，已基本建立起体育赛事的法律规范体系，而且其中大部分规范文件有效沿用至2016年5月9日《国家体育总局关于废止和修改部分规章和政策性文件的决定》(国家体育总局令第22号)公布实施方废止。

据统计，截至1994年，我国共有体育法律规范523件，其中绝大多数是体育行政部门制定或与有关部门联合制定的体育部门规章：在当时有效实施的283件体育法规中，体育部门规章即已占280件，由国务院批准发布的体育行政法规只有3件。

由此可知，这一时期我国的体育赛事立法大多是属于效力层级较低、法律约束力有限的部门规章。

2. 体育赛事监管立法逐步完善：1995年至2000年

1995年《中华人民共和国体育法》(以下简称《体育法》)的颁布，标志着我国体育法制建设进入一个新的时代。

《体育法》是我国第一部规范体育关系的国家法，其第四章对竞技体育也作出了专项规定，其中若干条文对体育赛事相关监管文件的制定具有重大指导作用。

在《体育法》的基础上，国家体育总局先后于1999年3月18日公布《全国体育竞赛最佳赛区和优秀赛区评选实施办法》(体竞字〔1999〕20号)，于1999年11月22日公布《体育竞赛裁判员管理办法(试行)》(体竞字〔1999〕153号)，于2000年3月16日公布《全国体育竞赛管理办法(试行)》(国家体育总局令第3号)。

由于我国在这一时期所举办的大型体育赛事数量不多，虽然这一阶段的体育赛事立法有了最直接的法律依据，但针对具体特定体育赛事的立法实践相对还是较少。

3. 体育赛事监管立法加速进行：2001年至2014年

2001年我国申奥成功，大大推动了体育赛事的立法进程：国务院相继于2002年2月4日公布了《奥林匹克标志保护条例》(国务院令〔2002〕第345

号),于2003年6月26日公布了《公共文化体育设施条例》(国务院令〔2003〕第382号),于2004年1月13日公布了《反兴奋剂条例》(国务院令〔2004〕第398号),于2006年11月1日公布了《北京奥运会及其筹备期间外国记者在华采访规定》(国务院令〔2006〕第477号)等多部重要的行政法规。

随着我国经济的快速发展及在国际事务中影响的日益扩大,国际和国内大型体育赛事在我国各大不同城市频繁举办。中央政府和各承办赛事的当地政府为保障赛事顺利举行,也进行了有针对性的立法活动。

以北京为例,在2001年至2008年的奥运周期中,北京市人大常委会先后制定和/或修订了与奥运工作有关的18项地方性法规,并作出了《关于为顺利筹备和成功举办奥运会进一步加强法治环境建设的决议》。北京市政府依据北京市人大的授权,在奥运筹备和举办期间,先后发布了31个通告、通知,并对相关法律法规作出了临时性的补充规定,北京为市政府组织好奥运期间的城市运行和赛事服务提供了充分的法律依据。

在本阶段,由于大型体育赛事频繁举办,为保障这些赛事的合法有序进行,立法速度之快、数量之多前所未有,且立法层级相对较高,法律效力较强。

4. 体育赛事监管立法的新阶段:2014年至今

在46号文出台之前,根据《全国体育竞赛管理办法(试行)》第5条之规定,我国对体育赛事实行审批登记制度,国家体育总局负责审批在中国境内举办的全国性和国际性体育竞赛,县级以上地方体育局负责审批地方性体育竞赛。对体育赛事施行行政审批制度,是体育行政管理部门掌控优质赛事资源的体现。

46号文从顶层制度设计和产业布局的角度,取消商业性和群众性体育赛事活动审批,意在完善市场机制、破除行业壁垒,鼓励社会力量和民间资本进入体育产业,促进体育产业在市场机制下蓬勃发展;此后,国家体育总局发布的《关于推进体育赛事审批制度改革的若干意见》及《在华举办国际体育赛事审批事项改革方案》(体外字〔2014〕519号)进一步规定全面推进体育赛事审批制度改革,细化对各项体育赛事的分类管理制度,并编制《全国性单项体育协会竞技体育重要赛事名录》(以下简称《赛事名录》)(只限于全国性单项体育协会主办的竞技体育重要赛事,不包括商业性和群众性体育赛事及部分公益性赛事)。

如表1所示,在46号文贯彻落实过程中,因多类体育赛事前置性审批的取消，难免遭遇市场主体、投资渠道多元化后可能引发的诸多矛盾和问题，这离不开大量配套的事中事后监管政策措施的跟进和落实，体育赛事监管立法自此进入了一个新阶段。

表1　体育赛事分类管理审批情况表

赛事层级	分　　类	审 批 模 式
国际体育赛事	A类国际体育赛事	按现行规定和审批权限，报体育总局或国务院审批
	B类国际体育赛事	由承办地有外事审批权的地方政府或有关部门审批
	C类国际体育赛事	实行报备制，作为地方外事活动由地方审批
全国性体育赛事	全国综合性运动会	由国务院批准举办
	《赛事名录》内的赛事	全国性单项体育协会主办，无须体育行政部门审批
	《赛事名录》外的赛事	无须体育行政部门审批
	特殊项目赛事	继续按照现行规定执行办理审批手续
地方性体育赛事		取消商业性和群众性体育赛事审批，其余按相关规定执行

《全国体育竞赛管理办法（试行）》等以审批制度为导向的法律规范被逐步废止而退出历史舞台，加强体育赛事事中事后监管的法律规范相继出台，包括但不限于：国家体育总局关于印发《关于进一步加强武术赛事活动监督管理的意见》的通知（体政字〔2017〕107号）、国家体育总局关于印发《关于进一步加强马拉松赛事监督管理的意见》的通知（体政字〔2017〕125号）、国家体育总局《关于在青少年体育赛事活动培训中加强安全管理的通知》等。

（二）上海体育赛事监管现况

1. 上海现行体育赛事监管地方性法律规范体系

经梳理整合，截至目前，上海现行体育赛事监管地方性法律规范体系主要由以下文件构成（表2）：

表2　上海体育赛事监管地方性法律规范体系表

日　期	名　　称	文　号	发文机关
2014年6月6日	上海市社会体育指导员管理试行办法	沪体群〔2014〕309号	上海市体育局
2014年6月7日	上海市《运动员技术等级管理办法》实施细则	沪体竞〔2014〕317号	上海市体育局
2015年5月28日	上海市公共场所人群聚集安全管理办法	上海市人民政府令第29号	上海市政府
2016年7月1日	上海市体育竞赛裁判员管理办法(试行)	沪体赛〔2016〕302号	上海市体育局
2016年12月1日	上海市体育改革发展"十三五"规划	沪府办发〔2016〕52号	上海市政府办公厅
2017年11月23日	上海市市民体育健身条例(2017年修订)	上海市人大常委会公告第60号	上海市人大常委会
2018年8月1日	关于本市体育赛事活动组织体系设置的若干规定(试行)	沪体规文〔2018〕3号	上海市体育局

……

2. 上海现有体育赛事分类监管情况

根据《关于本市体育赛事活动组织体系设置的若干规定(试行)》之规定，上海现有体育赛事分类监管情况如下(表3)：

表3　上海体育赛事分类监管情况表

赛事层级	分类一	分类二	监管模式
国际体育赛事	国际A类赛事	综合性运动会	体育总局/市体育局成立赛事组委会举办
		其他A类赛事	市体育局任主办/承办单位
	国际B类赛事	国家体育总局项目管理中心主办	市体育局任联合主办/承办单位
		全国单项体育运动协会主办	市体育总会任联合主办/承办单位

续　表

赛事层级	分类一	分 类 二	监 管 模 式
国际体育赛事	国际 C 类赛事	市体育局发起	市体育局任主办单位
		市体育总会发起	市体育总会任主办单位
		区体育局发起	办赛方确有需求，市体育局可任共同主办单位
		市级单项体育运动协会、市级行业体育协会或区体育总会等发起	办赛方确有需求，市体育总会可任共同主办单位
全国性体育赛事	全国综合性运动会	上海市单独承办	市体育局成立赛事组委会举办
		上海市和其他城市共同承办	市体育局成立赛事组委会，以赛区组委会名义举办
	全国各类职业联赛		单项体育协会牵头成立赛区赛事组委会举办
	全国单项体育赛事或体育活动	体育总局/市政府主办	市体育局任承办单位
		国家体育总局项目管理中心主办	市体育局任联合主办/承办单位
		全国单项体育运动协会主办	市体育总会任联合主办/承办单位
		其他	原则上由发起方任主办单位
市级赛事活动	青少年赛事活动	全市综合性运动会	市体育局任主办单位
		本市年度单项青少年最高等级赛事、二线测试赛及由市体育局发起的其他单项赛事	市体育局任主办单位
		各市级项目中心、市级行业体育协会、市级单项体育运动会，区体育局、区体育总会等单位发起的赛事活动	原则上由发起方任主办单位，市体育局可任指导单位
	群众性赛事活动	全市综合性运动会	市体育局成立赛事组委会举办

续 表

赛事层级	分类一	分 类 二	监 管 模 式
市级赛事活动	群众性赛事活动	市体育局发起	市体育局任主办单位
		市体育总会发起	市体育总会任主办单位
		区体育局发起	办赛方确有需求，市体育局可任共同主办单位
		市级单项体育运动协会、市级行业体育协会或区体育总会等发起	办赛方确有需求，市体育总会可任共同主办单位
	商业性赛事活动		市体育局原则上不参与，如办赛方确有需求，市体育总会可任主办单位或者支持、指导单位

二、案例分析视角下的体育赛事监管——以马拉松赛事为例

（一）马拉松赛事的监管困境

根据中国田径协会官方网站显示，马拉松赛事审批权取消后，取而代之的是采取注册制；根据《马拉松产业发展规划》，2016年，在中国田径协会注册的马拉松及相关运动赛事达328场，赛事覆盖了中国大陆地区30个省、自治区和直辖市的133个城市，参加比赛的总人次近280万人。

马拉松赛事的举办过程中存在此般景象：大部分的马拉松及相关运动仍会选择与政府合作办赛。原因在于，如无政府参与，马拉松赛事最基本的比赛硬件条件难以被满足，在后续安保审批过程中仍是困难重重；即便办理完毕安保审批，安保部门也只能确保赛事的安全方面不出现问题，而针对赛事具体运营等与赛事本身息息相关的方面则无从下手，赛事的品质根本不能得到保证；若报备人数与参赛人数有所出入的，如安保部门未能及时、实时介入监管，赛事安全仍存在较大隐患。具体如图1所示：

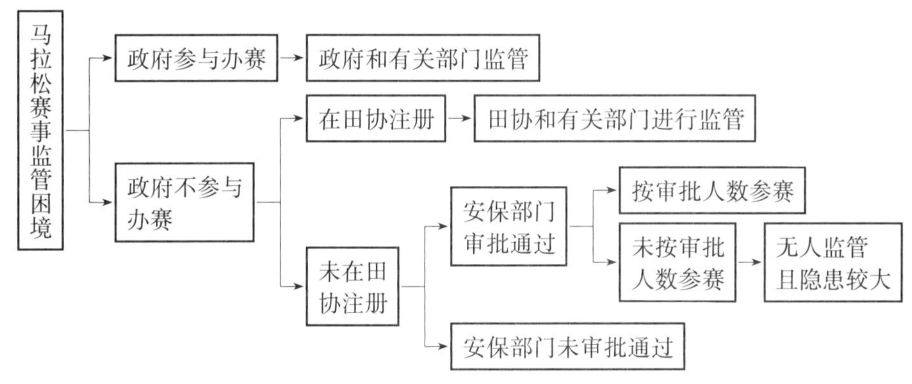

图1　马拉松赛事监管困境

实践中，纯粹由社会力量组织的马拉松及相关运动因缺乏政府及体育职能部门监管，因办赛过程不规范而导致的参赛人员猝死、赛后拖欠奖金等问题时有发生。根据中国田径协会《2015中国马拉松报告》，2015年共计发生参赛人员猝死事件5起，其中2015年12月一个月就发生2起；发生拖欠奖金问题3起，分别是深圳马拉松、清远马拉松和临沂马拉松。

（二）马拉松赛事事中事后监管的着力要点

结合上述马拉松赛事事中事后监管困境，可以梳理现阶段赛事监管的着力要点如下：

1. 加强政府工作联动，明确赛事申办流程

体育赛事审批虽已取消，但真正的问题逐步显现：就目前情况而言，我国体育产业所涉及的政府职能管理部门众多，整体表现为缺乏统一的组织协调机制，进而衍生出新的问题，如措施不配套、程序不明确等，同时政府与市场之间的有效沟通不足，也致使两者之间的关系不够清晰、准确。

46号文出台前，体育职能部门关于赛事审批的批文在公安、消防、卫生医疗等赛事相关部门面前能起到相当于“绿色通行证”的作用。但在马拉松赛事审批权取消后，虽然办赛数量有所增加，但不难发现一些有政府支持的马拉松比赛多在其城市的中心地区举办，相反一些民间自发组织的马拉松赛事则只能将比赛设置在远离城区的偏远地带。其中的原因主要是：马拉松及相关运动需占用较大面积的公共资源，没有政府办赛背景的支持，想协调充沛的安保力量支持基本没有可能。甚至一些本不再需要烦琐批文程序的办赛主体，因为其他与赛事相关政府职能部门的制度、限制和改革成效的不一致而使其拟

举办的赛事夭折。

因此，马拉松赛事的事中事后监管需要在不同层面、全方位协同推进，培养不同层面的办赛主体，这不仅仅需要中央与地方政府之间的联动配合，还需要其各部门与部门之间的联动，并以此形成新的联动运转体系。

2. 整合赛事举办资源，完善赛事监管体系

就目前而言，马拉松赛事分散于全国各地，但专业的马拉松赛事运营团队是有限的，参加马拉松赛事的专业选手和队伍也是紧缺的，业余高水平爱好者同样有限。在整体办赛资源并不充裕的大背景下，相关赛事的分散化举办会愈发稀释有限的办赛资源，使得大量赛事的品质难以得到基本保障。

因此，对体育赛事加强事中事后监管，应着力于厘清政府和市场之间的关系，整合办赛资源，建立马拉松赛事安全监管体系。制定马拉松赛事医疗急救和保障的行业标准，确定各种规模的医疗点、维稳人员配置数量规模等，进一步提高现场医疗急救和安保水平，为赛事和参赛选手保驾护航。

3. 推动行业协调融合及区域文化融合

就目前而言，我国马拉松赛事与其他赛事相关的文化、传媒、保险等行业的融合并不充分，马拉松赛事的着力点在于：推动马拉松运动产业发展，促进其与科技、文化、传媒、会展、培训、医疗、保险、旅游、互联网等相关产业的深度融合发展（如鼓励保险机构推出马拉松专项险（含猝死险）等）；同时，将马拉松运动与区域文化相融合，因地制宜整合空间资源，结合各地的地理、气候、民俗、经济等特色，与文化、创意、健康、旅游等深度融合，打造多层次多样化的赛事活动体系，培育有鲜明地方特点的马拉松文化。

三、比较法视角下的体育赛事监管

（一）美国的体育赛事立法

美国一直是世界体育的强国，在国际体育赛事领域有着重要地位。无论是职业体育赛事还是业余体育赛事，美国的发展都取得了引人注目的成就。早在19世纪末，美国以职业棒球为代表的职业体育赛事就开始兴起，最初针对职业体育赛事领域的限制竞争问题，美国联邦反托拉斯法《谢尔曼法》和《克莱顿法》开始介入到职业体育领域，但职业棒球赛事通过一系列的案件获得了反托拉斯豁免。1961年时，美国国会通过了专门针对职业体育赛事转播权的

《体育转播法》。由此可知，美国体育与法律最初的碰撞是从职业体育开始的，主要是针对四大职业体育联盟(即美式橄榄球联盟、美国职业棒球大联盟、美国职业篮球联赛和国家冰球联盟)，发生的法律问题也多以职业体育产业相关。

二战后，美国开始关注国民的身体健康，将业余体育赛事作为体育发展的重要组成部门。1978 年，美国第 95 届国会通过了美国《业余体育法》，其旨在促进美国的业余体育。该法共 2 章 29 条。由此可知，美国虽为一个普通法系国家，但其在体育领域也具备专门管理体育赛事的法律。该法主要是针对美国奥委会、美国国内单项体育联合会的详细规定，形成了美国业余体育赛事的基本管理架构。

职业体育赛事方面，《业余体育法》并未对此作出相关规定。但是一方面，美国是一个高度市场经济的国家，其市场经济法律体系相对完善，职业体育赛事作为市场经济的组成部门，大量问题均适用其他相关部门法予以调整，如劳工问题适用美国劳工关系法、市场竞争问题适用联邦反托拉斯法，等等。

另一方面，美国针对职业体育赛事产业的特殊性，也采取了一些有针对性的做法，比如职业棒球的反托拉斯豁免，《体育转播法》对赛事转播权集中出售的反托拉斯豁免，还有职业体育赛事集体劳工合同和集体谈判的反托拉斯豁免等。该等法律模式为美国职业体育赛事的发展提供了良好的法治保障。截至目前，美国已发展了包括 NBA、NFL、NHL、MBL 在内的 20 个左右的职业体育赛事组织。

(二) 美国体育赛事立法对上海体育赛事事中事后监管的启示

1. 通过《业余体育法》形成特定的管理体制

美国奥委会在 19 世纪末即已成立，但直至 20 世纪中期时仍为一个较为松散的组织，虽然得到国际奥委会的承认，可代表美国参加奥运会，但美国的体育赛事体系实际上是由地方、区域及美国国内单项体育联合会发展起来的。美国奥委会在选拔优秀运动员、组成美国代表团的工作中出现了诸多难以调和的矛盾，并受到了多方面的限制。

为发挥美国奥委会在奥林匹克体育赛事上的协调功能，美国在 1983 年设立了总统领导的“美国奥林匹克运动委员会”，以协调奥林匹克运动相关的问题和纠纷，这直接促成了《业余体育法》的颁布实施，并确立美国奥委会为美国业余体育赛事负责机构的地位。

《业余体育法》第一章“美国奥委会”中，详细规定了美国奥委会成立的目的、组成、权利、限制等内容；第二章则主要是对美国国内单项体育联合会的资格、权责范围等事项进行了详细的规定，理顺了其与美国奥委会的关系，明确了两者在美国业余体育赛事中承担的角色分工，改变了以往各主体之间的矛盾问题。这为美国业余体育赛事的开展提供了明确的标准和准则，形成了独具特色的业余体育赛事管理体制。

美国业余体育赛事的管理基本是以美国奥委会为主体，形成了各主体之间良好的治理关系；而职业体育的法律问题则是以市场为基础，由各部门法根据职业体育赛事的特殊性进行调整，职业体育赛事联盟根据相关法律规范进行自治；同时，美国职业体育赛事与业余体育赛事之间存在着密切的互动关系。美国上述业余体育赛事与职业体育赛事的管理体制值得我们借鉴。

2. 通过体育仲裁解决纠纷

《业余体育法》对体育仲裁进行了规定。在美国，体育纠纷的解决常采用非诉讼的方式。就体育仲裁而言，美国既有各体育协会内的体育仲裁制度，也有独立的普通体育仲裁制度。

关于体育协会内的仲裁程序，以NBA为例，主要由协商程序、诉愿小组的处理程序、最终的仲裁程序三个步骤组成；关于独立机构的仲裁程序，美国仲裁协会为解决体育争端，于2001年专门设立了体育仲裁小组。相关仲裁裁决都是最终裁决，具有法律效力，对双方当事人均具有约束力。

美国法院认为，体育协会的成员受到体育协会的规范和管辖权的约束，只要体育协会的规范和章程不违反公共政策并得到恰当的运用，法院一般不干涉。因此，美国法院对体育协会和体育仲裁机构作出的体育裁决一般不轻易进行司法审查，处理时都会遵循“承认当事人自愿放弃司法救济”以及“司法救济以用尽体育协会内部救济措施为限”的原则。美国法院推翻体育仲裁裁决的情况非常罕见。

美国上述独具特色的体育仲裁制度架构值得我们借鉴。

四、对策建议及发展模式

基于上述对我国及上海体育赛事事中事后监管现况的梳理分析，并结合案例研讨中所掌握的体育赛事监管实践要点以及比较法视角下的借鉴经验，本课题现对于上海体育赛事事中事后监管制度的加强与完善提出以下参考性意见：

（一）修订完善相关体育赛事管理法律规定

对原以体育竞赛审批作为制度基础的体育赛事管理法律规定进行修订，取消竞赛事前审批，完善对体育赛事的事中事后监管举措，优化体育办赛环境，为上海体育事业健康可持续发展提供良好的法治保障。

（二）厘清政府、体育主管部门职责

明确上海各级政府、体育主管部门的赛事管理职责、规定体育赛事相关活动的衔接规定。各级体育行政部门应依据“谁审批、谁监管，谁主管、谁监管”的原则，建立健全体育赛事事中事后审批事项监管职责目录及行政审批事中事后监管清单或监管制度，明确事中事后监管对象、实施主体、监管依据及检查对象、内容、方式、措施、程序、工作要求、监管计划等。

（三）推进行业自律，加强社会和舆论监督

推动各类体育协会、体育项目俱乐部、健身会所等建立健全行业自律规范、自律公约和职业道德准则，规范会员行为。建立体育部门与行业协会商会间的信息互联共享、参与协作机制。发挥和借重体育协会商会在权益保护、资质认定、纠纷处理、失信惩戒等方面的作用。同时进一步健全公众投诉机制，鼓励社会公众广泛参与市场主体监督。

（四）明确赛事举办方权利义务

规定体育赛事的举办条件，落实与体育赛事相适应的管理人员和专业技术人员，落实符合要求的场地、设施和器材；根据体育赛事需要落实相关医疗、卫生及安全保卫措施，明确主办人、承办人、协办人职责，规定特殊赛事举办的特殊要求，明确体育赛事规程的制定规范和基本条款要求。

（五）建立赛事信息公开机制

建立体育赛事信息网络公示系统，赛事举办方应当通过该系统向社会公布赛事时间、地点、主办人、承办人、参赛条件、赛事规程及奖惩办法等，以便于人民群众获知赛事信息，同时也有利于体育主管部门针对赛事开展监管活动；实行公平、公开、公正的原则，利用互联网信息手段，采用问卷调查、网上舆情统计、微博、微信、客户端方式实现赛事信息收集，及时将结果公布于众。

（六）完善监管途径

除了传统的书面检查、实地检查、定期检验、抽样检查、检验检测等方式外，大力推行“双随机”抽查机制。建立健全“双随机”抽查机制和随机抽查事项清单，建立体育市场主体名录库和执法检查人员名录库，通过摇号方式随机抽取检查对象和随机选派执法检查人员，确保程序公平公正，并推动随机抽查结果在企业信用信息公示系统和社会信用系统公示，形成有效震慑。

（七）完善法律责任体系

针对不落实赛事保障措施、不按照规定公布竞赛规程、违反赛事名称规范等行为，上海各级政府、体育主管部门有权依法实施处罚。

（八）建立赛事黑名单制度/信用档案制度

健全信用信息体系建设，发挥信用黑名单的作用，以日常监管信息、良好行为信息、不良行为信息、信用评价信息等为基础，建立健全行政审批诚信档案，并定期依据监管对象的诚信情况、日常经营活动情况、违法情况等，对部分办赛主体和从业人员在办赛过程的违法行为和严重失信行为可以采取行业禁入和向社会公布等措施进行失信惩戒。

参考文献

[1] 姜熙.比较法视角下的我国体育立法研究[D].上海市体育学院，2017

[2] 赵洋.第三方评估在体育赛事监管机制中的创新性研究[J].体育大视野，2016

[3] 张志武.分类改革我国体育赛事审批制度的研究[D].天津体育学院，2016

[4] 韩勇.美国体育法学发展及对中国的启示[J].体育与科学，2015

[5] 金涛，王永顺，高升.美国“业余体育法”解读与启示[J].体育学刊，2014

[6] 卢成.欧美国家高度体育产业化和体育法的发展对我国体育法研究的启示[J].社会体育学，2017

[7] 陈虎.赛事审批权取消后对我国马拉松及相关运动举办的影响研究[D].首都体育学院，2016

[8] 梁恒.我国大型体育赛事立法历程及其效力分析[J].体育前沿，2017

[9] 管文潮.我国行政型市场化体育组织监控机制研究[D].武汉体育学院，2012

[10] 沈黎勇，费兰兰.国外体育仲裁制度借鉴与启示[J].体育文化导刊，2005

上海体育立法体系研究

刘长秋 史 聪 段占朝 马 彦 王 勇 秦广灵*

党的十八届四中全会确立了全面依法治国的战略，并通过了《中共中央关于全面推进依法治国若干重大问题的决定》（以下简称《决定》）。《决定》指出："全面推进依法治国，总目标是建设中国特色社会主义法治体系，建设社会主义法治国家。这就是，在中国共产党领导下，坚持中国特色社会主义制度，贯彻中国特色社会主义法治理论，形成完备的法律规范体系、高效的法治实施体系、严密的法治监督体系、有力的法治保障体系……坚持法治国家、法治政府、法治社会一体建设，实现科学立法、严格执法、公正司法、全民守法，促进国家治理体系和治理能力现代化。"从法理上来说，完备的法律体系是由中央立法与地方立法共同构成的一个相互支撑的法律体系，地方立法体系是该体系不可或缺的重要组成部分。就此而言，拥有健全和完善的地方立法体系是我国全面依法治国战略的内在要求。而由于经济社会生活的多面性，加之依法治国的全面性，体育领域的立法显然也是我国形成完备法律体系所必须关注的基本方面。

上海作为我国改革开放的前沿阵地，作为国家重大战略的实施者和先行者，近年来在体育发展方面尤其是体育产业的发展方面取得了令人瞩目的成绩。然而，在体育发展保障的立法体系建设方面却还存在显见的不足，迄今还没有形成一个相对完备的地方体育立法体系。在法治已经成为时代主旋律而上海体育发展也离不开立法保障的情势下，上海体育立法体系的现状显然不利于上海体育的进一步发展。当前，国内专门研究上海体育立法体系研究的成果还相对少见。基于此，本课题拟从分析上海体育发展的现状及其立法需

* 本文作者单位：上海社会科学院法学研究所。立项编号：TYSKYJ2018083。

求入手，对上海体育立法体系所存在的问题及其完善对策加以探讨，以期推进国内相关研究的同时，为上海体育立法体系的构建与完善提供一些有针对性的参考建议。

一、上海体育发展现状及立法需求

改革开放以来，在上海市委、市政府的高度重视下，上海体育得到了飞速发展，无论是在学校体育、社会体育、竞技体育，还是在体育产业方面，都取得了令人瞩目的成绩。

在群众体育方面，第六次全国体育场地普查有关数据显示，上海全市共有体育场地 38 600 个，总场地面积 4 155.69 万平方米，人均体育场地面积 1.72 平方米；共建有健身苑点 9 905 个，社区公共运动场 390 处，农民体育健身工程 1 033 个，百姓健身步道 317 条，百姓健身房 125 个，百姓游泳池 37 个；经常参加体育锻炼的人数比例达到 40.8%；区级体质监测中心实现全覆盖；国民体质综合指数连续三次蝉联全国第一。

在竞技体育方面，上海培养了刘翔、姚明等一批世界知名的优秀运动员，同时在 2011～2015 年期间，上海运动员共有 52 人次获得奥全运项目世界三大赛冠军。可以说上海的竞技体育发展一度取得了极为优异的成绩。

在体育产业方面，统计数据显示，2014～2017 年，上海体育产业总规模和增加值连续保持两位数快速增长，总规模从 767.05 亿元增长至 1 266.93 亿元，增加值从 308.22 亿元增长至 470.26 亿元，增加值占全市 GDP 的比重从 1.3%提升至 1.6%；主营从事体育经济活动的单位数量，从 2015 年的 7 938 家增至 2017 年的 11 489 家。

然而另一方面，上海体育的发展依旧存在诸多问题。例如，在体育场馆的供给方面，受上海城市自身特点的制约，能够用于市民体育健身的场馆依旧供不应求，中心城区场地空间紧缺、现有公共资源使用效能不足。在竞技体育方面，近年来看，上海竞技体育竞赛成绩有下滑趋势，夺冠实力不如从前。而在体育产业发展方面，也还存在体育产业发展后续动力不足的突出问题。在全面依法治国而更需要关注和重视法律作用的宏观背景下，以上问题的根源显然需要从立法的角度多加考量。而上海体育发展的现状及其今后发展的客观需要，也对体育立法产生了强烈的需求。

从法律功能主义的角度上来说，立法具有引领和推动经济社会发展的作用，尤其是在法治社会建设进程中，法律对各项工作的规范和推动作用就更不容忽视。地方体育立法显然也具有这一方面的作用，其对于地方体育发展具有明显的规范和推动作用。

具体而言，现代法律具有规范性、民主性、相对稳定性和权威性等特征。法律的上述特点，决定了地方性立法在引导和保障体育发展中的地位和作用。

具体来说，地方性立法作为法律具有规范性的特征，有助于解决推进上海体育发展进程中对相关政策文件精神“理解不一致”的问题；立法具有民主性的特征，有助于调动广大人民投身市民健身及建设全球著名体育城市的积极性；立法具有长期稳定性的特征，有助于解决上海体育产业促进中政策易变的问题；法律具有权威性的特征，有助于克服有令不行、有禁不止的问题，实现上海体育的持续健康发展。

二、上海现行体育立法体系及存在问题分析

对于地方体育的发展而言，在全面依法治国已经成为我国重要战略的宏观背景下，加强立法建设以助推体育的进一步发展，无疑已经成为客观所需。我国早于 1995 年即制定了《体育法》，该法立足于体育事业发展的角度对包括社会体育、学校体育、竞技体育以及体育社会团体等在内的体育基本问题进行规定，对于推进我国体育事业的发展发挥了不可抹杀的重要作用。

2003 年 6 月，国务院发布了《公共文化体育设施条例》，对公共文化体育设施的规划和建设、适用与保护以及管理和保护进行了规定。2009 年 8 月，国务院制定了《全民健身条例》，使全民健身问题也有了法律的明文保障和促进。

此外，针对奥林匹克标志保护问题、反兴奋剂问题以及体育彩票管理问题，国务院还分别于 2002 年 2 月、2004 年 1 月以及 2009 年 5 月出台了《奥林匹克标志保护条例》《反兴奋剂条例》以及《彩票管理条例》等法规。

在以上法律法规之外，各个地方也相继制定了一些地方性的体育法规、规章以及规范性文件，上海也在其中。上海早于 2000 年 12 月就制定了《上海市市民体育健身条例》。此外，还制定了《上海市体育设施管理办法》《上海市体育竞赛管理办法》《上海市体育竞赛裁判员管理办法（试行）》和《上海市〈运动员技术等级管理办法〉实施细则》等在内的多部地方性规章及规范性文件。这不仅使得上海地方性体育立法初具规模，在引导和推进上海体育发展方面发

挥了重要作用，而且令上海体育不仅有国家立法的规范、引导和保障，而且也有地方性立法的规范、引导和保障，形成了中央与地方两个层面的立法共同保障上海体育发展的良好局面，这对于促进上海体育的发展无疑具有积极作用。

然而另一方面，在全面依法治国已经成为时代主旋律且成为我国“四个全面”战略重要组成部分的宏观背景下，现行的立法体系还存在以下显见的不足。

（一）缺乏一部具有核心法作用的地方立法

从科学立法的角度来看，立法体系的构建需要一部科学完整且具有核心地位的基本法，以为其他法的制定提供方向与指引，使其能够凝结成一个体系而存在，并充分发挥应有的合力。这样才有利于整个立法体系的形成。就目前而言，上海已经制定了包括《上海市市民体育健身条例》等在内的多部法规、规章与规范性文件。其中，《上海市市民体育健身条例》是目前上海效力层次最高的地方性体育立法，但是就其内容看主要是一部针对市民体育健身问题而出台的地方性体育立法，不具有基本法所应当具有的综合性。就此而言，目前上海体育立法体系中还缺乏一部能够真正承担地方体育立法体系基本法作用的核心法。而上海体育立法应当是一个由综合引导到具体监管、由面及点的地方立法体系。

上海进行体育立法的过程中，并没有像其他省市一样，先出台一部具有综合性的《体育法》实施办法，而是结合上海体育发展的自身特点与需要，出台了《上海市市民体育健身条例》，并以该地方性法规为主导初步形成了上海地方体育立法群落。在国内其他省市大都出台《体育法》实施办法这类相对更具有综合性特点的立法之情况下，上海并没有随波逐流，而是依据上海体育发展的自身特点与需求制定了更适宜上海城市特点的《上海市市民体育健身条例》，这本身是上海体育立法的一个创新。

然而，从另一方面来讲，这一做法的弊端也是显而易见的。原因在于，体育既是一项直接关涉广大人民群众身体健康的事业，也是一种助推国家经济发展的产业，既包含社会健身、学校体育，也包含竞技体育，既涉及体育场所的经营维护，也涉及体育从业者合法权益的保护以及体育社会团体的保障……相应的，体育立法的内容也因此而包罗万象。

作为体育立法体系中的基本法，需要对其他立法提供指引，并需要发挥其核心法的作用,统合整个立法体系。为此,其内容必须要全面,需要尽可能多地涉及体育发展的方方面面。而《上海市市民体育健身条例》只是针对市民健身问题而出台的一部地方性法规,其内容上的局限性决定了其难以承担上海地方性体育立法体系基本法的作用。

(二)立法体系还不够健全

如上所述,体育不仅是一项事业,而且是一种产业,涉及多方面的内容。而在全面依法治国的宏观背景下,体育的发展显然也需要被纳入法治的轨道中,健康地运行。为此,体育的方方面面都需要进入依法治理的视野之中。而体育基本法的综合性特点决定了其在规范和引导体育活动方面必然具有自身难以克服的困难,即难以深入和具体。为此,需要针对各个专门领域出台更为细致和具体的立法,以使这些领域获得更为具体和细致的法律引导和规范,并且需要使这些立法在基本法的引导和统合之下成为一个相互配合、相互支撑、内部协调一致的体系。

国家立法如此,地方性立法显然也需要如此。然而就目前来看,上海地方性体育立法显然还远不健全,不仅迄今尚没有一部可以真正承担基本法角色的核心法,而且在很多领域的立法方面也还存在着明显空白。例如,在上海体育产业发展迅猛而急需要专门立法来加以引导和促进的情势下,上海还没有出台一部专门促进体育产业发展的地方性法规或规章,这使得上海体育产业的进一步发展缺少地方性立法的支持与推动,尤其是在目前我国现行的《体育法》并未就体育产业促进做出任何规定的背景下;在很多体育从业人员尤其是运动员和教练员退役后生活经常会陷入困境的背景下,上海也还没有出台一部专门针对体育从业人员合法权益保障方面的地方性法规或规章;而在越来越多的上海市民加入游泳大军以致使上海游泳场所的管理问题越发突出的情况下,上海目前显然也还没有针对游泳场所的管理出台专门的管理办法……这使得目前上海体育立法尽管已经初具规模,但却还远未达到体系健全的程度,还难以完全满足上海体育发展的制度保障需求,需要依据上海体育发展的现实需要逐步加以健全。

(三)一些现行立法需要进一步修改完善

地方性体育立法是依据各个地方体育发展实际情况和需求制定和实施的旨在指导各地方开展体育工作的规范性法律文件,也是各地体育执法的重要保障。从法理上来说，法律作为人们行为的准绳，能够为人们的行为提供必要的指引，为此，法律需要尽可能的准确、严谨，避免表达的模糊性，“法律语言的本质特征是准确性”，“准确性是法律语言的生命线”，否则就会令其操作性大打折扣。地方性体育立法显然也在此列，其存在的意义与价值就在于其能够为地方体育活动提供一定的规矩或指引，使各地体育活动在这些规矩或指引下发展。为此，在立法条文的设置上，地方体育立法需要力求严谨准确，避免笼统和模糊。

但就目前来看，上海地方性体育立法中，有一些立法条文显然还难以做到以上要求。例如，《上海市体育设施管理办法》规定：“公共体育场馆向社会开放，不需要增加投入或者提供专门服务的，应当免费；需要增加投入或者提供专门服务的，可以根据运营成本，适当收取费用……公共体育场馆需要收取费用的，应当对学生、老年人、残疾人等群体实行价格优惠。”但何为“适当”？实行何种程度的价格优惠？相关表述显得模糊与不确定。

此外，就有些立法条文内容的规定来看，还有继续修改和完善的空间。例如，《上海市市民体育健身条例》第三十五条规定：“鼓励市民体育健身活动组织者和健身场所管理者依法投保有关责任保险。”该规定的初衷是确保市民参与体育健身的安全性，并将由于市民体育健身活动组织者和健身场所管理者组织或管理等方面原因而招致的市民体育健身伤害事件的成本通过责任保险的方式予以分摊。但由于该规定属于鼓励性条款而非强制性条款，在实际操作中，很少有市民体育健身活动组织者和健身场所管理者主动投保责任险。显然，为了达到立法条文所预设的目的，立法更宜将鼓励性规定转化为强制性规定。

（四）缺乏对已有立法的后评估

完善的立法体系不仅需要相应的立法予以支撑，更需要科学的立法予以支持。立法是否科学往往需要开展地方立法后评估来评价。地方立法后评估着重解决三个方面的问题：地方制定的立法是否取得预期效果；立法后的参照系是什么；参照对比后如何调整改进。目前上海在推进地方体育立法过程中，还没有进行立法后评估方面的工作，这使得现行立法的科学性难以衡量，其修改与废止往往跟不上节奏。

尽管部分上海体育法规和规章已经着手修改，但是仍有部分规章制定时间过久，缺乏立法后评估，实施效果不佳，不符合上海体育发展的需要。如《上海市体育竞赛管理办法》早在1999年之前颁布，与当前上海体育产业发展的迫切需要相比已经略显落后，需要及时进行立法评估以确定是否需要修改。因此，加强立法后评估工作以确保立法体系的科学性也是目前上海体育立法体系需要直面的问题。

三、上海体育立法体系之框架及其完善的对策建议

从法理上来说，立法是法治的基础，而任何立法体系都有一定的框架，该框架应当有其特定的构成部分，且其中的每一部分都在发挥着特定的作用。而立法体系的构建与完善应当依照相应的框架来进行，作为国家立法体系重要组成部分的地方立法体系也是如此。

（一）关于上海体育立法体系的框架与构成分析

“党的十八大以来，我国进入全面建设小康社会、全面深化改革的重要时期，立法功能从注重总结实践、提炼经验，变为重视引领、增强前瞻。”当前，我国改革进入了深水区和攻坚期，改革与法治的关系，尤其是改革与立法的关系，也已发生了很大变化，改革开放以来的很长一段时期，我们都确信改革是主要目标，而立法具有被动性、滞后性以及保障性特征，对改革是一种适应服从的关系；但现阶段我们推行全面依法治国，注重发挥法治的作用，相应的立法需要发挥主动性、前瞻性、引领性作用，也即是“改革要于法有据”。体育领域的改革发展也离不开立法的推动。而在地方上，虽然在一些尚未形成国家立法的领域要先行先试进行改革，但这并不意味着这种改革可以不受立法的约束，可以没有立法依据。而体育领域显然就属于这样的领域。

体育领域的发展涉及经济、文化、民生等方方面面，近些年来已成为国家和地区发展的重点领域，上海亦是如此。根据《上海市体育改革发展“十三五”规划》，上海体育发展在“十二五”期间取得了一系列成就：全民健身服务体系不断完善，竞技体育运动成绩有所突破，体育赛事影响力持续提升，体育产业规模逐步扩大，各种体育类硬件、软件建设有所完善，竞技体育人才培养体系、全民健身公共服务体系、体育竞赛运作体系以及依法管理体系等多方面都为全国体育的发展提供了可借鉴的经验。但也仍然存在一些问题：市民的体育需求与供给不足的矛盾突出，竞技体育核心竞争力不强，体育产业能级不高等。而在全面依法治国已经被作为一项国家战略予以推进且法治已经成为当

代社会主旋律的宏观背景下，以上很多问题的应对和解决都需要立法的推进。这势必会对上海地方性体育立法带来强烈的现实需求。

以此为基点，本课题认为，上海体育立法体系应当由以下几个方面的内容构成：

其一，是为整个上海体育发展指明方向并为上海体育立法提供指引，在整个立法体系中承担基本法作用的《上海市体育条例》。该条例应当以《体育法》《全民健身条例》等国家体育立法为依据，对上海体育发展的重大方面如学校体育、社会体育、竞技体育以及体育政策的调整等做出制度安排和规则设计。

其二，是上海早已经制定并现行的《上海市市民体育健身条例》。该条例重在提高上海市民的体育健身意识，为上海市民参与体育健身、确保其健身权的实现提供法律保障。

其三，是专门针对上海体育产业发展问题而有必要制定的《上海市体育产业促进条例》。体育不仅是一项事业，更需要被作为一种产业来加以发展。就上海体育产业发展的情况来看，上海体育产业一直保持着良好的发展态势，在全国居于领先水平，但在目前中央层面尚未专门针对体育产业进行立法的情势下，其进一步发展需要地方性立法的支持。当前上海体育产业的发展主要靠政策推动，立法相对缺少，而政策调整往往过于原则和随意，与全面依法治国的要求不相符。

其四，是旨在保障体育从业人员合法权益以维护体育发展之基的《上海市体育从业人员保障条例》。无论是体育事业的发展还是体育产业的发展，都需要以人作为基础，需要以特定的体育从业人员作为发展的根基。切实保障体育从业人员尤其是运动员与教练员合法权益已经成为立法需要直面的一个问题。当前国家层面还没有出台这样的法律或法规，上海作为改革开放的先行者与排头兵，可以先行先试，以地方立法的方式助推国家层面的立法。

其五，是其他重要立法。如上海已经制定的《上海市体育活动经营场所管理办法》《上海市体育竞赛管理办法》《上海市体育竞赛裁判员管理办法（试行）》和《上海市〈运动员技术等级管理办法〉实施细则》等以及尚未制定但需要其他立法。这些也都应当是上海体育立法体系的重要组成部分。

（二）完善上海体育立法体系的对策建议

“法律是一种借以满足社会需要的方法。”任何法律的存在都应因于应对和解决现实问题的需要，离开了现实的需要，立法将失去其存在的必要性。无论是国家立法还是地方性立法都在此列。具体到体育领域，无论是《体育法》与《全民健身条例》等国家立法，还是《上海市市民体育健身条例》等地方性法规或规章，其目的都是为了应对和解决体育发展中需要直面的问题，以保障体育的快速健康发展为己任。

基于此，本课题认为，上海体育立法过程中有必要坚持以下几个方面的原则与准线：

首先，上海体育立法体系的构建与完善需要以构建与上海国际大都市地位相适应的体育立法体系为指导。在上海加强地方体育立法的过程中，必须要围绕建设全球著名体育城市的目标，与整个上海城市发展相契合。

其次，上海体育立法体系的构建需要以维护我国体育法制统一与协调为底线。作为地方性立法，上海体育立法体系中的任何立法都应当在国家法律与法规的允许的框架下进行，需要以配合上位法的实施以及弥补上位法规定的缺憾与不足为己任，不得与上位法相冲突。

再次，上海体育立法体系的构建与完善应当着眼于上海体育发展的现实需求，需要以促进上海体育事业发展和产业发展相结合为要领。

此外，上海体育立法体系的构建与完善还需要以服从和服务于健康中国的战略推进为动力。体育立法的目的在于改善人们的身体素质，维护和促进广大人民群众的身体健康。就此而言，体育立法必须要服从和服务于健康中国的战略。作为地方性立法的上海体育立法亦须遵循此道，其立法体系的完善亦应当以服从和服务于健康中国战略的实施为动力。

以此为基点，根据目前上海立法体系显现出来的缺憾与不足并结合以上对上海体育立法体系应当构成的框架分析，本课题认为，需要从以下方面推动上海体育立法体系的完善。

1. 健全上海体育立法体系

从立法学的角度来说，一个健全的立法体系应当是由一部具有核心法作用的基本法以及多部主干性立法外加各类辅助性立法共同构成的。对于上海体育立法而言，健全的地方立法体系意味着一部发挥基本法作用的地方性体育法规统领与涵盖上海体育各方面的主干性法规或规章以及相关的规范性文件，而这些法规、规章以及规范性文件需要相互支撑，彼此配合，在内容上相互协调一致。就目前而言，如前所述，上海体育立法体系中显然还存在着比较明显的立法缺位现象。因此，出于健全上海体育立法体系之考量，今后上海体育立法过程中，需要关注和推进以下几个方面的立法工作：

（1）尽快制定《上海市体育条例》。该条例应当作为上海市地方体育立法体系中的基本法与核心法而存在，并负责统合整个上海体育立法体系；应当对上海体育工作的管理体制、基本原则、主要制度以及基本领域中的重大问题做出制度安排，并为上海其他地方体育立法的制定与实施提供方向指引。

（2）尽快制定《上海市体育产业促进条例》。该条例作为上海体育立法体系的主干立法与重要立法，应当以促进上海体育产业发展、助力上海全球著名体育城市建设为目标，针对目前上海体育产业发展过程中所急需要解决的体制机制问题以及企业融资、税收优惠、人才培养等重要问题，提供制度方面的应对和解决路径，以加促上海市体育产业的进一步发展。

（3）适时制定《上海市体育从业人员保障条例》。该条例应当坚持以人为本的理念，立足于上海体育长远发展的高度关注和解决体育从业人员尤其是运动员和教练员的保障问题，对运动员与教练员等体育从业人员服役期间以及退役之后的生活提供基本保障。

除此之外，还要针对目前上海体育立法体系立法缺位的现状，有针对性地出台相关的规章或规范性文件，如在目前上海还未针对游泳场馆出台地方性立法的情况下，应当尽快出台一部《上海市游泳场所管理办法》；在目前上海各种体育俱乐部主要还是依赖政策与文件来加以管理而还没有纳入地方法治的情况下，应考虑尽快出台一部《上海市体育俱乐部管理办法》……当然，需要特别指出的是，以上这些地方体育立法的制定需要做好整体立法规划，并需要相互间以及与上海现行的地方体育立法保持一致。这些显然都是健全上海体育立法体系的客观需要。

2. 继续对相关立法加以修改完善

站在立法学的角度上，立法不仅仅是创制法律的活动，更是完善法律的活动。对于力行法治而言，制定法律固然是必不可少的，但修改和完善显然也是法治的内在要求。“法律应当与时并进，在保持基本稳定性的前提下，法律应当处于持续修订的状态，而法律修订的目的则在于保持法律与社会现实的协调合拍，避免法律与社会脱节，避免法律的僵化和保守。”就目前来看，上海已经出台了包括《上海市市民体育健身条例》及《上海市体育设施管理办法》《上海市体育竞赛管理办法》等在内的一部法规和多部规章。但就内容上来看，不少立法还存在着诸如立法语言过于模糊、内容设计与上海体育发展实际需要不完全契合等不足，需要有针对性地加以完善，使相关立法的初衷能够实现，确保上海体育立法能够助力上海体育发展。

为此，在未来的上海地方立法规划中，应当依据上海体育发展的各方面需要，逐步有计划、有针对性地修改现行尚需要完善的上海地方性体育立法，使上海市体育立法体系成为一个体系健全、内容完善、目标统一且可以成为地方体育立法楷模和引领的立法体系。

3. 加强上海体育立法后评估工作

上海地方体育立法体系的健全与完善，固然需要一个相对完备且内部各司其职的地方立法体系，但更需要增强立法的实效性，使所立的每一部法规或规章甚至是规范性文件都能够务实管用、能够契合上海体育发展的现实需求、能够在上海体育发展方面发挥应有作用。为此，需要适时对现行立法加以评估，以更好地完善现行法，为上海体育立法体系的完善提供参考和指导意见。体育立法后评估需要在今后上海体育立法工作过程中有意识地予以强化，这也是完善上海体育立法体系的客观需要。

参考文献

[1] 谭绍木，黄慧. 论法律语言的精确与模糊[J]. 江西社会科学，2004
[2] 罗士俐. 法律语言本质特征的批判性分析——准确性、模糊性抑或严谨性[J]. 北方法学，2011
[3] 熊菁华. 发挥立法引领和推动作用的思考[J]，地方立法研究，2018
[4] 皮埃尔・约瑟夫・蒲鲁东. 什么是所有权[M]. 孙署冰，译. 商务印书馆，1982
[5] 何超明. 澳门经济法的形成与发展[M]. 广东人民出版社，2004
[6] 乔军. 三江源生态保护：立法需求、问题分析与制度设计[J]. 青海社会科学，2018
[7] 杜梅，刘宁宁. 上海学校体育政策体系评价与优化研究[J]. 当代体育科技，2017

编　后　语

2018年，上海体育工作圆满完成全年目标任务，体育改革发展各项工作成果丰硕，建设全球著名体育城市不断取得新进展、实现新突破。总体上看，年度上海体育工作主要有五个方面的突出特点：一是体育改革不断向纵深推进；二是重大体育政策相继出台；三是开门办体育取得重要进展；四是体育设施项目建设加快推进；五是大调研和体育宣传富有成效。这些成绩的取得，是全市体育工作者努力的结果，也离不开社会各界的大力支持。

2018年，上海体育社会科学研究工作取得积极成效，共收到申报课题224项，经组织专家评审，给予立项87项。审核确定符合要求的67项课题进入结题评审范围，共评出优秀课题22项，包括一等奖4项、二等奖7项、三等奖11项，合格课题45项。现将22项优秀课题成果汇编出版。

本书的顺利出版离不开有关各方的参与和支持。我们对课题评审专家、体育社会科学研究工作者以及上海大学出版社等各界人士对本书出版给予的支持，表示衷心感谢！

本书汇编课题有关文字内容、观点由作者负责。按照有关课题的规范化要求，我们对部分课题的内容和文字作了适当调整和编辑。

由于编辑水平有限，本书难免存在疏漏之处，敬请批评指正。

编　者

2019年5月